Das afghanische Recht versus die Rechtsanwendungspraxis mit frauen- und mädchenspezifischem Schwerpunkt

Ferial Dost

Das afghanische Recht versus die Rechtsanwendungspraxis mit frauen- und mädchenspezifischem Schwerpunkt

Afghanische Verfassung, Scharia, internationale Menschenrechtsabkommen und afghanisches Jugendstrafrecht

PETER LANG

Bibliografische Information der Deutschen Nationalbibliothek
Die Deutsche Nationalbibliothek verzeichnet diese Publikation in der Deutschen Nationalbibliografie; detaillierte bibliografische Daten sind im Internet über http://dnb.d-nb.de abrufbar.

Zugl.: Hamburg, Univ., Diss., 2018

Umschlaggestaltung: © Olaf Gloeckler, Atelier Platen, Friedberg
copyright note: © iStock.com/logan-00

D 18
ISBN 978-3-631-76956-0 (Print)
E-ISBN 978-3-631-79822-5 (E-PDF)
E-ISBN 978-3-631-79823-2 (EPUB)
E-ISBN 978-3-631-79824-9 (MOBI)
DOI 10.3726/b15996

Peter Lang – Berlin · Bern · Bruxelles · New York · Oxford · Warszawa · Wien

Diese Publikation wurde begutachtet.

www.peterlang.com

Vorwort

Afghanistan ist ein Vielvölkerstaat und hat den Angaben des Auswärtigen Amtes zufolge eine Fläche von 652.000 km². Die Islamische Republik Afghanistan hat rund 30 Millionen Einwohner[1]. 23 % der Einwohner Afghanistans leben in Städten[2]. Der überwiegende Teil der Einwohner lebt jedoch in ländlichen Gebieten. Ethnisch ist die Bevölkerung in ca. 42 % Paschtunen, ca. 27 % Tadschiken, je ca. 9 % Hazara und Usbeken und zahlreich kleinere ethnische Gruppen (Aimak ca. 4 %, Turkmenen ca. 3 %, Baluchi 2 % sowie Nuristani und andere) aufgeteilt.[3]

Nach den Angaben des Auswärtigen Amtes beträgt das Durchschnittsalter der Bevölkerung 18,2 Jahre. 42,3 % der Bevölkerung sind jünger als 15 Jahre alt. Lediglich 2,4 % der Bevölkerung sind über 64 Jahre alt. Die Geburtenrate beträgt 37,8 pro 1000 Einwohner.

In Afghanistan herrschen Dari (50 %) und Paschtu (35 %) als offizielle Landessprachen. Daneben gibt es Turksprachen (insb. Usbekisch und Turkmenisch 11 %) und zahlreiche weitere Sprachen. Viele Bürger sind zweisprachig.

Afghanistan ist ein islamisches Land. Den Angaben des Auswärtigen Amtes zufolge sind über 99 % der Bevölkerung Muslime (80 % Sunniten und 19 % Schiiten). Vor diesem Hintergrund steht der islamische Glaube im Zentrum der Betrachtung. Im Wesensgehalt beinhaltet der Islam den Glauben daran, dass nur Allah der ranghöchste Gesetzgeber ist. Im Rahmen dieser Arbeit wird der entsprechende Glaube nicht angezweifelt. Die Sunniten sind in Afghanistan am häufigsten vertreten. Aus diesem Grund liegt der Fokus dieser Arbeit auf den sunnitischen Gesetzesbüchern.

Afghanistan ist ein kriegsermüdetes und kriegszerstörtes Land. Seit Jahrzehnten finden dort unzählige Kriege statt. Seit den Terroranschlägen auf die

---

1 Geschätzt Juli 2011, veröffentlicht auf der Internetseite des Auswärtigen Amtes, Link: http://www.auswaertiges-amt.de/DE/Aussenpolitik/Laender/Laenderinfos/01-Laender/Afghanistan.html Download am 04.11.2013.

2 Geschätzt 2011, veröffentlicht auf der Internetseite des Auswärtigen Amtes, Link: http://www.auswaertiges-amt.de/DE/Aussenpolitik/Laender/Laenderinfos/01-Laender/Afghanistan.html Download am 04.11.2013.

3 Geschätzt 2011, veröffentlicht auf der Internetseite des Auswärtigen Amtes, Link: http://www.auswaertiges-amt.de/DE/Aussenpolitik/Laender/Laenderinfos/01-Laender/Afghanistan.html Download am 04.11.2013.

Vereinigten Staaten im September 2001 ist Afghanistan in den Blickfang der Welt geraten und erhält seither internationale Unterstützung.

Diese Arbeit behandelt die Frage, ob die afghanischen Normen mit der Rechtsanwendungspraxis frauen- und mädchenspezifisch im Einklang stehen. Dabei sind die afghanische Theorie und Praxis im weiteren Sinne zu verstehen. In der hiesigen Arbeit finden zur Erschließung der Gesetze, die afghanische Verfassung, die Scharia, die internationalen Menschenrechtsabkommen und das Jugendstrafrecht Berücksichtigung. Für die Untersuchung der Praxis wird zum einen die bisherige Forschung herangezogen. Zum anderen erfolgt die Auswertung einer eigenen Feldforschung in Afghanistan.

Die vorliegende Arbeit ist mit der Unterstützung von zahlreichen Menschen zustande gekommen. An dieser Stelle möchte ich mich bei ihnen herzlich bedanken:

An erster Stelle gilt mein Dank Herrn Prof. Dr. iur. Bernd-Rüdeger Sonnen. Seinem Interesse ist es zu verdanken, dass die Ausarbeitung überhaupt erfolgen konnte. Er war stets für mich da und belieferte mich mit neuen Denkanstößen. Seine Kritik verhalf mir, die Arbeit beachtlich zu verbessern und den Fokus auf das weibliche Geschlecht nicht aus den Augen zu verlieren.

Ein besonderer Dank gebührt Herrn Prof. Dr. iur. Florian Jeßberger. Er machte mich auf wichtige internationale Aspekte aufmerksam. Die gute Ausarbeitung war ihm sehr gelegen.

An nächster Stelle möchte ich allen Helfern aus Afghanistan danken. Diese ermöglichten die Forschung in Afghanistan.

Ein herzlicher Dank geht an alle, die an der Feldforschung in Afghanistan teilgenommen haben. Ein weiterer Dank richtet sich an Roya Doost, der Richterin in Kabul und dem Wakil Guzar aus Herat, die sich besonders viel Zeit für mich genommen haben. Roya Doost vermittelte und begleitete mit mir das Interview mit der Richterin in Kabul. Der Wakil Guzar verhalf mir, Privathaushalte für die Forschung aufzusuchen. Die Richterin in Kabul war für alle Fragen offen.

Ich möchte mich bei der Staatsanwaltschaft und der Polizei aus Karokh für die teilnehmende Beobachtung bedanken. Diese gaben mir ein realitätsnahes Bild von den Vorkommnissen in Afghanistan.

Auch gebührt eine Danksagung Mandana Knust und Maria Karimzad vom MPI. Über die ganze Zeit hinweg begleitete mich Mandana Knust mit Rat und Tat. Sie stellte mir Gesetzesmaterialien zur Verfügung und wir führten zahlreiche Gespräche zum Thema „Afghanistan“. Maria Karimzad gehört der Forschergruppe in Afghanistan an. Sie vermittelte mir freundlicherweise einige Kontakte und war für Fragen offen.

Ein herzlicher Dank richtet sich an Morsal Ghafury. Sie hat mir bei der Fertigstellung der Fragebögen sehr geholfen.

Ein weiterer Dank geht an meine Familie. Ganz besonders möchte ich mich bei meiner Schwester Nelufer Hazizi bedanken. Sie war stets für mich da und half mir, wo sie nur konnte. Du bist die Beste!

Von ganzem Herzen bedanke ich mich bei meinem Mann, Masud Dost. Er hat nicht nur die finanziellen Mittel für diese Arbeit bereitgestellt, er begleitete mich – zwecks der Feldforschung – nach Afghanistan. Er führte nach meiner Anweisung einige Befragungen selbstständig durch und wurde von der Polizei in Karokh wegen des Verdachts der Spionage festgehalten. Wir führten regelmäßig lange Gespräche und Diskussionen über Afghanistan. Auf ihn konnte ich in dieser Zeit immer zählen – Ich liebe Dich!

Hamburg, April 2018
Ferial Dost

Abstract

„The clerics' council of Afghanistan did not put any limitations on women. It is the sharia law of all Muslims and all Afghans", the former president of the republic of Afghanistan, Karzai, mentioned. Furthermore the media conveys the same notion on the women's limitations in Afghanistan. That's why this dissertation checked out the Afghan rules compared to the Afghan practice.

This dissertation consists of three chapters covering gender research, Islamic research and Afghan law.

The first chapter discusses the relationship between Sharia and Afghan law. The rules are analyzed from a legal point of view and interpreted using the German method of legal interpretation. It is established that the Sharia law has a great significance in the Afghan laws and it is supposed to be an explicit part of the Afghan constitution.

The second chapter discusses some of the Afghan laws affecting marriage and moral crimes and is analyzed from the Afghan law and Sharia law perspectives. It's detected, that in the Afghan and Islamic law are many safe regulations but also some gaps, which partly were closed from the past president and the judicature. In this chapter also some of the Afghan juvenile laws are contrasted to the German juvenile laws including aim, sanctions, execution, further analysis and review of the practice of Afghan juvenile laws in Afghanistan. It is established, that the German Juvenile Law is more clearly structured than the Afghan Juvenile Code. Furthermore the Afghan Juvenile Code ties on stronger sanctions.

The third chapter evaluates the laws discussed in the second chapter by using previous studies and a field study in Afghanistan. The field study captures inputs from interviewees on forms. Additionally, interviews where held with a judge and a lawyer and a survey of the Karokh police station was also conducted. The results of the field study establish that the practice does not conform to most of the Afghan laws. Also the Afghan juvenile rules won't be use in the practice.

Inhaltsverzeichnis

A. Einleitung

„The clerics' council of Afghanistan did not put any limitations on women. It is the sharia law of all Muslims and all Afghans", erklärte der seinerzeitige Präsident Afghanistans, Hamid Karzai, im Jahre 2012 in der Öffentlichkeit.[4] Mit dieser Aussage hat er den Standpunkt der afghanischen Ulema Shura, eines von der Regierung geförderten Gemeinderates bestehend aus religiösen Führern, öffentlich unterstützt. Die Ulema Shura weist eine frauenbenachteiligende Richtung auf. Danach sollen sich Frauen separat von dem männlichen Geschlecht in der Öffentlichkeit aufhalten, separat von ihnen studieren, arbeiten, etc., und nach Möglichkeit jeglichen Kontakt zu dem männlichen Geschlecht vermeiden, soweit sie nicht mit ihnen nah verwandt sind. Auf Reisen sollen sie von nah verwandten männlichen Personen begleitet werden. Ferner sei unter Umständen Gewalt gegen Frauen vertretbar.[5] Präsident Karzai begründet seine öffentliche Befürwortung der Ulema Shura damit, dass keine Einschränkungen für Frauen hiermit einhergehen. Vielmehr läge die Ursache in dem Scharia Recht, das für alle Muslime und Afghanen gelte. Demzufolge müsste – zumindest – die Mehrheit der muslimisch geprägten Länder ein der Islamischen Republik Afghanistan ähnliches Frauenbild aufweisen. Dies trifft jedoch auf viele Nationen, dessen Bevölkerung überwiegend muslimisch ist, nicht zu; so u.a. Albanien, Indonesien, Nigeria, Tunesien etc.

Indonesien gilt als das islamische Vorzeigeland. Es verzeichnet 88 % Muslime, hat den Islam nicht als Staatsreligion verankert und hält die Religion aus staatlichen Institutionen fern.[6]

Albanien verzeichnet viele islamische Bürger. Das Land verfolgt das laizistische Modell. Es wird kein Religionsunterricht an Schulen angeboten, die Bürger werden jedoch aktuell mehr islamisiert durch die radikalen Neuerscheinungen wie der IS.[7]

---

4 Vgl. z.B. The Guardian (2012) Link: http://www.theguardian.com/world/2012/mar/06/hamid-karzai-afghanistan-womens-rights Download: 22.05.2014; Vogt in The Washington Times (2012) Link: http://www.washingtontimes.com/news/2012/mar/6/karzai-backs-strict-guidelines-afghan-women/?page=all Download: 22.05.2014.

5 Vgl. auch HRW in „I had to run away", p. 7.

6 Vgl. z.B. RP Online Indonesien (2016) Link: m.rp-online.de Download: 22.03.2018.

7 Deutschlandfunk (2017) Albanien Vom Atheismus zum Islamismus Link: www.deutschlandfunk.de Download: 12.02.2018.

Die Türkei hatte den Säkularismus mit dem laizistischen Modell in Angriff genommen, doch aufgrund zahlreicher Unstimmigkeiten Erdogans mit der EU scheint der Säkularismus der Türkei gescheitert zu sein.[8]

In Tunesien wird die Religion größtenteils aus der Verfassung rausgehalten, jedoch gibt es Artikel, die wiederum eine andere Deutung zulassen. In der Rechtsanwendungspraxis wenden die Richter eher die Scharia an und auch die Menschen nehmen eher die nach außen hin bekannt gewordenen islamischen Vorschriften an, wie des Hijabstragens entgegengesetzt zu ihren staatlichen Gesetzen.[9]

Nigeria hat das Verbot der Verankerung einer Staatsreligion ausgesprochen. Allerdings haben 12 der 36 Bundesstaaten die Scharia als Strafrecht eingeführt. Dieses Vorgehen solle rechtmäßig sein, da sie mit diesem Vorgehen keine Staatsreligion ernannt hätten, lasse man außen vor, dass die Scharia islamisches Recht beinhaltet.[10]

Pushter in Pew Research Center stellt auch fest, dass der überwiegende Teil der islamischen Länder die Befolgung der islamischen Werte und Grundsätze begrüßt, jedoch eine strikte Befolgung nicht erforderlich sei. So z.B. Türkei, Libanon, Indonesien und Burkina Faso.

Insbesondere Pakistan, Palästina, Jordanien und Malaysia seien für eine strikte Befolgung des Korans (Senegal 50:50, Nigeria ca.50:50).[11]

Zwar weisen die genannten Nationen eine erhöhte islamische Bevölkerungsdichte auf; doch können keine weiteren Gemeinsamkeiten zu Afghanistan verzeichnet werden; v.a. hinsichtlich des Frauenbildes und der Wahl der Staatsreligion. Betrachtet man international alle islamischen Länder, wird schnell klar, dass bis auf Indonesien kaum ein Land ein säkularer Rechtsstaat geworden ist. Indonesien hat den Islam nicht als Staatsreligion ernannt und unterlässt gar Vermischungen. Entsprechend erfüllt Indonesien die Voraussetzungen eines säkularen Staates.

---

8 Vgl. freiewelt (2016) Der politische Islam verdrängt den Säkularismus … „Wir sind ein islamisches Land. Als Konsequenz müssen wir eine religiöse Verfassung haben." Sagte der Parlamentspräsident Türkeis Kahraman Link: http://www.freiwelt.net/reportage/islamische-welt-saekularismus-v… Download: 27.01.2018.

9 Vgl. TunisPro (2016) Religion in Tunesien Link: https://www.tunispro.de/tunesien/religion-in-tunesien.htm… Download: 27.01.2018.

10 AG Friedensforschung (2005) Allah gibt Nigeria kein Wundermittel Link: www.ag-friedensforschung.de Download: 22.03.2018.

11 Pushter (2016) in Pew Research Center Link: http://www.pewglobal.org/2016/04/27/the-divide-over… Download: 10.02.2018.

Bei säkularen Staaten soll die Religion staatlichen Institutionen und Regelungen untergeordnet sein.[12] Säkularität ist ein Selbstverständnis der modernen Demokratien westlicher Prägung. Sie fordern eine strenge Trennung von Staat und Religion – nicht feindlich –, sondern sie sehen durchaus den positiven Effekt der Religionen z.B. in Form von Ehrenämtern, Stärkung der Selbstkontrolle oder Freiwilligendiensten. Religion sei jedoch Privatsache und erfordere eine strikte Trennung vom Staat.[13] In Europa werden verschiedene Modelle des säkularen Staates verfolgt, so etwa von Frankreich das laizistische Modell. Dies bedeutet eine positive Neutralität gegenüber allen Religionen, zugleich eine strikte Trennung vom Staat.[14] Großbritannien verfolgt das staatskirchliche System und Deutschland ein Mischsystem, wobei die Religion staatlichen Institutionen untergeordnet ist, aber an staatlichen Schulen unterrichtet und die Zahlung der Kirchensteuer verlangt wird.[15]

Das Gegenstück zu diesen teilweise vorhandenen säkularen Staaten bilden die sog. Gottesstaaten. Bei diesen sog. Theokratien – „Gottesstaaten" – sind sämtliche Strukturen der Religion untergeordnet.[16] Beispielländer für die sog. Theokratien, „Gottesstaaten", bilden u.a. Pakistan, der Iran und Saudi-Arabien. Afghanistan könnte ebenfalls ein sog. „Gottesstaat" sein.

Empirische Studien, wie die World Values Survey messen regelmäßig die persönliche Einstellung zur Religion. Der vom amerikanischen Fund for Peace und von der Zeitschrift „Foreign Policy" herausgegebene Index klassifiziert die Staaten der Welt nach der Stabilität ihrer Rechtsordnung. Zu den „gescheiterten Staaten" gehören z.B. Somalia und Afghanistan. An der Spitze befinden sich z.B. die Schweiz und Finnland. Diese Ergebnisse werden mit den Ergebnissen

---

12 Vgl. Teamfreiheit Wert3: Säkularität Link: http://teamfreiheit.info/saekularitaet/?gclid=Cj0KCQiAwKvTBRC2ARIsAL0Dgk0uomG8kf13MuZdJt8cDq6AIXnr8HgiZU01VnXJKlkq8a3olOv36FIaAgsrEALw_wcB Download: 31.01.2018.

13 Vgl. BMI Staat und Religion Link: https://www.bmi.bund.de/DE/themen/gesellschaft-integration/staat-und-religion/staat-und-religion-node.html Download: 31.01.2018; vgl.Mörschel (2007) in Policy Link: http://library.fes.de/pdf-files/akademie/berlin/05050.pdf Download: 31.01.2018.

14 Vgl. Messner (2007) in Policy S. 7.

15 Policy (2007) Religion und säkularer Staat Link: http://library.fes.de/pdf-files/akademie/berlin/05050.pdf Download: 31.01.2018; ABWAB Wie säkular ist der deutsche Staat? Link: http://www.abwab.eu Download: 12.02.2018.

16 Teamfreiheit Wert 3: Säkularität Link: http://teamfreiheit.info/saekularitaet/?gclid=Cj0KCQiAwKvTBRC2ARIsAL0Dgk0uomG8kf13MuZdJt8cDq6AIXnr8HgiZU01VnXJKlkq8a3olOv36FIaAgsrEALw_wcB Download: 31.01.2018.

der World Values Survey verglichen. Sie stellen fest, je intensiver die Religiosität, desto instabiler die Rechtsordnung des jeweiligen Landes.[17]

Aus diesem Grund wird in den folgenden Kapiteln überprüft, ob und inwieweit die afghanische Rechtsordnung instabilen Charakter aufweist. Und, ob die Unterdrückung des weiblichen Geschlechts in der Islamischen Republik Afghanistan auf die Scharia zurückzuführen, wie von dem seinerzeitigen Präsidenten Karzai geäußert, oder aber kulturell bzw. sozial bedingt ist. Zu den sozialen Risikofaktoren gehören u.a. Armut, Krieg, Schulbildung etc. Diese werden in der hiesigen Arbeit nicht weiter thematisiert.

Gegenstand dieser Arbeit ist vielmehr die Auseinandersetzung mit den staatlichen Gesetzen im Vergleich zur Rechtsanwendungspraxis mit frauen- und mädchenspezifischem Schwerpunkt. Als Grundlage der Gesetze werden die afghanische Verfassung, die Scharia, die internationalen Menschenrechtsabkommen und das afghanische Jugendstrafrecht verwendet. Es wird überprüft, ob diese Regelungen konträr zu der afghanischen Rechtsanwendungspraxis sind und daraus die Unterdrückung der Frauen und Mädchen – wie von den Medien dargestellt – hervorgeht.

Wird die Aussage des Präsidenten Karzais überprüft, so wirft dies eine Vielzahl von Fragen und Problemen auf. Diese Problematiken werden anhand von separaten Kapiteln untersucht. Diese Arbeit umfasst drei Hauptkapitel und einen Schlussteil.

Die Scharia wird im ersten Hauptkapitel untersucht. Der Gedanke, Afghanistan sei ein sog. Gottesstaat, soll Berücksichtigung finden. Gemäß Art. 2 AC hat die Islamische Republik Afghanistans den Islam als Staatsreligion gesetzlich statuiert. Dementsprechend genießt der Islam in Afghanistan eine bedeutende Rolle. Das Verhältnis zwischen der afghanischen Verfassung und der Scharia wird nicht auf verfassungsrechtlicher Ebene geklärt. Diese Unklarheit führt zu zahlreichen Meinungsstreitigkeiten über das Verhältnis der Scharia zu der afghanischen Verfassung. Die deutsche Fassung der afghanischen Verfassung von Davary (2004) soll zugrunde gelegt werden. Die neue Verfassung der Islamischen Republik Afghanistan ist in 12 Kapitel und 162 Artikel gegliedert. Normen, wie Art. 3, 7 und 130 AC verschärfen diese Kontroverse. In diesem Kapitel soll der besagte Meinungsstreit dargestellt und einer Ansicht gefolgt

17 Foreign Policy (2011) Failed States Index Link: http://foreignpolicy.com/2011/06/17/2011-failed-states-index-interactive-map-and-rankings/ Download: 31.01.1018; auch zit. in Doering in bpb (2013) Religion und freiheitlich säkularer Staat.

werden. Zu diesem Zweck wird Art. 3 AC nach den deutschen klassischen Auslegungsmethoden ausgelegt. Zuvor werden der Islam, die Bedeutung der Scharia, ihre Abstammung und die ihr zugrunde liegenden Quellen untersucht. Anschließend wird die eigene stichprobenartige Studie mit 26 Jurastudenten aus Kabul und Herat herangezogen. Schließlich wird das Interview mit einer Rechtsanwältin herangezogen, um sich letztlich einer Ansicht anzuschließen. Sobald hier ein Ergebnis feststeht, kann beurteilt werden, welches die einschlägigen Gesetze Afghanistans sind. Sodann stellt sich die nächste Frage, inwieweit diese einschlägigen afghanischen Gesetze eine Unterdrückung des weiblichen Geschlechts herbeiführen.

Deshalb sollen im zweiten Hauptkapitel die afghanischen Vorschriften thematisiert werden. Es soll überprüft werden, ob eine Benachteiligung der Frauen und Mädchen mit den afghanischen Gesetzen konform ist oder auf der Scharia beruht, wie von dem seinerzeitigen Präsidenten Karzai geäußert. Dafür werden einige kontroverse Vorschriften herangezogen. Zunächst soll auf den Begriff des Gender Gaps eingegangen werden. In diesem Zusammenhang werden auch die Historie der deutschen Frauenbewegung sowie die Gender Gaps im Bundesgebiet angesprochen. Sodann sollen die Heiratsbestimmungen, wie z.B. das Heiratsalter, die Zwangsheirat, die Frühheirat, die Mitgift, das Brautgeld, die Polygamie, die Scheidung und schließlich die Erbfolgen behandelt werden. Ferner soll überprüft werden, ob den Frauen und Mädchen zugeschriebene sog. moralische Verbrechen eine gesetzliche Grundlage finden – ebenso wie die jugendgerichtlichen Normen. Bei den jugendgerichtlichen Normen stellt sich die Frage der Anwendbarkeit des Erwachsenenstrafrechts auf Kinder und Jugendliche in diesem Fall insbesondere der Mädchen. In diesem Zusammenhang soll hier das Jugendstrafrecht mitsamt seiner Problematik und seinen Strafmilderungen u.a. besprochen werden.

Zunächst stellt sich die Frage, ob ein Jugendstrafrecht in Afghanistan überhaupt existiert. Sodann sollen jugendstrafrechtliche Normen untersucht werden. Zudem erfolgt eine rechtsvergleichende Betrachtung des afghanischen Jugendstrafrechts mit dem deutschen Jugendstrafrecht.

In diesem Zusammenhang soll u.a. der Anwendungsbereich, die gesetzgeberische Absicht der Erziehung des Jugendlichen neben der Sanktion seines Verhaltens thematisiert werden. Die in Betracht kommenden Maßnahmen für das jeweilige Jugendgericht sowie das Vorhandensein einer Sanktionshierarchie werden dar- und einander gegenübergestellt. Zudem soll auf die Verantwortlichkeit, die Folgen der Jugendstraftat, die Anforderungen an die Ermittlungsbehörden sowie Jugendrichter bei Ermittlungsverfahren gegen Jugendliche, die Stellung des Erziehungsberechtigten, der Vollzug, die Beseitigung des

Strafmakels – ähnlich der Entfernung eines Eintrags aus dem Erziehungsregister – eingegangen werden.

Erläuterungsbedürftige Begriffe werden definiert und internationale Abkommen werden bei Bedarf herangezogen. Im Rahmen der Prüfung wird jeweils die Primärquelle zu der Sekundärquelle der Scharia dargestellt. Für die Vorschriften der Scharia werden aufgrund fehlender arabischer Sprachkenntnisse deutsche Übersetzungen des Korans verwendet. Da die Übersetzungen Abweichungen aufweisen, werden Übersetzungen mit einer guten Reputation sowie Verständlichkeit Berücksichtigung finden. Dennoch steht fest, dass keine Übersetzung dem arabischen Original entspricht.[18]

Schließlich kann beurteilt werden, inwieweit die afghanischen Gesetze eine Unterdrückung der Frauen und Mädchen herbeiführen, wie von dem ehemaligen Präsidenten Karzai ausgeführt.

Um einen umfassenderen Eindruck über die Unterdrückung der Frauen und Mädchen in Afghanistan zu erhalten, soll im nachfolgenden Kapitel die Unterdrückung des weiblichen Geschlechts in der alltäglichen und praktischen Ausübung im Zusammenhang mit den o.g. Vorschriften untersucht werden. Für die afghanische Praxis sollen bisherige Untersuchungen und eine eigene Feldforschung zugrunde gelegt werden. Die Forschungsarbeiten der Organisationen UNICEF, MPI, Amnesty International, AIHRC, UNAMA, OHCHR, LandInfo und viele weitere sollen hier Berücksichtigung finden.

Zum Überprüfen der Rechtsanwendungspraxis erfolgte ein forschungsbegründeter Aufenthalt in Afghanistan zwischen dem 18.06.2013–15.07.2013. Die Feldforschung wurde eigenfinanziert. Die Befragung erfolgte in Kabul, Herat und Karokh, einem Vorort von Herat. Das erreichte Ziel von 1128 Personen hat die erwartete Anzahl von 500 Personen weit übertroffen. Grundsätzlich betrachtet, ist der Umfang dieser Forschung im Vergleich zu den bereits vorhandenen repräsentativerer Art. Jedoch kann diese Untersuchung nach eigener Einschätzung nicht als ausreichend repräsentativ für die gesamte Bevölkerung Afghanistans gelten. An der Untersuchung nahmen im Wesentlichen Personen teil, die Bildung aufwiesen; der Zugang zu ihnen wies weniger Hindernisse auf.

Auf die Vorarbeit, die Durchführung und die Ergebnisse der eigenen Feldforschung soll eingegangen werden. Das Beschreiten des offiziellen Weges begann aus Deutschland ein halbes Jahr im Voraus. Es wurden unzählige Telefonate und

---

18 Donnerbauer in VICE Media (2017) Link: https://www.vice.com Download: 22.03.2018; Meine Islam Reform (2010) Welche Koranübersetzung? Link: meine-islam-reform.de Download: 22.03.2018.

Schreiben auf elektronischem Wege an verschiedene Ämter, u.a. die Behörde für Inneres und die Behörde für Frauenangelegenheiten in Afghanistan, aufgesetzt. Bis einschließlich heute ist eine Rückmeldung seitens der ersuchten öffentlichen Stellen nicht erfolgt. Aus diesem Grund wurden Wege beschritten, die weniger „bürokratisch" waren.

Für die Feldforschung Afghanistans wurden verschiedene Methoden angewandt. Die Ansichten und das Normwissen der Bevölkerung wurden anhand quantitativer schriftlicher Befragungen von Männern und Frauen durchgeführt.[19] Die Untersuchung fand als Querschnittstudie statt.[20] Über die Befragung hinaus erfolgten Interviews mit Juristen bzw. Personen in leitender Funktion in Afghanistan[21] und in Hamburg.

Das beabsichtigte Aufsuchen der Haftanstalten zwecks Befragung der Gefängniswärter sowie der weiblichen Gefangenen konnte aufgrund der dortigen Sicherheitslage zum Zeitpunkt des Aufenthalts nicht erfolgen. Die fertiggestellten und ausgedruckten Fragebögen an diese Personenkreise fanden keine Verwendung – und entsprechend auch keine Auswertung. Die Gefängnisse waren zahlreichen Bedrohungen ausgesetzt. Die Bereiche der Gefängnisse wurden weiträumig abgesperrt. Zum Zeitpunkt des Aufenthaltes fanden wöchentlich etwa zwei bis drei Selbstmordattentate in Herat und Kabul statt. Die afghanischen Sicherheitsbehörden hatten dringend dazu geraten, von den genannten Bereichen weitgehend fernzubleiben.

Den Studenten des Studienganges Rechtswissenschaft wurden im Rahmen der schriftlichen Befragung fachspezifische Wissensfragen gestellt. Vor dem Hintergrund der Sensibilität der Menschen bzgl. ihrer Religion wurde in den

---

19 Eine quantitative Forschung ist eine größere Stichprobe, die numerisch aufgezeigt wird, Uni Donau Krems, Link: http://www.mahara.at/artefact/file/download.php?file=17388&view=681 Download: 03.04.2014.

20 D.h. Befragung fand in einem Jahr 2013 statt, bestimmter Messzeitpunkt: Uni-Würzburg Grundlagen der Datenerhebung, Link: https://www2.uni-wuerzburg.de Download: 22.03.2018.

21 Auf das Interview mit dem Wakil Guzar Bezirksleiter soll nachfolgend nicht eingegangen werden. Der Fragebogen des Wakil Guzars wird mit zu denen der Männer aus Herat hinzugezählt, mangels sonderbarer Erkenntnisse. Im Interview hatte er nur erzählt, dass er als Dorfältester ernannt wurde und häufig mit Streitfällen um Grundstücke und andere Besitztümer zu tun hätte. Auf Nachfrage meinte er, er würde nicht in den Frauenangelegenheiten eingemischt werden. Deshalb war das Interview für mich irrelevant.

schriftlichen Befragungen aller außer in denen der Jurastudenten die Scharia unter dem Begriff „Gesetz“ eingefasst.

Ferner durfte der praktische Alltag von zwei Polizeibeamten in Karokh beobachtet werden. Mehrere Methoden wurden angewandt, um ein möglichst realistisches Bild von der Situation der Frauen und Mädchen Afghanistans zu gewinnen.

Es werden sodann die Antworten der weiblichen Befragten mit denen der männlichen Teilnehmer verglichen. Abschließend können mögliche Diskrepanzen zwischen Gesetz und Praxis erörtert werden. Auch hier finden die internationalen Abkommen und der Gender Gap bei Bedarf Berücksichtigung. Sodann wird hier die praktische Anwendung des afghanischen Jugendstrafrechts erörtert. Dabei wird der Schwerpunkt auf die Forschung von UNICEF (2008) gelegt. Hieran anknüpfend wird die Frage der Strafbarkeit der Mädchen wegen eines Verstoßes nach der „Zina“ erörtert; insbesondere die Rechtsgrundlage, das tatsächlich angewandte Recht: Jugendstrafrecht oder Erwachsenenstrafrecht, der Vollzug der Haft: Jugendhaftanstalt oder Erwachsenenhaftanstalt etc. In diesem Zusammenhang soll das Interview mit einer befragten Richterin in Kabul herangezogen werden. Die afghanische Jugendstrafrechtsforschung fällt insgesamt sehr mäßig aus.

Schließlich ist zu vergleichen, ob und inwieweit die praktische Anwendung in Afghanistan mit den Gesetzen übereinstimmen. Folglich kann beurteilt werden, inwieweit oder wie häufig eine Unterdrückung der afghanischen Frauen und Mädchen in der Praxis auftritt.

Im Schlussteil der Arbeit werden die Ergebnisse zusammengefasst. Der Fokus wird dabei auf die afghanischen Frauen und Mädchen gelegt. Die Untersuchung der Frauen und Mädchen erscheint nach diesseitiger Auffassung besonders aufschlussreich zu sein, da die Benachteiligung der Frauen in Afghanistan zum gegenwärtigen Zeitpunkt sehr verbreitet und üblich ist. Anzumerken ist, dass die vorhandene afghanische Forschungsliteratur sehr mäßig ausfällt. Empirisch abgesicherte Forschung aus Afghanistan ist kaum vorhanden. Daher werden sämtliche Forschungen aus Afghanistan, auch nicht wissenschaftliche Studien, im Rahmen dieser Arbeit berücksichtigt. Der überwiegende Teil der vorhandenen Literatur ist auf englischer Sprache verfasst. Auf das Problemfeld der Pashtunwali[22] kann im Rahmen dieser Arbeit aufgrund ihres Umfanges nicht eingegangen werden.

22 Pashtunwali stellt das Ehrenkodex der Pashtunen dar.

In Afghanistan fand im Jahre 2014 ein Regierungswechsel statt. Nach mehreren strittigen Wahlen haben sich schließlich Aschraf Ghani und Abdullah Abdullah zu einer Einheitsregierung geeinigt mit Aschraf Ghani als Präsidenten und Abdullah Abdullah als Regierungschef. Diverse Meinungsverschiedenheiten unter ihnen führen dazu, dass keine Politik bzw. Lösungsansätze für die kritische Lage in Afghanistan bereitstehen. Die Taliban sollen offiziell anerkannt werden und mitreden dürfen. Es finden unzählige Attentate auf Zivilisten in dem Land statt.

Präsident Trump hat zu mehr Luftangriffen auf Afghanistan aufgerufen und diese bereits durchgeführt mit unzähligen Opfern als Folge. Es sollen mehr Sicherheitskräfte in Afghanistan stationiert werden. Präsident Trump will seine Mission nicht offenlegen, sodass ungewiss bleibt, bis wann die Mission ausgeweitet wird.[23] Afghanistan selbst ist nicht in der Lage, das Land zu verteidigen und hat bereits Landesteile an die Aufständischen abgegeben. Pakistan hat angekündigt, Hunderttausende von afghanischen Flüchtlingen abzuschieben.[24] Es bestehen daher in jeglicher Hinsicht Überlebens- und Existenzängste für die afghanischen Bürger.

Wiederum leben die Menschen in Afghanistan inzwischen eine größere Meinungs- und Kundgebungsfreiheit aus. Es gibt mittlerweile zahlreiche afghanische Fernsehsender, die die Rechte der Menschen/Frauen darlegen oder auf die Risikofaktoren – wie die Früh- oder Zwangsheirat oder das Brautgeld – eingehen. In einigen TV Sendungen wird die Regierung sogar mittlerweile belustigt und teilweise spielen in diesen Formaten auch Frauen eine Rolle.

Die neuen Wahlen stehen im Jahre 2018 wieder an. Laut den afghanischen Medien soll Karzai zurzeit wieder aktiv sein. Die Zukunft Afghanistans bleibt jedoch weiterhin im Unklaren.

Schließlich soll anhand dieser begrenzt aufgeführten Beispiele aufgezeigt werden, dass die Scharia – wie von Präsident Karzai geäußert – und die anderen afghanischen Gesetze eben nicht hauptursächlich für die Unterdrückung der Frauen und Mädchen in Afghanistan sind. Die Verfasserin möchte auf einige grundsätzliche Probleme in Afghanistan aufmerksam machen mit der Hoffnung, dass sich das afghanische Volk, die Regierung sowie die internationalen

---

23 Sood (2017) in The Hindu Mission indefinite Link: www.thehindu.com Download: 22.03.2018.

24 Spiegel Online (2018) Pakistan plant offenbar Ausweisung Hunderttausender Afghanen Link: http://www.spiegel.de/politik/ausland/pakistan-plant-offenbar.aus... Download: 27.01.2018.

Kräfte diesen annehmen und sie beseitigen. Insbesondere wird die afghanische Regierung dringlich aufgefordert, Geburten, Eheschließungen und Sterbefälle zu datieren. Anderenfalls kann nicht nachvollzogen werden, wie beispielsweise Straftäter ausfindig gemacht werden, wenn ihre Meldeadresse nicht vorliegt, wie der Schulbesuch der Kinder überwacht wird oder wie eine Eheschließung im minderjährigen Alter sanktioniert und entgegengewirkt wird, wenn weder Geburten noch Eheschließungen festgehalten werden. Der afghanische Staat hat bisweilen seine Überwachungsfunktion außer Acht gelassen. Gerade diese Funktion ist überaus wichtig, in einem Land mit einer der höchsten Analphabetenquoten. Diese Daten aufzunehmen und zu pflegen, ist ein erster Schritt um einige Divergenzen, wie z.B. die Früh- oder Zwangsheirat vorzubeugen.

Es ist der Verfasserin dabei ein besonderes Anliegen, ein Bewusstsein über die Situation der Frauen und Mädchen in dem Land zu schaffen.

B. Das Verhältnis der Scharia zu der afghanischen Verfassung

„Im Namen des erhabenen Gottes und zum Wohl des edlen und friedliebenden Volkes Afghanistans verkünde ich die Unterzeichnung und das Inkrafttreten der neuen Verfassung …“, lautet der Erlass über die Unterzeichnung der afghanischen Verfassung von Hamid Karzai[25]. Die Verfassung der Islamischen Republik Afghanistan (AC) wurde am 04.01.2004 von der Großen Ratsversammlung, die sog. Loya Dschirga, einstimmig angenommen und verabschiedet. Die neue Verfassung ist in 12 Kapiteln und 162 Artikeln gegliedert. Gemäß Art. 2 AC hat die Islamische Republik Afghanistan den Islam als Staatsreligion gesetzlich statuiert. Entsprechend genießt der Islam in Afghanistan eine bedeutende Rolle. Jedoch steht in keinem Gesetz der neuen Verfassung ausdrücklich, dass islamisches Recht, auch Scharia genannt, die Grundlage bildet.

Die Scharia umfasst einen Schwerpunkt dieser Arbeit und wird in diesem Kapitel mitsamt ihrer Problematik und Bezeichnung untersucht. Mangels ausdrücklicher Gesetzesstatuierung der Scharia ergibt sich die Frage, welches Verhältnis die Scharia zu der afghanischen Verfassung hat. Normen, wie die Art. 3, 7 und 130 AC verschärfen diese Kontroverse. In der Literatur sind viele Auffassungen vertreten. Zuvor wird zum besseren Verständnis ein Überblick über den Islam, die Bedeutung der Scharia, ihre Abstammung und die ihr zugrunde liegenden Quellen gewährt.

I. Die Bedeutung des Begriffs „Islam“

Der Islam ist eine monotheistische Weltreligion und bedeutet, die „Erlangung von Frieden durch Unterwerfung unter Allah“.[26] Die Muslime glauben daran, dass dem Propheten Mohammed der Koran innerhalb von 23 Jahren durch das Medium eines Engels in menschlicher Sprache von Gott offenbart wurde.[27]

25 Präsident Afghanistans 2004–2014.

26 Islamisches Zentrum München Link: http://www.islamisches-zentrum-muenchen.de/html/islam_-_was_ist_islam_.html Download: 19.06.2014.

27 Vgl. zur islamischen Ausführung Hofmann (2009) S. XVIII–XXI; Ahmadiyya Muslim Jamaat (2013) Vorwort; Asad (2009) S. 9–18; auf die Art der Überlieferung soll nicht eingegangen werden.

II. Die Bedeutung und die Abstammung der Scharia im islamischen Glauben

Die Scharia bedeutet wörtlich „der zu folgende Pfad" und wird als eine offenbarte Leitung im Islam angesehen.[28] Die Scharia umfasst sowohl die Vorschriften, die die Beziehung zwischen Mensch zu Gott, sog. ibadat, regeln als auch die Vorschriften, die das Verhältnis der Menschen untereinander regeln, sog. muamalat.[29] Die Scharia beruht auf Primär- und Sekundärquellen. Die islamischen Gesetze sind in diesen Quellen manifestiert. Über die Anzahl der rechtlichen Vorschriften im Koran herrscht Unklarheit. Yassari 2004 vertritt die Auffassung, dass etwa 80 bis 100 der insgesamt 500 Verse des Korans rechtliche Vorschriften beinhalten sollen.[30] Der Koran hat rund 6200 Verse.[31] Eine genaue Zählung erscheint m.E. nicht möglich.

1. Der Koran als die Primärquelle der Scharia nach islamischem Glauben

Gemäß Sure[32] 15: 10 des Korans hat Gott selbst den Koran hinab gesandt und wird diesen vor Veränderungen schützen. Hofmann (2009) geht auf die Authentizität des Korans ein. Danach entspreche der aktuelle Koraninhalt bereits dem Inhalt, welchen zahlreiche Muslime zum Todeszeitpunkt des Propheten Mohammeds rezitierten.[33] Nach einheitlicher Auffassung ist die Primärquelle der Scharia das Wort Gottes, das im Koran niedergeschrieben ist.[34]

---

28 Baderin (2005) S. 33; MPI, 2007S. 10; Mahmoudi (2004) S. 867; Petersohn (1999) S. 13.

29 Siehe zur Ausführung Petersohn (1999) S. 13ff.

30 Yassari (2004) S. 108.

31 Islamische Förderation Bremen e.V. Der Quran Link: islambremen.de e.V. Download: 27.03.2018; Wikipedia (2017) Liste der Koransuren Link: https://de.m.wikipedia.org Download: 27.03.2018.

32 Im Folgenden sind alle Suren ohne besondere Benennung solche der Übersetzung des Korans von Ahmadiyya Muslim Jamaat.

33 Hofmann (2009) S. XX.

34 Röder (2009) S. 259; Mahmoudi (2004) S. 867; Johansen (2004) S. 881; MPI 2007S. 10; Koran Sure 15: 10; Hofmann (2009) S. XVIII; Asad (2009) S. 13; Ahmadiyya Muslim Jamaat (2013) Vorwort.

2. Die Sunna und die Hadithen als die Primärquelle der Scharia nach islamischem Glauben

Die sog. Sunna stellen die Ausübung und die sog. Hadithen die Aussagen des Propheten Mohammed dar.[35] Der Koran gewährt dem Wort des Propheten in mehreren Suren eine gewichtige Rolle.[36] Diese Aussagen und Ausübungen des Propheten Mohammeds machen den Koran für die Muslime verständlich und fassbar; sie stellen im Grunde eine Auslegungshilfe für die Muslime dar.[37] Nach islamischem Glaube gehören die Sunna und die Hadithen, die von dem Propheten Mohammed stammen, der Primärquelle der Scharia an. Problematisch erscheint, dass der Prophet seine Ausübungen und Aussagen selbst nicht festhielt.[38] Seine Zuhörer, Anhänger und Mitmenschen manifestierten sie in den sog. Hadithen. Teilweise wurden diese von dem Propheten auf Richtigkeit überprüft.[39] Es gibt verschiedene Ausführungen der Hadithen.[40] Der AMGT Vereinigung zufolge besaß der Kalif Abu Bakr mitunter eine Sammlung von 500 Hadithen. Er sagte: „Ich hatte das aufgeschrieben, was ich gehört hatte, aber es kann sein, dass einzelnes nicht wörtlich dem entspricht, was der Prophet gesagt hat",[41] und zerstörte die Sammlung der Überlieferungen des Propheten. Der Kalif Umar überlegte über die Kodifizierung der Hadithen. „Er wolle keine Möglichkeit der Verwirrung zwischen Koran und hadith stiften".[42] Danach würden die Sunna und die Hadithen, die nicht von dem Propheten stammen, eigentlich an Rechtsgültigkeit verlieren.[43] Afghanistan als islamisches Land erkennt die Sunna

35 Vgl. Mahmoudi (2004) S. 867; Tellenbach (2004) S. 929; Sahih Al-Buharyy (2012) S. 16f.; zusammengefasst Sunna genannt, im Folgenden nur Sunna genannt.

36 Sahih Al-Buharyy (2012) S. 16: Sure 3: 32, Sure 4: 80, Sure 59: 7; Asad (2009) S. 111/171/1047.

37 Z.B. der Gottesdienst ist im Koran vorgeschrieben, über die Art der Ausführung des Gottesdienstes ist im Koran nichts Weiteres zu finden, aufgrund der Sunna können die Muslime die Ausübung des Propheten Mohammed folgen vgl. dazu AMGT Vereinigung § 69S. 49.

38 AMGT Vereinigung § 67, S. 48.

39 AMGT Vereinigung § 86, S. 56.

40 Darunter Sahih Al-Buharyy und Sahih Muslim gelten als authentische Sammlungen unter den Muslimen; daneben gibt es noch Ibn Madscha; Abu Dawud as-Sidschastani; At-Tirmidhi, An-Nasa'i vgl. Wikipedia Link: http://de.wikipedia.org/wiki/Hadith Download: 27.01.2014; vgl. auch Röder (2009) S. 260 FN 6: „Als besonders verlässlich gelten die hadith-Sammlungen von Bukhari (gest.870) und Muslim (gest. 875)".

41 AMGT Vereinigung, Kapitel 2, § 92, S. 58f.

42 AMGT Vereinigung, Kapitel 2§ 92, S. 59.

43 Ähnliche Ansicht: Schimmel (1990) S. 46 „nicht so sehr eine Quelle …".

jedoch als Primärquelle der Scharia an.[44] Entsprechend wird die Sunna der Primärquelle der Scharia zugeordnet.

Falaturi (1988) führt weiter aus, dass in der Normenhierarchie der Koran der Sunna vorangehe.[45] Über den Rang der Hadithen zum Koran kann aufgrund der zahlreichen Ausfertigungen der Hadithen, der Nichtkodifizierung der Hadithen und der Grundsatz im islamischen Glauben, wonach Gottes Wort maßgebend ist und den höchsten Rang genießt, der Ansicht von Falaturi (1988) gefolgt werden. Demzufolge hat der Koran einen höheren Rang als die Sunna.

3. Die Fiqh als die Sekundärquelle der Scharia nach islamischem Glauben

Die Fiqh ist die islamische Rechtswissenschaft. In ihr werden die islamischen Rechtsvorschriften genannt und interpretiert.[46] Sie wird durch gesetzliche Gelehrte bestimmt und abgeleitet.[47] Diese Interpretationen sind nach Mahmoudi (2004) menschliche Erzeugnisse und können sich in Anbetracht von Zeit, Umständen und dem Verständnis des gelernten Interpreten ändern.[48] Aus diesem Grund stellt die Fiqh im islamischen Glaube die Sekundärquelle der Scharia dar.[49]
In den islamischen Ländern herrschen in der Fiqh verschiedene Rechtsansichten.[50] In Afghanistan ist die Hanafi Rechtslehre i.S.d. Art. 130 AC und Art. 1 PC vorherrschend. Die Hanafi Rechtslehre ist im Vergleich zu den anderen Rechtsansichten die Konservative. Beispielsweise schränkt die Hanafi Rechtslehre die Scheidungsmöglichkeiten der Frau ein.

Nachfolgend werden die Quellen der Scharia anhand der afghanischen Straftatkategorien veranschaulicht.

---

44 MPI, 2007S. 10; Tellenbach (2004) S. 929; Motzki (2014) S. 3; Mahmoudi (2004) S. 867.

45 Falaturi (1988) S. 93; vgl. auch Motzki (2014) S. 3.

46 MPI (2007) S. 10 in FN 25; Petersohn (1999) S. 17f.; Mahmoudi (2004) S. 867; Johansen (2004) S. 881f.

47 Petersohn (1999) S. 17f.; Johansen (2004) S. 881; Mahmoudi (2004) S. 867.

48 Mahmoudi (2004) S. 867; Hjärpe 1997, 1998, S. 139; MPI, 2007S. 10.

49 MPI, 2007 S. 10; Röder (2009) S. 260; Mahmoudi (2004) S. 867.

50 Mahmoudi (2004) S. 867 f.; MPI (2007) S. 10 in FN 25; die vier herrschenden Rechtslehren im Islam: Hanafi, Maliki, Schafi'î und Hanbali, vgl. hierzu Petersohn (1999) S. 17f.; Abdal, Link: http://turntoislam.com/community/threads/%C3%9Cber-die-vier-rechtsschulen-und-die-notwendigkeit-einer-von-ihnen-zu-folgen.8926/ auf diese Rechtslehren soll nicht weiter eingegangen werden.

4. Die Quellen der Scharia am Beispiel Afghanistans Straftatkategorien nach der Hanafi Rechtslehre

Gemäß der Hanafi Rechtslehre i.S.d. Art. 1 PC ist das afghanische Strafrecht[51] in mindestens drei Straftatkategorien unterteilt.

a) Die Hadd Straftaten

Eine eindeutige und klar verständliche Kategorie stellen die Hadd Straftaten dar. Die Hadd Straftaten sind mit dem jeweiligen Strafmaß von Gott im Koran aufgezählt.[52] Sie beinhalten Straftaten und Sanktionsmaßnahmen wie z.B. für Ehebruch, zu Unrecht erfolgte Beschuldigung des Ehebruchs, Diebstahl, Alkoholtrinken und die Ungehorsamkeit eines Muslims hinsichtlich seiner Pflichten.[53] Demnach schreibt der Koran, die Primärquelle der Scharia, die Hadd Straftaten vor.

b) Die Qisas Straftaten

Die Qisas Straftaten bilden die zweite Kategorie des afghanischen Strafrechts. Diese sind ebenfalls im Koran mit dem jeweiligen Strafmaß angeordnet. Die Qisas Straftaten beinhalten u.a. den Totschlag und die Körperverletzung; also Straftaten gegen das Leben und die körperliche Unversehrtheit.[54] Der Geschädigte oder dessen Familie kann anstelle der im Koran angesetzten Strafe, Schadensersatz fordern – also anders als das vergleichbare Adhäsionsverfahren im deutschen Strafprozessrecht gem. §§ 403 ff. StPO.[55] Auch diese Kategorie ist in der Primärquelle der Scharia verankert, doch kann der Geschädigte oder seine Familie hier Schadensersatz fordern.

c) Die Tazir Straftaten

Die dritte Kategorie des afghanischen Strafrechts stellen die Tazir Straftaten dar. Sie umfassen alle Vergehen, die zwar in der Scharia aufgeführt sind; die Sanktion

---

51 Strafgesetzbuch von 1976, auch PC genannt; Official Gazette of Afghanistan No. 347, 1976.

52 Tellenbach (2004) S. 929 in FN 2; MPI (2007) S. 11; Röder (2010) S. 340.

53 Vgl. zur Ausführung von Hadd Straftaten MPI (2007) S. 11; Tellenbach (2004) S. 929f.; Röder (2010) S. 340.

54 Vgl. zur Ausführung von Qisas Straftaten Tellenbach (2004) S. 930f.; MPI (2007) S. 11; Hussein (2003) S. 37.

55 Vgl. Tellenbach (2004) S. 929f. und in FN 2.

jedoch nicht festgelegt wurde. Der Strafmaßstab liegt im Ermessen der Rechtsgelehrten.[56] Infolgedessen gehören alle Gesetze und Regelungen, die nicht unter die Hadd oder Qisas Straftaten fallen und die von den Rechtsgelehrten stammen, der Kategorie Tazir an. Der Kategorie Tazir gehören nach Zehetgruber (2014) beispielsweise der Versuch von Hadd und Qisas Straftaten an, weil diese selbst jeweils Vollendung vorschreiben.[57] Die Tazir Straftaten von Afghanistan sind gem. Art. 1 ff. PC geregelt. Die Tazir Straftaten stellen ein Glied der Fiqh, der Sekundärquelle der Scharia dar.

III. Das Verhältnis der Scharia zu der afghanischen Verfassung

Die Scharia bildet nicht ausdrücklich die Grundlage der afghanischen Verfassung.[58] Die Unklarheit wird u.a. durch Art. 3 und 7 AC verstärkt. Art. 3 AC verbietet einen Widerspruch zu den islamischen Vorschriften. Auf der anderen Seite steht Art. 7 AC. Nach Art. 7 AC hat Afghanistan diverse internationale Abkommen verbindlich angenommen. Dazu gehören u.a. auch die bereits durch die Generalversammlung der Vereinten Nationen 1948 verabschiedete „Allgemeine Erklärung der Menschenrechte"; die Menschenrechtscharta der UN selbst ist zwar nur eine Resolution der UN-Generalversammlung, sodass ihr keine rechtliche Verbindlichkeit zukommt. Sie hat inzwischen jedoch eine solche universelle Anerkennung erlangt, dass sie gemeinhin als Bestandteil des Völkergewohnheitsrechts angesehen wird; sie ist Bestandteil des Internationalen Menschenrechtskodex, die „International Bill of Rights" und beschreibt damit im Bereich der Menschenrechte den Grundkodex der internationalen Völkergemeinschaft.

Weitere Artikel, wie die des 130 AC und Art. 1 PC tragen zur Verschärfung der genannten Problematik bei. Aufgrund der u.a. aufgeführten Artikel besteht in der Literatur Uneinigkeit über den Rang der Scharia innerhalb der afghanischen Normenhierarchie. Es erfolgt nach Darstellung des Meinungsstreits eine Auslegung des Art. 3 AC nach den klassischen (deutschen) Auslegungsmethoden.

---

56 Tellenbach (2004) S. 930 stellt dabei Risiken fest: mögliche Ermessensüberschreitung und Fehlgebrauch der Richter; Diskussion über Tazir Straftaten in Tellenbach (2004) S. 931; soll hier nicht weiter vertieft werden.

57 Vgl. Zehetgruber (2014), S. 79, 80.

58 Vgl. auch MPI (2007) S. 4,10; Röder (2009) S. 267; Knust/Afshar (2006) S. 591–605.

1. Meinungsstreit über das Verhältnis der Scharia zu der afghanischen Verfassung

Das MPI (2007) vertritt den Standpunkt, die Scharia bilde nicht die Grundlage der afghanischen Verfassung. Sie sei nicht als ausdrückliche Quelle benannt.[59] Lediglich in Art. 130Abs. 2 AC stellen sie einen ausdrücklichen Verweis auf die Hanafi Rechtslehre fest. Nach Art. 130Abs. 1 AC solle das jeweilige Gericht im Rahmen seiner Entscheidungen die Regelungen der Verfassung und andere Gesetze anwenden, nicht jedoch islamisches Recht.[60] Vielmehr sei die Scharia ausschließlich im Falle einer planwidrigen Regelungslücke – soweit die Verfassung keine Regelung enthält – anzuwenden. Das MPI weist der Verfassung die primäre und der Scharia die subsidiäre Rolle zu. Sie stellen bei einigen Gesetzen den Bezug zum Islam fest, wie bei Art. 1 PC. Daraus ergebe sich die Frage der gesetzlichen Grundsätzlichkeit und die Übereinstimmung mit den internationalen Abkommen, die Afghanistan gem. Art. 7 AC eingegangen ist.[61]

Das MPI (2009) räumt der afghanischen Verfassung den höchsten Rang in der afghanischen Normenhierarchie ein. Diese wird aus Art. 162 AC entnommen.[62]Art. 162 AC besagt, dass Gesetze und gesetzliche Erlasse, welche den Vorschriften der Verfassung widersprechen, ungültig sind; ähnlich wie im deutschen Verfassungsrecht gem. § 95Abs. 3 BVerfGG: Bei Verfassungswidrigkeit wird das Gesetz für nichtig erklärt.

Knust/Afshar (2006) stellen bei einer Forschung in Kabul über die Verfassung als Schranke der Hanafi Rechtsprechung i.S.d. Art. 130Abs. 2 AC verschiedene Meinungen von den befragten Teilnehmern fest. Sie selbst gehen davon aus, dass sich die Hanafi Rechtsprechung i.S.d. Art. 130Abs. 2 AC innerhalb der Grenzen der Verfassung bewegen darf. Sie sehen den Grundsatz der Verfassung darin, willkürliches Verhalten sowohl auf Legislativseite, Judikativseite als auch auf Exekutivseite zu vermeiden. Sie sehen die Nichtbeachtung der Gesetze als Verstoß gegen die Verfassung an.[63]

Röder (2009) vertritt die Auffassung, dass mangels ausdrücklicher Erwähnung in der afghanischen Verfassung „normativer Pluralismus“ verwirklicht werde.[64]

---

59 MPI (2007) S. 10.

60 MPI (2007) S. 11.

61 Vgl. zur Ausführung MPI (2007) S. 10 f.

62 MPI (2009) S. 4.

63 Vgl. zur Ausführung Knust/Afshar (2006) S. 591–605.

64 Röder (2009) S. 257 folgende Normen erfüllen diesen Pluralismus: Staatliche Gesetze, Scharia und Pashtunwali.

Die Scharia sei nicht ausdrücklich in Art. 3 AC als Grundlage erwähnt, wie in den anderen islamischen Ländern.[65] Auch ist er der Ansicht, dass Art. 130Abs. 2 AC ausdrücklich auf die Subsidiarität der Scharia hinweise.[66]

Mahmoudi (2004) stellt ein Dilemma der afghanischen Verfassung fest. Auf der einen Seite solle die Scharia Beachtung finden; auf der anderen Seite solle Afghanistan seinen Pflichten aus den Menschenrechtskonventionen und den internationalen Abkommen gerecht werden.[67] Beides gleichzeitig zu wahren, sei unmöglich.[68] Bei Konflikten zwischen der Scharia und den afghanischen Gesetzen soll gem. Art. 3 AC und Art. 130Abs. 2 AC auf die Scharia zurückgegriffen werden. Die Scharia stelle eine Ergänzung zur afghanischen Verfassung dar. Die persönliche Einstellung des jeweiligen Präsidenten – streng praktizierend oder liberal – entscheide über die gewichtete Tendenz der Verfassung.[69] Er sieht in dem Bestand der Scharia und den internationalen Abkommen keinen Widerspruch.[70] Eine Unstimmigkeit bei der Ausübung der Verfassung hält er für naheliegend. Diese Unstimmigkeit ruhe in modernen Zeiten, allerdings entfache sie, wenn die politische Situation traditionelle Deutung gestatte.[71]

Kamali (1985) werden diese Zwiespaltungen zwischen Religion und Modernisierung bereits bei den bisherigen vier Verfassungen Afghanistans deutlich.[72] Er legt bei der Gewichtung den Schwerpunkt auf die Religion.[73] Nach Kamali (1985) gilt unter den islamischen Gläubigen islamisches Recht als bindendes Recht. Aufgrund dessen verletze das islamische Recht nicht die Verfassungsgrundsätze.[74]

Vergau (2004) vertritt die Auffassung, dass Art. 3 AC auf die Einführung der Scharia hindeute.[75] Anhand der zuvor geltenden afghanischen Verfassungen

---

65 Röder (2009) S. 267.

66 Röder (2009) S. 268.

67 Mahmoudi (2004) S. 874.

68 Als Beispiel sei z.B. das Folterverbot nach den internationalen Abkommen genannt, welches nach Mahmoudi im Islam z.B. bei Ehebruch in Form von Steinigung oder Verstümmelung gestattet ist Mahmoudi (2004) S. 876.

69 Mahmoudi (2004) S. 879f.

70 Mahmoudi (2004) S. 880.

71 Vgl. zur Ausführung Mahmoudi (2004) S. 867–880.

72 Kamali (1985) S. 19ff.

73 Kamali (1985) S. 23 diese ist nach Kamali von Gott vorgeschrieben nach den Suren: „3:25, 23:88, 12:40“.

74 Kamali (1985) S. 25 er bekräftigt diese mit der Sure 5: 44, zur Begründung, warum die Gesetze mit der Scharia im Einklang stehen müssen.

75 Vergau (2004) S. 472.

stellt er fest, dass diese weniger islamisch geprägt waren als die aktuelle Verfassung.[76] Die derzeitige Verfassung habe eindeutige islamische Tendenzen; sei jedoch nicht radikal islamisch auszulegen.[77]

Gerber (2007) stellt im Vergleich zu den in der Vergangenheit geltenden Verfassungen, eine vermehrte islamische Tendenz der gegenwärtigen Verfassung fest.[78] Danach wurde bei der gegenwärtigen Verfassung auf den bisherigen Zusatz von Art. 3 AC verzichtet. Man beschränke sich auf die Werte der heiligen Religion des Islams.[79] Zudem stellt sie fest, dass der Begriff Islam deutlich häufiger in der afghanischen Verfassung verwendet wird als die Begriffe Demokratie und Menschenrechte. Sie folgert daraus, dass der Islam in der aktuellen Verfassung mehr Gewicht beigemessen wird als in den vorangegangenen Verfassungen.[80]

Prohl/Werdin (2004) stellen in der afghanischen Gesellschaft eine stärkere Neigung zum Islam fest.[81]

2. Auslegung von Art. 3 AC

a) Grammatikalische Auslegung

Der Wortlaut des Art. 3 AC besagt, dass kein afghanisches Gesetz mit dem islamischen Glauben und Regelungen in Widerspruch stehen darf. Anderenfalls ist es verfassungswidrig. Angesprochen werden soll die materielle Verfassungswidrigkeit. Materiell verfassungswidrig ist ein Gesetz der Islamischen Republik Afghanistan, soweit es inhaltlich gegen den islamischen Glauben und Regelungen gem. Art. 3 AC verstößt. Für sämtliche afghanische Gesetze gilt im Hinblick auf ihre Rechtswidrigkeit bzw. Verfassungswidrigkeit, der Gesetzesvorrang. Eine ähnliche Regelung enthält das deutsche Verfassungsrecht. Gemäß Art. 140 GG sind die erwähnten Artikel der WRV Bestandteil des Grundgesetzes. Dem BVerfG zufolge sind einige benannte Artikel der WRV vollgültiges Verfassungsrecht und sind nicht niedrigeren Ranges.[82] Die Formulierung im afghanischen Verfassungsrecht – es dürfe nicht in Widerspruch stehen zu islamischen

---

76 Vergau (2004) S. 471.

77 Vergau (2004) S. 488.

78 Gerber (2007) S. 99ff.

79 Gerber (2007) S. 101.

80 Gerber (2007) S. 129f.

81 Prohl/Werdin (2004) S. 11 stellen fest, dass etwa 44 % der Männer und 30 % der Frauen in Afghanistan für die konsequente Befolgung der Scharia sind; Gerber (2007) S. 108.

82 BVerfGE 19,206 (219); 19, 226 (236); 53, 366 (400); 111, 10 (50); zitiert in Münch/Kunig Art. 140 RN 3; Schmidt – Bleibtreu/Hofmann Art. 140 RN 2.

Regelungen – enthält jedenfalls als Minus die „mildere" Formulierung des deutschen Verfassungsrechts (Art. 140 GG), wonach teilweise Regelungen aus der WRV „Bestandteil" des Grundgesetzes sind. Demnach kann davon ausgegangen werden, dass die islamischen Vorschriften i.S.d. Art. 3 AC mindestens vollgültiges Verfassungsrecht sind. Mit der Formulierung in Art. 3 AC wird dem islamischen Recht Verfassungsvorrang eingeräumt. Ein niedrigerer Rang der Scharia zu der afghanischen Verfassung wird aufgrund der genannten Formulierung abgelehnt. Soweit in diesem Zusammenhang die Häufigkeit der in der afghanischen Verfassung verwendeten Begriffe der Demokratie, des Islams und der Menschenrechte herangezogen wird, kann nach Gerber (2007) zusammenfassend ausgeführt werden, dass das Wort „Demokratie" zwei Mal, „Menschenrechte" sechs Mal und „Islam" 24 Mal verwendet wird.[83] Danach überwiegt der Begriff des Islams jedenfalls in quantitativer Hinsicht. Eine grammatikalische Auslegung führt zu dem Ergebnis, dass der Islam Bestandteil der afghanischen Verfassung und den afghanischen Gesetzen übergeordnet ist.

b) Systematische Auslegung

Eine systematische Auslegung lässt aufgrund des Erlasses des Präsidenten Karzai sowie der Präambel der neuen Verfassung den Schluss zu, dass dem Islam eine bedeutende Position beigemessen wird. Präsident Karzai bittet in seinem Erlass Gott inständig darum, dass die Verfassung die Gebote der heiligen Religion des Islams berücksichtigt und wahrt. Auch in der Präambel S. 3, Satz 1, Var. 1 des AC wird der Glaube an die heilige Religion des Islams festgelegt. In den ersten drei Artikeln der afghanischen Verfassung wird der Islam mit als Staatsform und Staatsreligion festgelegt und Art. 3 AC lehnt afghanische Gesetze ab, die in Widerspruch zum Islam stehen. In weiter folgenden Artikeln wird die Wahrung unter islamischen Gesichtspunkten angeordnet. Art. 1 PC weist ausdrücklich auf islamisches Strafrecht hin.[84] Gerade aus dieser Positionierung der ersten drei Artikel – als Ausdruck der Hervorhebung –, der Präambel und dem Erlass des Präsidenten Karzai, kann nach einer systematischen Auslegung von einer substanziellen Gewichtung des Islams ausgegangen werden. Dieser Positionierung ist ein gewisser Rang zu entnehmen. Bei Heranziehung des deutschen Grundgesetzes kann festgestellt werden, dass Art. 1Abs. 1 GG, die Unantastbarkeit der

83 Gerber (2007) S. 129f.

84 Zu den Straftatkategorien s.o.

Menschenwürde, die Grundlage des grundrechtlichen Wertesystems bildet.[85] Entsprechend kommt der Islam in Afghanistan als Grundlage des grundrechtlichen Wertesystems in Betracht und dem Islam wird eine erheblichere Rolle zugeschrieben als allen weiteren Gesetzen. Die systematische Auslegung bestätigt im Wesentlichen das Ergebnis der grammatikalischen Auslegung.

c) Historische Auslegung

Die aktuelle Fassung des Art. 3 AC hatte in den letzten vier afghanischen Verfassungen sowie in dem Entwurf aus 2003 einen Zusatz, auf den in der neuen Fassung von 2004 verzichtet wurde. Der Zusatz lautete: „... and the other values embodied in this Constitution".[86]Durch Verzicht auf diesen Zusatz gibt die aktuelle Verfassung die bisherige Gleichrangigkeit von dem Islam und den anderen Werten der Verfassung auf und gewährt dem Islam den Vorrang.[87]

d) Teleologische Auslegung

Die teleologische Auslegung ist als eine Fortentwicklung der historischen Methode anzusehen. Sie knüpft an die Aufgabenstellung der Norm bei ihrem Erlass an und führt diese in der Gegenwart fort. Bei Aufwerfen der Frage, welchen Sinn und Zweck die Norm zum Zeitpunkt ihrer Anwendung erfüllt unter Berücksichtigung auf aktuelle Lebensbedürfnisse, bestehender Wertevorstellungen sowie moderner wissenschaftlicher Erkenntnisse, gelangt man zu dem Ergebnis, dass sich die teleologische Auslegung auch im vorliegenden Fall an dem Ergebnis der historischen Auslegung orientiert. Die Aufnahme einer Formulierung „In Afghanistan darf kein Gesetz dem Glauben und den Bestimmungen der heiligen Religion des Islam widersprechen," erfolgt zweckmäßigerweise zur Vermeidung der vollständigen Wiedergabe des Korans und der Sunna. Es dient lediglich der Übersichtlichkeit. Anderenfalls hätten – jedenfalls der Koran und die Sunna als Primärquellen – als solche wörtlich wiedergegeben werden müssen. Die Scharia basierend auf dem Koran und der Sunna verfügt über unzählige Seiten.[88] Ihre Aufnahme in die afghanische Verfassung würde bereits aufgrund des Umfanges zu einer unübersichtlichen Verfassung führen, die auch

---

85 BVerfGE 6, 36; Maunz/Dürig/Herdegen Art. 1 RN 18; Schmidt-Bleibtreu/Hofmann Art. 1 RN 7; Mangoldt/Klein/Starck Starck S. 147f.

86 Vgl. AC 1964 Art. 64Abs. 2; AC 1977 Art. 64; AC 1987/1990 Art. 2; im Entwurf 2003 Art. 60.

87 Vgl. auch Gerber (2007) S. 87ff.

88 Zu diesen Quellen s.o.

eine Intransparenz nach sich ziehen würde. Die teleologische Auslegung weicht nicht von dem Ergebnis der historischen Auslegung ab. Vielmehr stimmen sie überein.

e) Ausübung des Art. 3 AC in der richterlichen Praxis

Präsident Karzai hat in Kabul vor der Loya Jirga, der Großen Ratsversammlung, die Befolgung des Islams in Rechtssachen bekräftigt. Er sagte: „Unsere Gesetze sollten auf der islamischen Rechtsprechung basieren".[89] Die richterliche Praxis zeigt nach einhelliger Auffassung[90] in der Literatur, dass Afghanistan seinen Pflichten aus Art. 7 AC den internationalen Menschenrechtsabkommen nicht nachkommt. Dies lässt den Schluss zu, dass die richterliche Praxis ihren Schwerpunkt nicht auf die internationalen Abkommen gelegt hat. Um ein Bild über die Rechtsanwendung in der Praxis zu erhalten, wurden Jurastudenten in Afghanistan und eine afghanische Rechtsanwältin in Hamburg befragt.

aa) Umfrage afghanischer Jurastudenten in Afghanistan

In dem Zeitraum vom 18.06.2013–15.07.2013 führte ich eine Untersuchung in Afghanistan durch. Angestrebt wurde die Befragung von 50 Jurastudenten. Im Ergebnis kam es zu einer Umfrage von 26 Jurastudenten. Am 20.06.2013 verweigerte die Universität Kabul den Zugang zu den Studenten. Sie machten die Befragung von einer Genehmigung des Bildungsministeriums abhängig, dessen Einholung binnen dieser kurzen Zeit nicht möglich war. Am 22.06.2013 erfolgte mittels eines privaten Kontaktes eine Befragung in Kabul. Der genannte Kontakt bestand zu einem Jurastudenten, der Freunde und Kommilitonen die Fragebögen weiterreichte. Der Jurastudent wurde vor der Einführung selbst befragt. Sodann erhielt der Jurastudent 24 Fragebögen. Er wurde auf das Ziel und die Bedingungen der Studie hingewiesen. Er sollte diese Befragung leiten und darauf achten, dass die Bedingungen eingehalten werden. Hauptanliegen war es, dass sämtliche Befragte ihren Fragebogen eigenhändig und eigenständig binnen 30 Minuten ausfüllen, ohne Absprache mit anderen. Die Freiwilligkeit der Teilnahme wurde betont. Acht Fragebögen wurden gar nicht und drei wurden blanko abgegeben. Verwertbar von diesen insgesamt in Kabul ausgeteilten 25 Fragebögen waren schließlich 14 Fragebögen. Am 26.06.2013 verweigerte die Universität Herat die Durchführung der Befragung mangels

---

89 Spiegel Online vom 17.06.2002 Link: http://www.spiegel.de/politik/ausland/loya-jirga-islamisches-scharia-recht-fuer-afghanistan-a-201287.html Download: 14.09.2012.
90 S.o. zu den Ansichten.

Genehmigung des Bildungsministeriums. Eine Genehmigung konnte aufgrund der kurzen Aufenthaltsdauer nicht eingeholt werden. Auch hier kam es letztlich durch den privaten Kontakt einer Jurastudentin zu einer Befragung. Die Befragung fand hier durch die Jurastudentin am 03.07.2013 statt. Vorab füllte sie ein Fragebogen aus. Sodann wurde sie auf die Ziele und die Rahmenbedingungen der Studie hingewiesen und ihr wurden weitere 24 Fragebögen ausgehändigt. Von diesen insgesamt in Herat ausgeteilten 25 Fragebögen waren schließlich 12 verwertbar. Damit wurde die angestrebte Anzahl an jurastudierenden Teilnehmern nicht erreicht. Bei dieser Umfrage handelt es sich um eine kleine Stichprobe, die keineswegs repräsentativ für Afghanistans Jurastudenten ist. Die Befragung erfolgte in schriftlicher Form, war eine Seite lang und beinhaltete 11 Fragen. Die zwei Jurastudenten berichteten, dass der größte Teil bereits nach etwa zwanzig Minuten mit dem Fragebogen fertig war. Die Befragung fand nach der Vorlesung in den Unterrichtsräumen statt. Die Fragen wurden alle in offener Form gestellt, um die Studenten in ihrer Lösung nicht einzuschränken. Acht von diesen elf Fragen waren reine Wissensfragen zum Bestand afghanischer Gesetzesbücher, zum Legalitätsprinzip und einer virtuellen PKS und BZR. Auf diese soll in diesem Zusammenhang nicht eingegangen werden. In einer weiteren Frage wurde ein Fall mit einer Alternative konzipiert. Dieser Fall sollte gelöst werden. Auch kann hier auf die Nennung verzichtet werden.

In zwei weiteren Fragen wurde nach der Hierarchie der Gesetzesbücher gefragt. In der ersten Frage sollten sich die Studenten vorstellen, Richter in einer Strafsache zu sein. Gefragt wurde, welche Gesetzesbücher sie in welcher Reihenfolge nutzen würden. Werden die Ergebnisse aus Kabul und Herat zusammengefasst, ergibt sich, dass drei Studenten diese Frage nicht beantwortet haben. Fünf Studenten gehen davon aus, dass die Bestimmungen der afghanischen Verfassung Vorrang hätten. Dreizehn Studenten gewähren dem afghanischen Strafrecht den Vorrang. Weitere fünf Studenten geben dem islamischen Recht den höchsten Rang. Vermutet wird, dass diese Frage nicht richtig verstanden wurde bzw. nicht richtig beantwortet werden konnte. Das Hauptanliegen war, das Verhältnis der Scharia zur afghanischen Verfassung zu erfragen. Diese Frage beinhaltet keinen ausdrücklichen Hinweis auf die Scharia. Vermutet wird, dass bei ausdrücklicher Nennung der Scharia, ihr der Vorrang erteilt werden würde. Viele Jurastudenten haben die Gesetzesbücher untereinander verglichen. Daraus erfolgt der Schluss, dass fünf Jurastudenten in einer Strafrechtssache der afghanischen Verfassung den Vorrang geben, statt dem Strafgesetzbuch oder der Scharia. Das Hauptanliegen wurde demgemäß durch diese Frage verfehlt und ihr soll daher weniger Gewicht beigemessen werden.

Um die Aussagekraft dieser Frage zu kontrollieren, wurde eine weitere Frage gestellt. In dieser Frage wurde ausdrücklich nach der Scharia gefragt, ob diese vor der afghanischen Verfassung stünde. Zwei Personen haben sich enthalten. Zwei weitere Personen geben der Scharia und der afghanischen Verfassung denselben Rang. Eine Person gibt der afghanischen Verfassung den Vorrang. 21 Studenten geben der Scharia den Vorrang, da Afghanistan ein islamisches Land sei und der Koran demzufolge dominiere. Bei dieser ausdrücklich gestellten Frage kann die Tendenz des eindeutigen Vorrangs der Scharia festgestellt werden. Abbildung 1 stellt die o.g. Ausführungen graphisch dar.

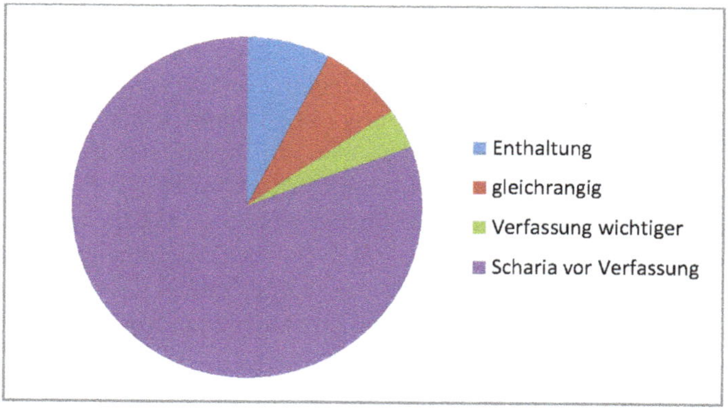

Abb. 1: Scharia vor afghanischer Verfassung? Quelle: Eigene Grafik aus selbst ermittelten Zahlen aus der 2. Frage zur Scharia in Befragung von Jurastudenten 2013; in Personen angegeben.

bb) Interview mit einer afghanischen Rechtsanwältin

Am 21.11.2013 erfolgte ein Interview in Hamburg mit einer afghanischen Rechtsanwältin,[91] die ihr Studium in Afghanistan absolviert hat. Sie gehört der Familie der ehemals Regierenden in Afghanistan an. Durch private Kontakte konnte die Verbindung zu ihr hergestellt werden. Das Interview fand in privater Umgebung statt. In diesem Interview wurden zahlreiche Verständnisfragen zu Zuständigkeitsbereichen der Gerichte, der Loya Jirga und zum islamischen Recht geklärt. Mitunter war Gegenstand des Interviews der Rang der Scharia zur

91 Der Name soll hier nicht genannt werden.

afghanischen Verfassung. Die Befragte äußerte hierzu, dass im Fall von Afghanistan als islamisches Land, die Scharia eindeutig überrage.

cc) Zwischenfazit

Die richterliche Praxis hat ergeben, dass der Schwerpunkt auf islamisches Recht und nicht auf die internationalen Abkommen gelegt wird. Die Praxis wurde durch die Befragung von Jurastudenten und einem Interview mit einer afghanischen Rechtsanwältin überprüft. Bei der Befragung handelt es sich keineswegs um eine repräsentative Studie. Beide Forschungsergebnisse bestätigen die vorangeführten klassischen Auslegungsmethoden.

3. Streitentscheid

Da in der Literatur das Verhältnis der islamischen Regelungen zu der afghanischen Verfassung streitig ist, ist ein Streitentscheid unentbehrlich.

Der Ansicht des MPI (2007) und Röder (2009), die Scharia sei nicht als ausdrückliche Quelle benannt, wird zugestimmt. Die Scharia ist in der afghanischen Verfassung nicht ausdrücklich benannt.[92]

Der Auffassung von Röder (2009), „normativer Pluralismus" werde verwirklicht, wird ebenfalls zugestimmt.[93] Wenn keine gesetzliche Grundlage vorhanden ist, welche im Sinne des Volkes ausgeführt wird, übt jeder seine eigenen Gesetze aus und entsprechend wird normativer Pluralismus verwirklicht bzw. hat das Land sodann eine instabile Rechtsordnung,[94] wie von der World Values Survey und der „Foreign Policy" bereits festgestellt.

Ein wesentlicher Hinweis auf die Scharia ist in Art. 3 AC zu finden, wie Vergau (2004) feststellt.[95] Art. 1 PC weist auf islamisches Strafrecht ausdrücklich hin.

Der Ansicht von Gerber (2007), das Wort „Islam" überrage in der afghanischen Verfassung und lege entsprechend den Schwerpunkt, wird gefolgt. Das Wort „Islam" findet etwa 24 Mal Anwendung in der Verfassung.[96] Bei vergleichender Betrachtung des Art. 140 GG[97] kann die Scharia mindestens als

92 Zur Ausführung s.o.

93 S.o.

94 Wie bereits in der Einleitung ausgeführt, Afghanistan und Somalia gehören zu den Ländern mit der am wenigsten stabilen Rechtsordnung.

95 Zur Ausführung s.o.

96 Zur Ausführung der Häufigkeit der Wortwahl s.o. in der grammatikalischen Auslegung.

97 S.o. grammatikalische Auslegung.

vollgültiges Verfassungsrecht angesehen werden. Eine Übergewichtung der islamischen Vorschriften kommt in Betracht.

Der Ansicht des MPI (2007), Knust/Afshar (2006) und Röder (2009), dass lediglich auf die Sekundärquelle der Scharia i.S.d. Art. 130 Abs. 2 AC zurückgegriffen werden kann[98] und die Scharia der Verfassung deshalb subsidiär sein soll, kann nicht gefolgt werden. Gem. Art. 130Abs. 1 AC sollen die Gerichte die Vorschriften der Verfassung anwenden. Zu diesen gehören auch die islamisch geprägten i.S.d. Art. 3 AC. In Art. 130Abs. 2 AC soll die „Fiqh" dispositiv Anwendung finden. Dieser Artikel weist auf eine Subsidiarität der „Fiqh" hin. Die „Fiqh" stellt, wie bereits festgestellt, die Sekundärquelle der Scharia dar. Sie tritt in Erscheinung u.a. in Form von staatlichen Gesetzen. Danach könnte Art. 130Abs. 2 AC so verstanden werden, dass bei planwidrigen Regelungslücken das Gesetz subsidiär die Lücke schließen soll. Anderenfalls wäre es nicht konsequent – wenn nicht sogar widersprüchlich, – in einem islamischen Land auf die Sekundärquelle zurückzugreifen, wohingegen die Primärquelle außer Acht bliebe.

Das MPI (2007) fordert von den Gerichten kein islamisches Recht anzuwenden. Präsident Karzai fordert eine islamische Rechtsprechung. Nach einhelliger Auffassung wenden die Gerichte in der Praxis die internationalen Abkommen in keinster Weise an.[99] Um die Rechtsanwendungspraxis zu überprüfen, erfolgte eine stichprobenartige Befragung von Jurastudenten in Afghanistan sowie einer afghanischen Rechtsanwältin. Diese Forschungsergebnisse stellen einen Vorrang der Scharia fest.

Der Auffassung des MPI, (2009) mit Art. 162 AC werde der Vorrang der Verfassung gegenüber der Scharia begründet, kann nicht gefolgt werden. Art. 162 AC schließt die Bestimmungen der Verfassung ein.[100] Dazu gehören alle Bestimmungen; sowohl die islamischen Bestimmungen durch Art. 3 und 130 Abs. 2 AC als auch die internationalen Abkommen i.S.d. Art. 7 AC. Pauschal eine Vorrangigkeit der Verfassung gegenüber der Scharia anzunehmen, ist in dem Fall von Afghanistan nach obiger Prüfung nicht möglich. Grundsätzlich wäre der Ansicht des MPI zu folgen, die Verfassung sei das oberste Gesetz jeden Landes – entsprechend den o.g. Ausführungen zum säkularen Staat.[101] Allerdings ist, wie Kamali (1985) auch bereits festgestellt hat, in einem Land, das sich als

98 Zur Ausführung s.o.

99 S.o.

100 Zur Ausführung von Art. 162 AC s.o.

101 Vgl. Einleitung.

strenggläubig islamisch bezeichnet, über 99 % Muslime[102] verzeichnet, und vor einigen Jahren die härteste Scharia-Umsetzung erlitt, nachzuvollziehen, dass diese auch in den nächsten Jahrzehnten noch an der Scharia festhalten werden, und die Scharia als übergeordnetes Recht wahrnehmen – wie von einem „Gottesstaat" verlangt.[103] Der Erlass der Verfassung des seinerzeitigen Präsidenten Karzai weist ebenfalls daraufhin, dass Afghanistan ein sog. „Gottesstaat" ist. Wie bereits in der Einleitung erwähnt, sind in einem „Gottesstaat" alle staatlichen Institutionen und Regelungen der Religion untergeordnet. Aus diesem Grund kann im Falle Afghanistans die Scharia nicht als subsidiäres Recht angesehen werden.

Der Ansicht von Vergau (2004) und Gerber (2007) über das Wegstreichen des bisherigen Fortgangs von Art. 3 AC,[104] welche die islamische Tendenz bekräftige, kann zugesprochen werden. Wären die islamischen Vorschriften für die afghanische Verfassung nicht von Bedeutung, erscheint das Fortstreichen des Art. 3 AC als fragwürdig.

Die jetzige afghanische Verfassung versucht mit den Artikeln 3, 7, 130 AC und Art. 1 PC, den islamischen als auch den internationalen Interessen gerecht zu werden.[105] Folglich kann das festgestellte Dilemma von Mahmoudi (2004) bejaht werden. Seine Ausführung, beides gleichzeitig zu wahren, sei unmöglich, bedarf erweiterter Prüfung.

Aus zeitgebundener Sicht werden immer Divergenzen zwischen den islamischen Werten und den internationalen „westlichen" Werten bestehen. Diese haben jedoch beide Verfassungsrang. Das Dilemma müsste im Grunde bereits auf Verfassungsebene gelöst werden. Die Wahrung internationaler Abkommen steht durchaus nicht im Einklang mit den islamischen Regelungen und verstößt vielleicht auch teilweise dagegen, je nachdem, wie „streng" oder wie „frei" sie ausgelegt werden. Ebenso führt die konsequente Durchsetzung islamischer Regelungen dazu, dass Verpflichtungen aus den internationalen Abkommen nicht gewahrt bzw. verletzt werden. Die Absicht, beiden Wertesystemen auf Verfassungsebene gerecht zu werden, löst zwar ein Dilemma auf Verfassungsebene aus, zugleich ist Afghanistan in seiner gegenwärtigen praktischen Ausführung das erste und bislang einzige islamische Land.[106]

---

102 Zur Ausführung s.o. Vorwort.

103 Verbreitete islamische Tendenz in der Bevölkerung wird ebenfalls festgestellt vgl.; zur Ausführung „Gottesstaat" siehe Einleitung.

104 Zur Ausführung s.o.

105 Zur Ausführung s.o.

106 Vgl. auch Mahmoudi (2004) S. 880.

Anlaufschwierigkeiten waren abzusehen. In Zukunft kann der Hoffnung von Knust/Afshar (2006) beigewohnt werden, dass Afghanistan das islamische Recht ausdrücklich zur Grundlage macht, damit künftige Unklarheiten vermieden werden.

4. Fazit

In diesem Kapitel wurde das Problemfeld der Scharia[107] diskutiert. Der Islam, die Bedeutung der Scharia, ihre Quellen und ihre Abstammung wurden zunächst dargelegt. Die Bedeutung der Scharia für Afghanistans Werteordnung wurde bestimmt. Die Scharia ist in keinem afghanischen Gesetz ausdrücklich benannt. In der afghanischen Verfassung weist Art. 3 AC auf die Scharia hin. Ein Verweis auf islamisches Strafrecht findet sich in Art. 1 PC. Die klassischen deutschen Auslegungsmethoden bekräftigen einen Vorrang der islamischen Vorschriften. Präsident Karzai fordert eine islamische Rechtsprechung. Nach einhelliger Auffassung wenden die Gerichte in der Praxis die internationalen Abkommen in keinster Weise an. Diese wurden durch eine stichprobenartige Studie von 26 Jurastudenten in Kabul und Herat in der zweiten Frage bestätigt. Auch die hierzu befragte Rechtsanwältin, die in Afghanistan studiert hat und der Familie der ehemals Regierenden angehört, stimmte dieser Auffassung zu.[108] Nach Art. 130Abs. 2 AC soll die „Fiqh" dispositiv angewendet werden. Danach könnte Art. 130Abs. 2 AC so verstanden werden, dass bei Gesetzeslücken die staatlichen Gesetze subsidiär anzuwenden sind. Eine andere Sichtweise wäre nicht konsequent und wohlmöglich sogar widersprüchlich. Grundsätzlich wäre der Ansicht zu folgen, dass die Verfassung das oberste Gesetz jeden Landes ist – entsprechend den Ausführungen zum säkularen Staat.[109] Allerdings ist vor dem Hintergrund der verfassungsrechtlich gewählten Staatsform – islamische Republik – davon auszugehen, dass auch binnen der nächsten Jahrzehnte die Scharia maßgebendes – weiterhin angewandtes – Recht in Afghanistan sein wird, wie von einem „Gottesstaat" verlangt.[110]

Der Verzicht auf die bisherige Satzfolge von Art. 3 AC bekräftigt die islamische Tendenz. Die jetzige afghanische Verfassung versucht mit den Artikeln 3, 7, 130 AC und Art. 1 PC den islamischen als auch den internationalen Interessen gerecht zu werden. Das festgestellte Dilemma von Mahmoudi (2004) kann

107 S.o.
108 S.o.
109 Vgl. Einleitung.
110 Vgl. Einleitung zur Ausführung.

bejaht werden. Seine Ausführung, beides gleichzeitig zu wahren, sei unmöglich, bedarf weiterer Prüfung.

M.E. kann bzw. wird zwischen den islamischen und den internationalen „westlichen" Werten ein immer wiederkehrender Widerspruch bestehen. Beide Wertesysteme haben jedoch Verfassungsrang. Afghanistan ist das erste und einzige Land, das islamisch geprägt ist und ebenfalls die internationalen Abkommen angenommen hat. Anlaufschwierigkeiten waren abzusehen. Zwecks Vermeidung weiterer Unklarheiten bietet sich eine ausdrückliche Klärung auf Verfassungsebene an. Dieses Kapitel bestätigt die Ausführungen der World Values Survey und der „Foreign Policy", wonach Afghanistan über eine instabile Rechtsordnung verfügt.

Im Übrigen wird die gegenwärtige Situation der Frauen und Mädchen in Afghanistan überprüft, sowohl die tatsächlichen Zustände als auch die rechtlich vorgesehenen.

C. Die Unterdrückung der Frauen bzw. Mädchen im afghanischen Recht

Die Unterdrückung der Frauen und Mädchen soll in diesem Kapitel anhand der afghanischen Gesetze überprüft werden. Festgestellt werden soll, ob die Unterdrückung der Frauen bzw. Mädchen mit den afghanischen Gesetzen im Einklang steht. Für die afghanischen Gesetze sollen die afghanische Verfassung, die Scharia, das Zivilrecht, das Strafrecht sowie das Jugendstrafrecht zugrunde gelegt werden. Bei Kontroversen sollen die internationalen Abkommen hinzugezogen werden. Dabei soll die Haltbarkeit der Aussage des Präsidenten Karzai überprüft werden.[111]

Bei der Prüfung wird je eine Primärquelle mit der Sekundärquelle der Scharia verglichen. In der Primärquelle finden der Koran oder die Sunna Anwendung. In der Sekundärquelle finden die oben genannten afghanischen Gesetze Berücksichtigung. Es werden ausgewählte Normen dargelegt. Eine Auseinandersetzung mit allen Normen würde den Rahmen dieser Arbeit sprengen und ist nach hiesiger Auffassung für die Veranschaulichung der Problemfelder Afghanistans nicht erforderlich. Als wesentlich werden die Vorschriften erachtet, die vermehrt in den Medien und unter den Forschern Afghanistans im Rahmen von Kontroversen Berücksichtigung finden. Darunter fallen etwaige Geschlechterunterschiede, Heiratsbestimmungen, die Erbfolgen, den Frauen und Mädchen zugeschriebenen moralischen Verbrechen und die jugendgerichtlichen Normen. In dieser Arbeit werden zunächst die Geschlechterunterschiede behandelt. Unter den Geschlechterunterschieden fällt zunächst das Gleichheitsgebot von Mann und Frau sowie die Suche nach Gender Gaps bei den jeweiligen Normen. Erläuterungsbedürftige Begriffe werden definiert. Sodann werden die Heiratsbestimmungen angeführt. Die Heiratsbestimmungen beinhalten das Heiratsalter, die Frühheirat, die Zwangsheirat, die Mitgift, das Brautgeld, die Polygamie und die Scheidung. Das Heiratsalter und die Frühheirat werden aufgrund der Ähnlichkeit zusammengefasst. Die Zwangsheirat wird zunächst nach deutschem Recht dargestellt. Im Anschluss werden die Erbfolgen kurz angeführt. Schließlich werden die sog. moralischen Verbrechen erörtert. Die sog. moralischen Verbrechen umfassen das Weglaufen und den außerehelichen Geschlechtsverkehr. Bei der Prüfung aller Normen soll auf die These von Mahmoudi (2004),[112] eingegangen

111 S.o. Einleitung Einführungssatz.

112 Zur Ausführung s.o. 1. Hauptkapitel.

werden. Anschließend soll geklärt werden, ob die Mädchen vor dem afghanischen Gesetz, wie die Frauen behandelt und nach dem PC verurteilt werden oder ob ein separates Gesetz verfügbar ist und angewendet wird.

Aufgrund ihres Alters könnte angenommen werden, dass sie nicht dem allgemeinen Strafgesetzbuch unterliegen. Dies setzt die Existenz eines gesonderten Jugendstrafrechts voraus. Schließlich wird hier dann die Existenz von Normen bzw. Tatbeständen überprüft, die auf Jugendliche ausgerichtet sind. Für das afghanische Jugendstrafrecht sollen die Quellen der Scharia zugrunde gelegt werden.[113] Die wesentlichen und vorhandenen Bestimmungen sind heranzuziehen. Das afghanische Jugendstrafrecht soll, soweit möglich und angezeigt, mit dem deutschen JGG verglichen werden. Die Systematik der Prüfung ist auf den Aufbau des deutschen JGGs zurückzuführen. Es werden einige Überschriften – teilweise wortgleich – vom JGG übernommen. Der Anwendungsbereich des JGGs wird zum Vergleich des afghanischen JCs dargelegt. Zu prüfen ist, ob das afghanische Jugendstrafrecht den Erziehungsgedanken ähnlich dem deutschen JGG verfolgt. In dem deutschen JGG wird aufgrund des Erziehungsgedankens eine bestimmte Rangfolge der Sanktionsmaßnahmen angeordnet vgl. § 5 JGG. Zu prüfen ist, ob eine derartige Sanktionshierarchie auch in den afghanischen Gesetzen zu finden ist. Zudem soll auf die Verantwortlichkeit, die Folgen der Jugendstraftat, die Verbindung von Maßnahmen, die Maßregeln der Besserung und der Sicherung, die Form und die Voraussetzungen der Jugendstrafe, die Dauer der Jugendstrafe, die Strafaussetzung, die Bewährung, die Jugendgerichte, die Auswahl der Jugendrichter und Jugendstaatsanwälte, den Umfang der Ermittlungen, die Vernehmung des Beschuldigten, das Prinzip der Nichtöffentlichkeit, die Stellung des Erziehungsberechtigten, den Vollzug und die Beseitigung des Strafmakels – ähnlich der Entfernung eines Eintrags aus dem Führungszeugnis – eingegangen werden.

I. Der Gender Gap

Der Gender Gap stellt die divergierende Gleichstellung von Mann und Frau dar. Diese Diskrepanz geht mit dem Geschlecht einher.[114] Der Begriff des Gender Gaps kommt aus dem englischen Sprachraum. Die Übersetzung erweist sich als kompliziert und wird aufgrund dessen in den deutschen feministischen Lehren im Original gebraucht.[115] Die Einführung des BGB 01.01.1900 war der

113 Zur Bedeutung der Scharia für das afghanische Recht vgl. 1. Hauptkapitel.

114 Vgl. Goldin (2008) Link: http://www.econlib.org/library/Enc/GenderGap.html Download: 10.02.2014.

115 Foljanty/Lembke/Künzel (2011) § 2S. 67 RN 46.

Beginn der Frauenbewegung[116]. Zu dieser Zeit waren die Frauen den Männern noch untergeordnet. In Erscheinung getreten ist dies z.B. bei Fragen des Kündigungsrechts oder des Letztentscheidungsrechts bei der Kindererziehung. Bei beiden wurden die Männer privilegiert. Die Frauen erhielten im Jahre 1919 das Wahlrecht, jedoch wurde die Gleichstellung von Mann und Frau erst 1949 im Grundgesetz in Art. 3Abs. 2 verankert. Nach zahlreichen Anlaufschwierigkeiten wurde im Jahre 1976/1977 die Situation der Frauen gebessert. Die Verbesserung erfolgte hauptsächlich im Bereich des Familienrechts.

Die feministische Rechtswissenschaft[117] hat ihr Hauptmerkmal auf die Ungleichheit von Frauen zu Männern gelegt. Grundlage für die deutsche feministische Rechtswissenschaft ist Art. 3Abs. 1 GG. Dieser garantiert die Gleichheit aller Menschen hinsichtlich ihrer Würde und Rechte. Das Gleichheitsgebot gebietet die Einforderung von Rechten für Frauen. Die feministische Rechtswissenschaft stellt in Deutschland in der Ausübung von Rechten noch immer Geschlechterunterschiede von Mann und Frau fest. Diese seien beispielsweise bei der Höhe der Gehälter, ungleichen Rentenansprüchen oder in der Besetzung von Führungspositionen sichtbar.[118] Ziel der feministischen Rechtswissenschaft ist die Emanzipation von Frau zu Mann.

Die internationalen Vorschriften zur Gleichrangigkeit von Mann und Frau finden sich in Art. 1, 2 und 7 der internationalen Menschenrechtserklärung[119].

1. Gleichberechtigung von Mann und Frau nach der Primärquelle der Scharia

In den Suren 33: 36, 33: 37, 3: 196 wird auf die Gleichrangigkeit von Mann und Frau vor Gott hingewiesen. Gem. der Sure 33: 36 erwarten tugendhafte Männer und Frauen Vergebung und Belohnung.[120] Abu-r-Rida' pp. (2008) stellen bei diesem Vers Tugenden fest, die bei Mann und Frau gleichermaßen von Gott belohnt werden.[121] Sure 3: 196 besagt, „Ich lasse das Werk des Wirkenden unter euch, ob Mann oder Weib, nicht verloren gehen."[122]

116 Fricke (2011) S. 11; zur Ausführung siehe Foljanty/Lembke/Wapler (2011) § 1S. 33 RN 2; vgl. zu „Frauenlandsturm" Gerhard (1996) S. 225ff.

117 Einleitung in Foljanty/Lembke (2011) S. 23 RN 9f.

118 Foljanty/Lembke (2011) Einleitung S. 21 RN 3.

119 S.o.

120 Ahmadiyya Muslim Jamaat (2013) Sure 33: 36.

121 Abu-r-Rida' pp. (2008) S. 671.

122 Ahmadiyya Muslim Jamaat (2013) Sure 3: 196.

Die Gleichrangigkeit von Mann und Frau i.S.d. Art. 1, 2 und 7 der internationalen Menschenrechtserklärung ist danach in der Primärquelle der Scharia anzunehmen.

2. Gleichberechtigung von Mann und Frau nach der Sekundärquelle der Scharia

Gem. Art. 22Abs. 2 AC haben Frauen und Männer Afghanistans vor dem Gesetz die gleichen Rechte und Pflichten. Die afghanische Verfassung schließt in seinen weiteren Regelungen alle Afghanen ein.[123]

Die Gleichberechtigung von Mann und Frau i.S.d. Art. 1, 2 und 7 der internationalen Menschenrechtserklärung ist in der afghanischen Verfassung, der Sekundärquelle der Scharia indiziert. Die Quellen der Scharia stehen im Einklang zueinander.

Das Gleichheitsgebot von Mann und Frau ist sowohl im Koran als auch in der afghanischen Verfassung vorgesehen. Hier kann der Ansicht von Präsident Karzai nicht gefolgt werden. Eine Unterdrückung der Frauen und Mädchen kann nicht mangels Manifestierung des Gleichheitsgebotes auf die Scharia zurückgeführt werden.

II. Die Heiratsbestimmungen für Mann und Frau

1a) Das Heiratsalter und die Frühheirat nach den Primärquellen der Scharia

Das Heiratsalter und die Frühheirat sind weder in dem Koran noch in der Sunna festgeschrieben. Das Alter der jüngsten Frau des Propheten Mohammed kann ebenfalls nicht herangezogen werden. Über das Alter seiner Frau herrscht bis heute Uneinigkeit.[124]

---

123 Vgl. z.B. die Meinungsfreiheit Art. 34 AC.

124 Siehe zur Ausführung Shanavas (1999) Link: http://www.islamheute.ch/Aischas%20Heiratsalter.htmDownload: 11.02.2014.

1b) Das Heiratsalter und die Frühheirat nach der Sekundärquelle der Scharia

Nach Art. 70 CC[125] ist eine Heirat vollwertig, wenn der Mann mindestens 18 und die Frau mindestens 16 Jahre alt ist. Gem. Art. 71Abs. 1 CC soll, wenn das Mädchen das 16. Lebensjahr nicht vollendet hat, die Einwilligung ihres Vaters oder des zuständigen Gerichtes eingeholt werden. Gem. Art. 71Abs. 2 CC darf die Zustimmung unter keinen Umständen erteilt werden, wenn das Mädchen unter 15 Jahren alt ist. Der Zustimmung des gesetzlichen Vertreters bedarf das Mädchen nicht, wenn sie sich gem. Art. 80 CC in einer gesunden psychischen Verfassung befindet und volljährig ist. Sodann ist ihre Heirat rechtswirksam.[126] Als volljährig gilt das Mädchen, wenn sie das 18. Lebensjahr erreicht hat. Als Minderjährige ist die Zustimmung ihres gesetzlichen Vertreters erforderlich gem. Art. 544 CC.[127] Haben die Heiratswilligen das gesetzliche Heiratsalter gem. Art. 70, 71 CC noch nicht erreicht, so ist die rechtswirksame Anerkennung dieser Ehe gesetzlich verboten gem. Art. 77Nr. 3 CC und berechtigt zur Annullierung gem. Art 133 Abs. 2 Nr. a CC. Bei dem Heiratsalter ist in den afghanischen Vorschriften ein Gender Gap gegeben; nicht hingegen bei dem grundsätzlichen Verbot der Frühheirat.

Zum Vergleich soll § 1303 BGB herangezogen werden. Die Ehemündigkeit gem. § 1303 BGB knüpft an die Volljährigkeit an. Auf Antrag kann gem. § 1303Abs. 2 BGB von der Vorschrift des § 1303Abs. 1 BGB befreit werden, soweit ein Ehegatte das 16. Lebensjahr vollendet hat und der künftige Ehegatte volljährig ist.[128] Ein Gender Gap ist hierbei in Deutschland nicht erkennbar.

Die Primärquellen der Scharia regeln weder das Heiratsalter noch die Frühheirat. Entsprechend widersprechen sich die Quellen der Scharia nicht untereinander.

Die internationale Menschenrechtserklärung legt in Art. 16Abs. 1 im Wesentlichen die Heirat „heiratsfähiger“ Personen – unabhängig von Herkunft, etc. – zur Eheschließung fest; die „Heiratsfähigkeit“ wird in diesem Zusammenhang nicht erläutert. Schließlich laufen die Quellen der Scharia der internationalen Menschenrechtserklärung nicht zuwider.

---

125 CC verfügbar auf Englisch in Link: http://www.asianlii.org/af/legis/laws/clotroacogn353p1977010513551015a650/ Download: 11.02.2014 oder siehe Anhang 2 – Auszug aus dem CC.

126 Vgl. zur Ausführung Tehrani/Yassari in MPI (2012) S. 35.

127 Tehrani/Yassari in MPI (2012) S. 35.

128 Vgl. Palandt § 1303 RN 1–10.

Eine Unterdrückung der Mädchen gem. der Aussage des Präsidenten kann bei der Frühheirat nicht hergeleitet werden, denn sie ist sowohl für Jungen als auch für Mädchen verboten. Hinsichtlich des ungleichen Heiratsalters und der Zustimmungserfordernisse bei den Mädchen könnte eine Unterdrückung der Mädchen in der praktischen Umsetzung herbeigeführt werden. Wird in diesem Zusammenhang berücksichtigt, dass die Mädchen in Afghanistan häufig mit dreizehn oder früher verheiratet werden, wird die Schutzfunktion dieser Norm deutlich.

2. Die Zwangsheirat nach deutschem Recht

Gem. § 237Abs. 1 StGB wird jemand zwangsverheiratet, der rechtswidrig mit Gewalt oder durch Drohung mit einem empfindlichen Übel zur Heirat genötigt wird.[129] Rechtswidrig ist die Tat gem. § 237Abs. 1S. 2 StGB, wenn die vorgenommene Handlung, die zum Ziel geführt hat, als verwerflich gilt. Die Nötigungshandlung stellt das Aufzwingen eines nichtgewollten Verhaltens in Form von Handeln, Dulden oder Unterlassen dar.[130] In Deutschland war die Zwangsheirat als Regelbeispiel in § 240Abs. 4S. 1Nr. 1 StGB geregelt. Seit dem 01.07.2011 unterliegt die Zwangsheirat einem eigenen Straftatbestand.[131] Empirische Untersuchungen liegen bislang nicht vor; insbesondere Untersuchungen, die den Zusammenhang zwischen Zwangsheirat und Religion überprüfen. Diese soll vielmehr die Folge von traditionell-patriarchalischen Gesellschaften oder Subkulturen sein.[132] Zum überwiegenden Teil seien junge Frauen von der Zwangsverheiratung betroffen.[133]

a) Die Zwangsheirat nach den Primärquellen der Scharia

Der Koran, die Primärquelle der Scharia beinhaltet keinen expliziten Vers, der sich mit der Zwangsverheiratung auseinandersetzt, das weder als ein Verbot noch als eine Erlaubnis gelten kann.

Werden die Hadithen und die Sunna herangezogen, kann festgestellt werden, dass in mehreren Hadithen der Prophet Mohammed sich gegen die

129 § 237Abs. 1 StGB Neufassung Verkündung am 23.06.2011 in Kraft getreten seit dem 01.07.2011.

130 BGHSt 45, 253, 258; Lackner/Kühl § 240RN4; Kindhäuser LPK-StGB, § 240 RN 1–27.

131 Zur Ausführung siehe Kindhäuser/Neumann/Paeffgen/Sonnen (2013) § 237 RN 3f.

132 Vgl. BT-Drucks. 17/2491, 1, 9 v.07.07.2010 Link: http://dip21.bundestag.de/dip21/btd/17/024/1702491.pdf; Kindhäuser/Neumann/Paeffgen/Sonnen (2013) § 237 RN 8f.

133 Zur Ausführung vgl. Kindhäuser/Neumann/Paeffgen/Sonnen (2013) § 237 RN 9f.

Zwangsverheiratung aussprach. Gem. der Hadithe 5138[134] wird berichtet, dass eine Verwitwete von ihrem Vater wiederverheiratet wurde gegen ihren Willen. Daraufhin wandte sie sich an den Propheten, der ihre Heirat annullierte. Weitere Hadithen berichten davon, dass der Prophet Mohammed die Zwangsheirat ablehnte.[135] Die Primärquelle der Scharia in Form der Hadithen sehen die Zwangsheirat als nicht rechtmäßig an.

Die internationale Menschenrechtserklärung gem. Art. 16Abs. 2, Art. 23 Abs. 3 ICCPR und Art. 16 g der CEDAW befürworten den freien Willen zur Heirat. Folglich läuft die Primärquelle hinsichtlich der Zwangsheirat nicht der internationalen Menschenrechtserklärung, der ICCPR und der CEDAW zuwider.

b) Die Zwangsheirat nach der Sekundärquelle der Scharia

Gem. Art. 517Abs. 1 PC soll eine Person, die eine Witwe oder ein Mädchen gegen ihren Willen verheiratet unter Berücksichtigung der Umstände des Einzelfalles, zu einer kurzen Haftstrafe verurteilt werden. Gem. Art. 60 CC stellt die Heirat einen Vertrag dar, der vor dem Hintergrund der Familiengründung den Geschlechtsverkehr zwischen Mann und Frau erlaubt mit allen Rechten und Pflichten für beide Seiten.[136] Ein Vertrag bedarf einem Angebot und einer Annahme.[137] Gem. Art. 133 CC ist eine Annullierung der Heirat möglich, soweit eine Heirat fehlerhaft geschlossen wurde. Fehlerhaft ist eine Heirat geschlossen, soweit gem. Art. 133Abs. 1 Nr. a die notwendigen Voraussetzungen für eine wirksame Heirat nicht gewahrt sind und gem. Art. 133Abs. 2 Nr. a CC gesetzlich verboten war.

In Art. 77 CC werden die Bedingungen für die Wirksamkeit einer Ehe dargestellt. Gem. Art. 77Nr. 1 CC muss das Angebot und die Annahme ausdrücklich und klar formuliert werden von beiden Parteien, ihren gesetzlichen Vertretern oder ihren Stellvertretern. Gem. Art. 77Nr. 2 CC müssen zwei Zeugen mit gesetzlicher Befugnis anwesend sein und gem. Art. 77Nr. 3 CC dürfen keine dauerhaften oder vorübergehenden gesetzliche Verbote für die Heirat bestehen.

Der Wille der Frau ist in Art. 517Abs. 1 PC gesetzlich statuiert. Wenn dieser nicht vorliegt, ist die Heirat gesetzlich verboten gem. Art. 77Nr. 3 CC und berechtigt zur Annullierung gem. Art. 133Abs. 2 Nr. a CC. Schließlich ist der

---

134 Vgl. Hadithennr.: 5138 aus Sahih Al-Buharyy (2012), S. 478.

135 Vgl. z.B. in Kindhäuser/Neumann/Paeffgen/Sonnen (2013) § 237 RN 14.

136 Der eheliche Beischlaf ist auch im deutschen Recht vorgesehen gem. § 1353 BGB; allerdings ist eine Vollstreckung dieses Anspruchs nicht möglich gem. § 120Abs. 3 FamFG.

137 Vgl. zur Ausführung Tehrani/Yassari in MPI (2012) S. 28f.

Wille der Frau gem. den internationalen Abkommen, die Afghanistan eingegangen ist in Art. 23Abs. 3 ICCPR, Art. 16 g CEDAW und der internationalen Menschenrechtserklärung gem. Art. 16Abs. 2 manifestiert. Die Zwangsverheiratung ist in der Sekundärquelle der Scharia in Afghanistan verboten. Die Sekundärquelle steht im Einklang zu den Primärquellen der Scharia und entspricht den internationalen Anordnungen.

Vor dem Hintergrund des Wortlauts des Art. 517Abs. 1 PC ist ein umgekehrter Gender Gap zulasten der Männer und Jungen sichtbar.

Der Hinweis von Präsident Karzai, die Unterdrückung der Frauen gehe mit der Scharia einher, ist hier unzutreffend. Sowohl die Primär- als auch die Sekundärquelle lehnen die Zwangsheirat ab. Der Ansicht von Sonnen[138] kann gefolgt werden. Demnach ist die Zwangsheirat nicht mit der Religion, wie des Islams gekoppelt, sondern vielmehr ist sie die Folge von traditionell-patriarchalischen Gesellschaften oder Subkulturen.

3. Die Mitgift (Mahr genannt) nach den Quellen der Scharia

Die Mahr ist eine Zuwendung des Mannes an die Frau.[139] Diese stellt keinen Brautpreis dar, wonach die Braut erkauft wird. Sie dient vielmehr als Rente bzw. Vorsorge für die Frau im Scheidungsfall; ähnlich dem Versorgungsausgleich im Scheidungsfall nach deutschem Recht.[140]

Die internationalen Vorschriften bleiben mangels Regelung unberücksichtigt.

a) Die Mahr nach den Primärquellen der Scharia

Gem. Sure 4: 25 gilt eine Ehe erst als sündenfrei, wenn die Mahr festgesetzt wurde. Gem. Sure 4: 5 soll der Mann die Mahr gutwillig der Frau geben und ein Teil soll den Männern erst erlassen werden, soweit die Frauen sie ihnen freiwillig erlassen.[141] Die Mahr wird zum Zeitpunkt des Ehevertrages

---

138 Zur Ausführung siehe Kindhäuser/Neumann/Paeffgen/Sonnen (2013) § 237 RN 3f.

139 Duden Online Link: http://www.duden.de/rechtschreibung/Morgengabe Download: 22.02.2014.

140 Vgl. zur Ausführung Tehrani/Yassari in MPI (2012) S. 56; Wikipedia (2013) Link: http://de.wikipedia.org/wiki/Brautgabe Download: 07.03.2014.

141 Vgl. auch Tehrani/Yassari in MPI (2012) S. 56; Islam Fatwa (2014) Link: http://www.islamfatwa.de/soziale-angelegenheiten/87-verlobung-a-ehe/verlobung-a-eheschliessung/1483-die-brautgabe-mahr-sadaaq Download: 07.03.2014; Islam Web Deutsch (2010) Link: https://library.islamweb.net/grn/index.php?page=articles&id=151521 Download: 07.03.2014.

festgesetzt.[142] Nach dem Koran, der ranghöchsten Primärquelle in der Normenhierarchie besteht die Pflicht zur Zahlung der Mahr an die Frau. Weder im Koran noch in den Hadithen ist eine ausdrückliche Mindest- oder Höchstsumme für die Mahr festgesetzt. Gem. Sure 4: 25 ist die Mahr von der Höhe des Vermögens des Mannes abhängig und variiert entsprechend. Gem. der Sunna hat der Prophet Mohammed bei seinen Ehefrauen und Töchtern eine geringe Mahr angesetzt und gezahlt.[143] Der Sunna und den Hadithen gilt es nach islamischer Sicht zu folgen. Entsprechend der Sunna ist es naheliegend, grundsätzlich von geringeren Beträgen auszugehen. Gem. der Hadithe 5121 schlägt der Prophet Mohammed einem finanziell einkommensschwachen Heiratswilligen einen Eisenring als Brautgabe vor. Der Heiratswillige konnte diesen nicht beschaffen. Der Prophet Mohammed verheiratet ihn gegen Rezitation einiger Suren.[144] Danach können auch immaterielle Sachen als Mitgift verschenkt werden, soweit das Vermögen des Mannes nicht ausreicht. Leistungsempfänger der Mitgift soll jedenfalls die künftige Ehefrau sein.

b) Die Mahr nach der Sekundärquelle der Scharia

Gem. Art. 110 CC ist die Frau die Eigentümerin der Mahr. Gem. Art. 98 CC soll die Mahr nach Vollziehung der Ehe erfüllt werden. Unabhängig von der Vollziehung der Ehe, ist die Mahr im Falle des vorzeitigen Ablebens des Ehepartners zu leisten.[145]

I.S.d. Art. 99 CC soll die Mahr auch zur Bedingung werden, soweit sie bei dem Ehevertrag nicht festgesetzt wurde. Diese soll nachträglich bindend werden. Gem. Art. 101Abs. 1 CC kann die Zahlungsweise im Ehevertrag festgesetzt werden. Danach kann festgelegt werden, ob die Mahr sofort und komplett ausgezahlt werden soll oder auf einer anderen Weise.[146] Gem. Art. 101Abs. 2 CC soll bei Trennung und Tod die Mahr in einer kürzeren Periode der Frau ausgezahlt werden. Gem. Art. 102 CC kann der Mann die Mahr nach der Heirat erweitern, wenn die Frau einverstanden und der Betrag bzw. die Erweiterung

142 Vgl. auch Islam Web Deutsch (2010) Link: https://library.islamweb.net/grn/index.php?page=articles&id=151521 Download: 07.03.2014.

143 Abu' Abdullah al Link: http://www.fataawa.de/Fatawaas/4.Fiqh/5.Familienrecht/Eherecht/0159.pdfDownload: 07.03.2014, S. 3.

144 Hadithe 5121 aus Al-Buharyy (2012) S. 471f.

145 Vgl. zur Ausführung auch Tehrani/Yassari in MPI (2012) S. 57.

146 Tehrani/Yassari in MPI (2012) stellen dabei 2 Mitgiftstypen fest: die im Voraus festgesetzte und im Voraus gezahlte Mitgift und die nachträglich vereinbarte vgl. dazu Tehrani/Yassari in MPI (2012) S. 56f.

klar formuliert ist. Gem. Art. 103Abs. 1 CC kann eine reife Frau, die das gesetzliche Heiratsalter erreicht hat, auf die Mahr verzichten und ihren Mann entlasten anders bei Minderjährigen: Der gesetzliche Vormund der minderjährigen aber heiratsfähigen Ehefrau darf unter keinen Umständen auf die Mahr verzichten gem. Art. 103Abs. 2 CC. Gem. Art. 104S. 1 CC kann eine Frau die Vereinbarung und Festsetzung der Mahr nachträglich fordern. Weigert sich der Mann, hat die Frau gem. Art. 104S. 2 CC die Möglichkeit der prozessualen Geltendmachung.

Im Wesentlichen werden die Regelungen zur Mahr aus der Primärquelle bestätigt. Die afghanischen Gesetze haben die Ausführungen zur Zahlungsweise der Mahr ausdrücklich manifestiert und konkretisiert. Die Quellen der Scharia stehen im Einklang zueinander. Ein Gender Gap ist zulasten der Männer hier gegeben. Ein umgekehrter Gender Gap liegt ebenfalls bei anderen Vorschriften vor.[147]

Auch die Zahlung der Mitgift widerspricht der Aussage des Präsidenten Karzai, die Unterdrückung der Frauen gehe mit der Scharia einher. In diesem Fall stellt die Mitgift keine Unterdrückung dar, sondern begründet vielmehr einen Vorteil der Frauen gegenüber den Männern. Grundsätzlich ist insoweit einzugestehen, dass die Mitgift als solches die Unterdrückung der Frauen manifestiert – als Ausdruck ihrer Abhängigkeit, allerdings ist praktisch gesehen, die Mitgift eine Form des Trennungs- und Geschiedenenunterhaltes sowie des Versorgungsausgleichs. Wie auch in der Bundesrepublik Deutschland sind es zumeist die Frauen, die von dem Trennungs- und Geschiedenenunterhalt sowie der Durchführung des Versorgungsausgleichs „profitieren".

4. Das Brautgeld (Peshkash genannt)

Das Brautgeld (Peshkash) wird den Brauteltern gezahlt, um im Gegenzug die Tochter heiraten zu dürfen. Das Brautgeld kann als Kauf der Frau gedeutet werden. Das Brautgeld dient der Anerkennung der Brauteltern für ihre sittlich und moralisch einwandfreie Erziehung der Braut und gewissermaßen auch zur „Wiedergutmachung".[148] Die internationalen Abkommen werden mangels Regelung hier nicht berücksichtigt.

147 Vgl. z.B. die Unterhaltspflicht des Mannes, soll nicht weiter eingegangen werden.
148 LandInfo (2011) S. 7; Tehrani/Yassari in MPI (2012) S. 18f.

a) *Das Brautgeld (Peshkash) nach den Primärquellen der Scharia*

In den Primärquellen der Scharia wird kein Brautgeld geregelt.

b) *Das Brautgeld (Peshkash) nach der Sekundärquelle der Scharia*

Im afghanischen Recht wird kein Brautgeld angeordnet. Die Quellen widersprechen sich nicht mangels Regelung.

c) *Abhilfe zur Schließung der Gesetzeslücke*

Die Lückenschließung erfolgt durch die Gerichte und die Fiqh gem. Art. 130 AC i.S.d. Hanafi Rechtslehre. In diesem Gesetz sollte der klare Standpunkt Afghanistans zum Brautgeld in Erscheinung treten. Hier kann eine Unterdrückung der Frauen und Mädchen mangels Regelung jedenfalls durch das afghanische Recht nicht angenommen werden. Somit trifft die These von Präsident Karzai hier nicht zu.[149]

5. Die Polygamie

In der Völkerkunde wird die Polygamie als die Ehe mit mehreren Partnern verstanden.[150] Sie ist der Oberbegriff für Polygynie und Polyandrie. Bei der Polygynie ist es dem Mann erlaubt, mehrere Frauen zu heiraten.[151] Bei der Polyandrie ist die Frau mit mehreren Männern verheiratet.[152] Die Polygamieform, die auf Afghanistan zutrifft, soll nachfolgend festgestellt werden. Die internationalen Abkommen treffen hierzu keine Regelung und bleiben daher unberücksichtigt.

a) *Die Polygamie nach den Primärquellen der Scharia*

Vor Aufkommen des Islams haben die arabischen Männer weitaus mehr als vier Frauen geehelicht, als Beispiel sei der Gründer Saudi-Arabiens, der 1953 verstorbene Abad al Aziz ibn Saudi genannt. Er solle ca. 3.000 Frauen in seinem Harem gehabt haben. Staatlich anerkannt seien 81 Kinder von 17 Ehefrauen.[153] Bereits

---

149 Siehe 1. Einleitungssatz.

150 Duden Link: https://www.duden.de/rechtschreibung/Polygamie Download: 18.02.2014.

151 Schindler (1993) Link: http://www.univie.ac.at/ksa/cometh/glossar/heirat/ide.htm Download: 18.02.2014.

152 Schindler (1993) Link: http://www.univie.ac.at/ksa/cometh/glossar/heirat/ida.htm Download: 18.02.2014.

153 Topel in Deutschlandfunk (2007) Polygamie im Islam Link: www.deutschlandfunk.de Download: 28.03.2018.

unter den Hindus, antiken Babyloniern, Assyrern und Persern gab es bereits vor dem Islam keine Einschränkung bei der Zahl der Ehefrauen.[154]

Als der Islam verbreitet wurde, kam sodann auch die genaue Einschränkung auf bis zu vier Frauen gem. Sure 4: 4. Danach heißt es, dass die Männer, wenn sie befürchten müssen, ungerecht gegen die Waisen zu handeln, dann bis zu vier Frauen heiraten sollen, die ihnen als geeignet erscheinen. Wenn sie befürchten müssen, dass sie die Frauen nicht gleich behandeln können i.S.d. Sure 4: 129, 130, sollen sie eine Frau heiraten.

Allgemein gilt dieser Vers als die Grundlage für die Polygamie.[155] Diese Suren deuten ausdrücklich auf die Polygynie hin. Die Polyandrie wird nicht erwähnt. Hinweise, dass die Frau nach dem Tod ihres Mannes oder bei der Scheidung zwecks Eingehung einer neuen Ehe den Ablauf einer bestimmten Frist abzuwarten hat, weisen darauf hin, dass die Frau monogam verkehren soll. So soll eine klare Vaterschaft ermöglicht werden.[156]

Der Frau soll es gestattet sein, im Ehevertrag ein sog. Vetorecht zu notieren. Danach bedürfe der Mann der Erlaubnis seiner Frau, wenn er eine weitere Frau heiraten möchte. Hält sich der Mann nicht an das Verbot der Frau, ist es ihr gestattet, sich von ihm scheiden zu lassen. Sie muss die Polygynie ihres Mannes nicht hinnehmen.[157] Als Beispiel sei Fatima, die Tochter des Propheten Mohammed genannt. Ihr Mann wollte eine Zweitfrau. Sie verweigerte es. Nach Aufsuchen des Propheten Mohammed, wies er ihren Mann darauf hin, dass er sich zuerst von ihr trennen müsse, dann eine andere Frau heiraten dürfe. Er unterließ die Zweitheirat.[158] Danach können die Frauen die Polygynie ihres Mannes im Voraus verbieten. Das setzt ein gebildetes Volk voraus. Topel in Deutschlandfunk (2017) stellt anhand der Sure 4: 130 eine klare Tendenz des Korans zur Monogamie fest. Danach soll es heißen: „Und ihr könnt zwischen den Frauen

---

154 Vgl. IslamReligion (2010) Ein kurzer Einblick in das Konzept der Polygamie im Islam Link: https://www.islamreligion.com Download: 28.03.2018.

155 Vgl. z.B. Spencer (2007) Link: http://hotair.com/archives/2007/08/19/blogging-the-qur%E2%80%99an-sura-4-%E2%80%9Cwomen%E2%80%9D-verses-1-16/ Download: 18.02.2014.

156 Vgl. z.B. Sure 2: 229 oder 65: 5.

157 Nach Alluh Sunnah Blog! Hadithen In Al-Sharh al-Mumti', 5/241 und Al-Mughni, 9/483 Link: http://www.ahlu-sunnah.com/threads/31289-Alles-zum-Thema-Ehe?p=398571&viewfull=1#post398571 Download: 14.01.2016.

158 Vgl. Fragen an den Islam (2011) Link: http://www.fragenandenislam.com/soru/was-sagt-der-kur%C2%B4-%C3%BCber-polygamie-wie-ist-die-polygamie-unserer-zeit-zu-verstehen Download: 14.01.2016.

keine Gerechtigkeit ausüben, so sehr ihr es auch wünschen mögt."[159] Sie sieht eine hohe Hürde für die Mehrehe, die auch vor einem Selbstbetrug warnen solle. Die Mehrehe bezweckte zu Kriegszeiten die soziale Absicherung von Witwen und wurde dem Propheten vor dem Hintergrund der Verbreitung des Islams gestattet.[160] Heutzutage könnten andere Zwecke verfolgt werden.[161]

Vor dem Hintergrund, dass trotz Einschränkung nur den Männern die Polygamie gewährt wird, liegt ein Gender Gap vor.

b) Die Polygynie nach der Sekundärquelle der Scharia

Art. 86 CC beinhaltet die Bedingungen für die Polygynie, die in der Primärquelle der Scharia bereits erwähnt wurden.[162]Art. 86Nr. 1 CC verbietet Ungerechtigkeiten den Ehefrauen gegenüber, wie durch Fürsorge oder sexuelle Beziehungen. Gem. Art. 86Nr. 2 CC soll der Mann finanziell in der Lage sein, den Lebensunterhalt seiner Ehefrauen zu sichern, wie z.B. durch Nahrung, Kleidung, Wohnraum und medizinische Fürsorge. Gem. Art. 86Nr. 3 CC wird die Polygynie gestattet, soweit die weitere Heirat den Zweck der Fortpflanzung verfolgt, weil die erste Frau keine Kinder bekommen kann oder weil sie eine unheilbare Krankheit[163] hat.

Art. 87 CC gebietet der Frau das Recht zur Scheidung, soweit der Mann die Bedingungen des Art. 86 CC nicht erfüllt.

Gem. Art. 88 CC soll die Frau die Erlaubnis zur Eingehung einer weiteren Ehe – aus scheidungsrechtlichen Gründen – im Ehevertrag festschreiben lassen. Das afghanische Recht kennt keine Polyandrie. Sie wiederholt und konkretisiert die Vorschriften aus dem Koran zur Polygynie.

Die Quellen der Scharia widersprechen sich nicht. Ein Gender Gap liegt hier vor. Die Vorschriften zur Polygynie bestätigen teilweise die Aussage des Präsidenten Karzai. Grundsätzlich ist zu beachten, dass die Polygamie durch den Islam eingeschränkt wurde und andere Zwecke verfolgte, als welche mittlerweile ausgelebt werden.[164] Diese müssten in Anbetracht von Zeit und Ort anders

---

159 Topel in Deutschlandfunk (2007) Polygamie im Islam Link: www.deutschlandfunk.de Download: 28.03.2018.

160 Vgl. Topel in Deutschlandfunk (2007) Polygamie im Islam Link: www.deutschlandfunk.de Download: 28.03.2018.

161 Zu den Zwecken vgl. 3. Hauptkapitel: afghanische Rechtsanwendungspraxis.

162 Vgl. auch Tehrani/Yassari (2012) S. 45ff.

163 Dazu gehört z.B. HIV-positiv zu sein; zur Ausführung vgl. Nowkam (2003) S. 55ff.

164 Vgl. 3. Hauptkapitel Rechtsanwendungspraxis.

ausgelegt werden. Mangels theoretischer und praktischer Umsetzung liegt eine Unterdrückung der Frau bzw. der Mädchen hier mitunter durch die Scharia vor.

6a) Die Scheidung nach den Primärquellen der Scharia

Gem. der Sure 65 regelt der Koran die Scheidung. Bevor es zu einer Scheidung kommen kann, ist eine Frist von etwa drei Monaten nach Äußerung des Scheidungsbegehrens vorgesehen gem. Sure 65: 5. Vergleichend hierzu ist im deutschen Scheidungsrecht bei einvernehmlicher Scheidung eine Trennungszeit von einem Jahr gesetzlich erforderlich. Die Sure 2: 229 besagt, dass die Frauen drei Monatsreinigungen abwarten sollen, bevor sie sich trennen. Sie sollen eine Schwangerschaft nicht verleumden. Sowohl aus der genannten Sure als auch der Sure 65: 5 ff. kann ermittelt werden, dass die Wahrung dieser Frist dazu dient, eine mögliche Schwangerschaft der Frau festzustellen. Gem. Sure 65: 5 ff. soll die Frau in dieser Trennungszeit in dem Hause des Mannes mit seinen finanziellen Mitteln wohnen dürfen. Soweit sie tatsächlich schwanger ist, soll ihr die Möglichkeit eingeräumt werden, bis zur Entbindung bei ihm weiterhin zu wohnen. Er hat ihren Unterhalt zu bestreiten. Wenn sie das Kind säugt, soll sie sodann Lohn von dem Mann erhalten gem. Sure 65: 7. Nach Sure 65: 3 wird eine gütliche Versöhnung präferiert. Ist eine Versöhnung aussichtslos, soll gem. Sure 4: 36 und 65: 3 ein Zeuge aus seiner und ein Zeuge aus ihrer Familie den Streit schlichten. Ist eine Aussöhnung dennoch erfolglos, erfolgt die Scheidung.

Die Scheidung erfolgt gem. Sure 2: 230 durch dreimaliges mündliches Wiederholen der Scheidungsformel durch den Mann. Dabei muss der Mann drei Mal ausdrücklich seinen Willen aussprechen. Sodann ist das Ehepaar unwiderruflich geschieden. Will er sie nach dem dreimaligen Aussprechen der Scheidung doch wieder zur Ehefrau nehmen bzw. die Ehe fortsetzen, so muss sie zunächst die Heirat mit einem anderen Mann eingehen und sich anschließend von diesem ordnungsgemäß scheiden lassen, um erneut die Ehe mit ihrem ersten Ehemann „aufleben zu lassen" bzw. eingehen zu können.

Auch wenn dies auf den ersten Eindruck nicht plausibel erscheinen mag, so erfüllt sie doch einen praktischen Zweck: Aufgrund der genannten Voraussetzungen sinkt die Bereitschaft zur Beendigung einer Ehe aus flüchtigen Motiven heraus, und die Hemmschwelle zur Scheidung der Ehe steigt.

Allgemein vertreten wird, dass es der Frau gem. Sure 2: 229 erlaubt sei, sich von ihrem Mann zu trennen.[165] Trifft ihn dabei keine Schuld, muss sie die

165 Asad (2009) Sure 2 Vermerk 218 S. 86.

erhaltene Morgengabe vollumfänglich zurückgeben und darauf – soweit noch nicht an sie entrichtet – verzichten.[166]

Gem. Sure 4: 129 wird bei roher Behandlung und Gleichgültigkeit des Mannes die Versöhnung präferiert unter den o.g. Voraussetzungen und Vorgehensweisen. Wird diese nicht erreicht, können sich beide gem. Sure 4: 131 voneinander trennen. Diese Suren sind die wesentlichen Rechtsgrundlagen zur Durchführung der Scheidung durch die Frauen.

Die Primärquellen der Scharia gestatten eine Scheidung für beide Geschlechter. Die Scheidung ist für den Mann vereinfachter möglich als für die Frau. Vor diesem Hintergrund ist bei der Scheidungsweise in der Primärquelle der Scharia ein Gender Gap ersichtlich.

Gem. den internationalen Abkommen sollen der Frau und dem Mann dieselben Scheidungsrechte zustehen gem. Art. 16Abs. 1 der internationalen Menschenrechtserklärung und gem. Art. 16c der CEDAW. Aufgrund der ungleichen Scheidungsweise der Geschlechter kann ein Widerspruch zu Art. 16Abs. 1 der internationalen Menschenrechtserklärung und Art. 16c der CEDAW festgestellt werden.

6b) Die Scheidung nach der Sekundärquelle der Scharia

Im Wesentlichen werden gem. Art. 135 ff. CC die Scheidungsvorschriften aus der Primärquelle wiederholt. Zwecks Vermeidung von Wiederholungen wird auf die Darstellung dieser Vorschriften verzichtet. Lediglich auf die Konkretisierungen bzw. Erweiterungen soll eingegangen werden. Danach gelten gem. Art. 145 CC drei hintereinander folgende Aussprüche als eine Scheidung. Um sich demzufolge scheiden zu können, bedarf es an den zeitlich vorausgehenden ersten Scheidungsausspruch – welcher wiederum aus drei Scheidungsaussprüchen besteht – zwei weiterer nachfolgender Aussprüche, die je drei einander folgende Scheidungsaussprüche beinhalten, insgesamt drei mal drei Scheidungsaussprüche. Mithin werden also neun Scheidungsaussprüche des Mannes erlaubt, bis die Scheidung rechtswirksam ist.[167]

Gem. Art. 142 CC darf die Frau die Scheidung verlangen. Dies setzt nach der Hanafi Rechtslehre voraus, dass sie ihr Scheidungsrecht im Ehevertrag bereits zum Zeitpunkt der Eingehung der Ehe aufnehmen lässt.[168] Dies setzt wiederum ein gebildetes Volk voraus. Die Scheidung kann gem. Art. 135 CC durch den

166 Vgl. Ausführung Asad (2009) Sure 2: 229 Vermerk: 218 S. 86.
167 Vgl. Tehrani/Yassari in MPI (2012) S. 73f.
168 Vgl. zur Ausführung Tehrani/Yassari in MPI (2012) S. 73.

Mann oder durch das zuständige Gericht auf Ersuchen der Frau ausgesprochen werden.

Weitere Scheidungsgründe der Frau werden in den Art. 183 ff. CC aufgeführt. Danach steht es der Frau i.S.d. Art. 183 – 190 CC zu, sich von ihrem Mann zu trennen, wenn Schädigungen durch u.a. Verletzungen vorgekommen sind, die das Leben der Frau mit dem Mann unzumutbar machen. In diesem Fall soll sie das zuständige Gericht ersuchen. Gem. Art. 184 CC muss die Frau diese Schädigungen oder Verletzungen nachweisen. Gem. Art. 186 CC soll ein Streitschlichter pro Familie ersucht werden, um eine Versöhnung zwischen den Eheleuten herbeizuführen. Ist eine Versöhnung gescheitert, soll das zuständige Gericht gem. Art. 188 CC nach den o.g. Fristen die Scheidung aussprechen. Diese Streitschlichter können gem. Art. 189 CC zum Gericht geladen werden, um der Entscheidung des Gerichtes beizuwohnen.[169]

Der Frau steht die Scheidung auch i.S.d. Art. 191- 193 CC zu. Danach darf die Frau sich scheiden lassen, wenn der Mann ihren Unterhalt nicht bestreitet. Dabei wird vorausgesetzt, dass der Mann den Unterhalt vorsätzlich nicht zahlt; dies ist nicht nur in Barunterhalt zu leisten; vielmehr ist jeglicher Unterhalt hierunter zu subsumieren, also die Sicherung des Lebensunterhaltes durch Lebensmittel, ausreichendem Wohnraum etc. Seine Vermögensverhältnisse finden Beachtung. Beweist der Mann gem. Art. 192 CC seine Unfähigkeit zur Zahlung des Unterhaltes, soll ihm eine gerichtliche Frist von drei Monaten gewährt werden, um den Unterhalt seiner Frau zu sichern. Kommt der Mann der gerichtlichen Frist nicht nach, soll die gerichtliche Scheidung ausgesprochen werden.[170]

Ein weiterer Scheidungsgrund der Frau liegt bei langer unbegründeter Abwesenheit des Mannes vor i.S.d. Art. 194–197 CC. Ist der Mann gem. Art. 194 CC für mindestens drei Jahre unbegründet abwesend und erleidet die Frau dadurch ein Verlust, spricht das Gericht die Scheidung aus. Das Gericht soll gem. Art. 195Abs. 1 und 2 CC den Mann ersuchen und ihn innerhalb einer angemessenen Frist auffordern, nach Hause zu gehen. Kommt der Mann der richterlichen Anordnung ohne zureichenden Grund nicht nach, so soll die Scheidung ausgesprochen werden. Gem. Art. 196 CC soll die Scheidung ausgesprochen werden, wenn der Mann eine lange Haftstrafe von mindestens zehn Jahren abzusitzen

169 Vgl. zur Ausführung der Scheidung wegen Schäden Kamali (1985) S. 185f.

170 Vgl. zur Ausführung der Scheidung wegen Nichtzahlung des Unterhaltes Kamali (1985) S. 186f.

hat. In diesem Fall kann die Frau nach fünf Jahren das Gericht ersuchen, um die Scheidung der Ehe herbeizuführen.[171]

In dem afghanischen Zivilgesetzbuch werden diese drei konkreten Scheidungsgründe der Frau gewährt, wenn sie ihr Scheidungsrecht nicht vorher im Ehevertrag notieren lässt. Diese Scheidungsgründe werden in den anderen Rechtslehren, wie die der Maliki Rechtslehre ebenfalls angeordnet. In Afghanistan herrscht die Hanafi Rechtslehre.[172] Nach der Hanafi Rechtslehre sind die ersten beiden im afghanischen Familienrecht vorgesehenen Scheidungsgründe vereinbar. Der dritte Scheidungsgrund, der die länger andauernde Abwesenheit des Mannes zum Gegenstand hat, begründe nach der hanafitischen Rechtslehre kein gerichtliches Scheidungsrecht der Frau.[173]Ein Kontrast der hanafitischen Rechtslehre, die Afghanistan eigenen Angaben zufolge vertritt und den afghanischen Normen ist im Hinblick auf den dritten Scheidungsgrund ersichtlich zum Vorteil der Frauen. Diese Unstimmigkeit beschränkt sich auf die Sekundärquelle und stellt keinen Widerspruch zu der Primärquelle gem. Art. 3 AC dar. Daher ist diese Unstimmigkeit nicht weiter von Belang.

Ein grundsätzliches Scheidungsrecht wird sowohl in der Primär- als auch in der Sekundärquelle der Scharia gewährt; in der Sekundärquelle wird es konkretisiert.

In Anbetracht der ungleichen Vorgehensweisen bei der Ehescheidung ist ein Gender Gap gegeben. Zwar kann dem in Form von Vorabreden im Ehevertrag entgegengewirkt werden, nichtsdestotrotz wird die Scheidungsweise der Frauen dadurch erschwert. Insbesondere in der Rechtsanwendungspraxis wissen die Frauen selten über ihr Recht von Vorabreden Bescheid, sodass in der Praxis dadurch häufig eine Unterdrückung der Frauen hervorgeht. Diese Vorschrift in Verbindung mit der Scharia schränkt die Frau somit teilweise ein, wie von Präsident Karzai geäußert. Allerdings kann die aktuell extremistische Auslegung in der Rechtsanwendungspraxis nicht der Scharia angelastet werden. Bestimmt ist sie mitursächlich. Es wird aber davon ausgegangen, dass die extremistische Auslegung der bildungsschwachen Männer eher die Hauptursache darstellt.

In diesem Zusammenhang ist anzumerken, dass eine Divergenz zu Art. 16Abs. 1 der internationalen Menschenrechtserklärung und Art. 16c der CEDAW vorliegt.

---

171 Zur Ausführung der Scheidung wegen langer unbegründeter Abwesenheit des Mannes vgl. Kamali (1985) S. 187f.

172 S.o.

173 Vgl. zur Ausführung Kamali (1985) S. 187ff.

7. Die Erbfolgen

Die internationalen Abkommen bleiben hier unberücksichtigt.

a) Die Erbvorschriften nach den Primärquellen der Scharia

Gem. Sure 4: 8 sind sowohl Männer als auch Frauen in der Erbfolge vorgesehen. In Sure 4: 12 werden die Anteile spezifiziert. Danach soll ein Junge wie zwei Mädchen an Erbe erhalten; d.h. dass bei angenommenen zwei Erben, davon ein Erbe und eine Erbin, dem (männlichen) Erben 2/3 und der (weiblichen) Erbin 1/3 der Erbschaft zugesprochen werden. Ein Gender Gap ist aufgrund der Ungleichverteilung zu bejahen.

b) Die Erbvorschriften nach der Sekundärquelle der Scharia

Gem. Art. 2002 CC finden die Vorschriften der Primärquelle Anwendung. Gem. Art. 2004 CC sollen die Blutsverwandten, die Ehepartner und die Kinder beerbt werden. In Art. 2008Nr. 1 CC wird darauf hingewiesen, dass Mädchen die Hälfte des Erbes erhalten sollen i.S.d. Primärquelle. Ein Gender Gap ist aufgrund der Ungleichverteilung gegeben. Eine Unterdrückung der Frau und Mädchen kann aus dieser Vorschrift hergeleitet werden. Die Forschung zu den Erbfolgen fällt sehr spärlich aus und soll deshalb nicht weiter berücksichtigt werden.

8. Zwischenfazit

Bei der vorangegangenen Analyse des Gender Gaps wurde die Geschichte der deutschen Frauenbewegung in Auszügen dargestellt. Festgestellt wurde, dass in der Praxis noch immer einige Divergenzen ersichtlich sind. Diese werden in Form von ungleichen Löhnen, ungleichen Rentenansprüchen oder in der Besetzung von Führungspositionen deutlich.

In Afghanistan ist ein Gleichheitsgebot sowohl in dem Koran als auch in der afghanischen Verfassung vorhanden. Das grundsätzliche Gleichheitsgebot wird in vielen überprüften Vorschriften gewahrt.

Allerdings steht die ungleiche Scheidungsweise von Mann und Frau im Widerspruch zu den internationalen Abkommen. Die weiteren Vorschriften stehen im Einklang zu den internationalen Abkommen, zu dessen Einhaltung sich die Islamische Republik Afghanistan gem. Art. 7 AC verpflichtet hat. Teilweise enthalten die internationalen Abkommen dazu keine Regelung. Als Beispiel seien die Mitgift oder die Polygamie genannt. Deshalb kann die These von Mahmoudi (2004) über das Zusammenklaffen der islamischen und internationalen Vorschriften zugestimmt werden. Die ungleiche Scheidungsweise stellt zwar in

Bezug auf die gesamten Vorschriften eine Ausnahme dar. Aber gerade solche Vorschriften machen einen absoluten Konsens unmöglich. Auch berücksichtigt werden muss, dass nicht alle islamischen Vorschriften überprüft wurden.

Eine Unterdrückung der Frau, wie von Präsident Karzai geäußert, liegt bei den Regelungen der Polygamie und der ungleichen Scheidungsweise vor. Auf den Ursprung der Polygamie wurde kurz eingegangen. Ebenfalls liegt eine Unterdrückung in den Erbvorschriften nahe, die allerdings erweiterter Forschung bedarf, um dieses endgültig anzunehmen. Die überwiegenden Vorschriften, wie z.B. das Gleichheitsgebot, das Heiratsalter, die Zwangsheirat und die Mitgift begründen keine Unterdrückung der Frau. Die Aussage von Präsident Karzai, die Unterdrückung der Frauen gehe mit der Scharia einher, trifft auf einige Vorschriften zu; wahrscheinlich v.a. in der Rechtsanwendungspraxis.

Ob und in welchem Faktor die Scharia maßgebend ist, kann mangels empirischer Forschung in Afghanistan nicht hergeleitet werden. Allerdings kann die aktuell extremistische Auslegung in der Rechtsanwendungspraxis nicht der Scharia angelastet werden. Bestimmt ist sie mit ursächlich. Es wird aber davon ausgegangen, dass die extremistische Auslegung der bildungsschwachen Männer die Hauptursache darstellt. Schließlich wird vermutet, dass in Afghanistan alle Vorschriften in der Praxis anders ausgeführt werden, als sie angeordnet werden.

Den Frauen und Mädchen zugeschriebenen moralischen Verbrechen werden nun überprüft.

III. Frauen und Mädchen zugeschriebene moralische Verbrechen

Die moralischen Verbrechen widersprechen den Sitten einer Gesellschaft; vorliegend den Sitten der Islamischen Republik Afghanistan.[174] Die Sitten entsprechen den verkehrsüblichen Manieren.[175] In Afghanistan widerspricht es den verkehrsüblichen Manieren, vor einer beabsichtigten Zwangsheirat oder vor häuslicher Gewalt wegzulaufen. Außerehelicher Geschlechtsverkehr stellt in Afghanistan ebenfalls ein moralisches Verbrechen dar. Die Strafbarkeit des Weglaufens und damit auch die Einhaltung von Art. 3 PC und Art. 11Abs. 2 der internationalen Menschenrechtserklärung, wonach es gilt, keine Strafe ohne Gesetz, erscheinen

174 Duden Online Link: http://www.duden.de/rechtschreibung/moralisch Download: 12.03.2014.

175 Duden Online Link: https://www.duden.de/rechtschreibung/Sitte Download: 12.03.2014.

hier fragwürdig. Die Aussage des seinerzeitigen Präsidenten Karzai[176] und die Leitlinien des Obersten Gerichtes sollen Beachtung finden.

1. Das Weglaufen nach den Primärquellen der Scharia

Weder in dem Koran noch in der Sunna sind Hinweise zu finden, dass das Weglaufen vor einer Zwangsehe oder vor häuslicher Gewalt verboten ist. Wie oben festgestellt, sprechen die Primärquellen der Scharia gegen eine Zwangsheirat. Die Primärquellen der Scharia thematisieren nicht die Flucht vor Zwangsehen.

2. Das Weglaufen nach der Sekundärquelle der Scharia

In den afghanischen Gesetzen ist kein Hinweis enthalten, dass das Fortlaufen strafrechtlich relevantes Verhalten darstellt. Folglich ist eine Lücke vorhanden.

3. Abhilfe zur Schließung der Gesetzeslücke

Diese Gesetzeslücke muss geschlossen werden. Nach Art. 130 AC sollen die Gerichte bei Gesetzeslücken hanafitisches Recht zugrunde legen. Die Rechtsprechung bewertet das Fortlaufen bei Vorliegen gewisser Voraussetzungen als strafrechtlich relevantes Verhalten, dass zu sanktionieren sei.[177]

Tdh (2012) und HRW (2012) zufolge gab Präsident Karzai dem Generalstaatsanwalt die Anweisung, die Flucht von Kindern vor einer Zwangsehe nicht strafrechtlich zu verfolgen. Sie sollen in die Ehe eingehen dürfen mit einem Ehepartner ihrer Wahl. Ihnen soll bedingungslos verziehen werden.[178] Grundsätzlich bedeutet das, dass das Fortlaufen künftig weiter verfolgt werden soll. Allerdings sollen von dieser Regelung Kinder ausgeschlossen werden, die sich mit einem Partner ihrer Wahl verehelichen möchten. Das Oberste Gericht hat Leitlinien zur Bestrafung des Fortlaufens gestellt, woran sich die Instanzgerichte zu richten haben.[179] Folgende Faktoren sollen zur Bestrafung des Fortlaufens berücksichtigt werden:

- Alter und ehelicher Status des Mädchens,
- Grund für die Flucht des Mädchens,
- Fluchtort.

---

176 S.o.

177 Vgl. z.B. HRW (2012) S. 8f.

178 Tdh (2012) Link: http://tdh.ch/de/news/afghanistan-verwechslung-von -flucht-und-ehebruch Download: 23.08.2012; Anweisung von Präsident Karzai am 08.03.2012 in HRW (2012) S. 2.

179 Vgl. HRW (2012) S. 8f. Leitlinien 2010 und 2011.

Befindet sich das Mädchen auf der Flucht bei einem Angehörigen, so ist das Verhalten nicht strafbar; anders jedoch bei einer Flucht zu Fremden; Letzteres ist grundsätzlich strafbar.[180] Durch die Bedingungen des Obersten Gerichtes wird das Alter der Person und das Motiv berücksichtigt und könnte ebenso zu Straffreiheit führen. Die Frauen und Mädchen sollen die der Flucht zugrunde liegenden Umstände durch Anrufung der Justiz offenlegen und geltend machen; in einer Flucht werde „Selbstjustiz" ausgeübt. Anderenfalls begeben sich die Mädchen dem hohen Risiko, dass ihre Handlung als ein anderes Verbrechen, wie der Zina gewertet wird, solange keine Anhaltspunkte für eine Straffreiheit vorhanden sind.[181] Mit dieser Anweisung des Obersten Gerichtes fordert das Gericht die Mädchen auf, gerichtliche Hilfe in Anspruch zu nehmen. Das Oberste Gericht läuft mit diesen Bedingungen der Anweisung des Präsidenten nicht zuwider. Idealerweise sollte die Lücke mit der Schaffung eines neuen Gesetzes geschlossen werden.

Gem. Art. 3 PC und Art. 11Abs. 2 der internationalen Menschenrechtserklärung soll keine Strafe ohne Gesetz ergehen. Damit kollidieren die Leitlinien mit diesen Vorschriften. Vorerst kann die Gesetzeslücke durch die Leitlinien des Obersten Gerichtes und der Anweisung des Präsidenten dispositiv geschlossen werden gem. Art. 130 AC. Dauerhaft betrachtet ist auch aus Gründen der Rechtssicherheit die Schaffung eines neuen Tatbestandes unabdingbar.

4. Außerehelicher Geschlechtsverkehr (Zina genannt)

Die Zina wird als außerehelicher Geschlechtsverkehr zwischen zwei nicht miteinander verehelichten Personen verstanden.[182] Die internationalen Abkommen bleiben hier mangels Regelung unberücksichtigt.

a) Die Zina nach den Primärquellen der Scharia

Gem. Sure 17: 33 soll kein außerehelicher Geschlechtsverkehr begangen werden, weil diese geächtet wird. Nach Sure 24: 3 sollen Frau und Mann, die außerehelichen Geschlechtsverkehr begehen, beide mit einhundert Streichen gegeißelt werden.[183] Die Art der Strafe soll nicht thematisiert werden, insbesondere nicht

180 Siehe zu den Bedingungen HRW (2012) S. 101f.

181 Zit. in HRW (2012) S. 35 und s.o.

182 HRW (2012) S. 36; Ansicht der Gelehrten in Islam Fatwa Link: http://www.islamfatwa.de/soziale-angelegenheiten/74-straftaten-a-urteile/1328-zina-ehebruch-unzucht Download: 12.02.2014.

183 Sure 24: 3 in Ahmadiyya Muslim Jamaat (2013) S. 338.

in Bezug auf Afghanistan – die selber viel härtere Strafen vollstreckt haben, bspw. die Steinigung der Frauen wegen des Fremdgehens. Die Gleichrangigkeit von Mann und Frau wird hier gewahrt.

b) Die Zina nach der Sekundärquelle der Scharia

Gem. Art. 426 PC sollen, soweit die Zina als Hadd Straftat erfolglos blieb, die Regelungen des afghanischen Strafgesetzbuches angewendet werden. Damit gebietet dieser der Primärquelle, der Scharia, den Vorrang. Für Personen, die außerehelichen Geschlechtsverkehr gem. Art. 427Abs. 1 PC begehen, werden lange Haftstrafen angeordnet. Gem. Art. 427Abs. 2 PC werden subsidiär erschwerende Regelbeispiele aufgezählt. Darunter fallen u.a. gem. Art. 427Abs. 2 Nr. d, wenn das Opfer eine verheiratete Frau war und gem. Art. 427Abs. 2 Nr. e die Regelbeispielverwirklichung bei Entjungferung, gem. Art. 427Abs. 2 Nr. f bei Mittäterschaft und gem. Art. 427Abs. 2 Nr. h bei Hervorrufen einer Schwangerschaft.

Das Gebot der Gleichrangigkeit wird durch den Wortlaut des Art. 427Abs. 1 PC von „Personen" gewahrt.

c) Die Strafbarkeitsbedingungen der Zina

Die Strafbarkeitsbedingungen der Zina i.S.d. Art. 426 PC sollen herangezogen werden. Dieser Artikel verweist auf den Koran.

aa) Vorsatz der Handlung

Gem. Sure 33: 6 ist für eine tatbestandliche Handlung Vorsatz erforderlich. Daraus schließen die Rechtsgelehrten, dass bei Geschlechtsverkehr mit einer Frau, die man glaubt, wirksam geehelicht zu haben, eine Strafe mangels Vorsatzes abzulehnen sei.[184] Die Rechtsgelehrten gehen davon aus, dass eine Strafbarkeit von Zina aufgrund des Irrglaubens der Wirksamkeit der Eheschließung – so u.a. bei zweifelhaften Eheverträgen – entfalle. Die Rechtsgelehrten machen die Strafbarkeit der Zina von der Kenntnis über die Strafbarkeit abhängig.

Der Zwang zur Zina z.B. durch Vergewaltigung etc. führt nicht zur Strafbarkeit des Opfers.[185] Diese Umstände führen nach den Rechtsgelehrten dazu, dass

184 Ansicht der Gelehrten in Islam Fatwa Link: http://www.islamfatwa.de/soziale-angelegenheiten/74-straftaten-a-urteile/1328-zina-ehebruch-unzucht Download: 12.02.2014.

185 Ansicht der Gelehrten in Islam Fatwa Link: http://www.islamfatwa.de/soziale-angelegenheiten/74-straftaten-a-urteile/1328-zina-ehebruch-unzucht Download: 12.02.2014.

die Tat nicht vorsätzlich begangen wurde. Entsprechend entfällt gem. Sure 33: 6 die Strafbarkeit von nicht vorsätzlichen Handlungen.

bb) Vier Zeugen

Gem. Sure 24: 5 ist es erforderlich, dass vier Zeugen den Geschlechtsakt zweifelsfrei bezeugen können. Ein Zeuge ist eine Person, die bei einem Vorfall anwesend war und nach persönlichem Empfinden darüber berichten kann.[186]Aufgrund der Anforderungen an dem Beweismaßstab, ist die Beweisführung überaus schwierig.

Über das Geschlecht der vier Zeugen herrscht Uneinigkeit in der Literatur. Die herrschende islamische Ansicht vertritt die Auffassung, dass die Zeugenschaft eines Mannes doppelt so viel wert sei, wie die einer Frau.[187] Sie berufen sich dabei auf die Hadithe 826 und einem Verweis auf die Sure 2: 283. Danach sollen bei Finanzgeschäften zwei Männer schriftlich bezeugen. Wenn diese zwei Männer nicht verfügbar sind, sollen auf einen Mann und zwei Frauen zurückgegriffen werden.

Die schiitische Rechtslehre in Iran verfolgt unter Zugrundelegung der Art. 75 und 76 iranisches Strafgesetzbuch,[188] dass bei Fällen der Zina das Auspeitschen nach der Hadd Straftat, zwei Männer und vier Frauen als Zeugen erforderlich sind. Gem. Art. 76 iranischem Strafgesetzbuch genügt das Zeugnis der Frauen nicht. Zwei Männer werden zusätzlich gefordert. Sind diese nicht, wie in Art. 75 des iranischen Strafgesetzbuchs vollzählig, droht den Anzeigenden die Hadd Strafe wegen Verleumdung.

Die moderne Ansicht verfolgt die Auffassung, dass die Zeugenschaft der Frau ebenso viel wert sei, wie die eines Mannes. Ausnahmen würden explizit in den Suren genannt. Sie stellen fest, dass bei der Sure über den außerehelichen Geschlechtsverkehr keine Geschlechtertrennung vorgenommen wird, und lehnen ein Verweis auf andere Suren ab, die den Wert eines Zeugnisses geschlechterabhängig machen.[189] Die Ansichten kommen zu verschiedenen Ergebnissen.

---

186 Duden online Link: http://www.duden.de/rechtschreibung/Zeuge Download: 12.02.2014; Juristisches Lexikon Link: http://juristisches-lexikon.ra-kdk.de/eintrag/Zeuge.html Download: 12.02.2014.

187 Vgl. Sahih Al Buharry Band 3 Buch 48 Hadithe 826 Link: http://www.sahih-bukhari.com/Pages/Bukhari_3_48.php Download: 13.02.2014.

188 Tellenbach (1996) S. 48; aktuellere Fassung auf deutscher Sprache nicht gefunden.

189 Vgl. zur Ausführung Fragen an den Islam (2013) Link: http://www.fragenandenislam.de/soru/stimmt-es-dass-laut-scharia-die-stimmen-zweier-frauen-soviel-wert-sind-wie-die-eines-mannes Download: 13.02.2014.

Grundsätzlich wäre der letzteren liberalen Auffassung zu folgen. Afghanistan vertritt allerdings – jedenfalls noch gegenwärtig – nicht die moderne Ansicht.[190] Deshalb ist diese Ansicht abzulehnen. Die Auffassung des Irans setzt sechs Zeugen voraus. Im Koran, der Primärquelle der Scharia und nach sunnitischem Recht werden bei außerehelichem Geschlechtsverkehr vier Zeugen gefordert. Mit sechs Personen findet demnach in Iran eine strengere Regelung statt, als erforderlich. Grundsätzlich erschwert der Iran damit die Strafbarkeit der Zina. Jedoch findet damit auch eine erhebliche Geschlechtertrennung statt. Ihr soll nicht gefolgt werden. Die erste Ansicht ist die weit herrschende Ansicht unter den islamischen Ländern. Sie berufen sich dabei auf eine Hadithe des Propheten[191] sowie auf einen Verweis auf die Sure 2: 283. Für die Islamische Republik Afghanistan kann daher die besagte Ansicht vertreten werden,[192] obwohl sie sich eigentlich auf Finanzgeschäfte bezieht, soll ihr aus der Sicht Afghanistans dennoch gefolgt werden.

cc) Eigenes Geständnis

Gem. Sure 24: 7 und 8 genügt das Zeugnis des Ehemannes, soweit er Zeugenschaft leisten kann. In diesem Fall muss er bei dem Ehebruch seiner Frau anwesend sein.[193] In diesem Fall soll der Ehemann viermal im Namen Gottes Zeugenschaft leisten und beim fünften Mal beschwört er den Fluch Gottes, soweit er lügt.

dd) Abwenden der Strafe durch die Ehefrau

Gem. Sure 24: 9 und 10 kann die Ehefrau die Strafe abwenden, soweit sie vier Mal im Namen Gottes Zeugenschaft leistet, dass ihr Ehemann den Vorwurf wahrheitswidrig die Begehung der Tat behauptet und beim fünften Mal den Fluch Gottes beschwöre, soweit ihr Ehemann die Wahrheit gesprochen hat.

5. Zwischenergebnis

Das Weglaufen ist weder in der Primärquelle noch in der Sekundärquelle der Scharia verankert, eine Gesetzeslücke wurde festgestellt. Diese wurde zwar

---

190 Zur Ausführung siehe vorheriges Kapitel über Grad der Wichtigkeit der Quellen der Scharia.

191 S.o.

192 Afghanistan verfolgt die Sunna, siehe vorheriges Kapitel zur Sunna als Primärquelle der Scharia.

193 Zur Definition von Zeuge s.o.

vorerst durch die Anweisung des Präsidenten und den Leitlinien des Obersten Gerichtes geschlossen, jedoch ist auch aus Gründen der Rechtssicherheit die Schaffung eines neuen Tatbestandes unabdingbar.

Der außereheliche Geschlechtsverkehr steht nach afghanischem Recht unter Strafe, setzt allerdings Vorsatz und vier Zeugen oder den Ehepartner als Zeugen voraus. Demnach dürfen Vergewaltigungsopfer nicht bestraft werden und die Strafbarkeit nach der Zina ist nach den o.g. Bedingungen nur erschwert möglich.

IV. Verfügbarkeit eines afghanischen Jugendstrafrechts nach den Quellen der Scharia

1. Das Jugendstrafrecht nach den Primärquellen der Scharia

In dem Koran existieren keine speziellen Vorschriften für Kinder und Jugendliche. In der Sunna werden ebenfalls keine Alterseinschränkungen oder gar ein Jugendstrafrecht erwähnt. Die Primärquellen der Scharia beinhalten keine Vorschriften zu dem Jugendstrafrecht.

2. Das Jugendstrafrecht nach der Sekundärquelle der Scharia

Das Jugendstrafrecht ist in Afghanistan seit März 2005 schriftlich niedergelegt. Das Jugendstrafgesetzbuch besteht aus sechs Kapiteln und ist in 52 Artikeln gegliedert.[194] Das Jugendstrafrecht ist in der Sekundärquelle der Scharia verankert. Nachfolgend soll das deutsche JGG mit dem afghanischen JC verglichen werden.

a) Der Anwendungsbereich des deutschen JGGs im Vergleich zum afghanischen JC

Der persönliche und sachliche Anwendungsbereich des deutschen JGGs erstreckt sich auf zwei Paragraphen. Gemäß § 1 JGG ist das JGG auf Jugendliche und Heranwachsende bei Handlungen anzuwenden, die nach dem StGB strafbar sind. Jugendlicher ist, wer zum Zeitpunkt der Tat 14 Jahre alt ist und das 18. Lebensjahr noch nicht vollendet hat. Heranwachsende sind 18–21 Jahre alt, also das 21. Lebensjahr noch nicht erreicht haben. Bei Heranwachsenden setzt die

---

194 Das JC wurde über das MPI, Mandana Knust auf Englisch in einer privaten Mail zugänglich gemacht und wurde eigen übersetzt.

Anwendung des JGGs Reifeverzögerungen i.S.d. § 105 JGG voraus. Bei Strafunmündigen findet das JGG keine Anwendung.[195]

Der persönliche und sachliche Anwendungsbereich des afghanischen Jugendstrafrechts erstreckt sich über mehrere Artikel. Gem. Art. 1 JC wird das afghanische Jugendstrafrecht auf Kinder angewendet. I.S.d. Art. 7Abs. 1 JC sind Personen unter 18 Jahren als Kinder zu betrachten.

Strafunmündigkeit liegt bei Nichterreichen des siebten Lebensjahres gem. Art. 7Abs. 2 JC vor. In dem Alter zwischen sieben und zwölf Jahren ist eine beschränkte Strafbarkeit anzunehmen gem. Art. 10 JC. Bei Bedarf sollen bei beschränkter Strafbarkeit Erziehungsmaßregeln oder Verwarnungen i.S.d. Art. 45Abs. 2 JC ausgesprochen werden. In zivilrechtlichen Angelegenheiten haften die Eltern für ihre Kinder gem. Art. 10Abs. 3 JC. Demnach ist der Anwendungsbereich des JCs im Wesentlichen auf Minderjährige im Alter von 12–18 Jahren ausgerichtet. Ferner werden Maßnahmen für Personen im Alter zwischen sieben und zwölf Jahren angeordnet. Gem. Art. 8 JC soll das Jugendstrafrecht auf Kinder angewendet werden, die gegen das Strafgesetzbuch verstoßen haben. Gem. Art. 12 JC ist das Alter des Jugendlichen zum Tatzeitpunkt entscheidend.

Ein systematischer Unterschied zwischen dem deutschen und dem afghanischen jugendgerichtlichen Anwendungsbereich liegt in der Anzahl und der Anordnung der Normen. In dem deutschen JGG wird der persönliche und sachliche Anwendungsbereich in zwei Paragraphen übersichtlich angeordnet und weist Überschriften auf.

In dem afghanischen JC erstreckt sich der Anwendungsbereich auf sechs Artikel. Diese sind unsystematisch aufgezählt und weisen keine Überschriften auf.

Der materielle Unterschied der genannten Strafgesetzbücher liegt in dem Alter. In dem afghanischen JC beginnt die Strafmündigkeit früher; in Afghanistan beginnt sie bereits mit sieben, in Deutschland mit vierzehn.

b) Das Ziel des deutschen JGGs im Vergleich zum afghanischen JC

In § 2 JGG steht der Erziehungsgedanke im Vordergrund. Das JGG soll präventiv wirken. Das afghanische JC verfolgt dasselbe Ziel in Art. 2 JC. Auch hier steht die Erziehung im Mittelpunkt.

---

195 In diesen Fällen ist das Jugendamt zuständig und ergreift bei Bedarf Maßnahmen.

c) *Verantwortlichkeit*

Das deutsche JGG knüpft an die geistige und sittliche Reife gem. § 3 JGG. Diese werden von dem afghanischen JC nicht vorausgesetzt.

d) *Sanktionsmaßnahmen*

Das deutsche JGG bestimmt in § 5 JGG eine Rangfolge der Sanktionsmaßnahmen. Zunächst sollen die Erziehungsmaßregeln i.S.d. §§ 9ff. JGG angeordnet werden. Soweit sie nicht ausreichen, werden Zuchtmittel i.S.d. §§ 13ff. JGG auferlegt. In besonders schweren Fällen kann auch die Jugendstrafe i.S.d. §§17ff. JGG verhängt werden. Die Rückfallquote ist bei der Jugendstrafe ohne Bewährung und bei dem Jugendarrest am höchsten.[196] Aus diesem Grund soll die Jugendstrafe als letztes Mittel dienen. So entfaltet sie gegenüber den Jugendlichen zugleich eine abschreckende Wirkung.

In dem afghanischen JC könnte Art. 45 JC diese Funktion erfüllen. So ausdrücklich wie § 5 JGG ist Art. 45 JC nicht formuliert. Soweit das Gericht gem. Art. 45 JC keine Maßnahmen als erforderlich betrachtet, kann das Verfahren ohne Sanktion beendet werden. Anderenfalls stehen dem Gericht folgende Maßnahmen zur Verfügung:

1) Warnung
2) Bewährung durch den sozialen Dienst
3) Überführung in ein Rehabilitationszentrum.

Durch diese Aufzählung könnte eine Sanktionsrangfolge hergeleitet werden. Werden die weiteren Artikel herangezogen, kann festgestellt werden, dass die Verwarnung bei weniger schwerwiegenden Delikten gem. Art. 23, 7 Abs. 8 JC in Betracht kommt. Die Verwarnung kommt auch dann in Betracht, soweit es sich um ein Vergehen handelt und zwischen dem Täter und dem Opfer eine Versöhnung erfolgt.

Gem. Art. 7Abs. 7 JC ordnet das Jugendgericht eine Bewährungsstrafe an, soweit gutes Verhalten prognostiziert werden kann.

Gem. Art. 31, 7 Abs. 5 JC dürfen für Jugendliche im Alter von 12 bis 18 Jahren kurze bis lebenslange Haftstrafen verhängt werden.

---

196 Sie liegt bei etwa 70 % vgl. Bundesministerium der Justiz und für Verbraucherschutz (2014) Link: http://www.bmjv.de/SharedDocs/Publikationen/DE/Legalbewaehrung_strafrechtliche_Sanktionen_Kurzbroschuere.pdf;jsessionid=82F1369B9B3FD18DEF9437EA7CCE6FB8.1_cid289?__blob=publicationFile&v=7 Download: 29.02.2016S. 7.

In dem afghanischen JC kann eine Sanktionshierarchie – ähnlich dem JGG – festgestellt werden. Sowohl § 5 JGG als auch Art. 45 JC führen die drei genannten Sanktionsmaßnahmen auf. Diese werden im JGG untergliedert in zahlreiche Erziehungsmaßnahmen, wie den Weisungen, Auflagen, dem Jugendarrest, der Warnung und etliche mehr.

Art. 45 JC belässt es bei den drei Sanktionsmaßnahmen. Hier erfolgt keine weitere Unterteilung.

Weiterhin kann festgestellt werden, dass das JGG zunächst die Erziehungsmaßregeln anordnet, in dem afghanischen JC wird hiervon abgesehen. Gem. Art. 45 JC werden an erster Stelle die Zuchtmittel genannt.

e) Verbindung von Maßnahmen

Im deutschen Recht wird die Möglichkeit der Verbindung von Sanktionsmaßnahmen in § 8 JGG ausdrücklich thematisiert. Das afghanische JC führt keine dergestalt ausdrückliche Möglichkeit der Verbindung von Maßnahmen auf.

f) Maßregeln der Besserung und der Sicherung

In § 7 JGG werden die Maßregeln der Besserung und Sicherung aufgeführt. Als Maßregel der Besserung und der Sicherung kommt die Unterbringung in einem psychiatrischen Krankenhaus, in einer Entziehungsanstalt, die Führungsaufsicht oder die Entziehung der Fahrererlaubnis in Betracht.

Der EGMR hat Übergangsregelungen geschaffen, die die nachträgliche Sicherungsverwahrung über die seinerzeitige Höchstgrenze von 10 Jahren hinaus gestatten, um therapeutische Zwecke zu erfüllen. In diesen Anstalten soll die Behandlung im Vordergrund stehen. Diese dürfen nicht haftähnlich ausgestaltet sein. Demzufolge verfolgt das deutsche Strafrecht zwei Ziele. Zum einen wird zwecks Sanktion die Strafe verhängt und zum anderen dienen die Maßregeln zur Behandlung und demnach zur Besserung und Sicherung.

In dem afghanischen Recht soll der Jugendstaatsanwalt gem. Art. 24Abs. 1 JC ein Kind, das eine geistige Krankheit aufweisen könnte, vorsorglich dessen Einweisung in eine psychiatrische Anstalt in die Wege leiten. Gem. Art. 24Abs. 2 JC soll das Gericht anhand von medizinischen Fachleuten die Fortdauer dieser Unterbringung oder etwaige Maßnahmen gem. Art. 45Abs. 2 JC anordnen.

Bei dem Vergleich zwischen den afghanischen und den deutschen Maßregeln wird festgestellt, dass in Afghanistan der Jugendstaatsanwalt bereits bei einem Anfangsverdacht eine Maßregel der Besserung und der Sicherung anordnen darf. Im Nachgang hierzu bestätigt, ändert oder hebt das zuständige Gericht die

Maßnahme auf. In Deutschland bedarf der Ausspruch einer Maßregel erweiterter richterlicher Prüfung und durchläuft häufig mehrere Instanzen. Die Vorgehensweise in Afghanistan erinnert gewissermaßen an die Maßnahmen der StPO, beispielsweise an die Durchsuchungsanordnung gem. §§ 102 StPO ff. Grundsätzlich hat zwar das zuständige Gericht auf Antrag der Staatsanwaltschaft einen Durchsuchungsbeschluss zu erlassen. Bei Gefahr im Verzug kann sie jedoch durch eine Maßnahme der Staatsanwaltschaft ersetzt werden. Die Staatsanwaltschaft hat binnen drei Tagen eine gerichtliche Bestätigung ihrer Maßnahme herbeizuführen.

Das afghanische Recht beschränkt sich auf psychiatrische Anstalten, während das deutsche Recht die oben vier genannten Maßregeln bezeichnet. Es liegen keine Erkenntnisse darüber vor, welche Voraussetzungen die genannten Anstalten in Afghanistan erfüllen müssen. Es wird jedoch angezweifelt, dass sie jegliche Standards erfüllen. Innerhalb der BRD müssen Anstalten sowohl nationale als auch internationale Richtlinien erfüllen.

g) Form und Voraussetzungen der Jugendstrafe

Gem. § 17Abs. 1 JGG soll die Jugendstrafe in einer speziellen Einrichtung vollzogen werden. Die Jugendstrafe soll angeordnet werden, soweit gem. § 17Abs. 2 JGG schädliche Neigungen in der Tat feststellbar sind, Erziehungsmaßregeln und Zuchtmitteln nicht mehr ausreichen oder wegen der Schwere der Schuld erforderlich ist. „Schädliche Neigungen“ definiert der BGH als „erhebliche Anlage – oder Erziehungsmängel die Gefahr begründen“, dass der Täter „ohne längere Gesamterziehung durch weitere Straftaten die Gemeinschaftsordnung stören“ werde.[197]

Gem. Art. 7Abs. 5 JC ist die Jugendstrafe in einer gesonderten Jugendstrafanstalt zu vollziehen. Nach Art. 7Abs. 6 JC kann die Jugendstrafe in einer Jugendstrafanstalt oder in einem Rehabilitationszentrum vollzogen werden. I.S.d Art. 32 JC soll die Durchführung im Rehabilitationszentrum möglich sein, soweit die Haftdauer weniger als drei Jahren beträgt.

Werden die Bedingungen und die Voraussetzungen einer Jugendstrafe in der Bundesrepublik Deutschland und in Afghanistan verglichen, so kann festgestellt werden, dass beide Nationen gesetzlich gesehen für den Vollzug der Jugendstrafe eine separate Anstalt vorsehen. Das deutsche JGG verlangt für die Jugendstrafe

---

197 BGHSt. 11, 169, 170.

weitere Voraussetzungen, wie die schädlichen Neigungen oder die Schwere der Schuld. Ferner ist die Jugendstrafe ultima ratio; sie kommt als letztes Mittel zur Anwendung. Das afghanische JC stellt keine weiteren Voraussetzungen an die Jugendstrafe. Die Verhängung der Jugendstrafe liegt im Ermessen des Jugendgerichtes.

h) Dauer der Jugendstrafe

Nach § 18 JGG beträgt die Jugendstrafe sechs Monate bis fünf Jahre. Bei Verbrechen, die nach den allgemeinen Vorschriften ein Höchstmaß von mehr als zehn Jahren androhen, gilt das Höchstmaß von zehn Jahren. Gem. § 18Abs. 2 JGG wird der erzieherischen Einwirkung großes Gewicht beigemessen.

Nach den afghanischen Vorschriften darf gem. Art. 31Abs. 1a JC die Haftdauer maximal ein Drittel der allgemeinen Vorschriften betragen. Anstelle der Todesstrafe tritt bei Jugendlichen und Heranwachsenden gem. Art. 31 Alt. b JC die lebenslange Haftstrafe in Kraft.

Das deutsche JGG setzt ein Mindestmaß der Jugendstrafe aus erzieherischen Gründen an. Der Vollzug wirke negativ auf die Jugendlichen und die Rückfallquote sei hier am höchsten. Aus diesem Grund kann bei kleineren Vergehen die Jugendstrafe nicht verhängt werden. Der Zugang der „Kleinkriminellen" zu den „richtigen Straftätern" soll nicht gefördert werden.

In Afghanistan werden keine derartigen Überlegungen angestellt. In der Bundesrepublik Deutschland beträgt das Höchstmaß der Jugendstrafe zehn Jahre, in Afghanistan lebenslang.

i) Strafaussetzung

Gem. § 21 JGG kann die Vollstreckung der Strafe von bis zu maximal zwei Jahren zur Bewährung ausgesetzt werden. Das afghanische Recht behandelt die Strafaussetzung in Art. 17 JC. Gem. Art. 17 JC können inhaftierte Kinder, Jugendliche oder Heranwachsende mit einer Kaution befreit werden, soweit die Verlängerung der Haft als ungeeignet oder nicht erforderlich erachtet wird. Beiden Nationen ist die Strafaussetzung bekannt. Unterschiede ergeben sich aus der Art und Weise der Aussetzung.

j) Bewährungszeit

Nach § 22 JGG beträgt die Bewährungszeit zwei bis drei Jahre. In Afghanistan ist der zeitliche Rahmen der Bewährungszeit gesetzlich nicht vorgegeben. Dies liegt im Ermessen des Jugendgerichtes.

k) *Bewährungshilfe*

Nach § 24 JGG wird für den Jugendlichen für höchstens zwei Jahre ein Bewährungshelfer von dem erkennenden Richter unterstellt. Nach § 24Abs. 2 JGG kann er diese erneut anordnen und das Höchstmaß kann überschritten werden. Die Rechte und Pflichten des Bewährungshelfers sind normiert in § 24Abs. 3 JGG.

Art. 37Abs. 1 JC sieht eine Beaufsichtigung während der Bewährungszeit durch spezielle Polizeieinheiten vor. Überdies obliegt es dem Justizministerium gem. Art. 37Abs. 2 JC spezialisierte Organisationen, mit dieser Aufgabe zu benennen. Nach Art. 7Abs. 7 JC wird die Bewährungshilfe von dem Jugendgericht festgelegt.

Schließlich ist die Bewährungshilfe in der Bundesrepublik Deutschland grundsätzlich befristet. In der Islamischen Republik Afghanistan liegt die Befristung im richterlichen Ermessen; gesetzlich ist eine Befristung jedenfalls nicht vorhanden. Im Übrigen sind die deutschen Ausführungen zur Bewährungshilfe und die der Islamischen Republik Afghanistan kongruent zueinander.

l) *Bestellung und Pflichten des Bewährungshelfers*

Gem. § 25 JGG bestellt der Richter den Bewährungshelfer und kann ihm während der Bewährungszeit Anweisungen erteilen. Der Bewährungshelfer soll in gerichtlich vorgegebenen Zeitabständen, Angaben hinsichtlich der Lebensführung und Verstößen gegen Weisungen, Auflagen, etc. tätigen.

Nach dem afghanischen Recht soll der Bewährungshelfer gem. Art. 38Abs. 1 JC in regelmäßigen Abständen das Jugendgericht über das Verhalten des Jugendlichen schriftlich informieren.

Bei den Pflichten des Bewährungshelfers besteht ein deckungsgleiches Verhältnis zwischen der Islamischen Republik Afghanistan und der BRD.

m) *Jugendgerichte*

Nach dem deutschen Recht entscheiden gem. § 33 JGG bei Jugendstrafsachen, die Jugendgerichte. Gem. Art. 3Abs. 1 JC soll in jeder Provinz Afghanistans ein Jugendgericht vorhanden sein.

n) *Besetzung der Jugendgerichte*

Das Jugendschöffengericht besteht gem. § 33a JGG aus einem Jugendrichter und zwei Jugendschöffen. Die sog. „kleine“ Jugendkammer besteht gem. § 33b Abs. 1S. 2 JGG aus dem Vorsitzenden Richter und zwei Schöffen. In dieser Besetzung entscheidet sie über Berufungen gegen Urteile des Jugendrichters. Die sog.

„große" Jugendkammer besteht gem. § 33 b Abs. 1S. 1 JGG aus drei Richtern und zwei Jugendschöffen.

In der Islamischen Republik Afghanistan besteht das Jugendgericht gem. Art. 4Abs. 1 JC aus drei Richtern einschließlich des – notwendigerweise erforderlichen – Direktors des Gerichts.

o) Auswahl der Jugendrichter und Jugendstaatsanwälte

Die Jugendrichter und Jugendstaatsanwälte sollen gem. § 37 JGG erzieherisch befähigt sein. Nach Art. 4Abs. 2 und Art. 5Abs. 2 JC sollen der Jugendrichter und Jugendstaatsanwalt die spezifische Begabung und Erfahrung im Umgang mit kinderspezifischen Schwierigkeiten aufweisen. Gem. Art. 15 JC soll eine besondere Einheit bei der Polizei gegründet werden, bestehend aus männlichem als auch weiblichem Personal, die Jugendstrafsachen bearbeitet. Neben den besonderen Anforderungen an den Jugendrichter und Jugendstaatsanwalt wird in Afghanistan zudem die „Jugendpolizei" eingesetzt.

p) Jugendgerichtshilfe

In Afghanistan gibt es keine Jugendhilfe i.S.d. der deutschen Jugendgerichtshilfe im Strafverfahren i.S.d. § 38 JGG i.V.m. § 52 SGB VIII. Diese soll bei allen Verfahren gegen Jugendliche ständig mit erzieherischen Maßnahmen mitwirken. In der BRD wird sie von Jugendämtern und Vereinigungen ausgeübt.

q) Umfang der Ermittlungen

Nach deutschem Recht sollen gem. § 43 JGG zügig die Lebens- und Familienverhältnisse, der Werdegang, das bisherige Verhalten des Beschuldigten und alle übrigen Umstände ermittelt werden, die zur Feststellung seiner seelischen, geistigen und charakterlichen Eigenart dienen können. Der Erziehungsberechtigte und der gesetzliche Vertreter, die Schule und der Ausbildende sollen, soweit möglich, gehört werden. Soweit das erkennende Gericht zur Feststellung des Entwicklungsstandes einen Sachverständigen beizuziehen beabsichtigt, so steht ihm diese Möglichkeit gem. § 43Abs. 2 JGG frei. Nach afghanischem Recht sollen gem. Art. 16 JC die Polizei und die richterlichen Behörden die persönlichen Eigenschaften und die sozialen Bedingungen des Jugendlichen betrachten, um die Haftstrafen möglichst zu reduzieren. Die Polizei soll dem Jugendstaatsanwalt gem. Art. 20 JC Informationen über die Persönlichkeit und die sozialen Bedingungen des Jugendlichen zukommen lassen. Gem. Art. 25 JC sollen im Rahmen der gerichtlichen Entscheidungsfindung folgende

Bedingungen berücksichtigt werden: Alter, die psychologische Reife, Charakter und Begabung, die Ausbildung, Umgebung und Verhältnisse, Gründe und Ursachen für die Begehung des Vergehens, Erziehungs-/Strafregister (auf mögliche Einträge), Umstände ihres Verhaltens zum Zeitpunkt sowie nach der Tat und ferner die für das Opfer verursachten Schäden. Sowohl in Afghanistan als auch im Bundesgebiet wird bei Jugendlichen nicht nur die Tat als solche ermittelt, sondern auch weitere jugendspezifische Gesichtspunkte, die zu der Tat beigetragen haben.

r) Vernehmung des Beschuldigten

Gem. § 44 JGG ist der Beschuldigte von dem Jugendstaatsanwalt oder dem Vorsitzenden des Jugendgerichtes zu vernehmen, wenn eine Jugendstrafe zu erwarten ist, i.Ü. von den Polizeibeamten.

Gem. Art. 44Abs. 6 JC sollen die Jugendlichen angehört werden. Eine funktionelle Zuständigkeit für die Vernehmung wird nicht ausdrücklich bestimmt; demzufolge kommt es zur „Auffangfunktion" der besonderen „Jugendpolizei" oder ggf. auch der örtlichen Polizei.

s) Nichtöffentlichkeit

Sowohl in der Bundesrepublik Deutschland als auch in der Islamischen Republik Afghanistan gilt das Prinzip der Nichtöffentlichkeit bei Verfahren gegen Jugendlichen gem. § 48 JGG und gem. Art. 44Abs. 4, 22, 30 Abs. 1 JC. Jedoch erfolgt in der Islamischen Republik Afghanistan die Verkündung des Urteils gem. Art. 30Abs. 1 JC öffentlich.

t) Stellung des Erziehungsberechtigten und des gesetzlichen Vertreters

Nach deutschem Recht wird dem Erziehungsberechtigten gem. § 67 JGG eine wesentliche Rolle zuteil. Ihm stehen dieselben Rechte auf Fragen, Einreichung von Anträgen und die Wahl eines Verteidigers zur Einlegung von Rechtsbehelfen zu, wie dem Beschuldigten. Nach § 67Abs. 4 JGG können den gesetzlichen Vertretern des Jugendlichen die besagten Rechte abgesprochen werden, soweit sie verdächtig sind, an seiner Verfehlung mitgewirkt zu haben.

Gem. Art. 44Abs. 5 JC sollen der gesetzliche Vertreter und der Jugendstaatsanwalt ihre Ansicht über den Fall darlegen. Sowohl im deutschen als auch im afghanischen Recht gewährt das Gesetz den gesetzlichen Vertretern des Jugendlichen Rechte. Im deutschen Recht werden die Rechte des gesetzlichen Vertreters konkretisiert.

u) *Vollzug*

Nach deutschem Recht dürfen gem. § 114 JGG Heranwachsende bis zum 24. Lebensjahr während einer Freiheitsstrafe nach dem StGB ebenfalls in Jugendeinrichtungen untergebracht werden, soweit sie hierfür geeignet sind. Gem. Art. 32Abs. 2 JC sollen die Jugendlichen, soweit sie während des Vollzuges der Haft das 18. Lebensjahr erreichen, in die Erwachsenenhaftanstalt überführt werden. Der Unterschied zwischen dem deutschen und afghanischen Vollzug liegt in der Altersbegrenzung bei der Unterbringung in Jugendstrafanstalten.

v) *Beseitigung des Strafmakels*

Gem. § 97 JGG kann von Amts wegen oder auf Antrag, soweit die Rechtschaffenheit des Jugendlichen erwiesen ist, der Strafmakel zwei Jahre nach der Verbüßung der Jugendstrafe von dem Jugendrichter beseitigt werden.

Gem. Art. 40 JC besteht für einen verurteilten Jugendlichen durch Einreichung eines entsprechenden Antrags bei dem seinerzeit zuständigen Gericht, die Möglichkeit zur Verfügung, die Straftat, die er vor Erreichen des 18. Lebensjahres beging, aus dem Strafregister entfernen bzw. zurücknehmen zu lassen. Dies setzt voraus, dass der ausgeurteilte Jugendliche bis zum 25. Lebensjahr strafrechtlich nicht mehr in Erscheinung getreten ist.

Im Kern verfolgen beide Nationen die Möglichkeit der Beseitigung des Strafmakels. In Afghanistan werden höhere Anforderungen an die Beseitigung des Strafmakels gesetzt als im Bundesgebiet. Ferner werden im Bundesgebiet gem. § 4Nr. 4 Ziffer BZRG nur Strafen oder Feststellungen nach § 27 JGG aufgenommen sowie Maßnahmen der Besserung und Sicherung gem. § 4Nr. 2 BZRG. In Afghanistan gibt es keine konkreten Hinweise darüber.

w) *Weitere afghanische Vorschriften*

Das afghanische JC beinhaltet weitere Normen, welche das JGG nicht aufführt. Dazu gehören Regelungen zum Besuchsrecht der gesetzlichen Vertreter in den Jugendhaftanstalten gem. Art. 18 JC sowie einige Verfahrensregeln i.S.d. Art. 28ff. JC. Diese sind in der Bundesrepublik Deutschland in gesonderten Gesetzesbüchern verankert.

V. Fazit zu der Unterdrückung der Frauen bzw. Mädchen im afghanischen Recht

In diesem Kapitel ging es um die afghanischen Gesetze. Das Gleichheitsgebot ist sowohl in der Verfassung der Islamischen Republik Afghanistan als auch im

Koran verankert. Allerdings wird das Gleichheitsgebot in einigen Vorschriften nicht gewahrt. Teilweise werden die Frauen begünstigt, wie z.B. bei der Anordnung der Zwangsheirat oder der Mitgift.

Sodann wurden einige Heiratsbestimmungen, wie das Heiratsalter, die Frühheirat, die Zwangsheirat, die Mitgift, das Brautgeld, die Polygamie, die Scheidung und sodann die Erbfolgen erläutert.[198] Festgestellt wurde, dass der Islam nicht der Gründer der polygamen Ehen ist, die Zahl der Ehefrauen im historischen Kontext sogar radikal reduziert wurde und die polygame Ehe zur Zeit der Gründung des Islams andere Zwecke verfolgte, die heutzutage erst recht in der Praxis anders gedeutet werden.

Die Scheidung stehe beiden Geschlechtern zu, allerdings setzt dies bei der Frau voraus, dieses Recht in Form von Vorabreden im Ehevertrag zu notieren. Dies wiederum setzt ein gebildetes Volk voraus, was Afghanistan mit einer der höchsten Analphabetenquoten nicht erreicht. Damit ist die Scheidungsweise der Frau nur erschwert möglich.

Schließlich wurden die moralischen Verbrechen angeführt. Der Begriff der moralischen Verbrechen wurde definiert. Festgestellt wurde, dass das Weglaufen in keiner der Quellen der Scharia geregelt ist. Die Lücke wurde allerdings durch die Richtlinien des Obersten Gerichtes und der Anweisung des Präsidenten Karzai dispositiv geschlossen. Dauerhaft betrachtet ist auch aus Gründen der Rechtssicherheit die Schaffung eines neuen Tatbestandes unabdingbar.

Der außereheliche Geschlechtsverkehr (Zina) wurde definiert. Die Zina wird in den Quellen der Scharia widerspruchsfrei angeordnet. Hinsichtlich der Zina ist kein Gender Gap ersichtlich. Sie wird gleichermaßen für Mann und Frau verboten und sanktioniert. Hinsichtlich der Tatbestandsmerkmale der Zina, ist in Afghanistan ein Gender Gap bei dem Erfordernis von vier Zeugen ersichtlich.

Insgesamt betrachtet stellt die ungleiche Scheidungsweise von Mann und Frau eine Divergenz gegen die internationalen Abkommen i.S.d. Art. 7 AC dar. Die weiteren Vorschriften stehen entweder im Einklang zu den internationalen Abkommen oder die internationalen Abkommen enthalten dazu keine Regelung. Als Beispiel seien die Mitgift, die Polygamie oder der außereheliche Geschlechtsverkehr genannt. Der These von Mahmoudi (2004) über das Zusammenklaffen der islamischen und internationalen Vorschriften wird zugestimmt. Die ungleiche Scheidungsweise stellt zwar im Verhältnis zu den gesamten Vorschriften eine Ausnahme dar. Aber gerade solche Vorschriften machen einen

198 Vgl. Zwischenfazit.

absoluten Konsens unmöglich. Auch muss berücksichtigt werden, dass nicht alle islamischen Vorschriften zugrunde gelegt wurden.

Schließlich ist bei diesen begrenzt angeführten Vorschriften erkennbar, dass die Widerspruchsfreiheit gem. Art. 3 AC unter den Quellen der Scharia gegeben ist.

Eine Unterdrückung der Frau, wie von Präsident Karzai geäußert, liegt durch die Regelungen der Polygamie, der ungleichen Scheidungsweise und dem Erfordernis von vier Zeugen beim unehelichen Geschlechtsverkehr vor – bei den Erbvorschriften ist weitere Forschung notwendig –um abschließend zu urteilen. Bei der Mehrheit der Vorschriften wie dem Gleichheitsgebot, dem Heiratsalter, der Zwangsheirat, der Mitgift und der Zina wird keine Unterdrückung der Frau durch die Scharia gesehen. Präsident Karzai gibt der Scharia die Hauptschuld. Doch wie bereits oben festgestellt, ist die Scharia vermutlich mitursächlich für die Unterdrückung der Frauen. Doch auch die Ausführung der Scharia beruht auf menschliche Erzeugnisse, die in Anbetracht der aktuell extremistischen Auslegung entsprechend ausgelebt werden. Entsprechend kann die Hauptschuld nicht der Scharia angelastet werden.

Sodann wurde die Strafbarkeit der Mädchen anhand des afghanischen Jugendstrafrechts überprüft. Das afghanische Jugendstrafrecht ist in Afghanistan seit dem Jahr 2005 vorhanden. Festgestellt wurde, dass im Vergleich zu dem deutschen JGG das JC an höhere Sanktionen anknüpft. Beispielsweise kann ein Kind bereits von dem afghanischen Jugendgericht gemaßregelt oder verwarnt werden. Das afghanische JC „überspringt" die Erziehungsmaßregeln und setzt bei den Zuchtmitteln an i.S.d. Art. 45 JC. Das deutsche JGG bietet eine Vielzahl von Maßnahmen an, die das afghanische JC lediglich in einem sehr geringen Maße berücksichtigt. Art und Ausmaß einer Sanktion kann im afghanischen Jugendstrafrecht wesentlich einschneidender sein als im Bundesgebiet. Nach dem deutschen Recht kann höchstens eine Jugendstrafe von zehn Jahren, im afghanischen JC hingegen eine lebenslange Haftstrafe tenoriert werden.

Die genannte afghanische Höchststrafe spricht gegen die deutschen Erkenntnisse, wonach Jugendverfehlungen normal, ubiquitär und episodenhaft seien.

Das Ermessen der Jugendgerichte ist in der Islamischen Republik Afghanistan größer als in der Bundesrepublik Deutschland. Zahlreiche Anordnungen, wie z.B. die Bewährungszeit etc., liegen im Ermessen der afghanischen Jugendgerichte.

Gemeinsam haben sowohl die Bundesrepublik Deutschland als auch die Islamische Republik Afghanistan den Hauptgedanken der Erziehung, die Voraussetzungen an die Jugendrichter und Staatsanwälte, den Umfang der Ermittlungen, die Vernehmung des Beschuldigten, die Beseitigung des Strafmakels und den Grundsatz der Nichtöffentlichkeit – wobei im JC die Öffentlichkeit der Entscheidungsverkündung zu berücksichtigen ist – verankert. Den gesetzlichen Vertretern wird in beiden Nationen eine erhebliche Rolle zuteil.

Überwiegend ähneln sich die Vorschriften der Islamischen Republik Afghanistan mit den deutschen jugendgerichtlichen Vorschriften. Allerdings sind diese Vorschriften häufig nicht im selben Maße bestimmt und konkretisiert, wie die deutschen Vorschriften. Das afghanische JC bedarf der Auslegung der Jugendgerichte. Im afghanischen Recht gibt es keine Jugendhilfe i.S.d. der deutschen Jugendgerichtshilfe im Strafverfahren.

Die Artikel des afghanischen JCs sind im Vergleich zu den deutschen Vorschriften unsystematisch und nicht mit einer Aufschrift bezeichnet. Das afghanische Jugendstrafrecht ist auf weitere Forschung angewiesen.[199] Das afghanische JC weist keine Gender Gaps auf.

Afghanistan ist ein Entwicklungsland und entsprechend in der Anfangsphase seiner Entwicklung nach den jahrzehntelangen Kriegen. Nutzbringend wäre die Behebung der Divergenzen und der gesetzlichen Lücken.

Der Blick in die Geschichte in die deutsche Frauenbewegung zeigte, dass vor nicht allzu langer Zeit in Deutschland etliche Gender Gaps vorhanden waren. Erst seit 1976/1977 wurde das Gleichheitsgebot praktiziert und überwiegend gewahrt. Deutschland als Industrieland weist bis heute noch die Problematik der Gender Gaps in einigen Bereichen auf. Anhand der weiterhin in der Bundesrepublik Deutschland beispielhaft aufgezählten Gender Gaps wird deutlich, dass Afghanistan noch lange Zeit brauchen wird, bis es das Gleichheitsgebot wahren wird.

Die Afghanen haben das Gleichheitsgebot zwar schriftlich niedergelegt, was die Bundesrepublik Deutschland 1949 erreicht hat; allerdings ist die Islamische Republik Afghanistan keinesfalls in der damaligen Stellung Deutschlands. Den Afghanen wurde die Verfassung zur Unterzeichnung vorgelegt. Die Bundesrepublik Deutschland hat wiederum zahlreiche Proteste erfahren und daraufhin Art. 3Abs. 2 GG statuiert.

Afghanistan erlitt bis vor Kurzem[200] die härteste Scharia Umsetzung überhaupt. In dieser Zeit durften die Frauen u.a. das Haus nicht ohne männliche Begleitperson verlassen oder das Volk durfte sich nicht bilden etc. Die Frau hatte zu dieser Zeit gesellschaftlich die niedrigste Stellung. Nun hat die erste Generation nach Entstehung der Islamischen Republik Afghanistan durch Bildung

199 Trotz intensiver Suche konnten keine Kommentare zum JC aufgefunden werden.
200 Etwa 10 Jahren.

einen veränderten Blick auf gesellschaftliche Strukturen. Wenn die Schulbildung weiterhin ihren Rang in dem gesellschaftlichen Leitbild bewahrt, darf erwartet werden, dass einige der genannten Probleme zukünftig nachhaltig gelöst werden.

Gender Gaps sind in allen Nationen in einem verschiedenen Grad vorhanden. Island belegt in Folge den ersten Platz in der Gleichstellung der Frau. Sie haben die Gender Gaps zu 80 % beseitigt. Eine 100 %ige Beseitigung der Gender Gaps ist demnach in keinem Land der Welt erfolgt. Deutschland befindet sich bei der Abschaffung der Gender Gaps auf dem 14. Platz und die arabischen Länder liegen bei über 100. Die WEF vergibt die Plätze nach Berücksichtigung der Gesundheitslage, wie die Lebens- und Sterberate, der Bildungswege, der politischen Teilhabe und der wirtschaftlichen Chancen, wie die Gehälter.[201]

Um die Gender Gaps in Afghanistan zu mindern, müsste zusätzlich zu der Erweiterung der feministischen Forschung in Afghanistan, eine vollständige Abänderung der Gesundheitslage, wie die Lebens- und Sterberate, der Bildungswege, der politischen Teilhabe und der wirtschaftlichen Chancen, wie den Gehältern, erfolgen.[202] Es empfiehlt sich auch die internationalen Wegweiser zu beherzigen und z.B. die Behörden, Arbeitgeber aufzufordern die Gleichrangigkeit zu fördern, Kommissionen zu gründen, die auf die Defizite aufmerksam machen, Tarifverträge einzuführen zur Lohngleichstellung, Arbeitsbehörden zu errichten, die die Lohndiskriminierungen aufdecken.[203] Noch ist der Lohn das kleinste Problem der Frauen in Afghanistan. Vielmehr müssten Anlaufstellen geschaffen werden, die die Frauen/Mädchen bei der Arbeitssuche, Verrichtung, Schulbesuch unterstützen und die Durchsetzung kontrollieren – insbesondere in den ländlichen Gegenden. Schließlich sollten Stellen geschaffen werden, die die Frauendiskriminierungen aufdecken und sanktionieren.

---

201 Vgl. Pitzke (2013) in SpiegelOnline Wirtschaft Link: http://www.spiegel.de/wirtschaft/soziales/gender-gap-report-frauen-bleiben-weitweit-benachteiligt-a-929899.html Download: 21.01.2016.

202 S.o.; Pitzke (2013) in Spiegel Online Wirtschaft Link: http://www.spiegel.de/wirtschaft/soziales/gender-gap-report-frauen-bleiben-weitweit-benachteiligt-a-929899.html Download: 21.01.2016.

203 Vgl. die Europäische Kommission Kampagne zur Beseitigung des geschlechtsspezifischen Lohngefälles Link: http://ec.europa.eu/justice/gender-equality/gender-pay-gap/files/gpg2011-leaflet_de.pdf Download: 26.01.2018.

D. Die Rechtsanwendungspraxis in Afghanistan mit frauen- und mädchenspezifischem Schwerpunkt

Im vorherigen Kapitel wurde festgestellt, dass die afghanischen Gesetze einschließlich der Scharia eben nicht hauptursächlich für die Unterdrückung der Frauen und Mädchen in Afghanistan sind, wie von dem seinerzeitigen Präsidenten Karzai geäußert. Deshalb soll in diesem Kapitel die tatsächliche Lage der Frauen und Mädchen in Afghanistan durchleuchtet werden. Dabei soll die Rechtsanwendungspraxis Afghanistans – frauen- und mädchenspezifisch – überprüft werden. Die Vorschriften aus dem vorherigen Kapitel finden dabei Anwendung; demzufolge auch die Heiratsbestimmungen, die moralischen Verbrechen und die jugendgerichtlichen Normen. Für die Prüfung der Rechtsanwendungspraxis wird der Kenntnisstand eines durchschnittlichen Bürgers zugrunde gelegt. Es wird überprüft, ob und inwieweit die o.g. Vorschriften von der afghanischen Bevölkerung beherrscht und befolgt werden. Sodann kann das Missverhältnis der Gesetze zu der afghanischen Praxis erörtert werden.

Zunächst werden das Heiratsalter und die Frühheirat zusammengefasst.[204] Anschließend werden für die afghanische Praxis die bisherige Forschung sowie die eigene Feldforschung zugrunde gelegt. Die Untersuchungen der Organisationen UNICEF, MPI, Amnesty International, AIHRC, UNAMA, OHCHR, LandInfo und viele weitere werden hier berücksichtigt.

Es erfolgte ein forschungsbegründeter Aufenthalt in Afghanistan zwischen dem 18.06.2013–15.07.2013. Die Feldforschung wurde eigenfinanziert. Hintergrund der Feldforschung war das Interesse an der Vergegenwärtigung der tatsächlichen Lage der Frauen und Mädchen in Afghanistan. Dabei sollte überprüft werden, ob die afghanische Praxis tatsächlich dergestalt ungünstig ausgestaltet ist, wie von den Medien propagiert wird und ob die Befragten das erforderliche Normwissen aufweisen. Die Vorarbeit, die Durchführung und das Resultat der eigenen Feldforschung werden hier erläutert. Schließlich werden die Antworten der weiblichen Befragten mit denen der männlichen Teilnehmer verglichen. Sodann wird das Interview mit der Richterin aus Kabul herangezogen.

---

204 Zur Begründung siehe Einleitung des vorherigen Kapitels.

Abschließend können mögliche Diskrepanzen zwischen dem „Soll-“ und dem „Ist-Zustand“ erörtert werden. Die internationalen Abkommen sollen bei Bedarf hinzugezogen werden. Auf einen virtuellen Gender Gap ist erforderlichenfalls einzugehen.

Sodann soll die praktische Anwendung des afghanischen Jugendstrafrechts erörtert werden. Dabei wird der Schwerpunkt auf die Forschung von UNICEF (2008) gelegt. Das Alter der Befragten, die verbüßte Strafe, die Bildung, die Behandlung, die Verfügbarkeit von Jugendstaatsanwaltsbüros und Jugendgerichten, die Folgen der Jugendstraftat, der Umfang der Ermittlungen und die Präventionsmaßnahmen sollen dabei berücksichtigt werden. Fragwürdig erscheint die Strafe eines Mädchens, das verheiratet ist und Zina begeht. Es stellt sich dabei die Frage, welches Recht tatsächlich angewendet, welche Sanktion angeordnet und wo sie verbüßt wird. Ein Interview mit der bereits genannten Richterin in Kabul soll Abhilfe verschaffen.[205] Schließlich ist zu vergleichen, ob und inwieweit die praktische Anwendung des JCs mit dem Gesetz übereinstimmt. Die afghanische Jugendstrafrechtsforschung fällt insgesamt sehr mäßig aus.

I. Die Heiratsbestimmungen in der Praxis nach dem bisherigen Forschungsstand

1. Das Heiratsalter und die Frühheirat

IRIN Asia Afghanistan (2004) und die NAPWA (2007–2017) stellen fest, dass die Kinderheirat in Afghanistan häufig vorkommt. Bei mehr als 57 % der Hochzeiten sei die Braut unter dem gesetzlichen Heiratsalter. Einige seien teilweise unter neun Jahren alt. Die genannten Organisationen stellen fest, dass häufig junge Mädchen von der Frühheirat in Afghanistan betroffen sind, obwohl diese gesetzlich verboten sei.

205 S.o.

Abb. 2: Vorkommnisse in Afghanistan. Quelle: AP Photo/UNICEF, Stephanie Sinclair, HO; Bild des Jahres (2007) in Deutschland
Link: http://www.flickr.com/photos/jan-edward/2118526282/ Download: 24.03.2014.

Die Abbildung 2 stellt ein 11-jähriges Mädchen dar, das neben ihrem 40-jährigen Ehemann sitzt. Dieses Bild wurde als das Bild des Jahres 2007 gewählt.

Die Frühheirat hindere die Mädchen am Bildungsweg und sei in ländlichen Gebieten weiter verbreitet als in den Städten. Der häufigste Grund für die Frühheirat sei die Armut der Familie.[206] Die Eltern verheiraten ihre Töchter, um kurzfristig finanzielle Nöte auszugleichen und die restliche Familie zu versorgen.[207]Folgen der Frühheirat seien nicht nur die mangelnde Bildung der Mädchen, sondern auch psychische und physische Störungen, nicht zuletzt, weil sie als Kinder schwanger werden. Ihr kindlicher Körper hält den Druck einer

---

206 Amnesty International (2009) Link: http://www.amnesty.org/en/library/asset/ASA11/014/2008/en/b5f04b18-ab50-11dd-a4cd-bfa0fdea9647/asa110142008en.pdf Download: 18.03.2014 S. 5f.; AIHRC (2011) Link: http://www.aihrc.org.af/media/files/Reports/SECR/Report%20on%20ESCR_Final_English_12_2011.pdf Download: 18.03.2014S. 52ff.

207 UNAMA und OHCHR (2010) Link: http://unama.unmissions.org/Portals/UNAMA/Publication/HTP%20REPORT_ENG.pdf Download: 19.03.2014 S. 18.

Schwangerschaft nicht aus, sodass die Müttersterblichkeitsrate in Afghanistan am höchsten sei.[208]

Amnesty International (2009) stellt anhand der Forschung des AIHRC aus 2004 in Helmand, Afghanistan, 114 bekannt gewordene Fälle von Frühheirat fest. Die Frühheirat sei nach afghanischem Recht nicht rechtmäßig. Dennoch würden etwa 57 % der Mädchen üblicherweise verfrüht verheiratet. Die Mädchen, die vor einer solchen Heirat von zu Hause fliehen, würden wegen moralischen Verbrechen inhaftiert werden.

Die UNAMA und OHCHR (2010) bestätigen die obigen Feststellungen, wie auch das CRC (2011), Tehrani/Yassari in MPI (2012) und HRW (2012).[209]

Nach einer Studie wurden 200 verheiratete minderjährige Mädchen befragt. 40 % der Mädchen gaben an, dass sie im Alter von 10–13 Jahren geheiratet haben, 32,5 % der befragten Mädchen im Alter von 14 Jahren und 27,5 % im Alter von 15 Jahren.[210] Danach sind rund 72,5 % der befragten Mädchen vor dem gesetzlichen Heiratsalter in die Ehe gegangen.

Alle Ansichten kommen zu demselben Schluss: Ein Streitentscheid ist entbehrlich. Danach ist in der afghanischen Praxis ein Gender Gap für die Mädchen vorhanden sowohl hinsichtlich des Heiratsalters als auch hinsichtlich der Frühheirat.

In den afghanischen Gesetzen wurde bzgl. des Heiratsalters ein Gender Gap festgestellt; bei der Frühheirat jedoch nicht. Die Frühheirat ist nach afghanischem Recht gleichermaßen für Jungen und Mädchen nicht erlaubt und berechtigt zur Annullierung. In den Primärquellen der Scharia wurde kein Heiratsalter vorgeschrieben. In der Sekundärquelle ist gem. Art. 70, 71 CC ein Heiratsalter für die Jungen und Mädchen festgelegt. Danach müssen die Jungen 18 und die Mädchen 16, mindestens 15 Jahre alt sein. Die Unterschreitung des gesetzlichen Heiratsalters stellt ein vorübergehendes gesetzliches Verbot dar i.S.d.

---

208 IRIN Asia Afghanistan (2004) Link: http://www.irinnews.org/report/24431/afghanistan-child-marriage-rate-still-high-minister Download: 18.03.2014; NAPWA (2007–2017) Link: http://sgdatabase.unwomen.org/uploads/National%20Action%20Plan%20for%20the%20Women%20of%20Afghanistan%202007%20to%202017.pdf Download: 18.03.2014 S. 40.

209 CRC (2011) Link: http://www.crc-afghanistan.org/newsitems/interview-with-crc-jj-coordinator-on-early-… Download: 23.08.2012; HRW (2012) S. 31f.; Tehrani/Yassari in MPI (2012) S. 36; vgl. auch LandInfo (2011) S. 10f.

210 Flora Family Foundation Research Report (2008) Link: http://www.wclrf.org.af/wp-content/uploads/2013/09/Early-Marrige-with-cover.pdf Download: 19.03.2014 S. 11ff.

Art. 77Nr. 3 CC und berechtigt zur Annullierung gem. Art. 133Abs. 2 Nr. A CC. Die Frühheirat erfolgt indes in tatsächlicher Hinsicht. Sie stimmt insoweit mit den afghanischen Gesetzen bzw. den Quellen der Scharia nicht überein. Durch die in der Praxis vorkommende Frühheirat treten unzählige Nebenwirkungen ein, v.a. die Gesundheitsgefährdung, der Bildungsmangel, die hohe Muttersterblichkeitsrate und die innerfamiliäre Gewalt etc.[211] Entsprechend kann die Scharia für die Frühheirat nicht ausschlaggebend sein, wie von Präsident Karzai geäußert. Die Ursache wird eher in den traditionell-patriarchalischen Subkulturen der Bildungs- und Finanzschwachen gesehen.[212]

2. Die Zwangsheirat

Weder die Primär- noch die Sekundärquelle der Scharia dulden eine Zwangsheirat. Zudem stellt das fehlende Einverständnis des Mädchens bzw. der Frau ein gesetzliches Verbot dar i.S.d. Art. 77Nr. 1 CC und berechtigt zur Annullierung gem. Art. 133Abs. 2 Nr. A CC.

Für die afghanische Praxis stellt die AIHRC (2011) fest, dass die Zwangsheirat in Afghanistan weit verbreitet ist; insbesondere haben sie im Jahre 2009/2010 122 Fälle von Zwangsheirat datiert. Im darauffolgenden Jahr haben sie 237 Fälle von Zwangsheirat festgestellt.[213] Innerhalb eines Jahres können sie einen Zuwachs von 97,13 % verzeichnen.[214] Zumeist seien Minderjährige von der Zwangsheirat betroffen.[215] Sie kommen zu dem Ergebnis, dass die Zwangsheirat die Folge von Armut, sog. Baad und Baadal sei.[216] Bei der Baad Heirat erging zuvor eine Tat, wie ein Mord, Totschlag oder die Flucht eines Jungen gemeinsam mit einem Mädchen. Zur Wiedergutmachung bietet die Familie des Täters der Familie des Opfers eine oder je nach Schweregrad der Tat, mehrere Töchter aus ihrer Familie zwecks Eingehung der Ehe mit einem männlichen Familienmitglied der Familie des Opfers an.

Sind zuvor der Junge und das Mädchen geflohen, soll auf diesem Weg die Wiederherstellung der Ehre der Familie des Mädchens erfolgen. Die Baad Heirat

---

211 S.o.

212 Auf diese Risikofaktoren soll hier nicht weiter eingegangen werden.

213 AIHRC (2011) Link: http://www.aihrc.org.af/media/files/Reports/SECR/Report%20on%20ESCR_Final_English_12_2011.pdf Download: 18.03.2014 S. 51.

214 Eigene Berechnung.

215 Tehrani/Yassari in MPI (2012) S. 32.

216 AIHRC (2011) Link: http://www.aihrc.org.af/media/files/Reports/SECR/Report%20on%20ESCR_Final_English_12_2011.pdf Download: 18.03.2014 S. 52f.

trete überwiegend in paschtunischen Sitten auf. Die Mädchen, die eine Baad Heirat eingehen mussten, berichten laut HRW, dass sie häufig von der Familie des Opfers schlecht behandelt würden. Auf diesem Weg versuche die Familie des Opfers die Tat zu kompensieren.[217]

Die Baadal Heirat komme zumeist unter den Menschen vor, die der Brautgeldzahlung nachgehen. Bei der Baadal Heirat sollen zwei Ehepaare verheiratet werden innerhalb derselben Familien. Eine Familie verheiratet je einen Sohn und je eine Tochter mit dem Sohn und der Tochter der anderen Familie. Im Ergebnis soll das Brautgeld eingespart werden, indem beide Familien ihre Kinder untereinander verheiraten; im Grunde ein Tauschgeschäft. Die Baadal Heirat komme häufig in den paschtunischen, armen und ländlichen Gebieten vor.[218]

Abbildung 3 verweist auf das Zitat einer Zwangsverheirateten.

I was not at the legal age for marriage that my father made me marry a man without my opinion and consent. My husband abused me and beat me since the beginning of marriage. He was a drug addict for a long time, but he uses the crystal method of drug addiction presently. He beats me and tells me to find money. He wants to force me into prostitution and to find some money this way. One he so beat me that I was hospitalized for two nights and the signs of beating and battering are vivid all over my body. I served as badal *for my brother (i.e. I was made to marry my current husband and my brother married my husband's sister) and I was oppressed as a result. My husband has made several commitments in the village council to give up his bad habits. But what I see is that he will never change for the better.*

Abb. 3: Zitat einer Zwangsverheirateten im AIHRC Bericht (2011).
Link: http://www.aihrc.org.af/media/files/Reports/SECR/Report%20on%20ESCR_Final_English_12_2011.pdf Download: 25.03.2014 S. 51.

---

217 Vgl. zur Ausführung von Baad HRW (2012) S. 32f.; und Eckard (2012) Link: http://www.google.de/imgres?imgurl=http://globalprosperity.files.wordpress.com/2012/03/pulitzer-feb8-p-thumb-615x300-776551.jpg&imgrefurl=http://globalprosperity.wordpress.com/2012/04/25/something- baad-is-happening-inafghanistan/&h=300&w=615&tbnid=momxgNVZa9iUiM:&tbnh=90&tbnw=184&zoom=1&usg=__yogR6SutN2_zUOkdzEJs_AW0MGQ=&docid=Zuq4XFHbrLki1M&sa=X&ei=7xQwU_PcHceJtQbhxYAw&ved=0CI8BEPUBMAo&dur=47 Download: 24.03.2014.

218 Vgl. zur Ausführung von Baadal HRW (2012) S. 29f.; UNAMA und OHCHR (2010) Link: http://unama.unmissions.org/Portals/UNAMA/Publication/HTP%20REPORT_ENG.pdf Download: 19.03.2014 S. 15f.

Tehrani/Yassari in MPI (2012) stellen fest, dass häufig Mädchen von der Zwangsheirat betroffen sind. Sie nehmen Bezug auf die Feststellung des AIHRC, wonach 60–80 % der Ehen in Afghanistan ohne oder gegen den Willen eines Ehegatten vollzogen werden.[219] Die Zwangsehen treten häufiger in finanzschwachen Gegenden auf – auch in Form von Baad und Baadal.[220] Sie bestätigen die Erkenntnisse des AIHRC, wonach die Folgen einer Zwangsheirat gravierend seien. Danach sei die Selbstverletzungsrate und Suizidrate bei Zwangsverheirateten und bei der innerfamiliären Gewalt besonders hoch.[221]

In einem ehemals auf Youtube verfügbaren Video geht es um ein Selbstverbrennungsopfer in Afghanistan. Es handelt von einem 15-jährigen Mädchen, das eine Verbrennung von bis zu 70 % erlitt. Die Rate von Selbstverbrennungsopfern soll in städtischen Gebieten abgenommen, in ländlichen Gebieten hingegen zugenommen haben. Die Tante der 15-Jährigen erklärt in diesem Video, die Verbrennungen seien die Folge eines Unfalls während des Kochvorganges. Das Mädchen leide an Kinderlähmung an Armen und Beinen. Sie habe beabsichtigt, Wasser zu kochen und zündete zu diesem Zweck Feuer an; dabei fingen ihre Sachen Feuer. Der Arzt stellt eindeutig anhand der Verbrennungen fest, dass das Mädchen sich absichtlich verbrannt haben muss. Die Provinzregierung in Herat bemerkt, dass die Selbstverbrennung in ländlichen Gebieten weit verbreitet ist, weil die Zwangsheirat noch häufig vorkommt im Gegensatz zu den städtischen Gebieten.

Unterstellt, die Behauptung der Tante über die Kinderlähmung des Mädchens trifft zu, so bleibt unklar, weshalb die Eltern dieses Mädchens den Umgang mit dergestalt gefährlichen Mitteln gewähren, soweit die behauptete Erkrankung tatsächlich vorliegt. Zutreffend ist zwar, dass die finanzielle Situation vieler Familien in Afghanistan den Umgang und die Wahrnehmung der Kinderlähmung nicht unbedingt fördert; sie wird teilweise als Massenphänomen erachtet und dementsprechend als „unwesentlich" erachtet. Indes erscheint die Behauptung der Tante vor dem Hintergrund der Verletzungen nicht glaubhaft; vielmehr wird davon ausgegangen, dass die Aussage des behandelnden Arztes zutrifft.

---

219 Zit. In Tehrani/Yassari in MPI (2012) S. 32.

220 Zur Ausführung von Baad und Baadal s.o.

221 Zit. In Tehrani/Yassari in MPI (2012) S. 32; Hauser (2013) in DW.de Link: http://www.dw.de/letzter-ausweg-suizid/a-16749114 Download: 25.03.2014.

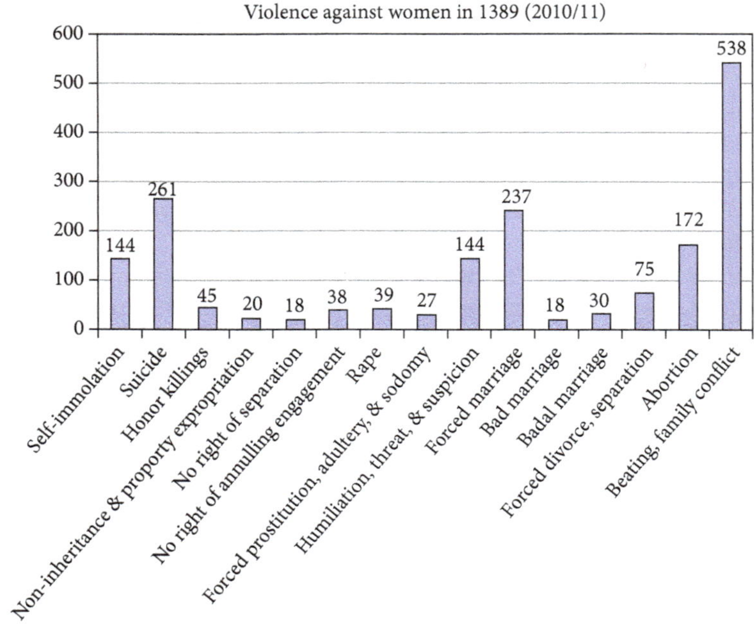

Abb. 4: Gewalttaten gegen Frauen im Jahre 2010/2011. Quelle: AIHRC (2011) von 2010/2011
Link: http://www.aihrc.org.af/media/files/Reports/SECR/Report%20on%20ESCR_Final_English_12_2011.pdf Download: 18.03.2014 S. 57.

In Abbildung 4 werden die Gewalttaten gegen die Frauen im Jahre 2010/2011 dargestellt. Anzumerken ist, dass die Selbstmordrate, die Zwangsheirat und insbesondere die innerfamiliäre Gewalt stetig steigen. Diese Graphik bestätigt im Wesentlichen die o.g. Ausführungen, wonach die Suizidrate auf die Zwangsheirat und die innerfamiliäre Gewalt zurückzuführen ist. Die Ansichten kommen zu demselben Ergebnis. Ein Gender Gap ist in der Praxis ersichtlich, weil die Frauen und Mädchen überwiegend Opfer der Zwangsverheiratung sind. In den afghanischen Gesetzen, die dem Schutz der Frauen und Mädchen dienen – jedenfalls theoretisch –, ist ein Gender Gap zu Lasten der Männer gegeben. Dies ist auf das fehlende praktische Bedürfnis zurückzuführen.

Der Auffassung von Sonnen im NOMOS und dem Antrag im Bundestag kann hier zugestimmt werden.[222] Danach ist die Zwangsverheiratung nicht mit

222 S.o. zu den Ausführungen.

der Religion, wie des Islams, gekoppelt. Diese ist vielmehr die Folge von traditionell-patriarchalischen Gesellschaften oder Subkulturen. Zusammenfassend steht die afghanische Praxis mit den Gesetzen nicht im Einklang.

Folglich kann in der Praxis eines ungebildeten Landes angenommen werden, die Scharia sei Schuld, doch die Realität sieht anders aus. Wie oben überprüft, spricht sich die Scharia gegen eine Zwangsheirat aus, sodass die Aussage des Präsidenten Karzai hier nicht haltbar ist.

3. Die Mitgift (Mahr)

Sowohl nach der Primär- als auch nach der Sekundärquelle[223] der Scharia soll die Mahr an die Frau geleistet werden. Tehrani/Yassari in MPI (2012) stellen jedoch fest, dass die Mahr in der afghanischen Praxis dem Vater der Braut übergeben wird. Die Frauen und Mädchen selbst wissen oftmals gar nicht, ob und in welcher Höhe eine Mitgift bestimmt und ob ein Teil gezahlt wurde. Üblicherweise kennen die afghanischen Frauen und Mädchen nicht ihre Rechte im Zusammenhang mit der Mitgift. Auch über die religiösen Hintergründe der Mahr weist der überwiegende Teil der afghanischen Frauen und Mädchen keine Kenntnis auf.[224]

Das MPI (2005) stellt zudem fest, dass auch gebildete Frauen über die Bestimmungen zur Mahr nicht informiert sind und anstelle, auch nicht hinsichtlich der ihnen zustehenden und festgelegten Mahr.

In ländlichen Gebieten sei die Situation derart verschärft, dass die Frauen nicht einmal wissen, dass sie überhaupt einen Anspruch auf die Zahlung der Mahr haben.[225] LandInfo (2011) bestätigt die obigen Ausführungen zur Mahr.[226]

Einheitlich kommen die Ansichten zu dem Resultat, dass die Mahr in der afghanischen Praxis dem Vater der Braut übergeben wird.

Ein Gender Gap ist hier zu Lasten der Männer ersichtlich.[227] Schließlich stimmt die afghanische Praxis mit den Normen nicht überein. Aufgrund der Schutzfunktion der Frau in dieser Regelung wird keine unmittelbare Unterdrückung dieser in der Mahrvorschrift gesehen – wohl aber eine Einschränkung durch den Vater in der Praxis, der die Mahr für sich behält. Schließlich sind die Quellen der Scharia auch hierfür nicht verantwortlich. Auch wird hier die

---

223 Vgl. Art. 110 CC.

224 Zur Ausführung siehe Tehrani/Yassari in MPI (2012) S. 60.

225 MPI (2005) S. 12.

226 LandInfo (2011) S. 7.

227 Zur Ausführung siehe Mahr in den afghanischen Normen s.o.

Ursache eher in den traditionell-patriarchalischen Subkulturen der Bildungs- und Finanzschwachen gesehen.

4. Das Brautgeld (Peshkash)

Die Quellen der Scharia regeln kein Brautgeld. Für die afghanische Praxis kommen das LandInfo (2011) und die AREU zu dem Ergebnis, dass das Brautgeld in weiten Teilen Afghanistans üblich ist.[228]Tehrani/Yassari in MPI (2012) stellen fest, dass das Brautgeld unter den finanziell Schwachen und denjenigen, die keinen Zugang zur Schulbildung haben in Afghanistan eine wesentliche Rolle spielt.[229]Dieses Ergebnis wird im Wesentlichen durch das MPI (2005) bestätigt. Die weniger privilegierte Gruppe mache es zur Voraussetzung zur Eingehung der Ehe mit ihrer Tochter. Bei wohlhabenden und gebildeten Familien werde das Brautgeld nicht zur Bedingung gemacht. Die Brautgeldhöhe differiert nach der Forschung des MPI (2005). Sie kann von etwa 2000 US$ beginnen und Werte von 40.000 US$ oder 80.000 US$ erreichen. Die Höhe des Brautgeldes sei abhängig davon, ob der Mann die Tochter als Erst- oder Zweitfrau oder gar als weitere Frau haben will. Als Erstfrau wird das Brautgeld geringer gehalten. Als Viertfrau kann es die genannten Werte erreichen. Ferner wirken sich die Eigenschaften des Mädchens – wie Jungfräulichkeit, Bildung oder Erscheinungsbild – auf die Höhe des Brautgeldes aus. In einigen paschtunischen Gebieten soll das Brautgeld den Wert der Braut steigern.[230]

Die UNAMA (2010) stellt fest, dass das Brautgeld grundsätzlich zur Frühheirat der Mädchen führt. Es sei darauf ausgerichtet, finanzielle Notlagen zu überbrücken. Das Brautgeld trage zudem zu einer enormen innerfamiliären Gewalt bei. Bei den Männern staue sich aufgrund der schwer ersparten Gelder und dessen „Verlust“ aufgrund der Eingehung in die Ehe, Frust und Zweifel auf, die in Form von Gewalt gegenüber der Ehefrau gekennzeichnet sind.[231]

Die Ansichten kommen einheitlich zu dem Ergebnis, dass das Brautgeld in der afghanischen Praxis in weiten Teilen Afghanistans verbreitet ist. Ein Gender Gap ist hier zu Lasten der Männer erkennbar, weil nur die Männer ein solches zu zahlen haben. Die afghanische Theorie verbietet die Zahlung des Brautgeldes nicht ausdrücklich. Daher steht die afghanische Praxis nicht in Widerspruch

228 LandInfo (2011) S. 7.

229 Tehrani/Yassari in MPI (2012) S. 19.

230 MPI (2005) S. 12f.

231 UNAMA und OHCHR (2010) Link: http://unama.unmissions.org/Portals/UNAMA/Publication/HTP%20REPORT_ENG.pdf Download: 19.03.2014 S. 25f.

zum afghanischen Recht. Durch die Zahlung des Brautgeldes in der afghanischen Praxis wird diesseits eine Unterdrückung der Frauen gesehen. Zwar nicht unmittelbar – wohl aber aus dem Umstand heraus, dass das weibliche Geschlecht damit als eine Sache betrachtet wird. Somit erlauben sich die Männer mehr, da sie mit ihrem Besitz schließlich umgehen und machen können, was sie wollen. Sodass daraus der von der UNAMA (2010) beschriebene Frust in Form von Gewalt zur Anwendung kommt. Diese Rechtsanwendungspraxis geht ebenfalls nicht mit den Quellen der Scharia einher. Diese setzen die Zahlung der Mahr zur finanziellen Absicherung der Frau bei einer Scheidung voraus. Die Zahlung des Brautgeldes an den Brautvater ist eine Erfindung der afghanischen Menschen selbst. Entsprechend resultiert auch sie aus traditionell-patriarchalischen Subkulturen der Bildungs- und Finanzschwachen.

Um die Zahlung des Brautgeldes entgegenzutreten erscheint es erforderlich, einen entsprechenden Tatbestand auf Staatsebene zu schaffen, diesen in den Medien mitsamt der Sanktion weiterzuverbreiten und entsprechende Komitees zu gründen, die die landesweite Einhaltung des Brautgeldtatbestandes überwachen. Allerdings wird vermutet, dass bei dem Verbot des Brautgeldes, die Mahr entsprechend höher angesetzt wird. Auch hier könnten staatliche Institutionen evtl. Abhilfe verschaffen.

5. Polygynie

Tehrani/Yassari in MPI (2012) stellen fest, dass hinsichtlich der Polygynie keine verlässlichen Statistiken verfügbar sind. Sie nehmen an, dass die afghanische Praxis nicht mit den Gesetzen übereinstimmt. Fragwürdig erscheint für sie, ob die Scheidung im Falle der Polygynie tatsächlich eine Option für die afghanischen Frauen darstelle. Die afghanischen Frauen seien finanziell abhängig von ihren Männern und aufgrund dessen gezwungen, polygame Ehen einer Scheidung vorzuziehen.[232]

Das MPI (2005) kommt auch zu dem Ergebnis, dass die Frauen die polygame Ehe der Einsamkeit vorziehen. Eine Gleichbehandlung der Ehefrauen – wie nach dem Koran gefordert – sehen sie in der afghanischen Praxis als nicht erfüllt an. Die polygamen Ehen führen zu zahlreichen Problemen. Angesprochen seien das Sorgerecht für die Kinder, die innerfamiliäre Gewalt und die daran anknüpfende Verzweiflung, die gelegentlich zur Begehung von Suizid führt. Die Männer würden häufig die jüngst geheirateten Ehefrauen den anderen Ehefrauen gegenüber favorisieren.

232 Tehrani/Yassari in MPI (2012) S. 46.

Gebildete Menschen lehnen eine polygame Ehe häufiger ab und erlauben die Eingehung in weiteren Ehen parallel zur bestehenden Ehe in der Regel nicht. Ausnahmesituationen liegen u.a. vor, soweit die Ehefrauen keinen Jungen gebären können. Jungen werden als sehr wichtig erachtet, nicht zuletzt wegen der Versorgung und Unterstützung der eigenen Eltern.[233] Dass die Geburt eines Jungen von dem Chromosomenfaktor des Mannes abhängt, entzieht sich offensichtlich der Kenntnis der breiten Masse in Afghanistan.

Die Polygynie finde häufig Anwendung bei ungebildeten und zugleich wohlhabenden Männern, selten bei armen ungebildeten Männern. Der Hauptgrund für die Polygynie wird in der finanziellen Lage gesehen. Je mehr Ehefrauen ein Mann aufweise, umso höher sei sein soziales und materielles Ansehen; von der Anzahl der Ehefrauen schließe man auf die finanzielle Situation des Ehemannes. Entsprechend steigt der Wunsch bei den armen Männern, wohlhabend zu sein.[234]

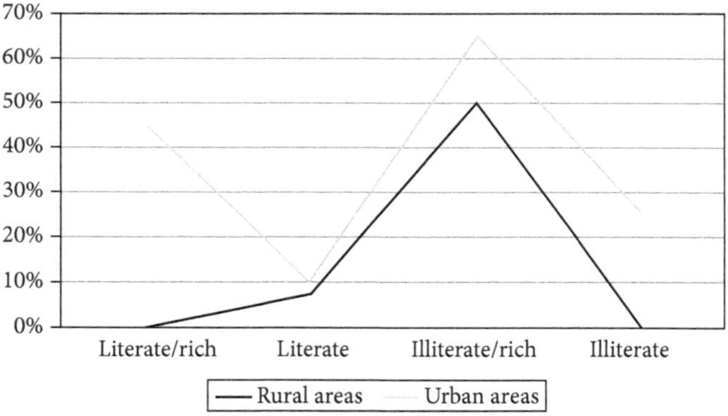

Abb. 5: Häufigkeit von polygamen Ehen differiert nach Bildung und Reichtum. Quelle: MPI (2005) S. 22.

Die Abbildung 5 basiert auf die Forschung des MPI (2005). Bei Reichtum steigt die Häufigkeit von polygamen Ehen insbesondere in städtischen Gebieten. Die Häufigkeit von polygamen Ehen liegt bei 0 % in ländlichen Gebieten, soweit der Ehemann gebildet und reich ist. Ist der Mann gebildet, aber nicht reich, nimmt sowohl in ländlichen als auch in städtischen Gebieten die Häufigkeit von polygamen Ehen ab. Bei ungebildeten und zugleich reichen Männern nimmt die

233 MPI (2005) S. 21.
234 MPI (2005) S. 22f.

Häufigkeit der polygamen Ehen drastisch zu und bei ungebildeten Männern, die nicht finanzstark sind, nimmt die Häufigkeit der polygamen Ehen ab. Die Abnahme basiert nach diesseitiger Vermutung aus den obigen Ausführungen nicht auf die Freiwilligkeit; sie ist vielmehr auf die – unfreiwillige – finanzschwache Situation zurückzuführen, die eine weitere Heirat nicht finanzieren kann.[235]

Das WCLRF (2006) stellt fest, dass grundsätzlich der überwiegende Teil der Alleinstehenden eine monogame Ehe favorisiert. Sie haben dazu 1400 Personen aus verschiedenen Gebieten befragt. 86,5 % der Befragten bevorzugen eine monogame Ehe. 13,5 % sind mit einer polygamen Ehe einverstanden.[236]

Das WCLRF sieht die Hauptgründe für die polygame Ehe in dem gesteigerten Ansehen des Mannes, der Kinderlosigkeit der Erstfrau, dem Reichtum des Mannes, einer Krankheit der Erstfrau und in den afghanischen Traditionen.[237]

Die Ansichten verfolgen im Kern denselben Ansatz. Ein Gender Gap liegt bei der Polygamie vor.[238] Die Quellen der Scharia gestatten die Polygynie unter bestimmten Voraussetzungen[239]und setzen eine Gleichbehandlung der Frauen voraus. Der bisherige Forschungsstand geht in der afghanischen Praxis von einer Ungleichbehandlung der Frauen aus. In diesem Punkt steht die afghanische Praxis mit der Theorie im Widerspruch.

Nach der Sekundärquelle der Scharia liegt der Sinn und Zweck einer polygamen Ehe in der Fortpflanzung oder ist bei einer schweren unheilbaren Erkrankung der Erstfrau erlaubt. Der bisherige Forschungsstand stellt fest, dass die Zwecke der polygamen Ehe überdies auch in dem gesteigerten Ansehen und Reichtum des jeweiligen Mannes liegen. Diese Erweiterung steht mit dem afghanischen Recht nicht im Einklang. Entsprechend trifft die These des Präsidenten Karzai hier teilweise zu, aber wird u.a. durch die traditionell-patriarchalischen Subkulturen der Bildungs- und Finanzschwachen ungünstiger ausgeführt.

---

235 Das Brautgeld ist in der afghanischen Praxis unter ungebildeten, finanzschwachen Menschen üblich und könnte dann nicht finanziert werden, zur Ausführung von Brautgeld s.o.

236 WCLRF (2006) Link: www.wclrf.org.af/.../Polygamy-In-Afghanistan.pdf *Download:* 26.03.2014 *S. 16.*

237 WCLRF (2006) Link: www.wclrf.org.af/.../Polygamy-In-Afghanistan.pdf Download: 26.03.2014 *S. 17ff.*

238 Zur Ausführung siehe vorheriges Kapitel.

239 Zu den Suren und Art. siehe vorheriges Kapitel.

6. Die Scheidung

Die Quellen der Scharia gewähren dem Mann – verglichen zu den Scheidungsmöglichkeiten der Frau – eine vereinfachte Durchführung der Scheidung.

HRW (2012) und LandInfo (2011) stellen fest, dass es für die Frauen in Afghanistan schwieriger ist, geschieden zu werden als für die Männer sowohl in der Theorie als auch in der Praxis Afghanistans.[240] Der überwiegende Teil der Frauen könnte weder lesen noch schreiben; die Fähigkeit zur Wahrnehmung der eigenen Rechte im Hinblick auf das Scheidungsrecht knüpft an Bildung an.

HRW (2012) stellt weiter fest, dass die Richter die staatlichen Gesetze nicht anwenden. Sie führen ihre eigenen Interpretationen vom islamischen Recht aus.[241]

Nach dem MPI (2005) wenden die Richter das Recht an, das ihnen bekannt ist. Die staatlichen Gesetze liegen in den Gerichten aus, würden allerdings nicht angewendet werden.[242] Vereinzelte Richter wollen es nicht zulassen, dass die Frauen sich scheiden lassen.[243]

Schließlich kommen die Ansichten zu dem Ergebnis, dass die Scheidung den Frauen in der Praxis verwehrt wird. Damit liegt ein Widerspruch zu den afghanischen Gesetzen vor. Ein Gender Gap liegt bzgl. der ungleichen Scheidungsweise und der Einschränkung der Scheidungsmöglichkeiten der Frauen in der praktischen Umsetzung vor.

Die Scheidung bedarf weiterer Forschung. Auch trifft die These des Präsidenten Karzai teilweise hier zu. Die Scharia wird nicht als Hauptursache gesehen, denn wie bereits oben ausgeführt, handelt es sich bei der Auslegung um menschliche Erzeugnisse, die in Anbetracht des Radikalisierungsgrades anders ausfallen. Vielmehr werden auch hier für die Praxis die traditionell-patriarchalischen Subkulturen der Bildungs- und Finanzschwachen als Hauptursache gesehen.

7. Die Erbfolgen

Das AREU (2004) stellt in elf Dörfern von Faryab fest, dass es den Witwen grundsätzlich finanziell schlechter geht als vor dem Tod des Ehegatten. Dem tajikischen Stamm der Frauen soll es dabei besser gehen als den paschtunischen und arabischen Frauen in Afghanistan. Die paschtunischen und arabischen Frauen sollen kein Erbe erhalten. Sie würden von ihren Kindern versorgt

240 HRW (2012) S. 97; LandInfo (2011) S. 20; zur Theorie s.o.
241 HRW (2012) S. 98.
242 MPI (2005) S. 8.
243 MPI (2005) S. 8.

werden. Grundsätzlich hätten die Witwen in den Städten mehr Rechte als die Witwen in den ländlichen Gebieten.[244] Nach der o.g. Forschung könnte die These des Präsidenten Karzai teilweise bejaht werden, aber auch hier wird die Hauptursache in den traditionell-patriarchalischen Subkulturen der Bildungs- und Finanzschwachen gesehen.

Die Forschung hierzu ist unzureichend. Die Frage bleibt offen, ob die Erbvorschriften in der afghanischen Praxis eingehalten werden.

II. Frauen und Mädchen zugeschriebene moralische Verbrechen in der afghanischen Praxis nach dem bisherigen Forschungsstand

Die moralischen Verbrechen werden nunmehr untersucht.

1. Das Weglaufen

Das Fortlaufen steht nach dem afghanischen Strafgesetzbuch nicht unter Strafe. Gem. Art. 130 AC wurde diese Gesetzeslücke vorerst von den Gerichten geschlossen. Präsident Karzai hat eine Anweisung zur Straffreiheit erlassen. Das Oberste Gericht hat die Anweisung des Präsidenten konkretisiert und verlangt zum einen, dass die Mädchen nicht zu Fremden fliehen und zum anderen, dass sie gerichtliche Hilfe in Anspruch nehmen.

Murray (2012) stellt fest, dass landesweit insgesamt etwa 700 weibliche Gefangene in Afghanistan inhaftiert sind. Dem überwiegenden Teil werden moralische Verbrechen vorgeworfen.[245] Öffentliche Statistiken sind nicht zugänglich.

HRW (2012) stellt fest, dass im Jahre 2012 etwa 400 Frauen und Mädchen wegen moralischen Verbrechen inhaftiert waren.[246] Sie haben eine persönliche Befragung in drei Gefängnissen und drei Jugendrehabilitationszentren in Afghanistan durchgeführt. Befragt wurden 58 Frauen und Mädchen. Schwerpunkt der Untersuchung waren die moralischen Verbrechen. Von den 58 befragten Personen waren 42 Personen der Frauen und Mädchen verheiratet. 16 Personen waren ledig. Bei den 42 verheirateten Personen hat HRW festgestellt, dass bei 22

244 AREU (2004) Faryab S. 51f.

245 Murray (2012) Link: http://www.schattenblick.de/infopool/politik/soziales/psfra360.html Download: 09.10.2012.

246 HRW (2012) S. 3.

Häftlingen der Haftgrund im Vorwurf des Fortlaufens bestand. Diese 22 Frauen und Mädchen sind vor häuslicher Gewalt geflohen.[247]

Sie stellen fest, dass alle Mädchen, die in Haft sitzen, wegen Sittenverbrechen inhaftiert sind. Bei den Frauen trifft es auf jede Zweite zu.[248] In dem Bericht von HRW (2012) sind 20 Fälle des Fortlaufens ausführlich behandelt. Von diesen 20 Fällen wird hier ein Fall näher dargestellt. In dem besagten Fall war ein 14-jähriges Mädchen einer bevorstehenden Zwangsheirat ausgesetzt. Dies nahm sie zum Anlass einer Flucht in eine benachbarte Stadt. Mangels Ortskenntnisse wird sie von der dortigen Polizei wahr- und festgenommen. Sie wird des Fortlaufens beschuldigt und zu einer Freiheitsstrafe von sechs Monaten verurteilt.[249] Nach der Anweisung des Präsidenten begründet dieser Fall eine Straffreiheit, wenn berücksichtigt wird, dass das Mädchen vor einer Zwangsheirat weggelaufen ist. Bei einer Subsumtion unter die durch das Oberste Gericht aufgestellten Rechtsgrundsätze über eine Zwangsheirat bei Minderjährigen und einer daran anknüpfenden Flucht könnte das Verfahren gegen das 14-jährige Mädchen eingestellt werden und Straffreiheit nach sich ziehen. Allerdings ist die Anweisung des Gerichtes an die Mädchen und Frauen zu berücksichtigen, wonach die Frauen und Mädchen ihre Fälle an gerichtliche Institutionen und der Regierung weiterleiten sollen, anstatt „Selbstjustiz" in Form von Flucht auszuüben. Das Mädchen ist von sich aus alleine in eine benachbarte Stadt weggelaufen. Nur dieser Fall von den 20 Fällen von HRW begründet nach m.E. Straffreiheit, weil das Mädchen – auch unter Berücksichtigung der restriktiveren Ansicht, die darauf abstellt, ob die Flucht gemeinsam mit einem Mann erfolgt – ohne Buhle floh. Die restlichen 19 Fälle handeln u.a. von verheirateten Frauen, die vor innerfamiliärer Gewalt zu Fremden flohen. Sie fallen nicht unter der Straffreiheitsregelung des Präsidenten und haben sich nicht an die Anordnung des Obersten Gerichtes gehalten. Sie haben keine gerichtliche Hilfe in Anspruch genommen und sind zu Fremden gegangen. Nach der Bedingung des Obersten Gerichtes begründet der Unterschlupf bei einem Fremden, der kein Angehöriger ist, den Straftatbestand der Zina. Die Zina betrifft einen gesonderten Straftatbestand und ist nicht von der Straffreiheitsregelung des Präsidenten betroffen. Weitere Fälle handeln von Mädchen, die nicht verheiratet und vor einer Zwangsheirat mit einem anderen Mann geflohen sind.[250]

---

247 HRW (2012) S. 2, 39.
248 HRW (2012) S. 3.
249 HRW (2012) S. 57.
250 HRW (2012) S. 41ff.

Tdh (2011) stellt fest, dass Mädchen, die vor einer Zwangsheirat weglaufen, wegen des Fortlaufens bestraft werden. In dem Fall von Tdh hat das Mädchen eine Nacht mit einem anderen Jungen in einem Hotel verbracht, um vor der Zwangsheirat zu entkommen.[251] In dem Fall von Tdh (2011) hat das Mädchen eigenen Angaben zufolge eine Nacht mit einem Jungen verbracht, mit dem sie nicht verheiratet war. Dieses stellt eine eigene Handlung dar i.S.d. der Anweisung des Obersten Gerichtes und begründe den Verdacht auf außerehelichen Geschlechtsverkehr.

In dem Dokumentarfilm von Eshaghian über ein Frauengefängnis in Kabul weist die Gefängnisbeamtin darauf hin, dass die Handlung des Fortlaufens in der Regel nicht in isolierter Form auftrete; häufig sei ein Mann mit verwickelt. Der Verdacht liege auf außerehelichem Geschlechtsverkehr, der im Sinne des afghanischen Strafgesetzbuches sanktioniert werde.[252]

Das Fortlaufen wurde einst in diesen Fällen evtl. zu Unrecht kriminalisiert. Die weiteren Fälle begründen den Straftatbestand der Zina. Das Fortlaufen stellt ein besonders kompliziertes Thema dar, das zahlreiche Schwierigkeiten aufweist. Jedenfalls liegt beim Weglaufen keine Kriminalisierung durch die Scharia vor. Vielmehr werden auch hier die traditionell-patriarchalischen Subkulturen der Bildungs- und Finanzschwachen als Hauptursache gesehen.

2. Die Zina, außerehelicher Geschlechtsverkehr

Kelly in TIMES (2012) kommt zu dem Ergebnis, dass etwa 172 Frauen in Afghanistan wegen Zina inhaftiert sind; davon allein 101 Frauen in Herat. Insgesamt sind in dieser Stadt 136 Frauen im Gefängnis.[253] Demnach sind knapp 75 % der Frauen wegen Zina in Herat inhaftiert. Die Zina komme in diesem Ort besonders häufig vor, weil Herat aufgrund der örtlichen Gegebenheiten durch den Iran kulturell beeinflusst werde.[254]

---

251 Tdh (2011) Link: http://www.tdh.ch/de/news/afghanistan-von-zu-hause-weglaufen Download: 27.03.2014.

252 Eshaghian (2013) Link: https://www.youtube.com/watch?v=E2wHPYNef74 Download: 28.03.2014.

253 Kelly in TIMES (2012) Link: www.thetimes.co.uk/tto/news/afghanistan/article 3575160.eceDownload: 22.11.2012.

254 TIMES (2012) Aussage der Generalstaatsanwältin Herats Maria Bashir in International Business TIMES, Welt IBTiMES DE By Roger Okt. 2012 Link: de.ibtimes.com/articles/26133/20121022/afghanistan-generalstaatsanwältin-ltin-schickte-ber100-frauen-wegen-ehebruch-in-den-knast.htm Download: 22.11.2012.

HRW stellt 15 Fälle der Zina ausführlich dar. In den vier zuerst genannten Fällen werden die Fälle von verheirateten Frauen aufgeführt. Diese Frauen wurden vor dem gesetzlichen Heiratsalter verheiratet. Ihre Männer haben sie nicht versorgt, sind über einen längeren Zeitraum der ehelichen Wohnräumlichkeit ferngeblieben, wiesen eine Drogensucht auf oder haben ihre Ehefrauen körperlich misshandelt.

In dem ersten Fall hat die Betroffene ohne Durchführung der ehelichen Scheidung einen anderen Mann geehelicht. Ihr erster Ehemann hatte sie sodann der Zina bezichtigt. Sie und ihr zweiter Ehemann erhielten eine Haftstrafe von je 5 Jahren.

Dem zweiten Fall liegt folgender Sachverhalt zugrunde: Die Betroffene ist vor den körperlichen Misshandlungen ihres Ehemannes mit einem anderen Mann geflüchtet. Ihr Ehemann bezichtigte sie der Zina und des Diebstahls; sie wurde zu sechs Jahren Haft verurteilt.

In dem dritten Fall ist die Betroffene mit ihrem Cousin von zu Hause geflohen. Sie war zu Besuch in ihrem Elternhaus. Ihr Bruder habe ihr gedroht, weil sie sich mit ihrem Cousin unterhielt. Die Drohung versetzte sie eigenen Angaben zufolge derart in Angst, dass sie gemeinsam mit ihrem Cousin noch in derselben Nacht floh.

Die Angaben der Betroffenen sind in diesem Fall teilweise widersprüchlich und nicht glaubhaft. Sie erklärte keinerlei Kontakt – geschweige denn Verhältnis – zu ihrem Cousin gehabt zu haben. Zugleich flüchtet sie jedoch mit ihm. Dies setzt eine Kommunikation und eine Organisation – möglicherweise auch ein gewisses Vertrauensverhältnis – der Geflohenen voraus. Die Ehefrau erhielt eine Haftstrafe von sieben Jahren; ihr Cousin wurde ebenfalls inhaftiert.

In dem vierten Fall hat der Ehemann der Betroffenen mündlich die Scheidung ausgesprochen. Sie hat einen anderen Mann geheiratet. Nachdem sie 12 Jahre mit ihrem zweiten Ehemann verheiratet war, bezichtigte ihr erster Ehemann sie der Zina. Aufgrund der Beweislast zu ihren Lasten bzgl. des Scheidungsausspruchs der mündlichen Scheidung durch ihren ersten Ehemann ist sie beweisfällig geblieben; da kein Beweismittel zur Verfügung stand, wurde sie zu 16 Jahren Haft verurteilt. Ihr zweiter Ehemann erhielt dieselbe Strafe.[255]

Die Richtlinien des Obersten Gerichtes Afghanistans betrachten den Vorwurf der Zina als berechtigt und begründet, soweit ein fremder Mann in der Handlung der Frau involviert ist.

---

255 Vgl. zur Ausführung HRW (2012) S. 60ff.

In den o.g. Fällen waren Dritte – andere Männer als der Erstehemann – im Geschehen involviert. Der Verdacht der Zina liegt bei Heranziehung der Richtlinien des Obersten Gerichts demnach nahe.

In fünf weiteren Fällen beschreibt HRW (2012) Vergewaltigungsopfer, die wegen Zina verurteilt wurden. In dem ersten Fall, der öffentlich bekannt wurde, wurde die Frau von einem Bekannten vergewaltigt; die Vergewaltigung endete in einer Schwangerschaft der Betroffenen. Sie erhielten beide eine Haftstrafe von je 12 Jahren wegen des Vorwurfs der Zina. Der Mann ging in die Berufung und erhielt sodann eine siebenjährige Haftstrafe. Die Betroffene wurde von dem seinerzeitigen Präsidenten bedingungslos begnadigt.

In dem zweiten Fall wurde das Mädchen von einem Taxifahrer und einem Mittäter vergewaltigt. Der Mann erhielt eine Freiheitsstrafe von zwei Jahren und machte Anschuldigungen gegen das Mädchen. Diese wurde zu einem Jahr Jugendstrafe in dem Jugendrehabilitationszentrum verurteilt. Die Strafe des anderen Mannes entzog sich der Kenntnis der Betroffenen.

In dem dritten Fall wurde ein Mädchen in der Nacht von zwei Männern vergewaltigt. Das Gericht kam zu der Feststellung, dass das Mädchen bereits vor der Vergewaltigung Geschlechtsverkehr hatte. Grund für diese Feststellung des Gerichts war die fehlende Glaubwürdigkeit des Mädchens; sie habe keine glaubhafte Aussage gemacht; ihre Angaben habe sie ständig geändert; es kamen Zweifel über ihre Glaubwürdigkeit auf. Das betroffene Mädchen wurde zweifach der Zina beschuldigt. Zu insgesamt vier Jahren Haftstrafe verurteilte sie das Gericht. Hierbei ist zu berücksichtigen, dass die im Jugendstrafrecht eröffnete Möglichkeit zur Halbierung einer Haftstrafe in dem genannten Fall angewandt wurde.

In dem vierten Fall wurde das Mädchen von ihrem Freund vergewaltigt; aus Furcht floh sie zu einem anderen Freund, welcher sie nach Hause begleitete. Beide – also das betroffene Mädchen und der Freund, der sie nach Hause begleitete – wurden der Zina bezichtigt. Ihnen wurde vorgeworfen, sie seien gemeinsam geflohen. Ein Urteil sei noch nicht ergangen. Der Täter blieb unentdeckt.

Der fünfte Fall kann unberücksichtigt bleiben.[256]

In einem weiteren Fall beschreibt HRW (2012) ein Mädchen, das entführt und der Zina bezichtigt wurde. Sie wurde zu einem Jahr Jugendstrafe im Jugendrehabilitationszentrum verurteilt. Der Haupttäter soll ihren Angaben zufolge, aufgrund von Bestechungsgeldern entlassen worden sein.[257]

---

256 Vgl. zu den Fällen HRW (2012) S. 67ff.

257 Vgl. HRW (2012) S. 73f.

In den weiteren Fällen beschreibt HRW (2012) Frauen, die zwangsprostituiert und hieran anknüpfend wegen Zina inhaftiert wurden.[258]

In der Dokumentation über ein Kabuler Frauengefängnis von Eshaghian werden die Fälle von sechs Frauen ausführlich behandelt. Eine Insassin wurde wegen Mordes verurteilt, drei wegen Zina, eine weitere wegen des Weglaufens in Verbindung mit Zina und die sechste Insassin wegen Beihilfe zur Flucht aufgrund von Zina.

In dieser Dokumentation geht es im Wesentlichen um die Zina. Auf die erste Frau, die den Mord begangen haben soll, wird im Folgenden nicht eingegangen.

Die zweite Frau gibt zu, dass sie mit einem anderen Mann weggelaufen ist. Nach den Richtlinien des Obersten Gerichtes[259] liegt der hinreichende Verdacht – der für die Verurteilung ausreiche – der Zina vor.

Der dritten Frau wird außerehelicher Geschlechtsverkehr vor der Ehe vorgeworfen. Sie äußert sich nicht zu dem Vorwurf. Das Gericht stellte seinerzeit fest, dass sie keine Jungfräulichkeit mehr aufweise und der Mann im Zusammenhang mit der Zina ließ sich geständig ein. Im Laufe der Dokumentation gibt sie zu erkennen, dass sie Zina begangen hat.

Das vierte Mädchen hat den Jungfräulichkeitstest bestanden. Ihr wird Zina vorgeworfen, weil sie mit einem Jungen zu Hause beobachtet wurde. Das Gericht stellte durch Heranziehung eines Facharztes fest, dass das Mädchen mit dem Jungen anal verkehrte. Sie wird der Zina beschuldigt.

Eine weitere Insassin ist verheiratet und aufgrund innerfamiliärer Gewalt von zu Hause zu einer älteren Bekannten geflohen, die einen Sohn hatte. Der jungen Frau wurde deshalb Zina vorgeworfen und die alte Frau wurde der Anstiftung zur Zina bezichtigt. Es stellt sich im Laufe des Dokumentarfilmes heraus, dass die junge Frau den Mann geküsst hat. Der Verdacht der Zina liegt nahe.[260]

Amnesty International (2003) stellt fest, dass Frauen in Kabul, Mazar-e Sharif und Herat häufig wegen moralischer Verbrechen, insbesondere der Zina inhaftiert werden. In den anderen Regionen werden moralische Verbrechen innerfamiliär sanktioniert, wie z.B. durch Tötung der Frau.[261]

---

258 Vgl. HRW (2012) S. 74ff.

259 S.o.

260 Siehe den Film unter: Eshaghian (2013) Link: https://www.youtube.com/watch?v=E2wHPYNef74 Download: 28.03.2014.

261 Vgl. zur Ausführung Amnesty International (2003) Link: http://www.fask.uni-mainz.de/user/hagemann/ai_Afghanistan_Frauen_2003.pdf Download: 31.03.2014 S. 44ff.

HRW (2012) nimmt an, dass die involvierten Männer häufig durch Zahlung von Bestechungsgeldern kürzere Haftstrafen verbüßen oder teilweise sogar entlassen werden.[262]

Röder (2010) kommt zu dem Ergebnis, dass die Bestechung in der afghanischen Justiz ein häufiges Phänomen ist. Die Korruption sei der Hauptgrund für den Vertrauensmangel der Afghanen in ihr Rechtssystem.[263]

Die UNODC (2012) stellt fest, dass die Korruption in Afghanistan weit verbreitet ist. Sowohl im Jahre 2009 als auch 2012 scheint es ein hohes Aufkommen an Bestechung in Afghanistan zu geben.[264]Die Organisation sieht im Jahre 2012 im Vergleich zu 2009 einen leichten Abgang der Korruption.[265]Anknüpfend hieran erfolgt auch der Rückschluss auf die Zahlung von Bestechungsgeldern der männlichen Gefangenen, um kürzere Haftstrafen bzw. Freilassungen zu erhalten. Den Frauen fehlen zumeist die finanziellen Mittel für die Zahlung derartiger Bestechungsgelder; zugleich hält sich die Bereitschaft ihrer Familien für solche Zahlungen im Rahmen. Bei Begehung moralischer Verbrechen lösen die Frauen nicht nur das staatliche Sanktionsinteresse aus, sondern auch das gesellschaftliche; der Ruf und die Ehre der Familien werden infrage gestellt. Dementsprechend müssen sie lange Haftstrafen absitzen.

Nach den Quellen der Scharia ist die Zina verboten und soll für Mann und Frau gleichermaßen sanktioniert werden. In der afghanischen Praxis stellt die bisherige Forschung fest, dass die Zina grundsätzlich für Mann und Frau gleichermaßen bestraft wird. Allerdings erlangen die Männer aufgrund von Bestechung und Korruption mildernde Umstände bzw. sogar Entlassungen. Gem. Sure 2: 189 ist die Bestechung verboten. Insoweit widerspricht die afghanische Praxis der Scharia.

Die Quellen der Scharia setzen bei Tatbegehung Vorsatz voraus, wonach Vergewaltigungen – mangels Vorsatzes –tatbestandlich ausgeschlossen sind. Das afghanische Strafgesetzbuch hat die Vergewaltigung unter den erschwerenden Regelbeispielen der Zina für den Täter aufgeführt. Die bisherige Forschung stellt fest, dass vergewaltigte Frauen ebenfalls bestraft werden. Die afghanische Praxis widerspricht auch in diesem Punkt den entsprechenden Gesetzen, sodass auch hier die Scharia nicht als Ursache gelten kann, wie von Präsident Karzai

262 HRW (2012) S. 86.

263 Röder (2010) S. 336ff.

264 Die weiteren Faktoren bleiben unberücksichtigt.

265 Vgl. zur Ausführung UNODC (2012) S. 3ff. Link: http://www.unodc.org/documents/frontpage/Corruption_in_Afghanistan_FINAL.pdf Download: 01.04.2014.

geäußert. Vielmehr wird die Ursache in der Männerherrschaft und in den traditionell patriarchalischen Subkulturen der Bildungsschwachen gesehen.

Die Quellen der Scharia erfordern vier Zeugen. In den oben genannten Fällen waren keinesfalls vier Zeugen vorhanden. Das Geständnis des Ehemannes soll genügen, wenn er bei der Ausführungshandlung – hier Geschlechtsverkehr – anwesend war. In keinem der o.g. Fälle war der Ehemann bei dem Geschlechtsakt der Ehefrau mit einem Dritten anwesend. In der afghanischen Praxis wurde die Zina dennoch angenommen. In diesem Punkt widerspricht die afghanische Praxis der Scharia.

Nach afghanischem Recht dürfte die Zina aufgrund der hohen Anforderungen selten zur Strafbarkeit führen. In der Praxis führt sie aber häufig zur Inhaftierung der Frauen und Mädchen. Die Praxis steht hier mit den Quellen der Scharia nicht im Einklang. Ein Gender Gap liegt vor.

III. Die Anwendung des Jugendstrafrechts nach dem bisherigen Forschungsstand

Das Kinderhilfswerk UNICEF (2008) hat im Rahmen einer Studie 247 strafauffällige Kinder befragt.[266] Die Kinder waren in 22 Provinzen in Haftanstalten oder in Jugendrehabilitationszentren arretiert.

1. Alter der Befragten

UNICEF (2008) stellt fest, dass die inhaftierten Jugendlichen im Wesentlichen im Alter zwischen zwölf und siebzehn Jahren alt sind. In Abbildung 6 wird das Alter der Jugendlichen zum Zeitpunkt der Inhaftierung dargestellt.[267] Danach ist der Großteil der Befragten 12–15 Jahren alt – gefolgt von den 16–17 Jahre alten Jugendlichen.

---

266 UNICEF (2008) Link: http://www.unicef.org/media/files/Juvenile_Detention_Study_engl.pdf Download: 05.10.2012.

267 UNICEF (2008) Link: http://www.unicef.org/media/files/Juvenile_Detention_Study_engl.pdf Download: 05.10.2012S. 8.

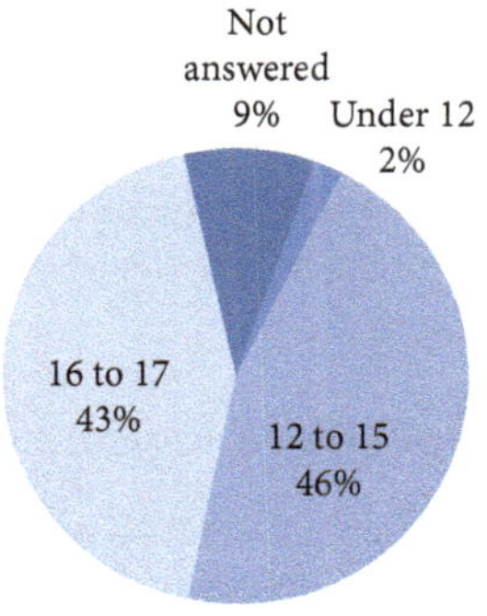

Abb. 6: Alter der Interviewten graphisch. Quelle: UNICEF (2008)
Link: http://www.unicef.org/media/files/Juvenile_Detention_Study_engl.pdf
Download: 05.10.2012, S. 8.

2. Die verbüßte Strafe

Zwölf Prozent der befragten Jungen seien wegen Unzucht oder Zina verurteilt, obwohl sie häufig von Erwachsenen vergewaltigt worden seien.[268]32 % der befragten Mädchen würden wegen Ehebruch oder Unzucht verurteilt, obwohl 24 % weggelaufen und 14 % obdachlos seien.

15 % der Mädchen seien in den Jugendrehabilitationszentren arretiert. In einigen Provinzen sind die Jugendrehabilitationszentren ausschließlich den Jungen vorbehalten. Die Sanktionierung der Straftat der Mädchen erfolge aus diesem Grund häufig nach Erwachsenenstrafrecht. Sie müssten daher ihre Strafe in einer Haftanstalt für Frauen verbüßen.[269] In den Frauengefängnissen stehen den Mädchen verglichen zu den Jungen, welche sich in den Jugendrehabilitationszentren befänden weniger bis keine Bildungsmöglichkeiten zur Verfügung. Ein separates Jugendrehabilitationszentrum für Mädchen existiere nicht. Die Begründung liegt in der relativ geringen Anzahl inhaftierter Mädchen. Theoretisch gesehen müsste konsequenterweise das „Angebot" bei Zunahme der „Nachfrage" entsprechend steigen. Jedenfalls führt die gegenwärtige Situation für Mädchen zu einer zusätzlichen Bestrafung. Einerseits werden sie beispielsweise von ihren Eltern zwangsverheiratet oder erleiden Gewalt, fliehen, werden

268 UNICEF (2008) Link: http://www.unicef.org/media/files/Juvenile_Detention_Study_engl.pdf Download: 01.04.2016, S. 2.

269 UNICEF (2008) Link: http://www.unicef.org/media/files/Juvenile_Detention_Study_engl.pdf Download: 05.10.2012, S. 12.

nach dem Erwachsenenstrafrecht bestraft und müssen ihre Haftstrafe in einer Haftanstalt für Frauen verbüßen. Ferner erhalten sie keinen Zugang zu Bildungsmöglichkeiten oder zumindest anderen Nützlichkeiten, die sie im Rahmen eines Aufenthalts in einer Jugendstrafanstalt erhielten. Die internationalen Erkenntnisse bzgl. der nachteiligen Durchsetzung der staatlichen Strafe gegenüber den Mädchen treffen auf Afghanistan zu.

3. Die Bildung der strafauffälligen Jugendlichen

UNICEF (2008) stellt fest, dass die strafauffälligen Jugendlichen nicht oder geringfügig gebildet sind. Damit stellt die Bildung – ähnlich wie in Deutschland – ein Risikofaktor dar.

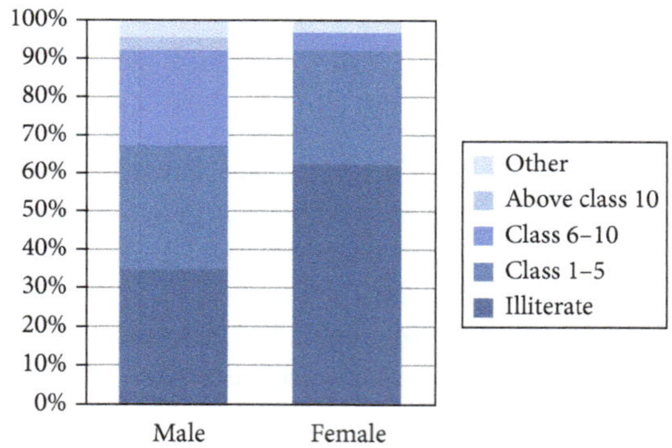

Abb. 7: Die Bildung der inhaftierten Jugendlichen. Quelle: UNICEF (2008) Link: http://www.unicef.org/media/files/Juvenile_Detention_Study_engl.pdf Download: 05.10.2012, S. 10.

Abbildung 7 stellt den Bildungsgrad der inhaftierten Jugendlichen dar.[270] Demzufolge sind insbesondere die inhaftierten Mädchen häufig Analphabeten.

270 UNICEF (2008) Link: http://www.unicef.org/media/files/Juvenile_Detention_Study_engl.pdf Download: 05.10.2012, S. 10.

4. Die Behandlung der jugendlichen Inhaftierten

Knapp die Hälfte der befragten Jugendlichen gibt an, misshandelt worden zu sein.[271] Bei den Mädchen wird regelmäßig ein Jungfräulichkeitstest ohne ihr Einverständnis vorgenommen.[272]

Ein Krankenhausaufenthalt der inhaftierten Mädchen erfolge ausschließlich für die Entbindung eines Kindes. Damit werde die Gesundheit der Mutter und des Kindes gefährdet.[273] Die Haftbedingungen entsprechen keineswegs den internationalen Standards.

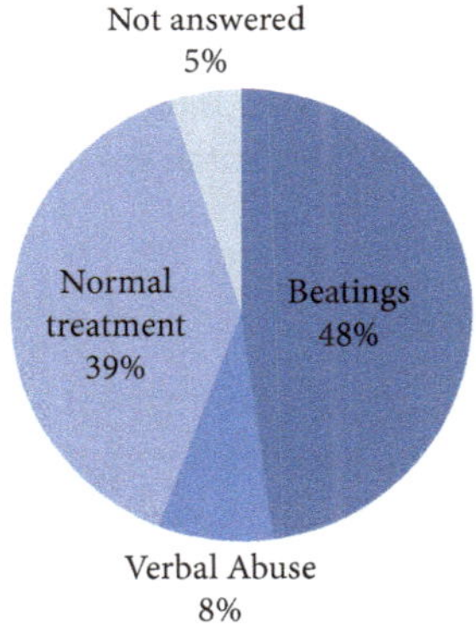

Abb. 8: Die Behandlung der inhaftierten Jugendlichen. Quelle: UNICEF (2008) Link: http://www.unicef.org/media/files/Juvenile_Detention_Study_engl.pdf Download: 05.10.2012, S. 16.

Abbildung 8 bestätigt die genannten Gewalterfahrungen der inhaftierten Jugendlichen.

271 UNICEF (2008) Link: http://www.unicef.org/media/files/Juvenile_Detention_Study_engl.pdf Download: 05.10.2012, S. 16.

272 UNICEF (2008) Link: http://www.unicef.org/media/files/Juvenile_Detention_Study_engl.pdf Download: 01.04.2016, S. 3.

273 UNICEF (2008) Link: http://www.unicef.org/media/files/Juvenile_Detention_Study_engl.pdf Download: 01.04.2016, S. 3.

5. Die Verfügbarkeit der Räumlichkeiten von Jugendstaatsanwälten und Jugendgerichten

UNICEF (2008) stellt fest, dass in der gesamten Islamischen Republik Afghanistan ausschließlich fünf Jugendstaatsanwaltsbüros verfügbar sind: in Kabul, Balkh, Herat, Kandahar und Kunduz.[274] In Kabul, Mazar-e-Sharif und Jalalabad sei ein Jugendgericht vorhanden. In zwei weiteren Provinzen sollen diese eingerichtet werden.[275] Entsprechend besteht ein Mangel an Jugendanwaltsbüros und Jugendgerichten.

6. Die Folgen der Jugendstraftat

Nach Tdh (2013) und UNICEF (2008) ordnen die Jugendgerichte bei den jugendlichen Straftätern zu knapp 70 % Haftstrafen an, obwohl eine andere Maßnahme in Betracht käme.[276]

7. Umfang der Ermittlungen

Die Ermittlung als Voraussetzung der Strafbarkeit, des Randgeschehens und der Umstände der Tat wird nicht, wie gesetzlich vorgesehen, ausreichend berücksichtigt. UNICEF nennt einige Beispiele.[277] Soweit ein Mädchen vor einer Zwangsheirat flieht oder Opfer einer Vergewaltigung ist, wird es strafrechtlich belangt und bestraft. Der Begleitumstand der Zwangsverheiratung, welcher wiederum im Grunde die Strafbarkeit ausschließen müsste, wird außer Acht gelassen. Ein Ermittlungsverfahren gegen die Eltern des beschuldigten Mädchens wird trotz der Zwangsverheiratung nicht eingeleitet. Eine Strafbarkeit trotz gesetzlichem Verbot der Zwangsverheiratung sei nicht gegeben. Ferner erfolgt bei der Bestrafung eines Vergewaltigungsopfers im Grunde eine „Doppelbestrafung". Nach der gesetzlichen Lage dürfte kein Verfahren gegen das Opfer einer Vergewaltigung, geschweige denn eine Bestrafung eingeleitet werden. Die Geschädigte wird hierdurch ein weiteres Mal zum Opfer degradiert.

---

274 UNICEF (2008) Link: http://www.unicef.org/media/files/Juvenile_Detention_Study_engl.pdf Download: 05.10.2012S. 7.

275 UNICEF (2008) Link: http://www.unicef.org/media/files/Juvenile_Detention_Study_engl.pdf Download: 05.10.2012S. 7.

276 Tdh (2013) Link: http://www.tdh.ch/de/news/kinder-gehoren-nicht-ins-gefangnis Download: 15.05.2014; UNICEF (2008) Link: http://www.unicef.org/media/files/Juvenile_Detention_Study_engl.pdf Download: 05.10.2012.

277 UNICEF (2008) Link: http://www.unicef.org/media/files/Juvenile_Detention_Study_engl.pdf Download: 01.04.2016S. 1.

IV. Zwischenfazit zu dem bisherigen Forschungsstand

Die bisherige Forschung stellt fest, dass die afghanische Praxis in den überwiegenden Punkten nicht mit den Quellen der Scharia – geschweige denn mit den internationalen Abkommen – übereinstimmt. Entsprechend kann die Scharia nicht als Hauptursache genannt werden, wie von Präsident Karzai geäußert. UNICEF (2008) kommt zu dem Schluss, dass hilfebedürftige Jugendliche bestraft werden. Um diesen Jugendlichen zu helfen, präsentieren sie zahlreiche Präventionsmaßnahmen.[278] Hierzu gehört u.a. ein strafrechtliches Verfahren gegen die Eltern aufgrund der Zwangsverheiratung. Die Kinder würden jegliches Gerechtigkeitsempfinden und Vertrauen in den Staat verlieren. Soweit der Handlung des Kindes das Fehlverhalten eines Erwachsenen vorangeht, also kausal für das Fehlverhalten des Kindes ist, solle ebenfalls keine Sanktionierung erfolgen. Ferner sollten vor dem Hintergrund, dass Mädchen v.a. wegen moralischer Verbrechen inhaftiert werden, soziale und informierende Anlaufstellen eingerichtet werden. Anstelle der Konfrontation mit dem Gesetz sollten die Mädchen unterstützt und beraten werden. Kinder ohne Obdach sollten in geeigneten Unterkünften sozialer Institutionen untergebracht werden – nicht in Haftanstalten.
Das JC sollte das Schutzbedürfnis und die Sicherheit der Kinder besonders berücksichtigen und entsprechend reglementieren. Auch in der Öffentlichkeit sollte auf den unzumutbaren Zustand für die Kinder hingewiesen werden. Den Eltern, den Fachkräften, den Institutionen, dem Gesetzgeber, den Ermittlungsbehörden und den erkennenden Richtern obliegt die Verantwortung. Sie können die Situation der Kinder verbessern. Das Jugendstrafrecht in Afghanistan ist in der Forschung bisweilen nicht ausreichend untersucht.

Um einen Einblick über die Lage der Frauen und Mädchen in Afghanistan zu erhalten, wird im Nachfolgenden die Feldforschung aus Afghanistan herangezogen.

V. Eigene Feldforschung

1. Der Forschungsgegenstand

Den Forschungsgegenstand der hiesigen Feldforschung stellt die Islamische Republik Afghanistan dar.[279] Der Aufenthalt in Afghanistan fand in der

278 UNICEF (2008) Link: http://www.unicef.org/media/files/Juvenile_Detention_Study_engl.pdf Download: 01.04.2016S. 1–4.
279 Zu den Eckdaten Afghanistans siehe Vorwort.

Zeitspanne18.06.2013–15.07.2013 statt. Die Feldforschung wurde in Kabul, Herat und einem Vorort von Herat, Karokh, durchgeführt. Afghanistan ist seit dem Jahre 2001 vermehrt in den Medien vertreten. Auslöser dafür waren die terroristischen Anschläge auf die Vereinten Nationen. Seither finden in Afghanistan unzählige Kriege gegen den Terrorismus statt. Afghanistan wird seither weltweit unterstützt.

Nach dem Stand der bisherigen Forschung stimmt die afghanische Rechtsanwendungspraxis nicht mit den Gesetzen überein. Als Brennpunkt sehen sie die afghanischen Traditionen, die Kultur und die Fehlinterpretationen der Gesetze. Durch die eigene Feldforschung sollen die mangelhaften Zustände in Afghanistan überprüft werden. Die Normkenntnis der Bürger und ihre Meinung zu gewissen Praktiken sollen zur Entscheidungsfindung beitragen. In dieser Forschung werden auch Männer hinzugezogen, um möglichst ein objektives und repräsentatives Bild zu erhalten.

2. Das Forschungsziel

Forschungsziel ist die wissenschaftliche Auseinandersetzung der Rechtsanwendungspraxis verglichen mit den afghanischen Gesetzen mit frauen- und mädchenspezifischem Schwerpunkt. In vielen vorhandenen Studien beschränkt sich die Untersuchung auf die weiblichen Gefangenen. Diese Frauen haben häufig viel erleiden müssen. Sie stellen eine Erkenntnisquelle hinsichtlich unterdrückter Frauen – womöglich auch vor dem Hintergrund der eher zu erwartenden Gesprächsbereitschaft – dar. Sie können jedoch nicht repräsentativ für sämtliche Frauen Afghanistans herangezogen werden.

Die Ansicht der durchschnittlichen Bevölkerung bleibt häufig unberücksichtigt. Nach diesseitiger Auffassung sollten die Grundhaltung und Gesinnung durchschnittlicher Bürger ebenfalls herangezogen werden. Hieran anknüpfend finden die Ansichten und das Normwissen der Normalbevölkerung Berücksichtigung. Ferner sollen auch die Ansichten der Beamten und erkennenden Richtern untersucht werden. In Afghanistan existieren kaum repräsentative Studien. Es erscheint daher als dringend notwendig vermehrt repräsentative Forschung durchzuführen.

3. Die Forschungsmethoden

Verschiedene Methoden werden genutzt, um die Lage der Frauen und Mädchen in Afghanistan zu durchleuchten. Für die Ansichten und die Normkenntnis der Bevölkerung soll die quantitative Forschung in Form von schriftlichen

Befragungen durchgeführt werden.[280] Quantitative Verfahren versuchen nach Meier (2010), den „interessierenden Gegenstandsbereich durch Klassifizieren, Messen, Tabellieren und die Anwendung statistischer Methoden zu erfassen."[281]Bei der Befragung der Bevölkerung gilt es möglichst viele Menschen zu erreichen. Die Forschung findet in Form einer Querschnittstudie statt.[282]

Den Analphabeten sollen die Fragen vorgelesen und die Antworten sollen durch den Befragenden angekreuzt bzw. niedergeschrieben werden.

Der Zugang zu Schülern und Studenten erscheint naheliegend, dementsprechend sollen vermehrt Schüler und Studenten angesprochen werden. Mündliche Interviews und schriftliche Befragungen sollen mit den erkennenden Richtern durchgeführt werden. Ihr Werdegang, ihr Normwissen und ihre Meinung sollen datiert werden.

Das Normwissen, das berufliche Tätigkeitsfeld und die Erfahrungen einer Richterin in Kabul sowie einer afghanischen Rechtsanwältin, die der Familie der ehemals Regierenden angehört, sollen in einem persönlichen Interview befragt werden. Den Jurastudenten sollen fachspezifische Fragen in schriftlicher Form gestellt werden. Ihr Normwissen und ihre Auffassung sollen ermittelt werden.[283]

In allen schriftlichen Befragungen – mit Ausnahme der Jurastudenten – fanden die Wörter Scharia, Koran oder islamische Vorschriften keine Erwähnung. Vor dem Hintergrund der Sensibilität der Menschen hinsichtlich ihrer Religion wurde die Scharia unter dem Begriff „Gesetz" mit eingefasst.

Die Wahrnehmung von polizeilichem Alltag wurde durch die Teilnahme an einer Polizeifahrt in Karokh ermöglicht.

4. Der Gang der Untersuchung

Die verschiedenen Schritte, die zur Durchführung der Feldforschung geführt haben, sollen im Folgenden erläutert werden.

---

280 Eine Quantitative Forschung ist eine größere Stichprobe, die numerisch aufgezeigt wird Uni Donau Krems Link: http://www.mahara.at/artefact/file/download.php?file=17388&view=681 Download: 03.04.2014.

281 Meier (2010) Kriminologie § 4S. 86 Rn 5; sie gehen nicht auf den Einzelfall ein (2010) Kriminologie §4 S. 87 Rn 6f.

282 D.h. Befragung fand in einem Jahr 2013 statt; bestimmter Messzeitpunkt.

283 Auf die Rechtsstudenten wird im Folgenden nicht mehr eingegangen; zur Ausführung siehe erstes Hauptkapitel.

a) Die Vorarbeit

Von Februar bis April 2013 wurden für alle Personengruppen diverse Forschungsfragen konzipiert. Im April des genannten Jahres bis zum Reiseantritt wurden die Fragen mithilfe von fünf Afghanen, die sicher in Wort und Schrift sind, übersetzt und mehrfach korrigiert. Ein Probelauf mit zehn Afghanen fand in Hamburg an verschiedenen Tagen statt. Diese nahmen an der Befragung freiwillig zur Unterstützung des Forschungszwecks teil. Die Funktionalität und die Verständlichkeit der Fragen sollten hierdurch überprüft werden. Auch sollte dadurch eine Zensur der Fragen vorgenommen werden. Nach diesem Probelauf wurden zahlreiche Fragen gestrichen und umformuliert. Die Probanden benötigten teilweise mehr Zeit als konzipiert; geplant war eine Beantwortung binnen 30 Minuten. Die Einhaltung des konzipierten Zeitrahmens ist nach diesseitiger Auffassung für die Feststellung eines unverfälschten Ergebnisses unabdinglich. Hieran anknüpfend wurden etliche Fragen gestrichen. Einige Fragen warfen bei den Probanden Gegenfragen auf, sodass diese der Klärung und der Umformulierung bedurften. Auch die Aspekte der Diskretion und Freundlichkeit wurden erörtert, um dem afghanischen Volk mit der angemessenen Sensibilität zu begegnen. Die Intention der umfangreichen Vorauswahl geeigneter Fragen war, u.a. inadäquate Fragen umzuformulieren bzw. vollständig zu ersetzen. So wurde u.a. durch die Probanden auf die Anrede hingewiesen (Siezen statt Duzen), welche in der Endfassung entsprechende Berücksichtigung fand. Ferner wurde die Anzahl der Fragen erheblich gekürzt. Die Endfassung enthielt bei den Fragebögen weiblicher Teilnehmer siebzehn, bei den männlichen Teilnehmern vierzehn, bei den Beamten und Richtern neunzehn, bei den Gefängnisbeamten zweiundzwanzig, bei den Studenten der Rechtswissenschaft elf und bei den weiblichen Gefangenen blieben neun Fragen übrig. Die Befragung weiblicher Gefangener wurde aufgrund der seinerzeitigen Sicherheitslage gemäß den Informationen des Auswärtigen Amtes kurz gehalten.

Soweit möglich, wurden sämtliche Vorbereitungsmaßnahmen zwecks Durchführung der Studie – wie z.B. Ausdruck von knapp 2000 Fragebögen[284] und Anschaffung von 1000 Schreibutensilien – innerhalb der BRD vorgenommen. Damit sollte sichergestellt werden, dass die notwendigen Utensilien verfügbar

284 1000 Fragebögen wurden für die weibliche Bevölkerung, 500 Fragbögen für die männliche Bevölkerung, 50 Fragebögen für die Rechtsstudenten und 200 Fragebögen für die weiblichen Gefangenen ausgedruckt. Zusätzlich wurden 100 Fragebögen für die Beamten und Richter, 100 Fragebögen für die Gefängnisbeamten und zehn Fragebögen für die Wakil Guzars ausgedruckt.

sind, falls diese in Afghanistan nicht angeschafft werden könnten. Es war beabsichtigt, eine außerordentlich große Partizipation weiblicher Teilnehmer herbeizuführen, da sie im Zentrum dieser Betrachtung stehen. Vorsichtshalber wurde zwecks Vervielfältigung der Fragebögen innerhalb Afghanistans auch ein entsprechendes Speichermedium mitgeführt. Die Summe der Fragebögen stellt ein Richtwert – allerdings nicht die zu erreichende Personenanzahl –dar. In Deutschland wurden erfolglos zahlreiche Menschenrechtsorganisationen kontaktiert. Hintergrund dieser Kontaktaufnahme war eine mögliche praktische Unterstützung der Studie vor Ort. Ausschließlich die Hilfsorganisation MedicaMondiale erklärte sich zur Unterstützung bereit. Allerdings brach der Kontakt vor Ort ab; die Mitglieder bzw. Verbindungspersonen waren nicht mehr erreichbar. Die MPI in Heidelberg und Freiburg wurden ebenfalls kontaktiert. Auch sie gaben zahlreiche Hilfestellungen. Sie sicherten die Unterstützung durch ihre Forschungsgruppe in Afghanistan zu. Allerdings konnte auch diese Gruppe während des Aufenthaltes in Afghanistan nicht mehr erreicht werden. Die Behörden[285] im Land wurden sowohl postalisch als auch fernmündlich kontaktiert, um mögliche Antragserfordernisse zu erfragen. Sie haben bis dato nicht darauf reagiert.

Mit dem Obersten Richter der Amtsgerichte in Kabul wurde innerhalb der BRD Kontakt aufgenommen; dieser wurde aufgrund privater Kontakte ermöglicht. Der Richter versicherte noch zwei Tage vor Antritt der Reise den Zugang zu den Gerichten, zur Staatsanwaltschaft und zum Frauengefängnis in Kabul. Allerdings konnte auch dieser Richter vor Ort trotz unzähliger Versuche weder fernmündlich noch persönlich angetroffen werden. Während des Aufenthaltes in der Islamischen Republik Afghanistan erfolgte ein Anschlag auf die Richter in der Hauptstadt Kabul. Nach Rückkehr in die BRD konnte ermittelt werden, dass der besagte Richter kurz zuvor mit einem Flugzeug berufsbedingt geflohen war. Eine Ersatzperson war nicht verfügbar, sodass die o.g. Orte nicht aufgesucht und befragt werden konnten.

b) Die allgemeinen Erkenntnisse

Insgesamt konnten 1128 Menschen erreicht werden. Davon wurden insgesamt 766 Frauen und 305 Männer – mitunter einem Wakil Guzar –befragt. Rechtsstudenten, Beamte und Richter wurden ebenfalls befragt. Ziel war es mindestens 500 Personen zu erreichen. Die Anzahl gilt damit bei Weitem als erreicht - ein Umstand, der bei wissenschaftlichen Studien in Afghanistan eher selten

285 Behörden wie das Justizministerium, Behörde für Inneres, Frauenministerium.

vorkommt. Vor diesem Hintergrund könnte man annehmen, dass die hiesige Forschung als repräsentativ für Afghanistan gelte. Jedoch ist zu berücksichtigen, dass in dieser Untersuchung überwiegend Schüler und Studenten befragt wurden. Es nahmen wenige Privathaushalte und lediglich eine Ortschaft an der Befragung Teil.

Wie bereits im Vorwort angemerkt, lebt der überwiegende Teil der Bevölkerung in ländlichen Gebieten und ist nicht alphabetisiert. Aus diesem Grund wird für eine repräsentative Studie eine ausreichende Berücksichtigung der nicht alphabetisierten Bevölkerung als erforderlich angesehen. Von den 1960 ausgeteilten Fragebögen konnten 1128 Fragebögen verwertet werden.

Ein Interview mit einer Richterin wurde durch private Kontakte ermöglicht. Der Besuch der Frauengefängnisse in Kabul und Herat war beabsichtigt. Zum Zeitpunkt des Aufenthaltes in Afghanistan waren die Gefängnisse in Kabul und Herat zahlreichen Bedrohungen ausgesetzt. Sie waren abgesperrt und nicht mehr zugänglich. Die Verfasserin war auf die Anwesenheit des o.g. Richters angewiesen. Den afghanischen Medien zufolge bestand zu dieser Zeit ein enormes Sicherheits- und Anschlagsrisiko, insbesondere in der Nähe der Gefängnisse. Während des Aufenthaltes erfolgten wöchentlich etwa zwei bis drei Selbstmordattentate in der zu dem jeweiligen Zeitpunkt aufgesuchten Stadt. Aufgrund der Sicherheitslage konnten die Gefängnisse in Kabul und Herat nicht aufgesucht und befragt werden.

Eine teilnehmende Beobachtung durch die Staatsanwaltschaft wurde bei der Polizei in Karokh ermöglicht.

c) Der Aufbau der schriftlichen Befragungen der Frauen

Alle Personengruppen wurden getrennt voneinander schriftlich befragt. Zumeist sind die Fragebögen ähnlich aufgebaut und formuliert. Die Fragebögen für die weiblichen und männlichen Teilnehmenden sind überwiegend gleichlautend. Sie wurden lediglich auf das jeweilige Geschlecht angepasst. Zusätzlich werden die Frauen gefragt, ob sie Gewalt von ihren Ehemännern erfahren haben. Aufgrund dieser Ähnlichkeit wird im Folgenden nur auf die Befragung der weiblichen Personen eingegangen.

aa) Der Fragebogenvordruck

Um ein Eindruck von der Forschung zu gewinnen, soll die erste Seite des Fragebogens der Frauen dargestellt werden.

اطلاعاتدوطلبانه	صنف: رشتهدرسی: وظیفه:	سن:	مجرد/متاهل:	مرد/زن: زن	سن ازدواج:

بهکداماندازهمعلوماتذیلبهنظرشمادرستاست؟درمقابلسوالدرستعلامهصودرمقابلسوالغلطعلامهغرانشانیکنید.

1 – الف:

منفکرمیکنمکههیچکساجازهندار دکهدرمقابلحرفپدرشایستادهشود. پدرهمیشهحرفآخررابایدبزند.	ص	غ
منفکرمیکنمکهیکمردخوباجازهداردکهزنخودرالتوکوبکنددرصورتیکهزناوبهحرفشنکند.	ص	غ
من فکر میکنم که وظیفهیک زن خوب این است که نان بپزد و بچه هایش را بزرگ کند و وظیفهمرداین استکهکارکندوپولپیداکند.	ص	غ
منفکرمیکنمکهیکمردخوبهیچوقتزنخودرالتوکوبنمیکند.	ص	غ

1 – ب:

آیاشوهرشماویاپدرشماموتردارد؟	بلی	خیر
اگرمتاهلباشید. آیابافامیلخوددریکخانهزندگیمیکنید؟	بلی	خیر
اگرمتاهلباشید. آیاباهمسرخوددریکخانهجداازفامیلزندگیمیکنید؟	بلی	خیر
منهنوزازدواجنکردمازهمینخاطربافامیلخودزندگیمیکنم	بلی	خیر

2– به نظر شما قانون در موارد زیر چگونه است:

قانونیدخترازسن 16 بهبعدوپسرازسن 18 بهبعدمیتوانندازدواجکنند	ص	غ
قانونیمردمسئولیتکاروآوردنپولبهخانهرادارد	ص	غ
قانونیزننبایدمیراثبگیردواگربگیردبایدآنرابهیکمرددرفامیلبدهد	ص	غ
قانونیزنبایدچادربقرهبپوشد	ص	غ
قانونیدرزمانازدواجنظردخترمهمنیستوفقطنظروالدینمهماست	ص	غ
قانونیتنهامردحقطلاقدادنرادارد	ص	غ

3-

شماکارمیکنید؟	ص	غ
شمابهمکتبیاپوهنتونمیروید؟	ص	غ
شمااجازهندارید ازخانهبیرونشوید؟	ص	غ
شمابصورتاختیاریدرخانهمیمانیدوکارهایخانهرامیکنید؟	ص	غ

4- الف:

خير	بلى	ايابهشهر هادربار هخانههايسرپناهبرايخانمهايازارديدهدرخطرمعلوماتداريد؟

4- ب: نظرشمادرموردخانههابرايحمايتاززنهايتحتآزاروخطرچيست؟

غ	ص	منفكرميكنمبسيارخوباست
غ	ص	منفكرميكنمكهخوبنيستبخاطريكهاخلاقشانرا محيط انجا خراب مى كند

5- چه كسى شوهر شما را انتخاب كرده است؟ والدينيا خود شما؟

:-6

غ	ص	منفكرميكنمزنانيكهبهزندانبودهاندزنانبديهستند
غ	ص	منفكرميكنمزنانيكهبهزندانبودهاندبيسببدارايناميدهستند

bb) Der Aufbau der Fragebögen

Überwiegend werden den Befragten geschlossene Fragen mit Lösungsvorschlägen unterbreitet, die mit richtig oder falsch angekreuzt werden können (Multiple Choice). Bei der Befragung sollen die persönliche Ansicht und das Normwissen der weiblichen Teilnehmer erforscht werden. Drei Fragen sind offen gestellt, um die Probanden bei der Antwort nicht einzuschränken.

Zu Beginn sollen alle Personen unter Wahrung ihrer Anonymität Angaben zu ihrem Alter, schulischen und beruflichen Werdegang, Familienstand und ggf. Alter zum Zeitpunkt der Eheschließung machen. Überdies wurden sie erneut über die freiwillige Teilnahme belehrt. Sodann beginnt die Befragung.

Aus Gründen der Übersichtlichkeit wird zunächst der Fragebogen der weiblichen Befragten abgebildet, sodann werden die Fragen im Einzelnen behandelt.

Freiwillig	Klasse/ Studium/ Beruf	Alter:	Familienstand:	Geschlecht: weiblich	Heiratsalter

In welchem Maße treffen die folgenden Aussagen Ihrer Meinung nach zu? Kreuzen Sie bitte richtig ص oder falsch غ an.

1.a)

Ich finde, dass dem Vater keiner widersprechen darf. Sein Wort zählt immer.	ص	غ
Ich finde, dass ein guter Mann seine Frau schlagen darf, wenn sie ungehorsam ist.	ص	غ
Ich finde, dass eine gute Frau für die Erziehung der Kinder und für das Essen zuständig ist und der Mann das Geld nach Hause bringt.	ص	غ
Ich finde, dass ein guter Mann seine Frau niemals schlagen darf.	ص	غ

1.b)

Hat Ihr Mann/Vater ein Auto?	Ja	Nein
Mein Mann und ich leben mit seiner Familie in einem Haushalt zusammen.	Ja	Nein
Wir haben unseren eigenen Haushalt.	Ja	Nein
Ich bin noch nicht verheiratet und lebe deshalb bei meinen Eltern.	Ja	Nein

2.) Inwieweit treffen die folgenden Aussagen Ihrer Meinung nach zu?

Laut Gesetz darf ein Mädchen erst mit 16 heiraten und ein Junge erst mit 18.	ص	غ
Laut Gesetz hat der Mann für den Unterhalt der Frau zu sorgen.	ص	غ
Laut Gesetz gehört es sich nicht für ein Mädchen zu erben, erbt sie dennoch, muss sie das laut Gesetz einem männlichen Mitglied der Familie weitergeben.	ص	غ
Laut Gesetz muss Frau die Burka tragen.	ص	غ
Laut Gesetz geht es bei der Heirat nicht um den Willen der Frau, deshalb ist ihre Einwilligung nicht wichtig, sondern die der Eltern ist wichtiger.	ص	غ
Laut Gesetz darf sich nur der Mann scheiden lassen von seiner Frau. Die Frau hat in keinem Fall ein solches Recht.	ص	غ

3.) Sie

Arbeiten	ص	غ
gehen zur Schule	ص	غ
dürfen das Haus nicht verlassen	ص	غ
sind freiwillig zuHause Hausfrau	ص	غ

4.a.) In vielen Städten gibt es mittlerweile Shelters. Shelters geben Asyl für Frauen, die zu Hause in Gefahr sind. Haben Sie schon mal was davon gehört?

Ja	Nein

4.b.) Wie ist Ihre Meinung hinsichtlich dieser Shelters?

Das ist eine gute Sache.	ص	غ
Sie bringen die Frauen vom rechten Weg ab, da sind nur schlechte Frauen.	ص	غ

5.) Wer hat Ihren Mann ausgesucht?

....

6.) Empfinden (vgl. HRW S. 66)

Ich denke, dass Frauen, die einmal im Gefängnis waren, schlecht sind.	ص	غ
Ich denke, dass Frauen, die einmal im Gefängnis waren, zu Unrecht beschuldigt werden.	ص	غ

7.) Meine Eltern oder mindestens ein Elternteil

haben einen Universitätsabschluss	ص	غ
Arbeiten	ص	غ
haben die Schule nicht besucht	ص	غ

8.) Ich finde,

das Zusammenleben in der Schwiegerfamilie gut.	ص	غ
das Zusammenleben in der Schwiegerfamilie streitfördernd.	ص	غ
aus finanzieller Sicht das Zusammenleben gut.	ص	غ

9) Inwieweit glauben Sie, herrscht Bestechung in Afghanistan?

....

10.) Ich finde,

es gut, dass Männer mehrere Frauen heiraten dürfen.	ص	غ
dass die Vielweiberei nicht gut ist.	ص	غ

11.) Wenn ich angeklagt werde,

darf ich mir einen Anwalt nehmen, zu Not würde der vom Staat finanziert werden.	ص	غ
kann ich mir einen Anwalt nur nehmen, wenn ich ihn bezahlen kann	ص	غ

12.a) Ich finde,

Brautgeld ist eine gute Sache.	ص	غ
dass das Brautgeld nicht gesetzlich vorgeschrieben ist.	ص	غ

12.b) Mitgift (Mahr) ist eine Sicherheit für

den Vater der Braut.	ص	غ
die Braut, die Hälfte bekommt sie zum Zeitpunkt der Trauung, die andere Hälfte zum Zeitpunkt einer evtl. Scheidung.	ص	غ
gesetzlich vorgeschrieben	ص	غ

13.) Wurden Sie in Ihrer Kindheit von Ihren Eltern oder einem Vormund geschlagen?

....

14.) Wie viele Frauen kennen Sie, die zu Hause von ihren Männern ggf. Schwiegerfamilie misshandelt werden? ....

15.) Hat Ihr Mann Sie mal geschlagen?

Ja	Nein

16.) Wenn ich in Gefahr bin,

würde ich Unterstützung vom Staat erhalten.	ص	غ
würde mir die Polizei helfen.	ص	غ
wäre ich auf mich gestellt.	ص	غ
würde mich meine Familie/Bekannte/Freunde unterstützen.	ص	غ

17.) Welche Faktoren denken Sie begünstigen die schlechte Lage von Frauen?
…………………………………………

VIELEN DANK!

Zu Frage 1a:
In der ersten Variante werden Aussagen zu Gewalt legitimierenden Männlichkeitsnormen gemacht. Durch diese Aussagen wird überprüft, inwieweit die Teilnehmerinnen dem traditionellen Männlichkeitsrollenbild Folge leisten und Gewalt durch diese tolerieren. Damit wird die „Kultur der Ehre" von Nisbett und Cohen (1996) angesprochen. Sie stellen fest, dass die „Kultur der Ehre" eine erhöhte Akzeptanz von männlicher Gewalt bereithält, um die Ehre des Mannes wiederherzustellen. Sie nehmen am Beispiel der USA die „Kultur der Ehre" vermehrt in Viehtreibergesellschaften an.[286] Vermutet wird, dass die GLMN und die „Kultur der Ehre" in Afghanistan ein häufig anzutreffendes Phänomen ist.

Zu Frage 1b:
Hier werden allgemeine Informationen erfragt. Die Frauen sollen angeben, ob ihr Vater oder ihr Mann ein Auto besitzen. Hierdurch soll ein Anknüpfungspunkt an die finanzielle Situation der Teilnehmerinnen geschaffen werden. Da ein Fahrzeug innerhalb Afghanistans für die finanziell schwache Bevölkerung kaum zu realisieren ist, kann davon ausgegangen werden, dass ein Fahrzeug als Statussymbol für Vermögen herangezogen werden kann.

Ferner soll festgestellt werden, ob die Frau gemeinsam mit ihrem Ehemann bei seiner Familie, mit ihrem Ehemann in einem Haushalt oder ob sie möglicherweise ledig ist und demzufolge bei ihren Eltern lebt.

286 Nisbett/Cohen (1996) S. 5.

Zu Frage 2:
In der zweiten Frage soll das Normwissen der Frauen anhand von sechs Aussagen überprüft werden.

Zu Frage 3:
In der dritten Frage soll das berufliche und private Umfeld der Befragten ermittelt werden.

Zu Frage 4:
Die vierte Frage beschäftigt sich mit den sog. Shelters.[287] Hier soll einerseits ermittelt werden, ob sie den Befragten bekannt sind; andererseits sollen sie ihre Einstellung zu den sog. Shelters darlegen.

Zu Frage 5:
In der fünften Frage sollen die Frauen und Mädchen angeben, wer ihren Mann ausgesucht hat oder ob sie noch ledig sind. Hier soll festgestellt werden, wie häufig die Zwangsverheiratung vollzogen wird.

Zu Frage 6:
In der sechsten Frage sollen die Befragten ihren Standpunkt zu inhaftierten Frauen äußern.

Zu Frage 7:
In der siebten Frage sollen die Frauen den Bildungsabschluss ihrer Eltern angeben, um den Risikofaktor der mangelnden Bildung zu verdeutlichen - denn vermutet wird, dass die Bildung der Eltern sehr einschneidend wirken kann bspw. in Bezug auf die Früh- und Zwangsheirat.

Zu Frage 8:
Anschließend sollen die Befragten ihren Standpunkt zum Zusammenleben mit der Schwiegerfamilie äußern. Hier wird vermutet, dass das Zusammenleben der Auslöser für zahlreiche innerfamiliäre Gewaltakte ist.

Zu Frage 9:
In der neunten Frage sollen die Frauen Angaben zur Bestechung und Korruption in Afghanistan machen. Diese Frage ist offen gestellt, um die Teilnehmerin in ihre Antwort nicht einzuschränken.

287 Shelters geben Asyl für Frauen, die in Gefahr sind; Shelters sind häufig in den Städten Afghanistans aufzufinden.

Zu Frage 10:
In der zehnten Frage sollen die Frauen ihre Meinung zur Polygynie äußern, denn vermutet wird, dass kaum eine Frau der Polygynie freiwillig zustimmt.

Zu Frage 11:
Sodann soll ihr Wissen über das Recht zur Konsultation eines Rechtsanwaltes sowie die daran anknüpfenden Kosten festgestellt werden. Angenommen wird, dass die Befragten selten wissen, dass ihnen der Staat im Bedarfsfall einen Verteidiger bereitstellen soll.

Zu Frage 12:
Die 12. Frage setzt sich mit dem Brautgeld sowie der Mitgift auseinander. Hier wird vermutet, dass weder die Bedingungen zum Brautgeld, zur Mahr noch ihre gesetzliche Verankerung gewusst werden.

Zu Frage 13:
Hier sollen sie angeben, ob sie in ihrer Kindheit innerfamiliäre Gewalt erlebt hatten. Vermutet wird, dass innerfamiliäre Gewalt in Afghanistan ein häufiges Phänomen ist, das insbesondere von den Frauen selten bekundet wird.

Zu Frage 14:
In der 14. Frage sollen sie darlegen, wie viele Frauen sie kennen, die von ihren Ehemännern und dessen Familie körperlich misshandelt werden. Die Fragen zur innerfamiliären Gewalt sind auf einer offenen Weise gestellt, um die Frauen bei der Antwort nicht einzuschränken. Vermutet wird, dass durch diese Frage, die innerfamiliäre Gewalt wahrheitsgemäß häufig vorkommt, weil die Rede von anderen Frauen ist und sie selbst nicht im Mittelpunkt stehen.

Zu Frage 15:
Anschließend sollen sich die jeweiligen Befragten zu einer möglichen Gewalt durch den Ehemann äußern. Hier wird eine minder wahrheitsgetreue Antwort vermutet, weil sie hier Auskunft über ihr eigenes Leben erteilen sollen und sich damit in Gefahr sehen könnten.

Zu Frage 16:
Hier wird das Vertrauen in staatliche Institutionen erfragt. Laut den Richtlinien des Obersten Gerichtes[288] sollen sich die Frauen und Mädchen bei einer Zwangsheirat an staatliche Institutionen wenden, statt Selbstjustiz auszuüben. Vermutet wird, dass eben dies nicht erfolgt, weil das Vertrauen zum Staat zu gering ist.

288 Vgl. vorheriges Kapitel.

Zu Frage 17:
Die letzte Frage ist offen gestellt; hierin sollen die Frauen, die ihrer Meinung nach maßgebenden Risikofaktoren angeben, die die ungünstige Situation der Frauen hervorrufen. Schließlich sind sie die Leidtragenden und könnten am wahrscheinlichsten bzw. am ehesten mögliche Risikofaktoren ausfindig machen.

d) Die Vorgehensweisen und die Vorkommnisse

Die Vorgehensweisen und die Vorkommnisse in den jeweiligen Befragungsorten sollen nachfolgend erläutert werden.

aa) Die Vorgehensweisen und Vorkommnisse in Kabul

Der Aufenthalt in Kabul fand vom 18.06.2013–25.06.2013 sowie vom 12.07.2013–15.07.2013 statt. In Kabul wurden insgesamt 28 Männer und 249 Frauen erreicht. Zudem wurden 14 Jurastudenten befragt. Eine Richterin wurde interviewt. Insgesamt wurden in Kabul 292 Menschen erreicht.

In Kabul angekommen, wurden die Schulen und die Universitäten aufgesucht. Diese machten die Befragung von einer Genehmigung des Bildungsministeriums abhängig. Vor dem Hintergrund der kurzen Aufenthaltsdauer konnte eine Genehmigung nicht mehr eingeholt werden; die Anfragen vor Antritt der Reise wurden schließlich nicht beantwortet. Es wurde nach einer praktischen Alternative gesucht. Der private Kontakt zu einer Lehrerin ermöglichte Abhilfe. Die Schuldirektion musste um Erlaubnis gebeten werden. Sie verweigerte die Schülerbefragung. Eine Lehrerbefragung wurde gestattet, soweit die Lehrer einverstanden seien. Zum Zwecke der Forschung erklärten sich die Kolleginnen zur Befragung bereit. Aufgrund der Geschlechtertrennung in den Schulen konnten lediglich die weiblichen Kolleginnen befragt werden. Bei den Lehrerinnen handelt es sich i.d.R. um verheiratete Frauen, die zwischen 30 und 60 Jahre alt sind. Die Befragung erfolgte durch die Lehrerin während der Pause, vor Schulbeginn, in den Freistunden und nach dem Unterricht in einem Lehrerzimmer. Die Lehrerin wurde vorab auf die Bedingungen der Teilnahme hingewiesen.[289] Zur Sicherstellung der Teilnahmebedingungen wurde zum Ende hin, das Lehrerzimmer aufgesucht. Hier wurden auf Anfrage die Ziele und Zwecke dieser Forschung den Lehrerinnen erläutert. Zudem kam sehr positives Feedback zu dieser Forschung. Sie hofften darauf, dass ihre Teilnahme eine positive Entwicklung der Frauenrechte herbeiführen würde.

---

289 Zu den Bedingungen siehe 1. Kapitel Jurastudierendenbefragung.

An einer weiteren Schule sollte die Befragung mithilfe einer 19-jährigen Schülerin stattfinden, die ebenfalls durch private Kontakte zustande kam. Die Schule machte darauf aufmerksam, dass grundsätzlich eine Genehmigung erforderlich sei, sie jedoch eine Ausnahme machen.

Die Befragung erfolgte während der unterrichtsfreien Zeit durch die Schülerin in den Klassenräumen. Die Befragende wurde auf die Teilnahmebedingungen hingewiesen. Um die Gefahr einer möglichen kurzfristigen Rücknahme der Erlaubniserteilung zu verhindern, wurde davon abgesehen, die Schule zu besuchen. Um eine größere Personenanzahl zu erreichen, fand die Befragung in den Schulen an mehreren Tagen statt.

Eine Richterin eines Kabuler Gerichts der 1.Instanz wurde mittels persönlicher Kontakte interviewt. Das Interview fand am 14.07.2013 in dem Dienstzimmer der Richterin statt. Die Vermittlungsperson wohnte dem Interview bei.

bb) Die Vorgehensweisen und Vorkommnisse in Herat

Der Aufenthalt in Herat erfolgte zwischen dem 25.06.2013 und dem 12.07.2013. In Herat wurden insgesamt 697 Menschen befragt; davon 266 Männer – mitunter des Wakil Guzars –und 418 Frauen. Unter den Frauen waren zwanzig Analphabeten. Ihnen wurden die Fragen vorgelesen und ihre Antworten wurden niedergeschrieben bzw. angekreuzt. Ferner wurden zwölf Rechtsstudenten befragt. Beamte oder Richter in Herat konnten trotz vieler Bemühungen nicht kontaktiert werden.

Am 26.06.2013 und 27.06.2013 wurde festgestellt, dass die Schulen und Universitäten in Herat die Befragung ebenfalls von einer Genehmigung des Bildungsministeriums abhängig machen. Mangels Genehmigung wurden an den darauffolgenden Tagen Professoren, Studentinnen, Dozenten, Schuldirektoren, Schülerinnen und Angestellte mittels privater Kontakte aufgesucht. Sie wurden gebeten - zum Zwecke der Forschung, die Befragung an ihren Schulen, Universitäten, Fakultäten und Arbeitsstellen zu leiten; sie erklärten sich bereit und wurden auf die Bedingungen hingewiesen. Bis zur Abreise fanden in Herat durch diese Kontakte zahlreiche Befragungen von Schülern, Studenten, Arbeitern und Lehrkräften statt. Die Befragung fand in den Universitäten vor und nach den Vorlesungen und in den Schulen während der unterrichtsfreien Zeit statt. Die Zeiten wurden vorab bekannt gegeben, sodass an verschiedenen Tagen stichprobenartig die Befragungsorte aufgesucht und kontrolliert wurden. Parallel wurden Privathaushalte eigen und mittels des Wakil Guzars – sowohl Gebildete als auch Analphabeten – in Herat aufgesucht und befragt.

Am 01.07.2013 wurden Fragebögen mit dem Reisebegleiter auf der Straße im Stadtzentrum Herats ausgeteilt. Passanten - im Wesentlichen männlich- wurden gebeten, diesen auszufüllen. Auch Ladenbesitzer wurden darum gebeten, an der Befragung teilzunehmen. Der überwiegende Teil der Ladenbesitzer lehnte eine Befragung ab, weil sie nicht lesen könnten. Trotz des Angebots, die Inhalte vorzulesen und auszufüllen, lehnte der Großteil der Ladenbesitzer eine Teilnahme ab. Von den 12 Ladenbesitzern konnten lediglich zwei lesen. Diese zwei Personen nahmen an der Befragung teil.

Etwa fünfzig Passanten wurden angesprochen. Davon gingen etwa vierzig Prozent der angesprochenen Personen weiter; auf die Bitte zur Teilnahme gingen sie nicht ein.

Die restlichen Passanten begutachteten das Formular skeptisch. Vierzehn von ihnen lehnten die Befragung ab, weil sie Analphabeten seien. Sieben Passanten füllten den Fragebogen aus. Die restlichen Passanten lehnten eine Teilnahme ohne nähere Begründung ab; teilweise reagierten sie aggressiv.

cc) Die Vorgehensweisen und Vorkommnisse in Karokh, Spionageverdacht, teilnehmende Beobachtung

Der Aufenthalt in Karokh fand an verschiedenen Tagen statt. Karokh ist ein Vorort von Herat und etwa 45 Minuten vom Stadtzentrum Herats entfernt. Karokh wurde von morgens bis abends an vier verschiedenen Tagen aufgesucht.

99 Frauen und Mädchen sowie elf Männer und Jungen wurden in Karokh befragt. Überdies konnten 29 Beamte in Karokh befragt werden. Insgesamt wurden 139 Menschen in Karokh erreicht.

Die Fragebögen wurden an dem ersten Tag in einer Schule in Karokh ausgeteilt. Die Befragung konnte aufgrund von privaten Kontakten – zum Schuldirektor und einigen Lehrerinnen – ermöglicht werden.

Der Schuldirektor und die Lehrerinnen wurden über die Teilnahmebedingungen aufgeklärt. Die Befragung fand durch die Lehrkräfte im Schulunterricht statt. Die Fragebögen sollten etwa eine Woche später dem Schuldirektor vorliegen und im Schulbüro abgeholt werden. Der Zeitrahmen wurde auf eine Woche gelegt, um möglichst viele Schüler zu erreichen. Die Abholung der Fragebögen wurde zweimal verlegt, da nicht alle Fragebögen vollständig waren.

In Karokh hat der Reisebegleiter Fragebögen an die Offiziere und Soldaten ausgeteilt. Die Offiziere und Soldaten wurden skeptisch und schalteten die Abteilung für Sicherheit ein. Der Reisebegleiter wurde in der Abteilung für Sicherheit festgehalten und der Spionage verdächtigt. Er wurde stundenlang vernommen. Schließlich wurde er nach langen Diskussionen freigelassen.

An dem vierten Tag wurden die Staatsanwaltschaft und das Gericht in Karokh aufgesucht. Durch private Kontakte konnte auch hier eine Befragung durchgeführt werden. Diese kannten solche Befragungen bereits von anderen Forschern und begrüßten die hiesige Befragung. Die Staatsanwaltschaft ermöglichte eine teilnehmende Beobachtung bei der Polizei am selben Tag.

In der Dienststelle angekommen, kam die Information, zwei Prostituierte in Karokh begingen Zina.[290] Die Polizei ging dem Verdacht nach. Wir begleiteten sie im eigenen Fahrzeug. Die Polizei verfolgte das verdächtige Fahrzeug. Das Fahrzeug war mit zwei Frauen und zwei Männern besetzt. Die Männer bemerkten die Polizei und flüchteten aus dem Fahrzeug. Der Verdacht der Polizei wurde durch die Flucht erhärtet und sie gingen auf die Frauen zu. Die Männer entkamen. Wir sind im Auto geblieben, konnten jedoch das Gespräch der Polizei mit den Frauen vernehmen. Eine der Frauen war etwa 20 Jahre alt und umhüllt mit einer Burka. Beide Frauen ließen sich geständig ein. Die 20-jährige Frau, die ihre Burka anbehielt, zeigte Reue. Sie könne ihre Burka nicht abnehmen, weil ihr Verlobter sie nicht hierbei sehen dürfe. Sie müsste sonst eine Trennung befürchten. Die andere Frau war etwa 35–40 Jahre alt, umhüllt mit einer Burka und wies gegenüber den Polizeibeamten keine Reue auf; in einer provokanten Art nahm sie ihre Burka ab und begann – vorwurfsvoll – sich zu rechtfertigen; sie hätte kein Geld und müsse ihre Kinder versorgen; der Mann sei vor 12 Jahren verstorben.

Karokh verfügt nicht über ein eigenes Frauengefängnis. Um die Frauen zu inhaftieren, müsste die Polizei die Frauen nach Herat fahren. Die Polizei stufte – wahrscheinlich auch unter dem Aspekt des Aufwandes – die Tat der Frauen als nicht schwerwiegend ein. Schließlich wurden die Frauen entlassen. Das Fahrzeug der Verdächtigen wurde in Gewahrsam der Polizei genommen und zur Dienststelle gefahren. Begründet wurde dies damit, dass die zwei geflüchteten Männer befragt werden müssten.

Die Polizeibeamten erklärten, derartige Fälle treten mindestens einmal im Monat auf. Ebenfalls gäbe es zahlreiche Fälle von Selbstjustiz durch verwandte Männer, die durch die Zina der Frau betroffen seien. Betroffene Männer, die von der Zina ihrer Ehefrauen erfuhren, töteten sie und würden sich anschließend in Haft begeben.

Die teilnehmende Beobachtung endete in der Dienststelle der Polizei. Zwei Tage später hat der Reisebegleiter die Polizeidienststelle in Karokh telefonisch erreicht und informierte sich über den Ausgang des Falles. Die Polizeibeamten

---

290 Strafbarkeit s.o.

teilten mit, dass am selben Abend ältere Herren zwecks Abholung des Fahrzeugs die Dienststelle aufsuchten. Die Polizei verweigerte die Mitnahme des Fahrzeugs. Sie machten die Abholung von der Befragung der zwei beschuldigten Männer abhängig. Bislang hätten sich die Männer nicht gemeldet.

Ein Tag vor der Abreise, also etwa 6 Tage nach dem Ereignis, hat der Reisebegleiter aus Kabul ein weiteres Mal die Polizeidienststelle in Karokh telefonisch erreicht. Sie teilten ihm mit, dass sich das Fahrzeug weiterhin in polizeilichem Gewahrsam befinde und die Beschuldigten noch nicht zur Vernehmung erschienen seien. Nach Ankunft in der Bundesrepublik Deutschland konnte kein Kontakt zu der dortigen Polizeidienststelle erfolgreich hergestellt werden. Der Fall blieb im Ergebnis offen. Vermutet wird, dass die Männer auch vor dem Hintergrund des Vermögenswertes des Pkws Reue zeigen werden und – wenn genug Zeit verstrichen ist, um die Tat in Vergessenheit geraten zu lassen – sie ihr Fahrzeug abholen werden.

e) Die Forschungsergebnisse

Die Forschungsergebnisse sollen nachfolgend nach Geschlecht und Befragungsort erörtert werden. Sodann wird eine vergleichende Gesamtbetrachtung vorgenommen.

aa) Die Befragung der Frauen und Mädchen in Kabul

In Kabul sind 249 Frauen bzw. Mädchen erreicht worden. 169 Frauen/Mädchen sind der Auffassung, dem Vater dürfe nicht widersprochen werden. Sein Wort zähle immer. 80 Frauen und Mädchen widersprechen dieser Aussage. Demnach stimmen 67,87 % der Frauen/Mädchen dieser Aussage zu und 32,13 % lehnen diese ab.

Laut 91 Frauen bzw. Mädchen dürfe ein „guter“ Mann bei Ungehorsamkeit seiner Frau zu Gewalt greifen, 158 Frauen lehnen dies ab; dies entspricht eine Befürwortung von 36,55 % und eine Ablehnung von 63,45 %. Nahezu jede zweite befragte weibliche Person lehnt diese Aussage ab.

Die traditionell-konservative Rollenverteilung von Mann und Frau befürworten 174 Mädchen und Frauen (69,88 %). 75 weibliche Personen (30,12 %) lehnen diese ab.

237 Frauen/Mädchen (95,18 %) sind der Auffassung, ein guter Mann schlage niemals seine Frau; 12 Personen (4,82 %) halten diese Aussage für falsch. Eine Minderheit der Frauen und Mädchen in Kabul widerspricht dieser Aussage.

In diesen Aussagen wurde die Einstellung zu Gewalt legitimierenden Männlichkeitsnormen[291] überprüft. Fasst man diese Aussagen zusammen, zeigt sich,

---

291 Zur Ausführung von GLMN und Nisbett/Cohen (1996) s.o.

dass durchschnittlich 111,5 (44,78 %) von 249 befragten Frauen und Mädchen in Kabul den Gewalt legitimierenden Aussagen zustimmen. Damit befürwortet nahezu die Hälfte der Frauen und Mädchen die Gewalt legitimierenden Männlichkeitsnormen. Das Modell von Nisbett/Cohen (1996) trifft hier zu. Die GLMN hebt die konservative Rollenverteilung hervor, wonach der Mann dominiert und die Frau die schwächere Rolle einnimmt. Damit stellt die GLMN ein Ansatzpunkt für die Unterdrückung der Frauen und Mädchen in Afghanistan dar.

In der zweiten Variante kann festgestellt werden, dass 173 Frauen/Mädchen (69,48 %) angeben, ihr Vater oder ihr Ehemann besäßen ein Fahrzeug. Dies zugrunde gelegt, leben 76 Personen (30,52 %) in Kabul in schwachen wirtschaftlichen Verhältnissen. Etwa zwei Drittel der befragten weiblichen Personen aus Kabul stammen aus wohlhabenderen Familien, die ein Auto finanzieren können.

In der zweiten Aussage geben 160 Frauen/Mädchen (64,26 %) an, dass sie mit ihrer Schwiegerfamilie in einem Haushalt leben. 89 weibliche Personen (35,74 %) lehnen diese Aussage ab. Der überwiegende Teil der befragten Frauen/Mädchen in Kabul lebt mit ihrer Schwiegerfamilie in einem Haushalt. Nach der dritten Aussage haben 150 Frauen (60,24 %) ihren eigenen Haushalt mit ihrem Mann und 99 (39,76 %) verneinen diese Aussage. Wiederum geben bei der vierten Aussage 191 Frauen und Mädchen (76,7 %) an, nicht verheiratet zu sein. 58 Frauen (23,29 %) sind demnach verheiratet. Wird zum Abgleich die erste Zeile des Fragebogens herangezogen, ergibt sich, dass 191 Mädchen ledig, während 58 Frauen wiederum verheiratet sind. Diese Angaben stimmen mit der vierten Aussage überein. Die Inkongruenz zwischen Aussage drei und vier folgt vermutlich daraus, dass auch die ledigen Mädchen und Frauen zu ihren Wohnverhältnissen erklärten, gemeinsam mit der Familie ihres Vaters in einem Haushalt zu leben. Die Abweichungen werden hierauf zurückgeführt.

Über zwei Drittel der befragten Frauen/Mädchen in Kabul sind nicht verheiratet. Die verheirateten Mädchen und Frauen haben in Kabul häufig Mitte des 20. Lebensjahres geheiratet. Danach haben 27 Mädchen ab dem 20. Lebensjahr, 18 Mädchen mit 17 bis 18 Jahren, 12 Mädchen mit 15 bis 16 Jahren und ein Mädchen im Alter von 14 Jahren geheiratet.

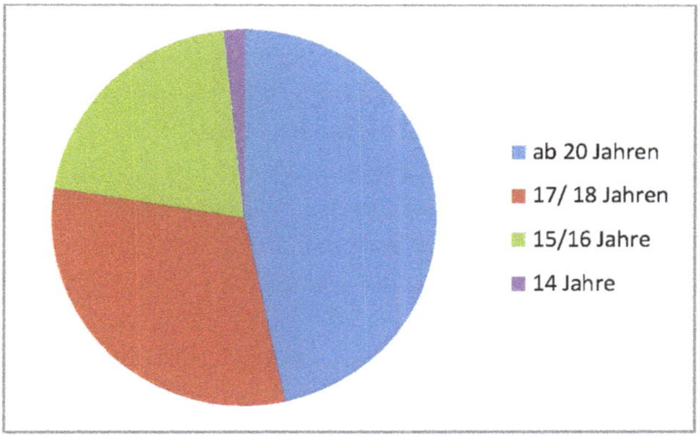

Abb. 9: Heiratsalter der befragten Mädchen und Frauen in Kabul. Quelle: Eigene Studie; eigene Graphik.

In Abbildung 9 werden die oben angeführten Erkenntnisse dargestellt. Prozentual haben 46,55 % der befragten Mädchen und Frauen in Kabul ab dem 20. Lebensjahr, 31,03 % mit 17 oder 18 Jahren und 20,69 % haben mit 15 oder 16 Jahren geheiratet. In Kabul hat ein Mädchen von 249 befragten weiblichen Personen das gesetzliche Heiratsalter nicht erreicht. In diesem Zusammenhang ist anzumerken, dass der Bildungsstand der Bevölkerung in Kabul in der Regel höher liegt, als verglichen zu dem restlichen Land.

Bei den Wissensfragen halten 142 weibliche Personen (57,03 %) die Aussage für richtig, dass ein Mädchen laut Gesetz mit 16 und ein Junge mit 18 Jahren heiraten dürfe. 107 Mädchen/Frauen (42,97 %) halten diese Aussage für falsch.

225 Befragte (90,36 %) stimmen der Aussage zu, wonach der Mann gesetzlich für den Unterhalt der Frau zu sorgen hat und 24 (9,64 %) lehnen diese Aussage ab. Der überwiegende Teil hat demzufolge von der gesetzlichen Unterhaltspflicht des Mannes während der Ehezeit Kenntnis.

52 Frauen bzw. Mädchen (20,88 %) halten die Aussage für zutreffend, dass ein Mädchen nicht erben sollte. Erbe sie dennoch, so solle sie ihren Anteil einem männlichen Mitglied der Familie übergeben. 197 Befragte (79,17 %) halten diese Aussage für falsch. Auch diese Aussage wird mehrheitlich richtigerweise für falsch gehalten. Nach islamischem Recht steht dem Mädchen die Hälfte des Erbes eines Jungen zu.

118 Frauen bzw. Mädchen (47,39 %) sehen es als die gesetzliche Pflicht der Frau, eine Burka zu tragen. 131 weibliche Personen (52,61 %) glauben nicht an den Bestand einer solchen Vorschrift. Damit hält etwas mehr als die Hälfte der Kabuler Frauen und Mädchen die Aussage für falsch.

36 Befragte (14,46 %) stimmen der Aussage zu, dass es bei einer Heirat nicht um den Willen der Frau gehe, sondern der Wille der Eltern überrage. 213 Personen (85,54 %) entgegnen dieser Aussage. Der überwiegende Teil lehnt diese Aussage ab. Unter Zugrundelegung der gesetzlichen Grundlage ist der Wille der zukünftigen Braut maßgebend.

Der letzten Aussage der zweiten Frage – wonach die Scheidung lediglich dem Mann zustehe – stimmen 78 Frauen und Mädchen (31,33 %) zu. Die Frau habe in keinem Fall ein solches Recht – lehnen 171 weibliche Personen (68,67 %) ab. Rund zwei Drittel lehnen diese Aussage ab. Laut den gesetzlichen Vorgaben kann ein Scheidungsverfahren – unabhängig von dem Geschlecht – bei Vorliegen der entsprechenden Voraussetzungen eingeleitet und durchgeführt werden.

Insgesamt betrachtet haben durchschnittlich 179,83 weibliche Befragte (72,22 %) – anders als 69,17 Personen (28.88 %) – in Kabul von insgesamt 249 weiblichen Personen Normkenntnis. Zusammenfassend weist der überwiegende Teil der weiblichen Befragten in Kabul das erforderliche Normwissen auf.

In der dritten Frage soll die Frau bzw. das Mädchen ihre Beschäftigung angeben. Danach arbeiten 122 Frauen und Mädchen (48,9 %), 206 Personen (82,73 %) gehen zur Schule oder besuchen eine Universität, 74 (29,72 %) dürfen das Haus nicht verlassen und 177 (71,08 %) sind freiwillig Hausfrau. Daraus ergibt sich, dass zwar der größere Teil der befragten Frauen und Mädchen lernt oder arbeitet. Allerdings darf nahezu ein Drittel das Haus nicht verlassen. Ein Großteil der Frauen sei demnach freiwillig Hausfrau.

In der vierten Frage sollen die Frauen bzw. Mädchen ihre Meinung zu den sog. Shelters[292] angeben. Festgestellt wird, dass die Shelters als schlecht betrachtet werden. Diese gelten unter der Allgemeinbevölkerung als Bordelle und stellen gewissermaßen ein Tabuthema für die Bevölkerung dar. Es wurde wahrgenommen, dass die Menschen ungern über die Shelters sprechen. Sie gucken sich erst um, bevor sie das Wort aussprechen. Vermutet wird, dass die Menschen den Bestand der Shelters sowie dessen Kenntnis als rufschädigend empfinden. Aus diesem Grund leugnen viele der Befragten das Bestehen der Shelters.

In der ersten Alternative wissen 121 Personen (48,59 %) Bescheid, dass es überhaupt Shelters gibt und 128 (51,41 %) kennen diese nicht. In der zweiten

292 Zur Def. s.o.

Alternative halten 126 Befragte (50,6 %) die Shelters für eine gute Sache, 123 Personen (49,4 %) lehnen diese ab. In der weiteren Aussage, die Shelters seien schlecht und es befänden sich dort ausschließlich schlechte Frauen, bejahen 139 weibliche Personen (55,82 %) und 110 Personen (44,18 %) lehnen es ab. Mehr als die Hälfte der Frauen hat eine schlechte Meinung über die Shelters und die dort befindlichen Frauen. Bei der Umfrage teilten einige private Personen mit, dass die Frauen in den Shelters wohl aus finanziellen Gründen gezwungen seien, sich zu prostituieren, deshalb habe sich der Ruf der Shelters derart verschlechtert. Es könnte allerdings auch sein, dass einige der afghanischen Männer den Ruf der Shelters mit Absicht in Verruf geraten lassen, um eine Abschreckwirkung bei ihren eigenen Frauen herbeizuführen. Sodass die „gute" Frau gar nicht erst auf die Idee kommt, zu einem „Bordell" zu gehen und so keine Hilfestellung erlangt, um sich zu trennen oder zu widersetzen.

In der fünften Frage werden die Frauen bzw. Mädchen gefragt, wer ihren Partner ausgesucht hat. Elf Personen (4,42 % in Bezug auf die gesamten Befragten, 18,97 % nur in Bezug auf die verheirateten Befragten in Kabul) geben an, ihren Partner selbst ausgesucht zu haben, siebzehn der weiblichen Personen (6,83 % in Bezug auf die gesamten Befragten, 29,31 % nur in Bezug auf die verheirateten Befragten) geben an, ihre Eltern hätten ihren Partner ausgesucht und sieben (2,8 % in Bezug auf die gesamten Befragten, 12,07 % nur in Bezug auf die verheirateten Befragten) sagen, dass sie gemeinsam mit ihren Eltern ihren Mann ausgesucht hätten. 174 Personen (69,89 %) sind nicht verheiratet, vierzehn (5,6 %) sind nicht verheiratet und möchten ihren Partner selbst aussuchen und 26 Frauen und Mädchen (10,44 %) enthalten sich. Bei den verheirateten Befragten wird am häufigsten angegeben, dass die Eltern den Partner ausgesucht hätten.

Die Partnerwahl durch die Eltern manifestiert einerseits die Unterdrückung der Frauen – da ihnen die Freiheit zur Entscheidung mit wem sie in die Ehe gehen, entzogen wird –andererseits begründet es einen möglichen Risikofaktor für die zukünftige Unterdrückung der Frauen und Mädchen durch den zukünftigen Ehemann.

137 Befragte (55,02 %) empfinden die weiblichen Inhaftierten als schlecht. 112 Personen (44,98 %) entgegen dieser Aussage. 142 der befragten Frauen und Mädchen (57,03 %) glauben, dass die Frauen im Gefängnis zu Unrecht beschuldigt werden. 107 der weiblichen Befragten (42,97 %) lehnen diese Aussage ab. Häufig wird eine schlechte Ansicht über die weiblichen Inhaftierten vertreten.

In der siebten Frage geben 157 Frauen und Mädchen (63,05 %) an, dass mindestens ein Elternteil einen Universitätsabschluss habe. 122 der befragten weiblichen Personen (48,99 %) geben an, dass mindestens ein Elternteil arbeite und laut 111 Frauen/Mädchen (44,58 %) habe mindestens ein Elternteil die Schule nicht besucht. Vermutet wird, dass häufig die Väter die Bildung genossen und die Mütter die Schule nicht besucht haben. Die mangelnde Bildung stellt ebenfalls ein Risikofaktor für die Unterdrückung der Frauen und Mädchen dar.

In der achten Frage heißen 153 der befragten Frauen und Mädchen (61,44 %) das Zusammenleben mit der Schwiegerfamilie als gut und 96 (38,55 %) als nicht gut. 116 der befragten Personen (46,59 %) empfinden das Zusammenleben als prekär und 133 (53,41 %) lehnen diese Aussage ab. 177 der befragten Frauen und Mädchen (71,08 %) empfinden das Zusammenleben aus finanziellen Gründen gut, während 72 (28,92 %) es auch vor diesem Hintergrund bemängeln.

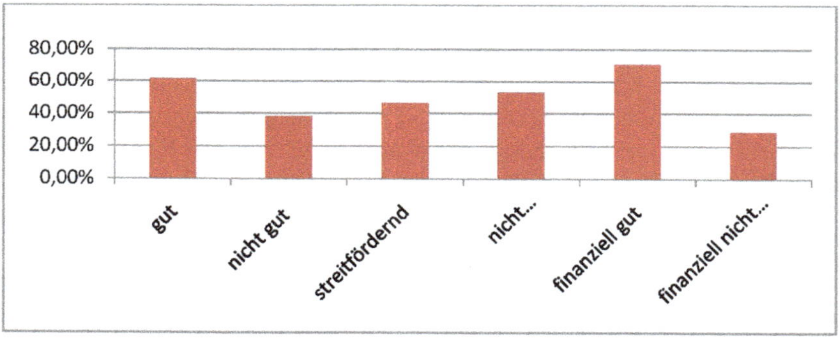

Abb. 10: Das Leben zusammen mit der Schwiegerfamilie nach Ansicht der befragten Frauen und Mädchen in Kabul in %. Quelle: eigene Berechnung aus eigener Forschung, eigene Graphik.

Abbildung 10 stellt die oben berechneten Prozentzahlen dar. Mehrheitlich wird das Zusammenleben mit der Schwiegerfamilie als gut angesehen; nicht zuletzt aufgrund des finanziellen Aspektes.

78 weibliche Personen (31,33 %) gehen von unbegrenzter Bestechlichkeit in Afghanistan aus. Siebzehn Personen (6,83 %) sagen, dass viel Bestechung vorhanden sei und eine Person (0,4 %) gibt an, ihre Kenntnis durch die Medien erlangt zu haben. Zwei Befragte (0,8 %) gehen von wenig Bestechung aus, weitere zwei Personen (0,8 %) lehnen die Existenz von Bestechung innerhalb Afghanistans gänzlich aus.

Fünf (2,01 %) Befragte erklären, keine Kenntnis hiervon zu haben und 144 Frauen/Mädchen (57,83 %) enthalten sich. Der überwiegende Teil enthält sich und knapp ein Drittel geht von unbegrenzter Bestechlichkeit aus. Zu berücksichtigen bleibt dabei, dass Frauen – soweit sie überhaupt berufstätig sind – im wirtschaftlichen Sektor wesentlich weniger vertreten sind als Männer und hieran anknüpfend weniger Kenntnis über Bestechung haben.

90 Frauen und Mädchen in Kabul (36,14 %) begrüßen die Polygamie und 159 der befragten weiblichen Personen (63,86 %) empfinden die Mehr-Ehe als kläglich. Um diese Antwort zu überprüfen, wurde eine weitere ähnliche Aussage gemacht. 156 Personen (62,65 %) empfinden die Polygynie als schlecht, 93 (37,35 %) empfinden die Mehrehen als gut. Es besteht ein konstantes Verhältnis.

In der elften Frage wissen 188 Befragte (75,5 %) über ihr Recht Bescheid, sich im Bedarfsfall auf Staatskosten rechtlichen Beistand nehmen zu dürfen. 94 Personen (37,75 %) haben hiervon keine Kenntnis.

In der ersten Alternative der zwölften Frage befürworten 131 weibliche Befragte (52,61 %) das Brautgeld und 118 (47,39 %) empfinden das Brautgeld als nicht gut. 157 Personen (63,05 %) geben an, das Brautgeld sei nicht gesetzlich vorgeschrieben und 92 (36,95 %) gehen davon aus, dass das Brautgeld gesetzlich verankert sei. Zutreffend ist die Angabe, dass das Brautgeld keine gesetzliche Grundlage hat. Um ein graphisches Bild über die Kenntnis des Brautgeldes in der afghanischen Bevölkerung zu erhalten, soll auf Abbildung 11 verwiesen werden.

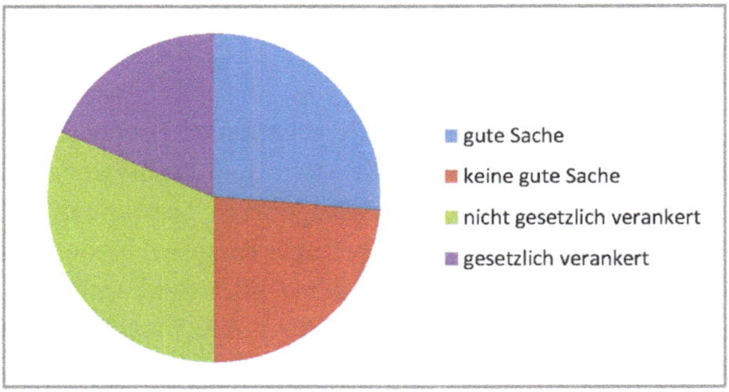

Abb. 11: Das Brautgeld in Kabul nach den weiblichen Befragten in %. Quelle: eigene Berechnung, eigene Graphik.

Zusammenfassend bleibt festzuhalten, dass die überwiegende Anzahl der befragten weiblichen Personen trotz Kenntnis der gesetzlichen Grundlage, das Brautgeld befürwortet.

In der zweiten Alternative geben 172 der befragten weiblichen Personen (69,08 %) an, die Mahr stünde dem Brautvater zu, 77 (30,92 %) entgegnen dieser Aussage. 208 der Frauen und Mädchen (83,53 %) wissen, dass die Mahr der

Braut zusteht. 41 Personen (16,47 %) halten diese Aussage für falsch. 125 der befragten Frauen und Mädchen (50,20 %) gehen von einer gesetzlichen Verankerung der Mahr aus, während 124 (49,8 %) Personen dies ablehnen. Zutreffend ist, dass eine gesetzliche Verankerung der Mahr vorhanden ist.

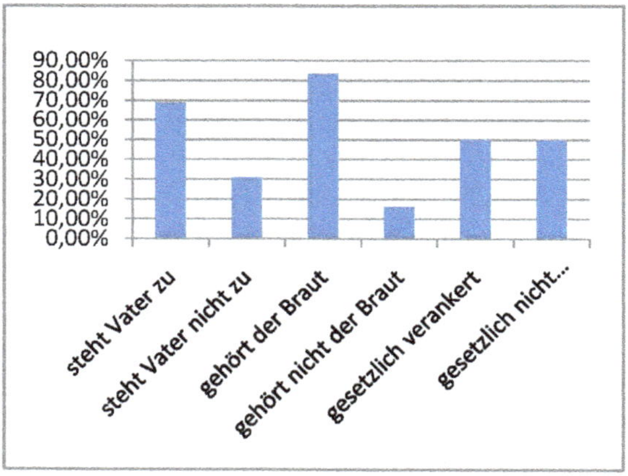

Abb. 12: Die Mahr in Kabul nach den weiblichen Befragten in %. Quelle: eigene Berechnung, eigene Graphik.

Abbildung 12 veranschaulicht die oben ermittelten Prozentzahlen. Danach ist der Anteil derer groß, die sagen, dass die Mahr dem Brautvater zustünde. Noch weitaus größer ist der Anteil derer, die richtigerweise annehmen, die Mahr stehe der Braut zu. Vermutet wird, dass viele befragte Personen beide Optionen angekreuzt haben, weil sie meinen, dass es hauptsächlich der Familie der Braut bzw. der Braut und dem Vater zustehe, ohne hierbei eine Unterscheidung zwischen Braut und Brautvater bzw. Brautfamilie vorzunehmen.

Über die gesetzliche Verankerung der Mahr herrscht Uneinigkeit. Etwa die Hälfte der Befragten lehnt eine gesetzliche Verankerung ab, während die andere Hälfte sie annimmt.

In der 13. Frage geben 61 Befragte (24,5 %) an, innerfamiliäre Gewalt erlitten zu haben und 125 Frauen/Mädchen (50,2 %) geben an, nicht geschlagen worden zu sein. Drei Personen (1,2 %) geben an, dass Gewalt in der Kindheit für eine gute Erziehung erforderlich sei und 60 Personen (24,1 %) machen diesbezüglich keine Angaben. Der überwiegende Teil gibt an, keine innerfamiliäre Gewalt erlitten zu haben. Die Richtigkeit der letzten Aussage wird angezweifelt; möglicherweise aus Scham. In diesem Zusammenhang sollen einige Zitate aus der Befragung angeführt werden. Eine Person sagte: „In Afghanistan ist es eine Lüge, wenn jemand sagt, dass er in seiner Kindheit keine Schläge bekommen hat". Eine weitere Person gibt bei der Frage an, dass es völlig natürlich sei, in der Kindheit von den Eltern geschlagen worden zu sein. Ein weiteres Zitat lautet: „Jedes Kind bekommt Schläge." Angenommen wird, dass die innerfamiliäre Gewalt in Afghanistan ein derart häufiges Phänomen ist, dass es als „normal" erachtet wird.

In der 14. Frage geben 29 der Frauen/Mädchen (11,65 %) an, dass der überwiegende Teil der Frauen Gewalt seitens ihrer Ehemänner ausgesetzt sei, 24 (9,64 %) sagen, dass sie sehr viele kennen und 46 der befragten weiblichen Personen (18,47 %) kennen viele Frauen, die Gewalt erleiden. Drei der befragten Personen (1,2 %) geben an, dass sie mittels der Medien Kenntnis über die Gewalt an Frauen erlangt hätten, siebzehn (6,8 %) kennen wenige, 65 (26,1 %) kennen keine und 65 (26,1 %) weitere machen keine Angaben. Festzustellen bleibt, dass das Verhältnis über die Angabe der Kenntnis von Gewalt an Frauen etwa hälftig aufgeteilt ist. Auch hinsichtlich dieser Aussage wird die Richtigkeit, soweit eine Kenntnis abgelehnt wird, angezweifelt.

In der 15. Frage geben vierzehn Personen (5,6 % von den gesamten befragten weiblichen Personen in Kabul, 24,14 % der gesamten verheirateten weiblichen Personen in Kabul) an, von ihren Ehemännern geschlagen worden zu sein, 44 Personen (17,67 % von den gesamten weiblichen Personen in Kabul, 75,86 % nur in Bezug auf die verheirateten Frauen in Kabul) entgegnen dieser Aussage und 191 (76,71 %) geben an, ledig zu sein. Der überwiegende Teil der verheirateten Frauen gibt an, keine Gewalt vom Ehemann erfahren zu haben. Auch die Richtigkeit dieser Aussage wird angezweifelt.

Die 16. Frage soll nicht ausgewertet werden, weil kein klares Ergebnis sichtbar ist.

In der 17. Frage geben zusammenfassend alle Personengruppen die Risikofaktoren: Krieg, Armut, Männerherrschaft, Polygamie, Bildung, innerfamiliäre Gewalt, Frühheirat, Zwangsheirat, Brautgeld, Gesellschaft, gemeinsames Leben mit der Schwiegerfamilie, kein Verständnis vom Islam, keine Arbeit der Frauen, schlechte Freunde und schlechte Medien an. Viele der genannten Risikofaktoren wurden im Rahmen dieser Arbeit genannt.

bb) Die Befragung der Frauen und Mädchen in Herat

In Herat wurden 418 Frauen und Mädchen erreicht.158 Frauen/Mädchen (37,8 %) sind der Ansicht, dass dem Vater keiner widersprechen dürfe. 260 Frauen/Mädchen (62,2 %) halten diese Aussage für falsch.

Laut 105 Frauen/Mädchen (25,12 %) darf ein guter Mann bei Ungehorsamkeit seiner Frau, Gewalt anwenden und 313 weibliche Personen (74,88 %) – nahezu drei Mal so viel – lehnen diese Aussage ab. 197 weibliche Personen (47,13 %) befürworten die konservative Rollenverteilung von Mann und Frau und 221 (52,87 %) lehnen diese Rollenverteilung ab.

371 Frauen und Mädchen (88,76 %) sind der Meinung, dass ein guter Mann seine Frau niemals schlagen dürfe und 47 Frauen (11,24 %) entgegnen dieser Aussage. Eine Minderheit widerspricht dieser Aussage. Zusammenfassend ist festzustellen, dass durchschnittlich 207,75 (49,70 %) von 418 befragten Frauen und Mädchen in Herat den Gewalt legitimierenden Aussagen[293] zustimmen. Das stellt nahezu die Hälfte der weiblichen Befragten dar. Auch hier wird das Modell von Nisbett/Cohen (1996)[294] bestätigt.

Aus der Beantwortung der zweiten Alternative der ersten Frage folgt, dass 232 Frauen und Mädchen (55,5 %) angeben, ihr Vater oder ihr Mann besäßen ein Fahrzeug und 186 (44,5 %) verfügen über kein entsprechendes Transportmittel innerhalb ihrer Familie.

In der zweiten Aussage geben 217 Frauen und Mädchen (51,91 %) an, dass sie mit ihrer Schwiegerfamilie in einem Haushalt leben und 199 Frauen/Mädchen (47,61 %) leben nur mit ihrem Ehemann.

Bei der vierten Aussage und in Übereinstimmung mit den allgemeinen Angaben geben 300 Frauen und Mädchen (71,77 %) an, dass sie nicht verheiratet sind. 118 (28,23 %) sind verheiratet. Etwa zwei Drittel der Befragten in Herat sind nicht verheiratet. Die Mädchen und Frauen in Herat heiraten häufig vor dem 20. Lebensjahr. Drei Mädchen berichten, mit vierzehn Jahren geheiratet zu haben und eine wurde mit zwölf Jahren verheiratet. Weitaus häufiger kommt es in Herat – verglichen zu Kabul – vor, dass die Mädchen mit 15–19 Jahren heiraten. In Herat unterschreitet eine Minderheit der Mädchen das gesetzliche Heiratsalter.

232 Mädchen und Frauen (55,5 %) halten die Aussage für zutreffend, dass sie laut Gesetz mit 16 und die Jungen mit 18 Jahren heiraten dürfen. 186 weibliche Befragte – etwa die Hälfte – (44,5 %) halten diese Aussage für falsch. Knapp mehr als die Hälfte der Befragten hat Kenntnis von der Ehemündigkeit.

217 Frauen/Mädchen (51,91 %) stimmen der Aussage zu, dass der Mann laut Gesetz für den Unterhalt der Frau verantwortlich sei. 201 Personen (48,09 %) – also etwa die Hälfte – lehnen dies ab.

---

293 Zur Ausführung der GLMN und Nisbett/Cohen s.o.

294 Zur Ausführung s.o.

50 Frauen/Mädchen (11,96 %) finden, dass das weibliche Geschlecht nicht erben sollte. 368 (88,04 %) der weiblichen Befragten halten diese Aussage für falsch; Letzteres trifft auf die gesetzliche Grundlage zu.

62 Frauen/Mädchen (14,83 %) glauben, dass das Burkagewand als Kleidungsstück für die Frau gesetzlich vorgesehen sei. Über die fünffache Mehrheit; 356 (85,17 %) glauben nicht an den Bestand einer solchen Vorschrift.

28 weibliche Personen, (6,7 %) stimmen der Aussage zu, dass es bei einer Heirat nicht um den Willen der Frau gehe. 390 Personen (93,30 %) entgegnen dieser Aussage.

119 Frauen und Mädchen (28,47 %) glauben, dass nur dem Mann das Scheidungsrecht zustünde. 299 weibliche Personen (71,53 %) lehnen diese Aussage ab. Durchschnittlich haben 310,33 Frauen und Mädchen (51,72 %) in Herat das erforderliche Normwissen. Das entspricht etwas mehr als die Hälfte.

In der dritten Frage geben 189 Frauen/Mädchen (45,22 %) an, zu arbeiten, 366 Personen (87,56 %) gehen zur Schule oder besuchen eine Universität, 77 (18,42 %) Personen dürfen das Haus nicht verlassen und 274 (65,55 %) sind freiwillig Hausfrau. Daraus ergibt sich, dass ein Großteil der weiblichen Befragten die Schule besucht oder arbeitet.

167 weibliche Personen (39,95 %) haben Kenntnis von dem Bestand der Shelters[295] und für 251 (60,05 %) Personen sei dies unbekannt. 245 weibliche Personen (58,61 %) halten die Shelters für eine gute Sache, 173 Personen (41,39 %) entgegnen dieser Aussage. 176 der weiblichen Befragten (42,11 %) empfinden die Shelters und die dort befindlichen Frauen als schlecht. 242 Personen (57,9 %) empfinden diese nicht als schlecht. Fast die Hälfte der Frauen in Herat haben eine schlechte Ansicht über die Shelters und die dort befindlichen Frauen.

In der 5. Frage berichten neun Personen (2,15 % der gesamten Befragten in Herat; 7,63 % der verheirateten Befragten in Herat), ihren Partner selbst ausgesucht zu haben, 48 (der weiblichen Personen 11,48 % der gesamten Frauen in Herat; 40,67 % der verheirateten Frauen in Herat) sagen, dass ihre Eltern ihren Partner ausgesucht haben und 44 (10,53 % von den gesamten Frauen in Herat, 37,29 % nur in Bezug auf die verheirateten Frauen in Herat) sagen, dass sie gemeinsam mit ihren Eltern ihren Mann ausgesucht haben. 300 (71,77 %) sind nicht verheiratet, siebzehn (4,07 %) sind zwar nicht verheiratet aber möchten ihren Partner selbst aussuchen.

213 Frauen (50,96 %) haben eine schlechte Meinung über die weiblichen Inhaftierten. 205 Frauen (49,04 %) entgegen dieser Aussage. Das Verhältnis steht

295 Zur Ausführung der Shelters s.o.

1:1. 175 der befragten Frauen und Mädchen (41,87 %) glauben, dass die Frauen im Gefängnis zu Unrecht beschuldigt werden. 243 der weiblichen Befragten (58,13 %) lehnen diese Aussage ab. Etwas häufiger wird die Ansicht vertreten, dass die Frauen begründeterweise inhaftiert seien.

Bei der siebten Frage geben 197 der befragten Frauen und Mädchen (47,13 %) an, dass mindestens ein Elternteil einen Universitätsabschluss habe. 359 der befragten weiblichen Personen (85,89 %) geben an, dass mindestens ein Elternteil arbeite und 224 der befragten Frauen und Mädchen (53,59 %) stimmen der Aussage zu, dass mindestens ein Elternteil die Schule nicht besucht habe. Am häufigsten wird angegeben, dass mindestens ein Elternteil arbeitet, gefolgt von einem Elternteil, der die Schule nicht besucht hat.[296]

210 der befragten Frauen und Mädchen (50,24 %) befürworten das Zusammenleben mit der Schwiegerfamilie und 208 (49,76 %) empfinden es als nicht gut. 210 der befragten Personen (50,24 %) empfinden das Zusammenleben als streitfördernd und 208 (49,76 %) entgegnen dieser Aussage. 217 der befragten Frauen und Mädchen (51,91 %) finden das Zusammenleben aus finanzieller Sicht gut und 201 (48,09 %) finden es auch vor dem Hintergrund finanzieller Aspekte als nicht gut. Es besteht ein konstantes Verhältnis.

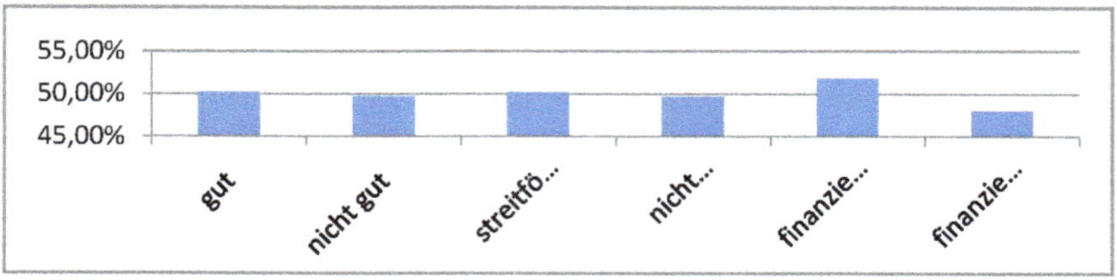

Abb. 13: Das Leben zusammen mit der Schwiegerfamilie nach Ansicht der befragten Frauen und Mädchen in Herat in %. Quelle: eigene Berechnung aus eigener Forschung, eigene Graphik.

Abbildung 13 stellt die oben berechneten Prozentzahlen dar. Festgestellt werden kann, dass das Zusammenleben in der Schwiegerfamilie von etwa der Hälfte der Befragten befürwortet wird, während die andere Hälfte es nicht gutheißt.

296 Ausführung s.o.

In der neunten Frage gehen 141 Frauen und Mädchen (33,73 %) von unendlich viel und 92 (22,01 %) von viel Bestechung in Afghanistan aus. Zwei Personen (0,48 %) geben an, die Kenntnis durch die Medien erlangt zu haben. Zehn Personen (2,39 %) gehen von wenig, zwölf (2,87 %) von keiner Bestechung aus, sechszehn (3,83 %) haben keine Ahnung, und 145 der befragten weiblichen Personen (34,69 %) enthalten sich. Der überwiegende Teil enthält sich und knapp ein Drittel nimmt unendlich viel Bestechung an.

98 Frauen und Mädchen (23,44 %) geben an, dass sie die Mehrehen als gut empfinden und 320 der befragten weiblichen Personen (76,56 %) empfinden die Mehrehe als nicht gut. In der doppelten Überprüfung lehnt der überwiegende Teil; 311 Personen (74,40 %) die Polygynie ab und 107 (25,6 %) empfinden die Vielweiberei als gut. Festgestellt wird ein ähnliches Verhältnis bei beiden Aussagen.

254 der weiblichen Befragten (60,77 %) wissen, dass sie sich bei Bedarf einen Anwalt auf Staatskosten nehmen dürfen. 150 der befragten weiblichen Personen (35,89 %) gehen davon aus, dass sie sich selbst einen Anwalt finanzieren müssen. Knapp der doppelte Anteil der Frauen weiß über dieses Recht Bescheid.

In der ersten Alternative der zwölften Frage empfinden 168 der weiblichen Personen (40,19 %), das Brautgeld als eine gute Sache. 250 Personen (59,81 %) empfinden das Brautgeld als nicht gut. 328 der befragten Frauen und Mädchen (78,47 %) geben an, dass das Brautgeld nicht gesetzlich vorgeschrieben sei und 90 (21,53 %) gehen davon aus, dass das Brautgeld gesetzlich verankert sei.

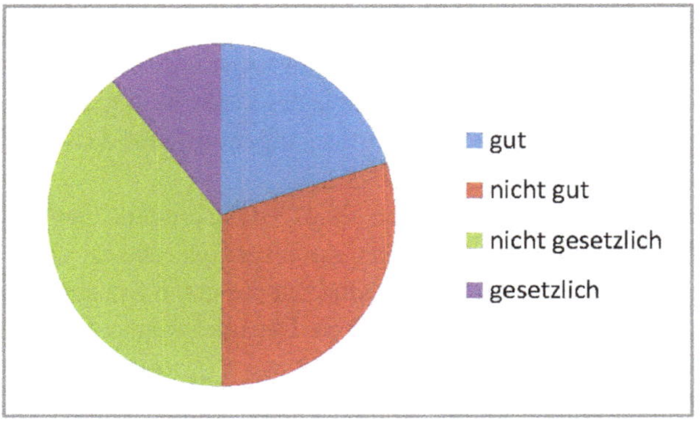

Abb. 14: Das Brautgeld in Herat nach den weiblichen Befragten in %. Quelle: eigene Berechnung, eigene Graphik.

Abbildung 14 stellt die oben ermittelten Prozentzahlen dar.

In der 2. Alternative der 12. Frage geben 240 der weiblichen Befragten (57,42 %) an, die Mahr stünde dem Vater zu, 178 (42,53 %) entgegnen dieser Aussage.

296 der Frauen und Mädchen (70,81 %) geben an, dass die Mahr der Braut zustehe und 122 Personen (29,19 %) halten diese Aussage für falsch. 158 der befragten Frauen und Mädchen (37,8 %) halten die Mahr für gesetzlich vorgeschrieben und 260 (62,2 %) lehnen eine gesetzliche Verankerung ab.

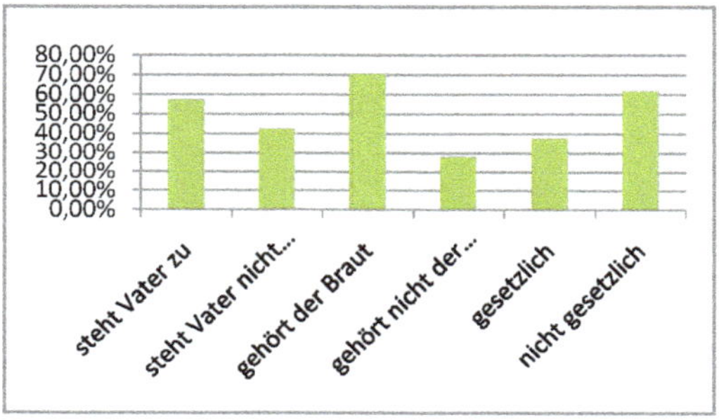

Abb. 15: Die Mahr in Herat nach den weiblichen Befragten in %. Quelle: eigene Berechnung, eigene Graphik.

Die Abbildung 15 zeigt die oben ermittelten Prozentzahlen. Danach überwiegt der Anteil derer, die sagen, dass die Mahr der Braut zustünde. Ebenfalls wird häufig angenommen, dass die Mahr dem Vater zustünde. Es wird vermutet, dass zwischen dem Vermögen der Braut und die des Vaters kein Unterschied gemacht wird. Überwiegend wird fälschlicherweise angenommen, dass die Mahr keine gesetzliche Grundlage hätte.

In der 13. Frage geben 119 Personen (28,47 %) die erlittene Gewalt in der Kindheit zu, und 209 (50 %) geben an, nicht geschlagen worden zu sein. 30 Personen (7,18 %) geben an, dass Schläge in der Kindheit der guten Erziehung diene und 60 Personen (14,35 %) machen keine Angaben. Der überwiegende Teil gibt an, keine innerfamiliäre Gewalt erlitten zu haben.[297]

In der 14. Frage geben dreizehn Frauen und Mädchen (3,11 %) an, der überwiegende Teil der Frauen erleide Gewalt vom Ehemann, 61 (14,59 %) sagen, dass

297 Auf die Ausführung zur Scham und den Zitaten s.o.

sie sehr viele kennen und 118 (28,23 %) kennen viele Frauen, die Gewalt erfahren. Zehn der befragten Personen (2,4 %) geben an, dass sie die Kenntnis von vielen Frauen durch die Medien haben, 70 (16,75 %) kennen wenige, 57 (13,64 %) kennen keine und 89 (21,3 %) machen keine Angaben. Anzumerken ist, dass der Anteil der Frauen und Mädchen, die misshandelnde Frauen kennen etwas höher liegt, als derer, die keine kennen.[298]

In der 15. Frage geben achtzehn weibliche Personen (4,3 % der befragten Frauen in Herat; 15,25 % der verheirateten Frauen in Herat) an, von ihrem Ehemann geschlagen worden zu sein, 100 (23,92 % der gesamten Frauen; 84,75 % der verheirateten Frauen) entgegnen dieser Aussage, und 300 (71,77 %) geben an, nicht verheiratet zu sein. Der überwiegende Teil der befragten Frauen gibt an, keine Gewalt von ihrem Ehemann erfahren zu haben.[299]

Die 16. Frage soll nicht ausgewertet werden.[300]

In der 17. Frage wurden die o.g. Risikofaktoren genannt.[301]

cc) Die Befragung der Frauen und Mädchen in Karokh

In Karokh wurden 99 Frauen und Mädchen erreicht. Davon vertreten 95 Frauen und Mädchen (95,96 %) die Auffassung, dass dem Vater keiner widersprechen dürfe. Vier Frauen und Mädchen (4,04 %) sind nicht dieser Auffassung.

56 Frauen und Mädchen (56,57 %) geben einem Mann das Recht, bei Ungehorsamkeit der Frau Gewalt anzuwenden. 43 weibliche Personen (43,43 %) lehnen dies ab.

Die traditionell-konservative Rollenverteilung von Mann und Frau befürworten 77 Mädchen und Frauen (77,78 %), während 22 (22,22 %) sie ablehnen.

Der überwiegende Teil – 88 Personen (88,89 %) – ist der Meinung, dass ein guter Mann seine Frau niemals schlage und elf Frauen (11,11 %) entgegnen dieser Aussage. Werden alle Aussagen zusammengefasst, ergibt sich, dass durchschnittlich 59,75 – aufgerundet 60 – von 99 befragten Frauen und Mädchen (60,35 %) den Gewaltlegitimierenden Aussagen[302] zustimmen. Über die Hälfte der befragten Frauen und Mädchen in Karokh stimmen den Gewaltlegitimierenden Männlichkeitsnormen zu. Das Modell von Nisbett/Cohen (1996) kann auch hier bestätigt werden.

---

298 Zum Tabuthema der Gewalt an Frauen s.o.

299 S.o. zum Tabuthema der Gewalt und der Ehrlichkeit.

300 S.o.

301 S.o.

302 Ausführung Nisbett/Cohen s.o.

In der zweiten Variante der ersten Frage kann festgestellt werden, dass 29 Frauen und Mädchen (29,29 %) angeben, dass ihr Vater oder ihr Mann ein Fahrzeug besäßen und 70 (70,71 %) über kein Fahrzeug verfügen. Demnach ist die finanzielle Lage der meisten Befragten in Karokh weniger gut.

In der zweiten Aussage geben 38 Frauen und Mädchen (38,38 %) an, dass sie mit ihrer Schwiegerfamilie in einem Haushalt leben und 44 Frauen und Mädchen (44,44 %) führen einen getrennten Haushalt mit ihrem Ehemann. Etwas mehr als die Hälfte der verheirateten Befragten haben einen eigenen Haushalt.

Bei der vierten Aussage erklären 84 Frauen und Mädchen (84,85 %), nicht verheiratet und 15 (15,15 %) verheiratet zu sein.[303] Bei Heranziehung des Heiratsalters kann festgestellt werden, dass die Mädchen und Frauen häufig vor dem 20. Lebensjahr heiraten. Danach berichten sieben Mädchen mit 15/16 Jahren, sechs Mädchen mit 18/19 Jahren und zwei Mädchen mit 20/21 Jahren geheiratet zu haben. Alle verheirateten Frauen in Karokh haben das gesetzliche Heiratsalter erreicht.

In der zweiten Frage halten 60 Mädchen und Frauen (60,61 %) die Aussage für richtig, dass ein Mädchen laut Gesetz mit 16 Jahren und ein Junge mit 18 Jahren heiratsmündig sei. 39 weibliche befragte Personen (39,39 %) halten diese Aussage für falsch.

Der zweiten Aussage – nach der Unterhaltspflicht des Mannes – stimmen 94 Frauen/Mädchen (94,95 %) zu und fünf (5,05 %) lehnen diese ab.

Siebzehn Frauen/Mädchen (17,17 %) vertreten die Auffassung, dass es für ein Mädchen bzw. einer Frau nicht angebracht sei, zu erben. 82 (82,83 %) der befragten Mädchen und Frauen halten diese Aussage für falsch.

57 Frauen/Mädchen (57,58 %) glauben, dass die Burka als Kleidungsstück für die Mädchen und Frauen gesetzlich manifestiert sei. 42 der weiblichen Personen (42,42 %) halten diese Aussage für falsch.

Achtzehn weibliche Personen (18,18 %) vertreten die Auffassung, dass es bei einer Heirat nicht um den Willen der Frau gehe. 81 Personen (81,82 %) entgegnen dieser Aussage. Der überwiegende Teil lehnt diese Aussage ab.

53 Frauen und Mädchen (53,54 %) gehen von einem Scheidungsrecht aus, das ausschließlich dem Mann zustünde. 46 weibliche Personen (46,46 %) lehnen diese Aussage ab. Das Verhältnis ist in etwa ausgeglichen; ein geringfügig höherer Anteil geht von einem ausschließlichen Scheidungsrecht der Ehemänner aus.

303 S.o.

Bei Zusammenfassung dieser Aussagen ergibt sich, dass von den 99 befragten weiblichen Personen 67,50 aufgerundet 68 Personen (68,18 %) das hier erforderliche Normwissen aufweisen.

In der dritten Frage geben 84 Frauen und Mädchen (84,85 %) an, berufstätig zu sein, 91 Personen (91,92 %) gehen zur Schule oder besuchen eine Universität, 28 Personen (28,28 %) dürfen das Haus nicht verlassen und 63 (63,64 %) seien freiwillig Hausfrau. Daraus ergibt sich, dass der überwiegende Teil der befragten Frauen und Mädchen lerne oder arbeite. Knapp 30 % geben an, dass sie das Haus nicht verlassen dürfen.

In der ersten Variante der vierten Frage wissen 27 weibliche Personen (27,27 %), über die Shelters[304] Bescheid, während rund 72 (72,73 %) Befragte angeben, sie nicht zu kennen. 37 weibliche Personen (37,37 %) halten die Shelters für eine gute Sache, 62 Personen (62,63 %) entgegnen dieser Aussage. Die Aussage, dass die Shelters schlecht seien und sich da nur schlechte Frauen befänden, bestätigen 38 weibliche Personen (38,38 %) und 81 Personen (81,62 %) lehnen diese Aussage ab.

In der 5. Frage berichten fünf Personen (5,05 % der weiblichen Personen in Karokh; 33,33 % der verheirateten Befragten in Karokh), dass die Eltern den Partner ausgesucht haben. Zehn Frauen und Mädchen (10,10 % der gesamten Befragten, 66,67 % der verheirateten Frauen in Karokh) haben mit ihren Eltern gemeinsam ihren Partner ausgesucht. 54 Personen (54,55 %) seien nicht verheiratet und 30 Personen (30,30 %) geben an, dass sie zwar nicht verheiratet sind, aber ihren Partner selbst aussuchen möchten. Festgestellt werden kann, dass bei den verheirateten Frauen und Mädchen häufig die Eltern zumindest mitentschieden haben und die Ledigen wünschen sich häufig, ihren Partner selbst aussuchen zu dürfen.

In der sechsten Frage empfinden 71 Frauen und Mädchen (71,72 %) die weiblichen Gefangenen als schlecht und 28 Frauen (28,28 %) entgegen dieser Aussage. 29 der befragten Frauen und Mädchen (29,29 %) glauben, dass die weiblichen Gefangenen zu Unrecht beschuldigt werden. 70 der weiblichen Befragten (70,71 %) lehnen diese Aussage ab. Den weiblichen Inhaftierten wird überwiegend kein guter Ruf zugeschrieben.

In der siebten Frage geben acht weibliche Personen (8,08 %) an, dass mindestens ein Elternteil ein Universitätsabschluss habe. 94 der befragten weiblichen Personen (94,95 %) geben an, dass mindestens ein Elternteil arbeite und 54 der befragten Frauen und Mädchen (54,55 %) stimmen der Aussage zu, dass

304 S.o.

mindestens ein Elternteil die Schule nicht besucht habe. Demnach geben nahezu alle befragten Mädchen und Frauen in Karokh an, dass mindestens ein Elternteil arbeite. Eine Minderheit erklärt, dass mindestens ein Elternteil die Universität besucht habe. Etwas mehr als die Hälfte berichtet davon, dass mindestens ein Elternteil die Schule nicht besucht habe.[305]

28 der befragten Frauen und Mädchen (28,28 %) begrüßen das Zusammenleben mit der Schwiegerfamilie und 71 (71,72 %) empfinden es als weniger gut. 81 der befragten Personen (81,82 %) empfinden das Zusammenleben als streitfördernd und achtzehn Personen (18,18 %) entgegnen dieser Aussage. 75 der befragten Frauen und Mädchen (75,76 %) befürworten das Zusammenleben aus finanzieller Sicht und 24 (24,24 %) empfinden es auch vor dem Hintergrund finanzieller Aspekte als negativ.

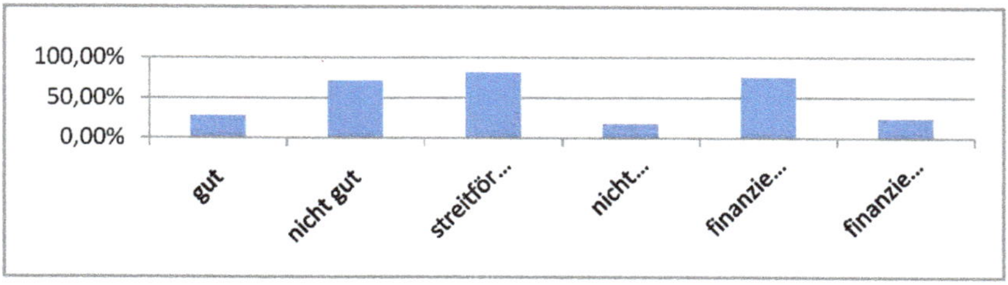

Abb. 16: Das Leben zusammen mit der Schwiegerfamilie nach Ansicht der befragten Frauen und Mädchen in Karokh in %. Quelle: eigene Berechnung aus eigener Forschung, eigene Graphik.

Abbildung 16 stellt die oben berechneten Prozentzahlen dar.

Zusammenfassend kann festgestellt werden, dass das Zusammenleben in der Schwiegerfamilie überwiegend nicht begrüßt wird und häufig als streitfördernd angesehen wird. Der finanzielle Aspekt überragt lediglich.

In der neunten Frage gehen 41 Frauen und Mädchen (41,41 %) von unbegrenzter Bestechung aus, 33 (33,33 %) gehen von viel Bestechung aus und 25 der befragten weiblichen Personen (25,25 %) enthalten sich.

305 Zu den Ausführungen s.o.

57 Frauen und Mädchen in Karokh (57,58 %) geben an, dass sie die Mehrehen als gut empfinden und 42 der befragten weiblichen Personen (42,42 %) als negativ. In der doppelten Überprüfung stimmen 56 Personen (56,57 %) dieser Aussage zu, 43 (43,43 %) empfinden die Vielweiberei wiederum als gut. Beide Aussagen weisen dasselbe Ergebnis in etwa auf.

In der elften Frage haben 41 der befragten Frauen und Mädchen in Karokh (41,41 %) Kenntnis von ihrem Recht im Bedarfsfall, einen Rechtsanwalt auf Staatskosten zu beauftragen. 51 der befragten weiblichen Personen (51,52 %) haben von diesem Recht keine Kenntnis.

In der ersten Alternative der zwölften Frage empfinden 46 der weiblichen Personen (46,46 %), das Brautgeld als eine gute Sache und 53 (53,54 %) empfinden es als nicht gut. 75 der befragten Frauen und Mädchen (75,76 %) geben an, dass das Brautgeld nicht gesetzlich vorgeschrieben sei und 24 (24,24 %) gehen davon aus, dass das Brautgeld gesetzlich verankert sei.

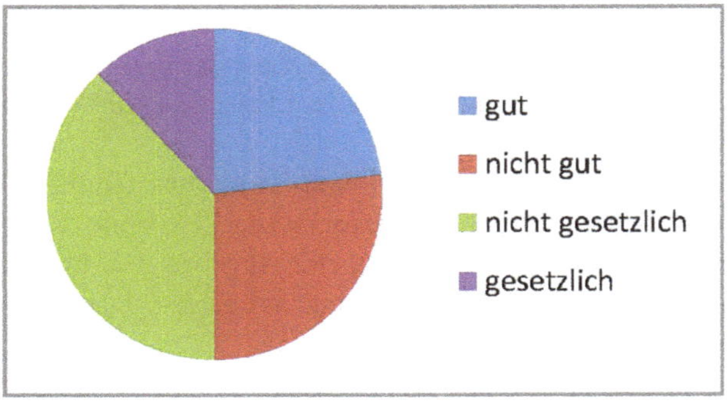

Abb. 17: Das Brautgeld in Karokh nach den weiblichen Befragten in %. Quelle: eigene Berechnung, eigene Graphik.

Abbildung 17 stellt die oben ermittelten Zahlen in % dar.

In der 2. Alternative der 12. Frage geben 74 Personen (74,75 %) an, dass die Mahr dem Brautvater zustünde, 25 (25,25 %) entgegnen dieser Aussage. Nach der gesetzlichen Lage steht die Mahr der Braut zu. 85 Frauen/Mädchen (85,86 %) gehen demnach auch davon aus, dass die Mahr der Braut zustehe. Vierzehn Personen (14,14 %) halten diese Aussage für falsch. 51 der befragten Frauen und Mädchen (51,52 %) halten die Mahr für gesetzlich vorgeschrieben und 48 (48,48 %) lehnen eine gesetzliche Verankerung ab.

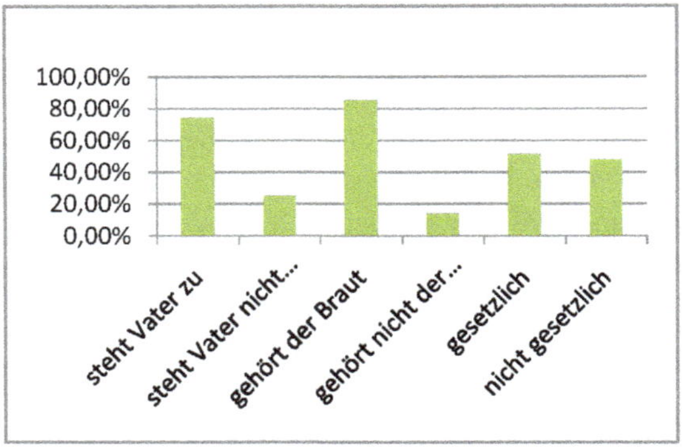

Abb. 18: Die Mahr in Karokh nach den weiblichen Befragten in %. Quelle: eigene Berechnung, eigene Graphik.

Abbildung 18 stellt die oben ermittelten Prozentzahlen dar. Richtigerweise wird überwiegend die Ansicht vertreten, dass die Mahr der Braut zustehe. Allerdings wird auch häufig vertreten, dass die Mahr dem Vater zustehe[306] – entgegengesetzt zu den afghanischen Gesetzen.

In der 13. Frage geben 18 Personen (18,18 %) zu, innerfamiliäre Gewalt erlitten zu haben, während 79 (79,80 %) Personen angeben, keine Gewalt erlitten zu haben, zwei Personen (2,02 %) machen keine Angaben. Der überwiegende Teil gibt an, keine innerfamiliäre Gewalt erlitten zu haben.[307] Die Richtigkeit dieser Angabe wird jedoch angezweifelt.

6 Frauen und Mädchen (6,06 %) geben an, dass sie sehr viele Frauen kennen, die Opfer körperlicher Gewalt durch den jeweiligen Ehemann seien, elf (11,11 %) kennen viele Frauen, die Gewalt vom Ehemann erleiden, sechs Frauen und Mädchen (6,06 %) geben an, dass sie sehr viele Frauen und elf (11,11 %) kennen viele Frauen, die Gewalt vom Ehemann erleiden. Sechs Personen (6,06 %) kennen wenige, 43 (43,43 %) kennen keine und 33 (33,33 %) machen keine Angaben. Festzustellen ist, dass der Anteil der Frauen und Mädchen in Karokh, die misshandelte Frauen kennen, wesentlich niedriger ist als in den anderen zwei Befragungsorten.

In der 15. Frage geben fünf Befragte (5,05 % der gesamten Frauen in Karokh; 33,33 % der verheirateten Frauen in Karokh) an, von ihrem Mann geschlagen worden zu sein, zehn (10,10 % der gesamten Frauen in Karokh; 66,67 % der

306 S.o.

307 Auf die Ausführung zur Scham und den Zitaten s.o.

verheirateten Frauen in Karokh) entgegnen dieser Aussage, und 84 (84,85 %) geben an, nicht verheiratet zu sein. Überwiegend geben die verheirateten Frauen an, keine Gewalt von ihren Ehemännern erfahren zu haben.[308]

Die 16. Frage soll nicht ausgewertet werden.[309]

In der 17. Frage soll auf die bereits o.g. Risikofaktoren verwiesen werden.

Eine Gesamtbetrachtung der Frauen aus allen drei Befragungsorten soll im Folgenden herangezogen werden.

dd) Die Gesamtbetrachtung der Frauen und Mädchen aus allen drei Befragungsorten

In Afghanistan wurden insgesamt 766 Frauen schriftlich befragt. Häufige Kontraste sind zwischen Kabul und Karokh festzustellen. Dabei handelt es sich einerseits um die Hauptstadt und andererseits um ein Dorf in Afghanistan. Entsprechend sind zahlreiche Stadt-Land-Gefälle vorhanden, die in Bezug auf Afghanistan künftig erweiterter Prüfung bedürfen.

In allen drei Befragungsorten kommt die GLMN häufig vor. Jedoch überragt sie in Karokh. Das Modell von Nisbett/Cohen (1996)[310] trifft in allen drei Befragungsorten zu. Ein leichtes Stadt-Land-Gefälle wird wahrgenommen.

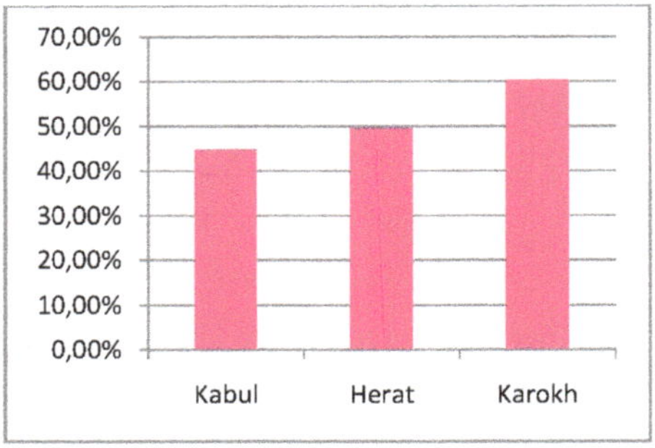

Abb. 19: Die durchschnittliche GLMN in allen drei Befragungsorten. Quelle: eigenes Diagramm; eigene Forschung.

In Abbildung 19 werden die o.g. Ausführungen veranschaulicht.

Am häufigsten berichten die Frauen und Mädchen in Kabul, dass ihr Vater oder ihr Mann ein Fahrzeug besitzt und sie hieran anknüpfend aus einer

---

308 Zum Tabuthema s.o.

309 S.o.

310 Zur Ausführung s.o.

wohlhabenden Familie kommen. In Karokh berichten die Frauen am seltensten davon. Auch kann in diesem Punkt festgestellt werden, dass die Menschen in den Städten wohlhabender sind als auf ländlichen Gebieten.

Am häufigsten wird in Kabul berichtet, dass die Frau und das Mädchen mit ihrer Schwiegerfamilie bzw. vor Eheschließung mit der Familie ihres Vaters zusammenleben. In Karokh haben sie am häufigsten ihren eigenen Haushalt gemeinsam mit ihrem Ehemann. Vermutet wird, dass Wohnraum in der Stadt teurer ist und entsprechend seltener finanziert werden kann als auf ländlichen Gebieten.

Das Heiratsalter liegt lediglich in der Hauptstadt bei durchschnittlich Mitte zwanzig. In Herat und Karokh werden die Mädchen häufig vor Eintritt des zwanzigsten Lebensjahres verheiratet.

Am häufigsten haben die Mädchen und Frauen in Kabul Normwissen; dicht gefolgt von den Mädchen in Karokh. Das Normwissen fällt bei den Frauen und Mädchen in Herat am schlechtesten aus.

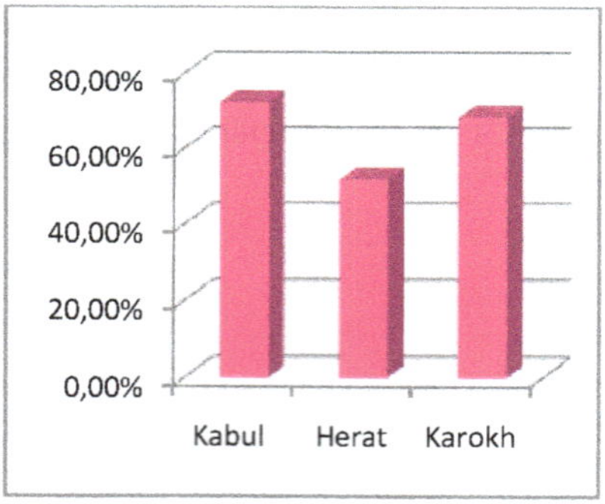

Abb. 20: Das Normwissen der Frauen aus allen drei Befragungsorten. Quelle: Eigenes Diagramm; eigene Berechnung aus eigener Forschung.

Abbildung 20 stellt das oben Festgestellte graphisch dar.

Die Frauen und Mädchen in Karokh arbeiten und gehen am häufigsten zur Schule. Das Haus nicht verlassen zu dürfen, berichten die weiblichen Personen aus Kabul und Karokh in gleichem Maße. In Kabul sind die Frauen wiederum auch am häufigsten freiwillig Hausfrauen.

In Kabul kennen die Frauen am häufigsten die Shelters und in Karokh wissen sie am seltensten darüber Bescheid. In Herat werden die Shelters etwas häufiger als gut angesehen und die Mehrheit der befragten Personen aus Kabul und Karokh weist den Frauen in den Shelters einen schlechten Ruf zu. In diesem Zusammenhang sei angemerkt, dass Shelters in Karokh nicht vertreten sind.

Indes wird davon ausgegangen, dass sie keine Kenntnis von ihrem Bestehen und ihrem Zweck haben. Sollten sie es dennoch kennen, wird vermutet, dass sie das wahrscheinlich vom Hörensagen kennen.

Bei der Partnerwahl ist das Ergebnis in allen drei Befragungsorten in etwa homogen. Am häufigsten haben in allen drei Orten die Eltern des jeweiligen Mädchens zumindest ein erhebliches Mitspracherecht; die Ledigen begehren häufig ein ausschließlich ihnen gebührendes Wahlrecht. Hier kann festgestellt werden, dass sich das Begehren häufig nicht realisiert.

Überwiegend haben weibliche Inhaftierte einen schlechten Ruf, insbesondere in Karokh und am häufigsten glauben die Frauen in Kabul, dass die Frauen unschuldig inhaftiert seien.

In Kabul hat häufiger mindestens ein Elternteil ein Universitätsabschluss und in Karokh arbeitet am häufigsten mindestens ein Elternteil, gefolgt von Herat. In Kabul berichtet etwa die Hälfte der Befragten, dass mindestens ein Elternteil arbeitet.

Das Befragungsergebnis über das Zusammenleben mit der Schwiegerfamilie ist in Kabul und Herat in etwa kongruent. Lediglich in Karokh kann eine deutliche Differenz wahrgenommen werden. Knapp 30 % finden das Zusammenleben gut, über 80 % empfinden das Zusammenleben als streitfördernd. Ausschließlich aus finanziellen Gründen wird in allen drei Orten das Zusammenleben mit der Schwiegerfamilie befürwortet.

In allen drei Befragungsorten gehen die Frauen von viel Bestechung aus.

Die Polygynie wird in Karokh am häufigsten als gut empfunden und in Herat am häufigsten kritisiert.

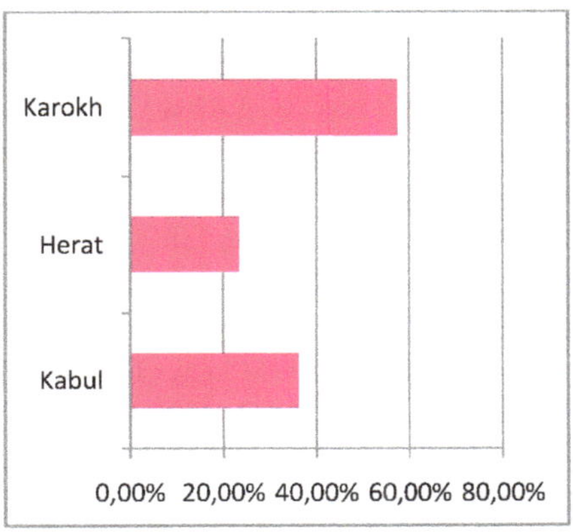

Abb. 21: Die als gut empfundene Polygynie. Quelle: eigenes Diagramm, eigene Berechnung, eigene Forschung.

Abbildung 21 stellt die o.g. Ausführungen zur Polygynie in allen drei Befragungsorten dar.

Frauen und Mädchen aus Kabul haben am häufigsten Kenntnis über ihr Recht im Bedarfsfall einen Rechtsanwalt auf Staatskosten zu beauftragen; am seltensten haben die Frauen in Karokh hiervon Ahnung.

Hinsichtlich des Brautgeldes herrscht in allen drei Befragungsorten ein ähnliches Verhältnis.

Die Mädchen bzw. Frauen aus Karokh gehen am häufigsten davon aus, dass die Mahr dem Brautvater zustünde, obwohl gesetzlich, gegenteiliges vorgeschrieben wird. In den weiteren Punkten besteht hier Konsens.

Der Großteil der Frauen bzw. Mädchen berichtet, keine innerfamiliäre Gewalt erfahren zu haben, besonders in Karokh. Die Richtigkeit dieser Angabe wird angezweifelt, insbesondere anknüpfend an die nächste Frage.

In Kabul und Herat besteht häufiger die Bekanntschaft zu Frauen, die Gewalt von ihren Ehemännern erfahren. In Karokh wird dies seltener berichtet. Die Richtigkeit des letzten Ergebnisses in Karokh wird ebenfalls in Zweifel gezogen, da auf dem ländlichen Gebiet die Verwandtschafts- und Bekanntschaftsgrade näher sind als in Kabul oder Herat, es wird gemutmaßt, dass aufgrund der näheren Verhältnisse zueinander die Frage unrichtig beantwortet wurde.

In Kabul geben die Frauen/Mädchen am häufigsten zu, Gewalt von ihrem Ehepartner zu erfahren und in Herat wird dies am häufigsten bestritten. Zusammenfassend wird angenommen, dass das Thema Gewalt ein Tabuthema darstellt.

ee) Die Befragung der Jungen und Männer in Kabul

In Kabul wurden 28 Männer und Jungen erreicht. Sechszehn Männer und Jungen (57,14 %) sind der Auffassung, dass dem Vater niemand widersprechen dürfe. Zwölf Personen (42,86 %) entgegnen dieser Aussage.

Dreizehn Jungen und Männer (46,43 %) stimmen der Aussage zu, dass ein guter Mann seine Frau bei Ungehorsamkeit schlagen dürfe und fünfzehn männliche Befragte (53,57 %) lehnen diese Aussage ab.

Die traditionell-konservative Rollenverteilung befürworten fünfzehn Personen (53,57 %) und dreizehn Personen (46,43 %) lehnen sie ab.

Der Aussage, ein „guter“ Mann wende keine Gewalt an seiner Ehefrau an, stimmen 26 Jungen und Männer (92,86 %) zu und zwei Personen (7,14 %) lehnen sie ab. Nahezu alle befragten Jungen und Männer in Kabul befürworten die letzte Aussage. Zusammenfassend folgt, dass durchschnittlich 11,5 – aufgerundet 12 – Personen von 28 Personen der GLMN[311] zustimmen; in % 41,07 %. Knapp

311 Zur Ausführung von GLMN und Nisbett/Cohen (1996) s.o.

die Hälfte der befragten männlichen Personen in Kabul stimmt der GLMN zu. Dem Modell von Nisbett/Cohen (1996) kann auch hier zugestimmt werden.

In der zweiten Variante der ersten Frage geben elf Personen (39,29 %) an, dass sie ein Fahrzeug besitzen. Siebzehn Personen (60,71 %) lehnen dies ab. Der überwiegende Teil der befragten Männer und Jungen in Kabul besitzt demzufolge kein Fahrzeug.

Zwanzig Personen (71,43 %) geben an, dass sie mit ihrer Frau und ihrer Familie in einem Haushalt leben bzw. mit der Familie ihres Vaters. Zwölf Personen (42,86 %) berichten, einen separaten Haushalt zu führen. Neunzehn männliche Befragte (67,86 %) berichten, dass sie ledig sind und neun Personen (32,14 %) geben an, verheiratet zu sein. Wird das Heiratsalter von den Jungen und Männern in Kabul herangezogen, kann festgestellt werden, dass die Männer und Jungen in Kabul durchschnittlich Mitte 20 heiraten. Danach berichtet ein Befragter, im Alter von 35 Jahren geehelicht zu haben, vier mit 25–27 Jahren, einer mit 20 Jahren, ein Befragter mit 19 Jahren und ein weiterer mit 17 Jahren. Hinsichtlich des Heiratsalters kann festgestellt werden, dass ein Befragter bei Eingehung der Ehe das gesetzliche Heiratsalter nicht erreicht hat. Im Übrigen wurde das gesetzliche Heiratsalter eingehalten.

In der zweiten Frage kann festgestellt werden, dass 23 der befragten männlichen Personen (82,14 %) das gesetzliche Heiratsalter kennen. 24 Personen (85,71 %) geben an, dass der Mann laut Gesetz für den Unterhalt der Frau zu sorgen hat.

Knapp ein Drittel (28,57 %) der befragten Männer und Jungen glauben, dass ein Mädchen/Frau laut Gesetz nicht erbt. Zwanzig Personen (71,43 %) entgegnen dieser Aussage.

Siebzehn Personen (60,71 %) glauben, dass das Burka-Gewand gesetzlich verankert sei. Elf Personen (39,29 %) lehnen diese Aussage ab.

Der überwiegende Anteil (75 %) hat Kenntnis davon, dass eine Heirat die Zustimmung der künftigen Braut voraussetzt.

Vorwiegend (67,86 %) wird angenommen, dass der Ehefrau ebenfalls Möglichkeiten zur Einleitung eines Scheidungsverfahrens zustehen.

Zusammenfassend kann festgestellt werden, dass durchschnittlich 19,67 – aufgerundet 20 – Personen (70,24 %) von den 28 befragten Personen Normwissen aufweisen.

In der ersten Alternative der dritten Frage gibt die Mehrheit (64,29 %) an, die Shelters[312] seien ihr unbekannt. In der zweiten Alternative geben dreizehn Personen (46,34 %) an, dass die Shelters eine gute Sache seien und fünfzehn Personen (53,57 %) entgegnen dieser Aussage. Siebzehn Männer (60,71 %) sind der Auffassung, dass die Shelters die Frauen vom rechten Weg abbringen und sich dort

312 S.o.

schlechte Frauen befänden. Elf Personen (39,29 %) lehnen diese Aussage ab. Merkwürdig erscheint hier, dass sie die Shelters zuerst leugnen und dann eine schlechte Meinung darüber haben. Dies wird als eine Bestätigung angesehen – über die Ausführung, die Shelters würden als „Bordelle" -angesehen.[313] Deswegen leugnen sie die Shelters, um nicht selbst in Verruf zu geraten, – sie seien da zu „Gast" gewesen.

In der vierten Frage schreiben sechszehn Personen (57,14 %) den weiblichen Inhaftierten einen schlechten Ruf zu. Siebzehn Personen (60,71 %) denken, dass die weiblichen Inhaftierten zu Unrecht beschuldigt werden. In dieser Frage kann eine Divergenz festgestellt werden. Zum einen wird angenommen, dass die weiblichen Inhaftierten schlecht seien und zum anderen, sind sie der Auffassung, sie seien zu Unrecht beschuldigt. Hier und auch in vielen weiteren Punkten wird das Unwissen des afghanischen Volkes sichtbar. Diese werden in Form von widersprüchlichen Antworten manifestiert. Diese Frage kann daher unberücksichtigt bleiben.

In der fünften Frage geben sechszehn Männer und Jungen (57,14 %) an, dass mindestens ein Elternteil einen Universitätsabschluss hat, 24 Personen (85,71 %) geben an, dass mindestens ein Elternteil arbeite und vierzehn Personen (50 %) geben an, dass mindestens ein Elternteil die Schule nicht besucht habe.

In der sechsten Frage geben sechszehn Personen (57,14 %) an, dass sie das Leben mit ihrer eigenen Familie – gemeinsam mit der Ehefrau und den gemeinsamen Kindern – als gut empfinden; zwölf (42,86 %) Personen entgegnen dieser Aussage. 21 Personen (75 %) empfinden das Zusammenleben mit der Schwiegerfamilie als streitfördernd und sieben Personen (25 %) entgegnen dieser Aussage. Dreizehn Personen (46,43 %) befürworten das Zusammenleben mit der Schwiegerfamilie aus finanziellen Gründen und fünfzehn (53,57 %) Personen lehnen diese Aussage ab. Abbildung 22 stellt die genannten Zahlen in % dar.

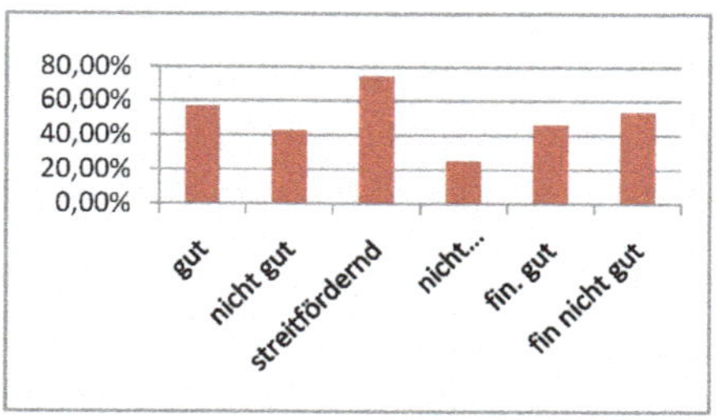

Abb. 22: Das Zusammenleben mit der Schwiegerfamilie nach Ansicht der befragten Jungen und Männer in Kabul in %. Quelle: eigene Studie, eigene Daten; eigene Berechnung.

313 S.o.

In der siebten Frage geben dreizehn Personen (46,43 %) an, dass sie die Polygynie als gut empfänden. Fünfzehn Personen (53,57 %) entgegnen dieser Aussage. In der doppelten Überprüfung geben sechszehn Personen (57,14 %) die Polygynie als schlecht an und zwölf Personen (42,86 %) befürworten die Polygamie. Die Auffassung bzgl. der Polygamie wird also bestätigt. Sie wird etwas häufiger als gut angesehen.

Achtzehn Personen (64,29 %) haben Kenntnis von ihrem Recht, im Bedarfsfall einen Rechtsanwalt auf Staatskosten – ähnlich der Beratungshilfe und der Prozesskostenhilfe im deutschen Recht – zu beauftragen; elf Personen (39,29 %) haben hiervon keine Kenntnis. Überwiegend herrscht jedoch Kenntnis über das besagte Recht.

In der ersten Variante der neunten Frage geben sechs Personen (21,43 %) an, die Zahlung von Brautgeld empfänden sie als gut, 22 Personen (78,57 %) lehnen dies ab.

Neunzehn Personen (67,86 %) gehen davon aus, dass das Brautgeld nicht gesetzlich verankert sei; anders bei neun Personen (32,14 %): diese glauben es sei gesetzlich verankert.

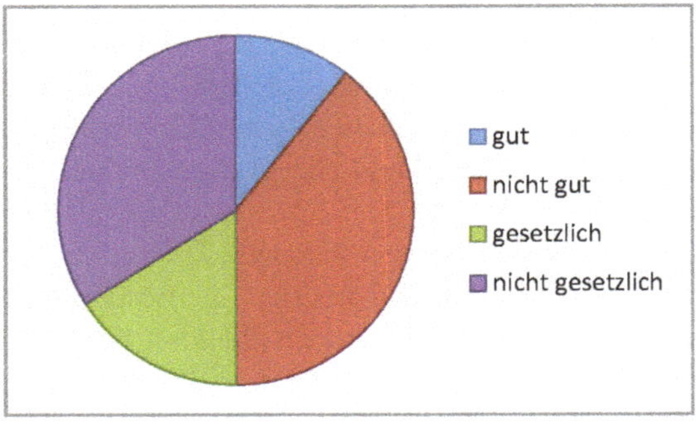

Abb. 23: Das Brautgeld in Kabul nach den männlichen Befragten in %. Quelle: eigene Studie; eigene Daten; eigene Berechnung.

Abbildung 23 gibt die genannten Erkenntnisse in % wieder. Festgestellt werden kann, dass die Mehrheit der Befragten das Brautgeld nicht begrüßen und von einer fehlenden gesetzlichen Grundlage ausgehen.

In der zweiten Alternative vertreten achtzehn Personen (64,29 %) den Standpunkt, dass die Mahr dem Brautvater zustehe. Dreizehn Personen (46,43 %) geben an, dass die Mahr der Braut zustehe.

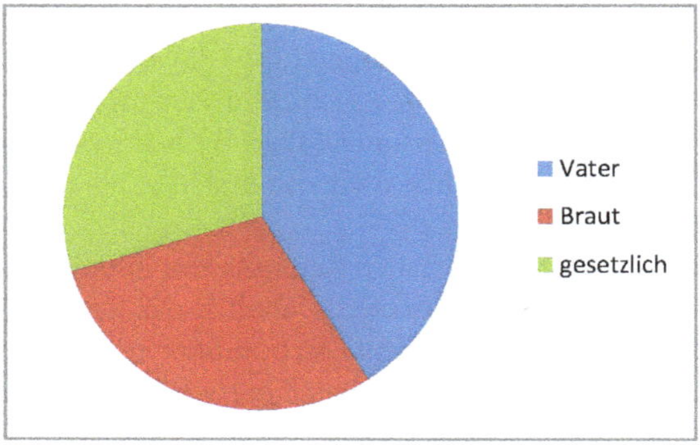

Abb. 24: Die Mahr in Kabul nach den männlichen Befragten in %. Quelle: eigene Studie; eigene Daten; eigene Berechnung.

Abbildung 24 zeigt die o.g. Erkenntnisse. Der überwiegende Teil der befragten Jungen und Männer nimmt an, dass die Mahr dem Brautvater zustehe. Nahezu die Hälfte der Befragten nimmt an, dass die Mahr der Braut zustehe und in den gesetzlichen Grundlagen manifestiert sei.

In der zehnten Frage geben zwölf Personen (42,86 %) an, in der Kindheit Gewalt erfahren zu haben, acht Personen (28,57 %) verneinen diese Frage und acht weitere Personen (28,57 %) enthalten sich. Demzufolge lässt sich nahezu die Hälfte der Befragten dahin gehend ein, in der Kindheit Gewalt ausgesetzt gewesen zu sein.

In der folgenden Frage wissen drei Personen (10,71 %), dass der überwiegende Teil der Frauen in Afghanistan von ihren Ehemännern und ihren Schwiegerfamilien physisch als auch psychisch misshandelt werden. Fünf Personen (17,86 %) geben an, dass sie viele, zwei Personen (7,14 %) wenige und fünf weitere (17,86 %) keine Frauen kennen, die Gewalt seitens ihres Ehemannes und/oder dessen Familie erdulden; dreizehn Personen (46,43 %) enthalten sich. Das Verhältnis ist in etwa konstant.

Auf die zwölfte Frage soll nicht eingegangen werden.[314]

In der dreizehnten Frage soll auf die o.g. Risikofaktoren verwiesen werden.

In der vierzehnten Frage gehen sieben befragte Personen (25 %) von unbeschränkter Bestechung in Afghanistan aus. Eine Person (3,57 %) weiß von viel Bestechung Bescheid und zwanzig Personen (71,43 %) machen keine Angaben.

314 S.o.

Bei der Personenanzahl von 28 Jungen und Männer in Kabul ist zu berücksichtigen, dass diese nicht repräsentativ für alle Männer und Jungen in Kabul sind. Vielmehr stellt dies eine Stichprobe dar.

ff) Die Befragung der Jungen und Männer in Herat

In Herat wurden 266 männliche Befragte erreicht. Davon finden 132 Männer und Jungen (49,62 %), dass dem Vater keiner widersprechen darf. 134 Personen (50,38 %) entgegnen dieser Aussage.

66 Jungen und Männer (24,81 %) stimmen der Aussage zu, dass ein guter Mann gegenüber seiner Frau Gewalt anwenden dürfe, wenn sie ungehorsam sei; 200 männliche Befragte (75,19 %) lehnen diese Aussage ab.

Die traditionell konservative Rollenverteilung befürworten 126 Personen (47,37 %) und 140 Personen (52,63 %) lehnen sie ab.

Die Aussage, dass ein guter Mann seine Frau niemals schlagen dürfe, stimmen 224 der Jungen und Männer (84,21 %) zu und 42 Personen (15,79 %) lehnen sie ab.

Zusammenfassend folgt, dass durchschnittlich 91,5 (34,4 %) – aufgerundet 92 – Personen von 266 der GLMN[315] zustimmen. Etwa 35 % der befragten männlichen Personen in Herat stimmen der GLMN zu. Das Modell von Nisbett/Cohen (1996) trifft hier zu.

In der zweiten Variante der ersten Frage geben 63 Personen (23,68 %) an, dass sie ein Fahrzeug besäßen. 203 Personen (76,32 %) entgegnen dieser Aussage. Der überwiegende Teil der befragten Männer und Jungen besitzt demzufolge kein Fahrzeug.

149 Personen (56,02 %) geben an, dass sie mit ihrer Frau und Familie in einem Haushalt leben. 78 Personen (29,32 %) berichten, dass sie gemeinsam mit ihrer Frau und ggf. gemeinsamen Kindern bzw. bei Ledigen gemeinsam mit den Eltern und Geschwister – ohne die Familie des Vaters – einen separaten Haushalt führen.

205 männliche Befragte (77,07 %) in Herat berichten, ledig und 61 Personen (22,93 %) geben an, verheiratet zu sein.

Bei Heranziehung des durchschnittlichen Heiratsalters des männlichen Geschlechts kann festgestellt werden, dass die Männer und Jungen in Herat überwiegend mit Anfang zwanzig heiraten. Danach berichten zwölf Männer ab 25, sechszehn mit 20–21 Jahren, fünfzehn Personen mit 22–23 Jahren und neun mit 18–19 Jahren die Ehe eingegangen sind. Sechs Jungen berichten mit 16–17,

---

315 Zu Nisbett/Cohen (1996) s.o.

zwei Jungen mit 14–15 Jahren und ein Junge berichtet mit 12 Jahren geehelicht zu haben. Hinsichtlich des Heiratsalters kann festgestellt werden, dass neun Jungen (14,75 %) bei der Heirat das gesetzliche Heiratsalter nicht erreicht haben. Überwiegend wird das gesetzliche Heiratsalter gewahrt.

In der zweiten Frage kann festgestellt werden, dass 194 Befragte (72,93 %) die erforderliche Kenntnis über das gesetzliche Heiratsalter aufweisen.

206 Personen (77,44 %) geben an, dass der Mann laut Gesetz für den Unterhalt der Frau zu sorgen hat.

Eine Minderheit (14,66 %) der befragten Männer und Jungen glauben, dass weiblichen Erben kein Erbe zustünde. 227 Personen (85,34 %) entgegnen dieser Aussage.

92 Personen (34,59 %) – über ein Drittel – glauben, dass das Burkagewand gesetzlich vorgeschrieben sei. 174 Personen (65,41 %) lehnen diese Aussage ab.

Der überwiegende Teil – 244 Personen (91,73 %) – weiß, dass bei Eingehung der Ehe- die Zustimmung der Braut erforderlich ist.

Vorwiegend (58,65 %) wird angenommen, dass Frauen die Einleitung des Scheidungsverfahrens ebenfalls beantragen können.

Zusammenfassend kann festgestellt werden, dass durchschnittlich 200,17 – abgerundet 200 Personen – (75,25 %) von den 266 Befragten Normwissen aufweisen.

In der ersten Alternative der dritten Frage geben 176 Personen (66,17 %) an, keine Kenntnis von den Shelters[316]zu haben. In der zweiten Alternative geben 108 Personen (40,60 %) an, dass die Shelters eine gute Sache seien und 158 Personen (59,40 %) entgegnen dieser Aussage. 153 Männer (57,52 %) empfinden, dass die Shelters die Frauen vom rechten Weg abbringen und sich dort schlechte Frauen befänden. 113 Personen (42,48 %) lehnen diese Aussage ab. Festgestellt werden kann, dass knapp mehr als die Hälfte der Befragten eine negative Ansicht über die Shelters und die dort befindlichen Frauen vertreten.[317]

In der vierten Frage nehmen 119 Personen (44,74 %) einen schlechten Ruf der weiblichen Gefangenen an. 115 Personen (43,23 %) denken, dass die weiblichen Inhaftierten zu Unrecht beschuldigt werden.

In der fünften Frage geben 108 Männer und Jungen (40,60 %) an, dass mindestens ein Elternteil einen universitären Abschluss aufweise, 192 Personen (72,18 %) geben an, dass mindestens ein Elternteil arbeite und 138 Personen

---

316 S.o.

317 Zur Ausführung über die Meinung und das Leugnen der Shelters s.o.

(51,88 %) geben an, dass mindestens ein Elternteil eine schulische Bildung nicht genossen habe. Vorwiegend arbeitet ein Elternteil in Herat.

In der sechsten Frage geben 163 Personen (61,28 %) an, dass sie das Leben mit der Schwiegerfamilie begrüßen; 103 Personen (38,72 %) entgegnen dieser Aussage. 131 Personen (49,25 %) empfinden das Zusammenleben mit der Schwiegerfamilie als streitfördernd und 135 Personen (50,75 %) entgegnen dieser Aussage. 176 Personen (66,17 %) sind der Auffassung, der finanzielle Aspekt überrage und 90 Personen (33,83 %) lehnen diese Aussage ab.

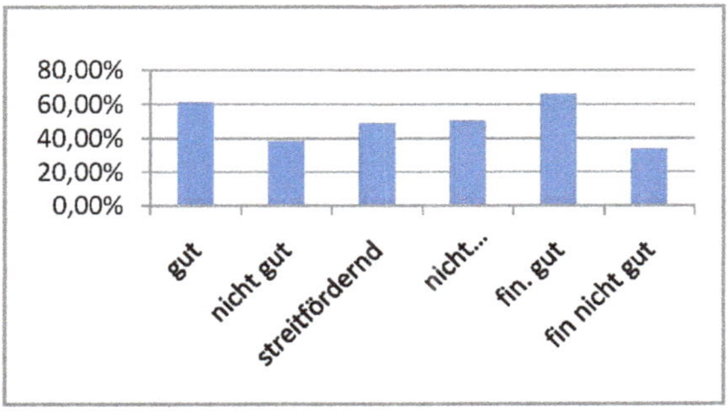

Abb. 25: Das Zusammenleben mit der Schwiegerfamilie nach Ansicht der befragten Jungen und Männer in Herat in %. Quelle: eigene Studie, eigene Daten; eigene Berechnung.

Abbildung 25 stellt die o.g. Personen in % dar. Die Mehrheit empfindet das Zusammenleben mit der Schwiegerfamilie als gut und der finanzielle Aspekt überrage. Knapp die Hälfte der männlichen Befragten in Herat empfindet das Zusammenleben mit der Schwiegerfamilie als streitfördernd.

In der 7. Frage geben 152 Personen (57,14 %) an, dass sie die Polygynie befürworten. 114 Personen (42,86 %) entgegnen dieser Aussage. In der doppelten Überprüfung geben 123 Personen (46,24 %) die Polygynie als schlecht an, während 143 Personen (53,76 %) sie befürworten. In diesen Aussagen ist ein ähnliches Verhältnis festzustellen.

171 Personen (64,29 %) haben Kenntnis von ihrem Recht, im Bedarfsfall durch Inanspruchnahme staatlicher Leistung einen Rechtsanwalt zu beauftragen.

In der ersten Variante der neunten Frage geben 116 Personen (43,61 %) an, dass sie die Zahlung des Brautgeldes als gut empfinden; anders bei 150 Personen (56,39 %). 81 Personen (30,45 %) sind der Auffassung, dass das Brautgeld gesetzlich verankert sei. 185 Personen (69,55 %) nehmen an, dass das Brautgeld nicht gesetzlich verankert sei.

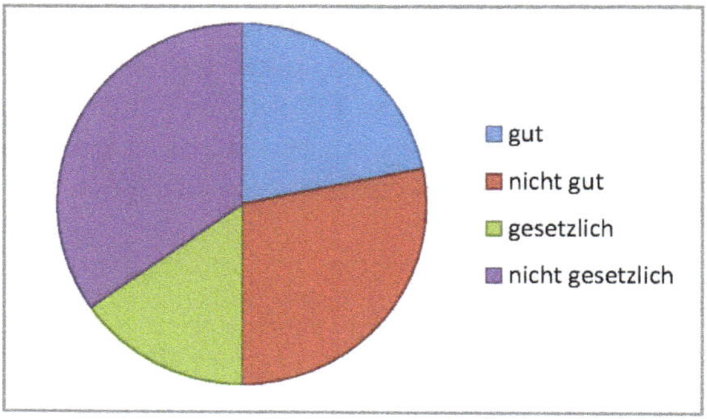

Abb. 26: Das Brautgeld in Herat nach den männlichen Befragten in %. Quelle: eigene Studie; eigene Daten; eigene Berechnung.

Abbildung 26 stellt die o.g. Erkenntnisse in % dar. Festgestellt wird, dass der überwiegende Teil der Männer keine gesetzliche Verankerung des Brautgeldes annimmt.

In der zweiten Alternative nehmen 124 Personen (46,62 %) an, dass die Mahr dem Brautvater zustehe. 126 Personen (47,37 %) wissen, dass die Mahr der Braut zusteht. 138 Personen (51,88, %) nehmen an, dass die Mahr gesetzlich vorgeschrieben ist.

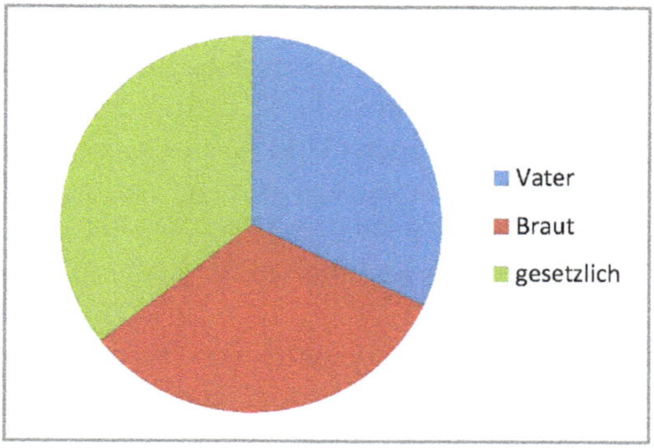

Abb. 27: Die Mahr in Herat nach den männlichen Befragten in %. Quelle: eigene Studie; eigene Daten; eigene Berechnung.

Abbildung 27 veranschaulicht die o.g. Erkenntnisse. Das Befragungsergebnis ist in etwa homogen.

In der zehnten Frage geben 99 Personen (37,22 %) an, in der Kindheit innerfamiliäre Gewalt erlitten zu haben, 82 Personen (30,83 %) verneinen diese Frage; neun Personen (3,38 %) geben an, dass sie Gewalt in der Kindheit erlitten haben und das die Anwendung von Gewalt der Erziehung diene. 76 Personen (28,57 %) enthalten sich. Festgestellt werden kann, dass über ein Drittel der befragten Jungen und Männer angeben, Gewalt erlitten zu haben.

In der folgenden Frage wissen sechs Personen (2,26 %), dass der überwiegende Teil der Frauen in Afghanistan von ihren Männern und ihren Schwiegerfamilien misshandelt werden. 29 Personen (10,90 %) geben an, dass sie sehr viele Frauen kennen und 49 Personen (18,42 %) kennen viele. 46 Personen (17,29 %) kennen wenige Frauen, die misshandelt werden, 46 Personen (17,29 %) kennen keine und 90 Personen (33,83 %) enthalten sich.

Auf die zwölfte Frage soll nicht eingegangen werden.[318]

In der dreizehnten Frage soll auf die o.g. Risikofaktoren verwiesen werden.

In der vierzehnten Frage gehen 134 der befragten Jungen und Männer (50,38 %) von unbeschränkt viel Bestechung in Afghanistan aus. 21 Personen (7,89 %) wissen von viel Bestechung, sechs Personen (2,26 %) wissen laut Medien von viel Bestechung Bescheid, weitere sechs Personen (2,26 %) wissen von wenig Bestechung, eine Person (0,38 %) glaubt es existiere keine Bestechung in Afghanistan, drei Personen (1,13 %) haben keine Ahnung und 95 Personen (35,71 %) machen keine Angabe.

gg) Die Befragung der Jungen und Männer in Karokh

In Karokh wurden elf Jungen bzw. Männer erreicht. Elf Männer und Jungen (100 %) in Karokh sind der Auffassung, dass dem Vater nicht widersprechen werden dürfe.

Drei Jungen und Männer in Karokh (27,27 %) stimmen der Aussage zu, dass ein „guter“ Mann gegenüber seiner Ehefrau Gewalt anwenden dürfe, soweit sie „ungehorsam“ sei; acht männliche Befragte (72,73 %) lehnen diese Aussage ab. Die traditionell-konservative Rollenverteilung befürworten zehn Personen (90,90 %) und eine Person (9,10 %) lehnt sie ab. Der Aussage, dass ein guter Mann seine Frau niemals schlagen dürfe, stimmen elf Jungen und Männer (100 %) in Karokh zu; sie wird also von allen Befragten befürwortet. Zusammenfassend folgt, dass durchschnittlich sechs von elf (also 54,55 %) Personen der

---

318 S.o.

GLMN[319] zustimmen. Mehr als die Hälfte der befragten männlichen Personen in Karokh stimmen der GLMN zu. Das Modell von Nisbett/Cohen (1996) trifft hier zu.

In der zweiten Variante der ersten Frage geben drei Personen (27,27 %) an, dass sie ein Fahrzeug besitzen. Acht Personen (72,73 %) entgegnen dieser Aussage. Der überwiegende Teil der befragten Männer und Jungen besitzt demzufolge kein Fahrzeug.

Zwei Personen (18,18 %) geben an, dass sie mit ihrer Frau und Familie in einem Haushalt leben bzw. mit der Familie ihres Vaters einen gemeinsamen Haushalt führen. Acht Personen (72,73 %) berichten, mit ihrer Frau bzw. ihren Eltern einen separaten Haushalt zu führen.

Zehn männliche Befragte (90,91 %) in Karokh geben an, ledig zu sein, während eine Person (9,1 %) angibt, verheiratet zu sein. Die zuletzt genannte Person führt aus, im Alter von zwanzig Jahren geehelicht zu haben. Eine repräsentative Aussage über das durchschnittliche Heiratsalter der Männer und Jungen in Karokh kann daher nicht getroffen werden.

In der zweiten Frage kann festgestellt werden, dass elf der befragten männlichen Personen (100 %) aus Karokh das gesetzliche Heiratsalter kennen.

Elf Personen (100 %) geben an, dass der Mann laut Gesetz für den Unterhalt der Frau zu sorgen hat.

Knapp ein Drittel (27,27 %) der befragten Männer und Jungen glauben, dass weibliche Erben laut Gesetz nicht erben. Überwiegend – acht Personen (72,73 %) – wird dieser Auffassung entgegnet.

Elf Personen (100 %) glauben, dass das Burkagewand gesetzlich vorgeschrieben sei.

Zwei Personen (18,18 %) geben an, dass für eine Heirat der Wille der Braut nicht konstitutiv sei. Neun Personen (81,82 %) lehnen diese Aussage ab. Ferner (90,91 %) wird angenommen, dass die Frau ebenfalls das Scheidungsverfahren einleiten kann.

Zusammenfassend kann festgestellt werden, dass durchschnittlich 8,17 – abgerundet acht Personen (74,24 %) – von den elf befragten männlichen Personen das erforderliche Normwissen aufweisen.

In der ersten Alternative der dritten Frage erklärt die Mehrheit (90,91 %) der befragten Männer, keine Kenntnis von den Shelters[320] zu haben. In der zweiten Alternative geben drei Personen (27,27 %) an, dass die Shelters eine gute Sache

---

319 Zur Ausführung von Nisbett/Cohen s.o.

320 S.o.

seien und acht Personen (72,73 %) entgegnen dieser Aussage. Neun Personen (81,82 %) empfinden die dort befindlichen Frauen als schlecht. Zwei Personen (18,18 %) lehnen diese Aussage ab. Festgestellt werden kann, dass überwiegend eine schlechte Ansicht über die Shelters und die dort befindlichen Frauen in Karokh herrscht.

In der vierten Frage vertreten vier Personen (36,36 %) die Auffassung, dass weibliche Gefangene schlecht seien. Sieben Personen (63,64 %) denken, dass die weiblichen Inhaftierten zu Unrecht beschuldigt werden. Festgestellt werden kann, dass überwiegend von der Unschuld der weiblichen Inhaftierten ausgegangen wird.

In der fünften Frage gibt eine Person (9,1 %) an, dass mindestens ein Elternteil einen universitären Abschluss aufweise, elf Personen (100 %) geben an, dass mindestens ein Elternteil arbeite und neun Personen (81,82 %) erklären, dass mindestens ein Elternteil die Schule nicht besucht habe. Alle männlichen Befragten in Karokh geben an, dass mindestens ein Elternteil arbeite. Die Diskrepanz zwischen den Eltern, die einen universitären Abschluss aufweisen und denjenigen, die keine Schulbildung aufweisen, ist auffallend groß.

In der sechsten Frage geben acht Personen (72,73 %) an, dass sie das Leben mit der Schwiegerfamilie als gut empfänden; drei Personen (27,27 %) entgegnen dieser Aussage. Vier Personen (36,36 %) empfinden das Zusammenleben mit der Schwiegerfamilie als streitfördernd und sieben Personen (63,64 %) entgegnen dieser Aussage. Zehn Personen (90,91 %) finden das Zusammenleben aus finanzieller Sicht gut und eine Person (9,1 %) lehnt diese Aussage indes ab. Abbildung 28 stellt die genannten Personen in % dar.

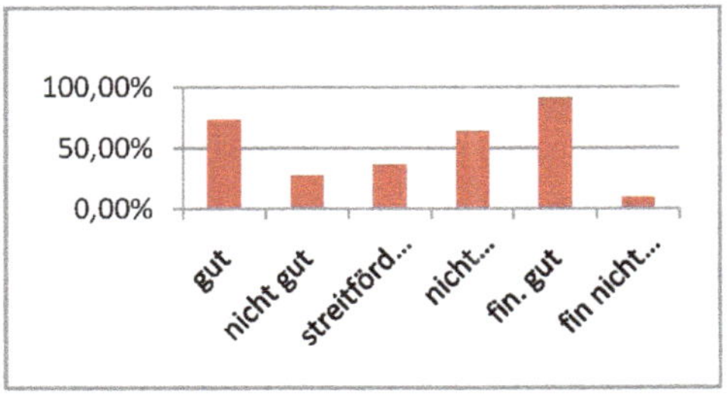

Abb. 28: Das Zusammenleben mit der Schwiegerfamilie nach Ansicht der befragten Jungen und Männer in Karokh in %. Quelle: eigene Studie, eigene Daten; eigene Berechnung.

Die Mehrheit empfindet das Zusammenleben mit der Schwiegerfamilie als gut, insbesondere aus finanzieller Sicht.

In der siebten Frage geben fünf Personen (45,45 %) an, dass sie die Polygynie als gut empfinden. Sechs Personen (54,55 %) entgegnen dieser Aussage. In der doppelten Überprüfung geben sieben Personen (63,64 %) die Polygynie als schlecht an, und vier Personen (36,36 %) finden die Vielweiberei gut. Bei nahezu 20 % der Befragten wird demzufolge das Befragungsergebnis nicht bestätigt.[321]

Zwei Personen (18,18 %) haben Kenntnis von ihrem Recht, im Bedarfsfall einen Rechtsanwalt auf Kosten des Staates zu beauftragen – ähnlich der Beratungshilfe und der Prozesskostenhilfe. Neun Personen (81,82 %) haben hiervon keine Kenntnis. Der überwiegende Teil der befragten Männer und Jungen in Karokh hat demzufolge von dem genannten Recht keine Kenntnis.

In der ersten Variante der neunten Frage geben zwei Personen (18,18 %) an, dass sie die Zahlung des Brautgeldes als gut empfänden; anders bei neun Personen (81,82 %). Drei Personen (27,27 %) geben an, dass das Brautgeld gesetzlich verankert sei. Acht Personen (72,73 %) nehmen an, dass dies nicht der Fall ist.

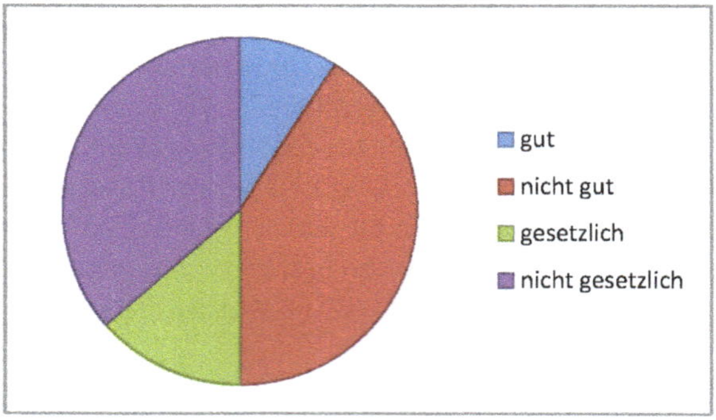

Abb. 29: Das Brautgeld in Karokh nach den männlichen Befragten in %. Quelle: eigene Studie; eigene Daten; eigene Berechnung.

Abbildung 29 stellt die o.g. Erkenntnisse in % dar. Festgestellt werden kann, dass der überwiegende Teil der Männer in Karokh das Brautgeld als nicht gut empfindet und von einer fehlenden gesetzlichen Grundlage ausgeht.

In der zweiten Alternative nehmen drei Personen (27,27 %) an, dass die Mahr dem Vater der Braut zustehe. Zehn Personen (90,91 %) wissen, dass die Mahr der Braut zusteht. Eine Person (9,1 %) nimmt an, dass die Mahr gesetzlich vorgeschrieben sei.

321 Zu den widersprüchlichen Antworten des unwissenden Volkes s.o.

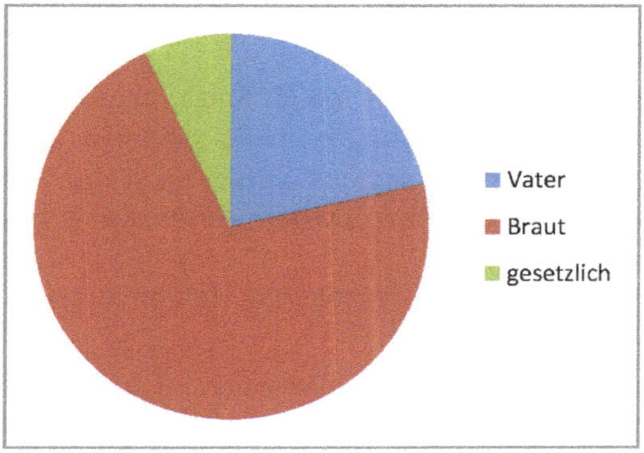

Abb. 30: Die Mahr in Karokh nach den männlichen Befragten in %. Quelle: eigene Studie; eigene Daten; eigene Berechnung.

Abbildung 30 gibt die o.g. Erkenntnisse graphisch wieder. Knapp ein Drittel der befragten Jungen und Männer in Karokh nehmen an, dass die Mahr dem Brautvater zustehe.

Überwiegend wissen die männlichen Befragten in Karokh, dass die Mahr der Braut zusteht. Lediglich eine Person weiß, dass die Mahr gesetzlich verankert ist.

In der zehnten Frage geben sieben Personen (63,64 %) an, in der Kindheit Gewalt erlitten zu haben, drei Personen (27,27 %) verneinen diese Frage und eine weitere Person (9,1 %) enthält sich. Festgestellt werden kann, dass der überwiegende Teil der befragten Jungen und Männer angeben, in der Kindheit innerfamiliäre Gewalt erfahren zu haben.

In der folgenden Frage gibt eine Person (9,1 %) an, dass er sehr viele Frauen kenne, die von ihren Ehemännern und ihren Schwiegerfamilien misshandelt werden. Drei Personen (27,27 %) geben an, dass sie viele Frauen kennen, vier Personen (36,36 %) erklären, keine Frauen zu kennen, die misshandelt werden und drei Personen (27,27 %) enthalten sich.

Auf die zwölfte Frage soll nicht eingegangen werden.[322]

In der dreizehnten Frage soll auf die o.g. Risikofaktoren verwiesen werden.

In der vierzehnten Frage gehen neun der befragten Jungen und Männer (81,82 %) von unbeschränkt viel Bestechung in Afghanistan aus. Eine Person

322 S.o.

(9,1 %) erklärt keine Kenntnis hiervon aufzuweisen und eine weitere Person (9,1 %) enthält sich.

Bei der geringen Personenanzahl von elf Jungen und Männer in Karokh ist die fehlende Repräsentationswirkung zu berücksichtigen. Vielmehr stellt auch diese Befragung eine Stichprobe dar. Im Folgenden soll eine Gesamtbetrachtung der männlichen Befragten aus allen drei Befragungsorten erfolgen.

hh) Die Gesamtbetrachtung der Jungen und Männer aus allen drei Befragungsorten

Insgesamt wurden 305 Jungen und Männer in Afghanistan in den o.g. drei Befragungsorten erreicht. Auch hier sind die Stadt-Land-Gefälle maßgeblich.[323]

Festgestellt wurde, dass die GLMN[324] am häufigsten von den Jungen und Männern in Karokh zugestimmt wird. Am seltensten wird sie in Herat zugesprochen. Dem Modell von Nisbett/Cohen (1996) kann in Bezug auf die befragten Männer in Afghanistan insbesondere von Karokh zugestimmt werden. Afghanistan ist grundsätzlich von Viehtreibergesellschaften geprägt. Abbildung 31 veranschaulicht die genannten Daten.

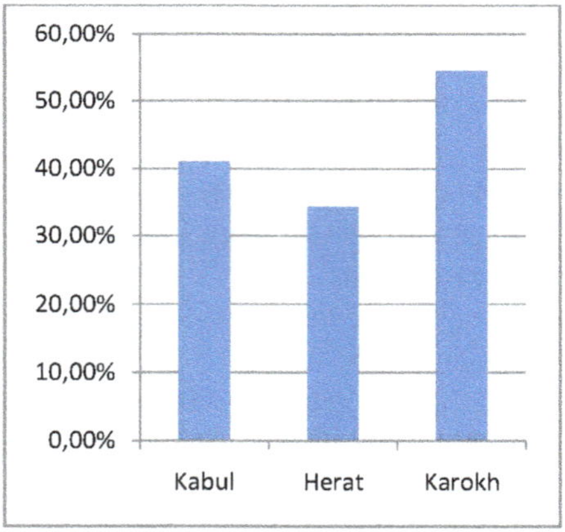

Abb. 31: Die durchschnittliche GLMN der Männer in allen drei Befragungsorten. Quelle: eigenes Diagramm, eigene Berechnung aus eigener Forschung.

323 Zur Ausführung s.o.

324 Zur Ausführung von Nisbett/Cohen (1996) s.o.

In Kabul haben die Männer und Jungen häufiger ein Fahrzeug als in Herat und Karokh. In Herat wird am seltensten über ein Fahrzeug verfügt.

Das Zusammenleben mit der Schwiegerfamilie kommt am häufigsten in Kabul und am seltensten in Karokh vor.

Die meisten Befragten sind ledig. In Kabul liegt das durchschnittliche Heiratsalter über dem durchschnittlichen Heiratsalter von Herat.

Im Durchschnitt weisen alle Befragte dasselbe Normwissen auf.

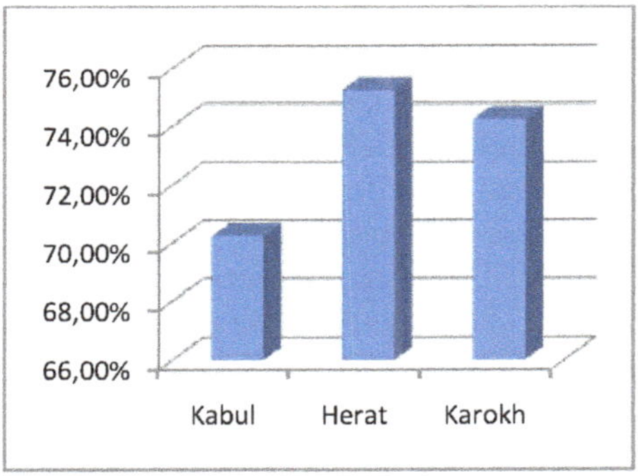

Abb. 32: Das Normwissen der Männer in allen drei Befragungsorten. Quelle: eigenes Diagramm; eigene Berechnung aus eigener Forschung.

Abbildung 32 stellt die oben berechneten Zahlen dar. Danach überwiegt das Normwissen der Männer in Herat leicht.

Über die Shelters gibt der Großteil aller männlichen Befragten an, keine Kenntnis zu haben. In Karokh kennt nahezu kein männlicher Befragter die Shelters. In Kabul werden die Shelters am häufigsten als gut angesehen; am seltensten in Karokh. In Karokh überwiegt die Vorstellung, dass diese Institution für „schlechte Frauen" sei.[325]

In allen drei Befragungsorten wird vermehrt die Ansicht vertreten, dass weibliche Gefangene schlecht seien. In Karokh wird auch häufig angenommen, dass die Frauen zu Unrecht inhaftiert seien.

Am häufigsten berichten die Jungen und Männer in Kabul, dass zumindest ein Elternteil einen universitären Abschluss aufweise; in Karokh ist dieser Anteil überaus gering. Ein Stadt-Land-Gefälle ist erkennbar. Die Mehrheit aller

325 Zu der Ausführung über das Leugnen wiederum schlechten Ruf annehmen s.o.

Männer berichtet, dass ein Elternteil arbeite; der Anteil ist in Karokh mit 100 % am höchsten. Häufig hat in allen drei Orten mindestens ein Elternteil die Schule nicht besucht; v.a. in Karokh.

Die Ansicht über das Zusammenleben mit der Schwiegerfamilie ist in Herat und Karokh in etwa homogen. Lediglich in Kabul wird das Zusammenleben eher aus dem streitfördernden Aspekt gesehen und der finanzielle Aspekt wird als weniger relevant erachtet. Ein Stadt-Land-Gefälle ist hier zu verzeichnen.

Hinsichtlich der Polygynie ist in allen drei Befragungsorten das Befragungsergebnis in etwa homogen. Sie wird von etwa der Hälfte der Befragten befürwortet, während sie die andere Hälfte ablehnt.

In Kabul und Herat weisen die männlichen Befragten überwiegend Kenntnis auf über ihr Recht, im Bedarfsfall auf Staatskosten rechtlichen Beistand zu beanspruchen (ähnlich der Beratungshilfe und der Prozesskostenhilfe); in Karokh weist lediglich eine Minderheit Kenntnis über das besagte Recht auf.

Das Brautgeld wird am häufigsten in Herat als gut empfunden; anders in Karokh und Kabul. Über die gesetzliche Verankerung ist in allen drei Befragungsorten das Befragungsergebnis in etwa deckungsgleich.

In Kabul und Herat wird die Mahr überwiegend als das Recht des Vaters angesehen. In Karokh überwiegt die Auffassung, dass sie der Braut zustehe. Über die gesetzliche Verankerung weisen die männlichen Befragten in Kabul und Herat in etwa gleichermaßen Kenntnis auf. In Karokh ist dies kaum bekannt.

Der überwiegende Teil in Karokh gibt an, während der Kindheit innerfamiliärer Gewalt ausgesetzt gewesen zu sein. In Kabul und Herat wird dies von knapp der Hälfte der Befragten ebenfalls bestätigt. Die innerfamiliäre Gewalt ist ein häufiges Phänomen in Afghanistan.

Die Kenntnis der ledigen Männer über Gewalt innerhalb der Ehe ist überaus gering. Mutmaßlich dürfte dies auf die fehlende Kommunikation mit verheirateten Frauen – welche wahrscheinlich auf ihrem Geschlecht und ihrem Familienstand basiert – zurückzuführen sein.

Alle Befragte sind sich einig, dass Afghanistan von Bestechung geprägt ist. Am häufigsten wird sie in Karokh wahrgenommen.

Eine vergleichende Gesamtbetrachtung der Geschlechter soll im Folgenden durchgeführt werden.

ii) Die Gesamtbetrachtung der Frauen vs. die Männer aus allen drei Befragungsorten

Die Frauen und die Männer aus der jeweiligen Stadt stimmen der GLMN in etwa gleichermaßen zu. In Karokh stimmen sowohl die Männer als auch die Frauen der GLMN am häufigsten zu. In Herat stimmen die Frauen teilweise etwas mehr der GLMN zu als die Männer. Dem Modell von Nisbett/Cohen (1996) kann in allen drei Befragungsorten zugestimmt werden. Afghanistan ist grundsätzlich von Viehtreibergesellschaften geprägt. Dabei überwiegt die Zustimmung zur GLMN in den Dörfern. Wie bereits im Vorwort festgestellt, besteht Afghanistan hauptsächlich aus ländlichen Gegenden.

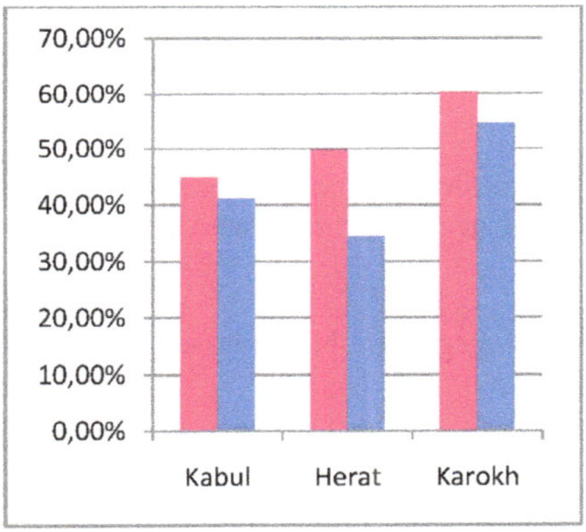

Abb. 33: Die durchschnittliche GLMN beider Geschlechter in allen drei Befragungsorten. Quelle: eigenes Diagramm, eigene Berechnung aus eigener Forschung.

Abbildung 33 visualisiert die o.g. Berechnungen. Interessant erscheint, dass die Frauen in allen drei Befragungsorten häufiger der GLMN zustimmen als ihre männlichen Pendants.

In Kabul und Herat berichten die Frauen häufiger als die jeweiligen Männer aus einer wohlhabenden Familie zu stammen. In Karokh ist diesbezüglich eher ein Konsens zu verzeichnen. Vermutet wird, dass ein mangelndes Selbstwertgefühl der Frauen die Ursache sein kann – sie daraufhin über die wirtschaftlichen Verhältnisse nicht ehrlich antworten.

In Kabul fällt das Heiratsalter der Frauen und Männer durchschnittlich höher aus als in Herat. In Karokh kann mangels repräsentativer Ergebnisse kein Vergleich vorgenommen werden.

Die Mädchen und Jungen aus Kabul und Karokh weisen in etwa in gleichem Maße Normwissen auf. In Herat ist diesbezüglich bei den männlichen Befragten im Vergleich zu den weiblichen Befragten ein deutlicher Unterschied zugunsten der männlichen Befragten festzustellen.

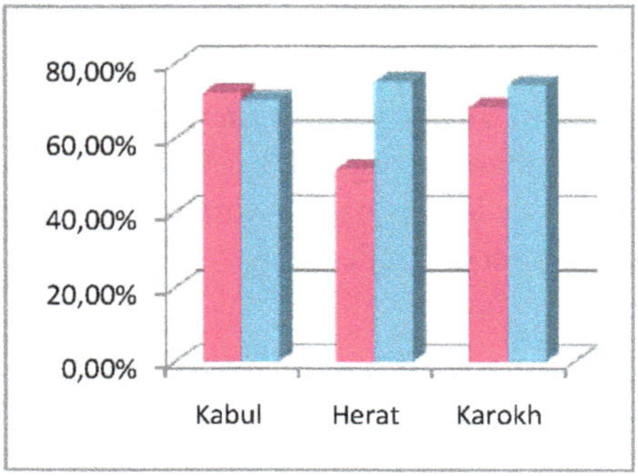

Abb. 34: Das Normwissen beider Geschlechter aus allen drei Befragungsorten. Quelle: eigenes Diagramm; eigene Berechnung aus eigener Forschung.

Abbildung 34 stellt das angegebene Normwissen beider Geschlechter aus allen drei Befragungsorten dar.

Über die Shelters verfügen die weiblichen Befragten aus allen drei Orten über mehr Wissen als die männlichen Befragten. In Karokh fällt die Kenntnis darüber am geringsten aus.

In Kabul und Herat sind die männlichen und weiblichen Befragten häufig derselben Ansicht über die weiblichen Inhaftierten. In Karokh gehen die Ansichten der Frauen und Männer auseinander. Der überwiegende Teil der Frauen hat eine schlechte Ansicht über die weiblichen Inhaftierten und geht selten von ihrer Unschuld aus. Die männlichen Befragten in Karokh haben wiederum selten eine schlechte Ansicht über die weiblichen Gefangenen und nehmen vermehrt ihre Unschuld an.

In Kabul geben die befragten Jungen in Vergleich zu den Mädchen häufiger an, dass mindestens ein Elternteil arbeite. In Herat ist das Befragungsergebnis in etwa homogen. In Karokh geben die Jungen im Vergleich zu den Mädchen häufiger an, dass mindestens ein Elternteil die Schule nicht besucht habe.

Lediglich in Herat sind sich die männlichen und weiblichen Befragten einig über ein gemeinsames Leben mit der Schwiegerfamilie. In Kabul empfinden die männlichen Befragten das Zusammenleben mit der Schwiegerfamilie häufiger als streitfördernd als die weiblichen Befragten. In Karokh begrüßen wiederum die männlichen Befragten das Zusammenleben mit ihrer Familie und die weiblichen Befragten stimmen dem seltener zu.

Über die Polygynie herrscht zwischen den Geschlechtern in Kabul und Karokh in etwa Einigkeit. In Herat gehen die Ansichten der Geschlechter auseinander.

Der überwiegende Teil der männlichen Befragten in Herat begrüßt sie, die weiblichen Befragten missbilligen sie.

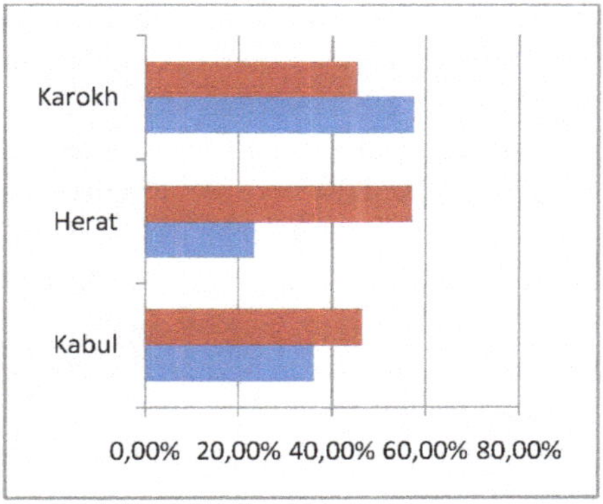

Abb. 35: Die als gut empfundene Polygynie aus Sicht beider Geschlechter in allen drei Befragungsorten. Quelle: eigenes Diagramm, eigene Berechnung aus eigener Forschung.

Abbildung 35 stellt die o.g. Berechnungen dar, wonach die Männer in Herat die Polygynie besonders bevorzugen im Gegensatz zu ihren weiblichen Pendants. In den anderen zwei Befragungsorten herrscht in etwa ein homogenes Verhältnis. Dies bestätigt die o.g. Ausführungen, wonach der Wille zur Polygamie steigt, wenn sie wohlhabender werden und zugleich ungebildet sind. Herat gehört nach allgemeiner Auffassung mit zu den wohlhabenderen Städten, aufgrund ihrer Lage; im Grenzgebiet für Im- und Exporte erwirtschaften sie mehr. Die Tatsache der Nicht-Bildung liegt auf der Hand, sodass die Feststellungen der bisherigen Forschung hiermit als bestätigt gelten.

Über das Recht der Konsultation eines Rechtsanwaltes im Bedarfsfall auf Staatskosten weisen beide Geschlechter in Kabul und Herat in etwa gleichermaßen Kenntnis auf. In Karokh ist dieses Recht häufiger den weiblichen Befragten bekannt als den männlichen Befragten.

Die Jungen bzw. Männer und die weiblichen Befragten in Karokh und Herat haben bzgl. des Brautgeldes häufig dieselbe Ansicht. In Kabul empfinden die Mädchen bzw. Frauen die Zahlung des Brautgeldes häufiger als gut als die Jungen bzw. Männer.

Über die gesetzliche Verankerung und die Zahlung der Mahr an die Braut weisen die weiblichen Befragten aus allen drei Befragungsorten mehr Kenntnis auf als die männlichen Pendants. In Herat und Karokh stimmen die Mädchen der Aussage zu, dass die Mahr (auch) dem Vater zustünde.

Hinsichtlich der innerfamiliären Gewalt geben die männlichen Befragten im Vergleich zu den weiblichen Befragten häufiger an, ihr in der Kindheit ausgesetzt gewesen zu sein. Das Befragungsergebnis der weiblichen Befragten dürfte m.E. nicht wahrheitsgemäß angegeben worden sein.[326]

Hinsichtlich der Gewalt innerhalb der Ehe sind sich beide Geschlechter in allen Befragungsorten einig. Ebenfalls herrscht Einklang hinsichtlich der vorhandenen Korruption.

Zusammenfassend kann festgestellt werden, dass in einigen Punkten Meinungsverschiedenheiten zwischen den Geschlechtern festzustellen sind. Die jeweiligen Risikofaktoren sollen im Rahmen dieser Arbeit nicht bearbeitet werden.

Die Befragungen der Richter und Staatsanwälte aus Karokh sollen mangels Erkenntnisgewinnung nicht berücksichtigt werden.

jj) Das Interview mit der Richterin in Kabul

Das Interview mit der Richterin fand am 14.07.2013 in ihrem Dienstzimmer beim Gericht in Kabul statt. Ihr wurden zahlreiche Fragen zu ihrem Werdegang und den afghanischen Gesetzen gestellt. Ihre Ausführungen sind nach diesseitiger Auffassung achtenswert. Danach wurde nach der konkreten Sanktion im Falle der Flucht einer Frau gefragt.

Die Richterin führte aus, dass es auf die Umstände des Einzelfalles ankäme, um eine Strafbarkeit zu begründen. Liefe das Mädchen oder die Frau zur eigenen Sicherheit weg, melde sich bei einer Behörde und gehe zu einem Verwandten, sei kein Straftatbestand erfüllt. Liefe das Mädchen hingegen zu einem Unbekannten, stehe ihre Handlung unter Strafe. Danach würde die Flucht unter bestimmten Voraussetzungen eine Sanktion begründen. Nach mehrmaligem Hinweis meinerseits, dass das Weglaufen nicht in den Strafgesetzen statuiert sei, äußerte sie schließlich, dass die afghanischen Strafgesetze veraltet seien und diese bis Ende des Jahres reformiert werden. Nach dieser Aussage hätte das Penal Code bis Ende 2013 neu aufgestellt werden müssen. Dies ist bis dato nicht geschehen. Gemeinhin kann festgestellt werden, dass die Richterin im Grunde die Richtlinien des Obersten Gerichtes wiederholt hat.

---

326 S.o.

Der Richterin in Kabul wurde weiterhin ein Fall dargestellt. Danach begeht ein 16-jähriges Mädchen, das verheiratet ist, einen Diebstahl. Für das genannte Beispiel wurde um Mitteilung des anzuwendenden Gesetzes sowie um die konkrete Sanktion gebeten. Die Richterin begann die Beantwortung mit Hinweis auf die Berücksichtigung des Einzelfalles. Das Mädchen müsse nach dem Jugendstrafrecht bestraft werden. Die Durchsetzung der staatlichen Sanktion erfolge im Erwachsenenvollzug. Ein separates Mädchengefängnis gebe es nicht. Der Richterin wurde ein weiterer Fall vorgestellt. Danach ist ein 13-jähriges, verheiratetes Mädchen von zu Hause geflohen. Gefragt wurde, ob das Mädchen nach dem Erwachsenen- oder dem Jugendstrafrecht sanktioniert werde und in welches Gefängnis sie käme. Die Richterin sagte, dass die Straftat des Mädchens grundsätzlich nach dem Jugendstrafrecht sanktioniert werden müsste. Aber aufgrund der besonderen schwerwiegenden Umstände der Tat käme Erwachsenenstrafe in Betracht. Selbstverständlich könne die Straftat nur nach dem Grad des jeweiligen Verstoßes bemessen werden und sei daher einzelfallabhängig. Für den Grad des Verstoßes müssten weitere Umstände berücksichtigt werden, wie z.B. der Fluchtort, der Fluchtgrund und die am Fluchtort befindlichen Personen. Wenn das Mädchen eine Beziehung zu einem anderen Mann hätte, würde diese Erkenntnis strafschärfend berücksichtigt werden. Zusammengefasst hat die Richterin die Richtlinien des Obersten Gerichtes wiedergegeben.[327]

Die Richterin ist nicht darauf eingegangen, dass die Flucht als solches grundsätzlich keine strafbare Handlung darstellt. Sie war vielmehr der Auffassung, dass die Begleitfolgen der Tat sanktioniert werden. In diesem Interview wurde der Schwerpunkt auf die weiblichen, jugendlichen Inhaftierten gelegt. Die Resultate aus dem Interview mit der Richterin stehen im Einklang zu den Erkenntnissen von UNICEF. Teilweise werden diese in dem Interview bestätigt. Anzumerken ist, dass die Unterbringung der Mädchen in Haftanstalten in Kabul erfolgt. Es handelt sich hierbei um die Hauptstadt der Islamischen Republik Afghanistan, die wirtschaftlich, personell und infrastrukturell wesentlich besser ausgestattet ist, als die meisten Städte und Dörfer Afghanistans. Aus diesem Grund liegt der Schluss nahe, dass – soweit die Mädchen in Kabul aufgrund fehlender Einrichtungen und Kapazitäten in Haftanstalten untergebracht werden – die Mädchen außerhalb Kabuls „erst recht" in Haftanstalten untergebracht werden.
Zusammenfassend soll das Ergebnis dieses Kapitels dargestellt werden.

327 Zu den Richtlinien des Obersten Gerichtes siehe 2. Hauptkapitel.

VI. Fazit

In diesem Kapitel wurde die Rechtsanwendungspraxis mit frauen- und mädchenspezifischem Schwerpunkt behandelt. Maßgeblich waren die Anordnungen aus dem vorherigen Kapitel. Darunter fallen die Heiratsbestimmungen, den Frauen und Mädchen zugeschriebenen moralischen Verbrechen sowie die jugendgerichtlichen Normen. Zunächst wurde der bisherige Forschungsstand herangezogen und dargestellt. Anschließend wurde zwecks Kontrolle eine eigene Feldforschung in Afghanistan durchgeführt. Die Forschung erfolgte zwischen dem 18.06.2013–15.07.2013. Es wurden insgesamt 1128 Menschen erreicht, davon waren 766 Frauen und 305 Männer. Die Befragung fand in Kabul, Herat und Karokh statt.

Der bisherige Forschungsstand zeigt, dass in der afghanischen Praxis das gesetzlich angeordnete Heiratsalter nicht gewahrt und hieran anknüpfend das gesetzliche Heiratsalter häufig unterschritten wird. Bei Heranziehung der eigenen Forschung kann festgestellt werden, dass das Heiratsalter zumeist gewahrt wird und eine Frühheirat unter den Befragten selten erfolgte. Hierbei ist zu berücksichtigen, dass in dieser Forschung vorwiegend nicht verheiratete Schüler und Studenten befragt wurden. Daher dürfte die Frage der Wahrung des gesetzlichen Heiratsalters in dieser Forschung weniger repräsentativ sein. Zutreffend ist nach diesseitiger Auffassung der Ansicht des bisherigen Forschungsstandes zu folgen, wonach das gesetzliche Heiratsalter nicht gewahrt wird. Demzufolge stimmt die Rechtsanwendungspraxis hinsichtlich der Wahrung des Heiratsalters nicht mit der gesetzlichen Lage überein. Die Unterschreitung des gesetzlichen Heiratsalters betrifft zumeist Mädchen. Insoweit ist ein Gender Gap in der Praxis festzustellen. Die Aussage des seinerzeitigen Präsidenten Karzai, die Einschränkungen der Frauen gehe mit der Scharia einher, trifft hier nicht zu.

Die Zwangsheirat ist in Afghanistan ein häufiges Phänomen. Überwiegend sind hiervon die Mädchen und Frauen betroffen. Dementsprechend ist ein Gender Gap gegeben. Die Zwangsverheiratung erfolgt u.a. aus Gründen der Armut, dem Baad und dem Baadal. Die Baad- und Baadal-Heirat werden vermehrt von Paschtunen vollzogen. Der Suizid und die Selbstverletzung sind unter den afghanischen Frauen weit verbreitet. Mit dem Suizid möchten die Frauen und Mädchen in Afghanistan einer Zwangsheirat oder der weitverbreiteten innerfamiliären Gewalt entkommen. In den afghanischen Gesetzen wird eine Zwangsheirat weder geduldet noch gestattet. Die Zwangsverheiratung findet in der Praxis entgegen den staatlichen Gesetzen und den Vorschriften der Scharia dennoch statt. Viele verheiratete weibliche Befragte geben an, ihren Eltern gebühre bei der Partnerwahl zumindest ein Mitspracherecht. Häufig dürfte es wohl letztlich beim Entscheidungsrecht der Eltern verbleiben. Die nicht verheirateten Mädchen äußern den Wunsch, ihren Partner selbst aussuchen zu dürfen. Möglicherweise gestehen die Frauen die Zwangsverheiratung ein, durch welche sie Leid erdulden mussten. Dem bisherigen Forschungsstand wird zugestimmt. Die gesetzlichen Voraussetzungen für eine Heirat werden in der Praxis nicht gewahrt. Die Aussage des seinerzeitigen Präsidenten Karzai trifft hier nicht zu.

Die Anspruchsgrundlage für die Mahr, die der Braut zu überreichen ist, ist gesetzlich verankert, anders jedoch die Höhe der Mahr; hierzu wurden keine konkreten Angaben seitens des Gesetzgebers getroffen. Den gesetzlichen Anordnungen wird seitens der Bevölkerung wenig Beachtung entgegengebracht. Nach dem bisherigen Forschungsstand wird die Mahr in der Praxis dem Vater der Braut übergeben. Die eigene Forschung stellte dies ebenfalls fest, trotz Kenntnis vieler Befragter, dass sie der Braut zustehe. Ein möglicher Erklärungsversuch könnte dahin gehend lauten, dass insoweit nicht differenziert wird zwischen dem Vermögen der Braut und dem des Brautvaters. Mädchen und Frauen haben in Afghanistan selten ein eigenes – also separates – Vermögen oder Einkommen. Bis zu ihrer Heirat werden ihr Einkommen und ihr Vermögen, soweit sie solches aufweisen, dem ihres Vaters und nach ihrer Heirat dem ihres Ehemannes zugeordnet. Der bisherigen Forschung wird diesbezüglich zugestimmt. Damit widerspricht die Mahr aus der Praxis den afghanischen Gesetzen. Aus dem Umstand, dass ausschließlich der Mann die Mahr zu zahlen hat, ist ein umgekehrter Gender Gap festzustellen. Aufgrund der Schutzfunktion der Mahr, wird in dieser Vorschrift keine unmittelbare Einschränkung der Frau gesehen, wohl aber eine Einschränkung durch den Vater in der Anwendungspraxis, der die Mahr für sich behält. Schließlich sind die Quellen der Scharia hierfür nicht verantwortlich. Auch wird hier m.E. die Ursache eher in den traditionell-patriarchalischen Subkulturen der Bildungs- und Finanzschwachen gesehen. Die Scharia ist hier keineswegs die Ursache, wie von dem seinerzeitigen Präsidenten Karzai geäußert.

Hinsichtlich des Brautgeldes wird festgestellt, dass in der afghanischen Praxis der Mann häufig ein Brautgeld an den Brautvater zu zahlen hat. Das Brautgeld wird hoch angesetzt. Für die Zahlung des Brautgeldes existiert keine gesetzliche Anspruchsgrundlage. Im Umkehrschluss dürfte dies dazu führen, dass die Forderung des Brautgeldes rechtsgrundlos ist. In der eigenen Forschung wurde festgestellt, dass das Brautgeld sämtlichen Befragten bekannt war. Während einige es befürworten, lehnten andere es ab. Die Ausführungen der bisherigen Forschung können insoweit bestätigt werden. Die Forderung des Brautgeldes ist rechtsgrundlos und widerspricht der Gesetzeslage. Daher ist m.E. ein Widerspruch zwischen Gesetz und praktischer Auslebung anzunehmen. Die Zahlung des Brautgeldes geht nicht mit den Quellen der Scharia einher, wie von dem seinerzeitigen Präsidenten Karzai dargelegt. Auch hier wird die Ursache der Zahlung des Brautgeldes in den traditionell-patriarchalischen Subkulturen der Bildungs- und Finanzschwachen gesehen.[328]

Die Polygynie ist nach der bisherigen Forschung in Afghanistan weit verbreitet und ist in den afghanischen Gesetzen verankert. Sie kommt häufig in reichen Strukturen vor und nimmt bei Erlangung von Bildung tendenziell ab.

Die eigene Forschung stellt bei der Polygynie fest, dass die Männer in Herat die Polygynie besonders bevorzugen im Gegensatz zu ihren weiblichen Pendants. In den anderen zwei Befragungsorten herrscht in etwa ein homogenes Verhältnis. Dies bestätigt die o.g. Ausführungen, wonach der Wille zur Polygamie steigt, wenn sie wohlhabender werden und zugleich ungebildet sind. Herat gehört aufgrund der Lage der Stadt nach allgemeiner Auffassung mit zu den wohlhabenderen Orten. Im Grenzgebiet für Im- und Exporte erwirtschaftet die Stadt mehr. Die Tatsache der Nicht-Bildung liegt auf der Hand, sodass die Feststellungen der bisherigen Forschung hiermit als bestätigt gelten.

Der bisherige Forschungsstand nimmt eine Ungleichbehandlung der Frauen an. Die Quellen der Scharia setzen eine Gleichbehandlung der Frauen voraus. Diesbezüglich ist ein Widerspruch zwischen der Praxis und den afghanischen Gesetzen gegeben. Nach der Sekundärquelle der Scharia soll eine polygame Ehe dem Zweck der Fortpflanzung dienen, z.B. bei Vorliegen einer unheilbaren Krankheit der Erstfrau. Die Hauptgründe für die polygame Ehe sieht der bisherige Forschungsstand in dem gesteigerten Ansehen des Mannes, der Kinderlosigkeit der Erstfrau, dem Reichtum des Mannes, einer Krankheit der Erstfrau und in den Traditionen Afghanistans. Der bisherige Forschungsstand stellt damit eine Zweckerweiterung fest. Danach werde die polygame Ehe in der afghanischen Praxis um die weiteren Ursachen in Form von gesteigertem Ansehen, Reichtum des Mannes und der fehlenden Geburt eines Sohnes erweitert. In der eigenen Forschung wird die Mehrehe teilweise befürwortet und teilweise abgelehnt. Angenommen wird, dass die Polygynie in der Praxis Anwendung findet und dass eine Ungleichbehandlung der Frauen regelmäßig vorkommt. Menschen sind subjektiv, daher erscheint es m.E. kaum realisierbar zu sein, mehrere Frauen gleich zu behandeln. Dies insbesondere vor dem Hintergrund, dass es sich hierbei um wenig gebildete Menschen handelt. Dem bisherigen Forschungsstand wird gefolgt. Demnach wird die Zweckverfolgung der polygamen Ehe in der Praxis entgegen den afghanischen Gesetzen um einige Gesichtspunkte erweitert. Entsprechend könnte die These des seinerzeitigen Präsidenten Karzai

328 Zur Ausführung und evtl. Präventionsmaßnahmen s.o.

hier teilweise zutreffen, aber wird durch die traditionell-patriarchalischen Subkulturen der Bildungsschwachen ungünstiger ausgeführt.

Nach der bisherigen Forschung wenden die Richter bei der Scheidung nicht die staatlichen Gesetze an. Stattdessen führen sie ihre eigenen Interpretationen der islamischen Regelungen an. Frauen haben unter bestimmten Voraussetzungen die Möglichkeit sich scheiden zu lassen. Die Frau hat sich an das Gericht zu halten. Frauen sei die Scheidung in der Praxis erschwert möglich und teilweise verwehrt. In diesem Punkt ist eine Abweichung von der Praxis zu den afghanischen Gesetzen erkennbar. Die Quellen der Scharia gewähren dem Mann eine unkomplizierte und simple Scheidung; bei Frauen ist sie weniger einfach.[329] Vor dem Hintergrund, dass den Frauen die Scheidung in der Praxis teilweise verwehrt wird, ist ein Widerspruch zwischen der Praxis und den afghanischen Gesetzen gegeben. Grundsätzlich ist die Praxisforschung mangelhaft. Die eigene Forschung stellt fest, dass der Großteil der Befragten eigenen Angaben zufolge über die Scheidungsrechte der Frauen Kenntnis aufweist. Allerdings klärt die eigene Forschung nicht, inwieweit diese Scheidungsrechte von den Richtern Berücksichtigung finden. Aufgrund der Argumentation des bisherigen Forschungsstandes könnte m.E. der bisherigen Forschung gefolgt werden. Auch hier könnte für die Gesetzeslage die These des seinerzeitigen Präsidenten Karzais teilweise angenommen werden. Allerdings werden auch in diesem Fall für die Praxis eher die traditionell-patriarchalischen Subkulturen der Bildungs- und Finanzschwachen als Hauptursache gesehen.

Nach einer Studie geht es einem Teil der Frauen bei der praktischen Umsetzung des Erbrechts nicht gut. Einem anderen Teil gehe es wiederum besser. Allein durch eine Untersuchung kann nicht festgestellt werden, ob die Praxis die afghanischen Regelungen wahrt. Die eigene Forschung stellt fest, dass größtenteils die Befragten die Erbvorschriften hinsichtlich der Frauen kennen. Jedoch ist festzuhalten, dass vorwiegend städtische Bürger befragt wurden. Die zahlreichen Dörfer Afghanistans wurden nicht befragt. Weitere Forschungsergebnisse hierzu konnten nicht aufgefunden werden. Die Frage bleibt offen, ob die Erbvorschriften in der afghanischen Praxis eingehalten werden.

Die Zahl der moralischen Verbrechen in Afghanistan ist besonders hoch. Nach den obigen Ausführungen wird lediglich ein Fall von HRW dargestellt, der Straffreiheit begründen könnte. In den restlichen Fällen ist entweder ein anderer Straftatbestand erfüllt oder die Frauen und Mädchen sind vor innerfamiliärer Gewalt fortgelaufen anstelle der Konsultation staatlicher Stellen. Sie

329 Zur Ausführung s.o.

sind teilweise nicht zu Verwandten geflohen, sondern zu Fremden, was nach den Bedingungen des Obersten Gerichtes zu einer Strafbarkeit der Zina führt. Die afghanischen Gesetze stellen die Flucht nicht unter Strafe. Gem. Art. 130 AC wurde diese Gesetzeslücke vorerst von den Gerichten geschlossen. Als Anweisung für die Gerichte gilt die Richtlinie des Präsidenten, wonach die Flucht eines Kindes vor einer Zwangsheirat nicht unter Strafe steht. Das Oberste Gericht hat die Anweisung des Präsidenten konkretisiert und verlangt zum einen, dass die Mädchen nicht zu Fremden fliehen, und zum anderen, dass sie gerichtliche Hilfe in Anspruch nehmen. Dieser Fall stellt in diesen zahlreich aufgezeigten Fällen eine Ausnahme dar. In dem Interview mit der Richterin in Kabul wird die Richtlinie des Obersten Gerichtes bekräftigt und das Weglaufen unter bestimmten Bedingungen kriminalisiert. Nach diesseitiger Auffassung weist das Fortlaufen gesetzlich gesehen – auch bei Heranziehung der Rechtsprechung – zahlreiche Unklarheiten auf.

Jedenfalls ist die Scharia auch nicht für das Problemfeld des Weglaufens ursächlich, wie von dem seinerzeitigen Präsidenten Karzai angemerkt.

Nach den Quellen der Scharia ist die Zina verboten und soll für Mann und Frau gleichermaßen sanktioniert werden. Nach der bisherigen Forschung wird die Zina in der Praxis grundsätzlich für Mann und Frau gleichermaßen bestraft. Allerdings erlangen die Männer aufgrund von Bestechung und Korruption mildernde Umstände bis hin zu Freilassungen. Die Bestechung ist nach der Primärquelle der Scharia gem. Sure 2: 189 verboten. Die eigene Forschung stellt nicht fest, inwieweit die Häftlinge bestechen. Festgestellt wird, dass die Bestechung und Korruption in Afghanistan überwiegend vorhanden ist. Aufgrund der allgegenwärtigen Korruption wird davon ausgegangen, dass die Häftlinge zwecks Zielerlangung ebenfalls bestechen. Aufgrund der den Männern – anders als den Frauen – zur Verfügung stehenden finanziellen Mittel, haben sie die Möglichkeit, „sich freizukaufen", während die Frauen die Strafen häufig absitzen müssen. Der bisherigen Forschung wird zugestimmt. Demnach sind in diesem Punkt Divergenzen zwischen der Praxis und den afghanischen Gesetzen ersichtlich. Die Quellen der Scharia setzen für den Straftatbestand Vorsatz bei Tatbegehung voraus. Demnach dürften Vergewaltigungen für die jeweiligen Geschädigten mangels Vorsatzes nicht strafbar sein. Die Begehung einer Vergewaltigung stellt ein erschwerendes Regelbeispiel der Zina dar. Der bisherige Forschungsstand stellt fest, dass vergewaltigte Frauen ebenfalls sanktioniert werden. Die eigene Forschung stellt keine Erkenntnisse zu Vergewaltigungsopfer fest. Nach diesseitiger Auffassung ist der bisherigen Forschung zu folgen. Die Praxis stimmt in diesem Punkt nicht mit den afghanischen Gesetzen überein, sodass eine Verurteilung insoweit gesetzeswidrig wäre. Die Aussage des Ehemannes genüge, wenn er bestimmte Bedingungen erfülle. Als unwahrscheinlich gilt, dass ein Ehemann den Geschlechtsverkehr seiner Frau dergestalt häufig mit einem anderen Mann durch mehrere Zeugen nachweisen kann. In keinem der o.g. Fälle waren der Mann oder vier Zeugen bei dem Geschlechtsakt der Frau anwesend. In der Praxis wurde dennoch die Zina angenommen. In diesem Punkt widerspricht die Praxis den afghanischen Gesetzen. Die eigene Forschung stellt keine Erkenntnisse zur Zina fest. Der bisherigen Forschung ist nach diesseitiger Auffassung zu folgen. Nach den afghanischen Gesetzen dürfte die Zina aufgrund der hohen Anforderungen selten zur Anwendung kommen. In der afghanischen Praxis führt, wie der bisherige Forschungsstand feststellt, die Zina häufig zur Inhaftierung der Frauen und Mädchen. Ein Gender Gap liegt in der Praxis erschwert vor. Die Praxis steht mit den afghanischen Gesetzen bzw. der Scharia, wie von Karzai geäußert, nicht im Einklang. Hier wird die Ursache in der bildungsschwachen Männerherrschaft gesehen.

Schließlich entspricht die Praxis in den überwiegenden Punkten weder den gesetzlichen Vorschriften noch den islamischen Vorschriften. Soweit die Praxis bereits nicht mit den Quellen der Scharia übereinstimmt, kann bereits davon ausgegangen werden, dass die Praxis noch weniger mit den internationalen Abkommen übereinstimmt. Entsprechend kann die Scharia nicht als Hauptursache für die Unterdrückung der Frauen gelten.

Angenommen wird, dass in Afghanistan zahlreiche Risikofaktoren vorhanden sind. Diese sollen im Rahmen dieser Arbeit nicht berücksichtigt werden.

Das Jugendstrafrecht wurde ebenfalls in diesem Kapitel dargestellt.[330] Überprüft wurde, inwieweit die jugendgerichtlichen Gesetze mit der Praxis übereinstimmen. Dazu wurden die Forschung von UNICEF (2008) und das Interview mit der Richterin in Kabul herangezogen. Gem. Art. 3Abs. 1 JC soll in jeder Provinz Afghanistans ein Jugendgericht vorhanden sein. UNICEF (2008) stellt fest, dass von 22 untersuchten Provinzen lediglich drei Provinzen ein Jugendgericht aufweisen. In zwei weiteren Provinzen solle ein Jugendgericht eingerichtet werden. Demzufolge kann von fünf Provinzen ausgegangen werden, die über ein Jugendgericht verfügen bzw. verfügen werden. Unter Zugrundelegung der 34 existierenden Provinzen in Afghanistan, kann man zusammenfassend feststellen, dass die afghanische Praxis diese Vorschrift bei Weitem nicht erfüllt. Zwar ist in Art. 45 JC eine Sanktionshierarchie vorgesehen; allerdings haben die Richter Afghanistans mehr Ermessen bei der Entscheidungsfindung und Sanktionierung der Tat als die Richter im Bundesgebiet. UNICEF (2008) stellt fest, dass überwiegend Haftstrafen

330 S.o.

ausgeurteilt werden, obwohl sie als ultima ratio nur dann zur Anwendung kommen sollen, soweit keine milderen Maßnahmen ersichtlich sind. Die deutsche Forschung stellt fest, dass die Haft schädlich auf den Jugendlichen wirkt und mildere Methoden erscheinen erforderlich, soweit sie vertretbar sind.[331]Art. 45 JC wird demzufolge nicht gewahrt. Der Jugendliche soll gem. Art. 7Abs. 5 JC in einer Haftanstalt für Jugendliche – jedenfalls separat von den Erwachsenen – oder Rehabilitationszentrum für Jugendliche untergebracht werden. In der Praxis wird häufig – insbesondere bei den Mädchen –festgestellt, dass sie im Erwachsenenvollzug die Strafe verbüßen. Hieran anknüpfend ist festzustellen, dass Art. 7Abs. 5 JC nicht gewahrt wird. Gem. Art. 2 JC stehen die Erziehung und die soziale Wiedereingliederung im Mittelpunkt der Jugendhaft. UNICEF (2008) stellt fest, dass der überwiegende Teil der inhaftierten Jugendlichen angibt, Gewalt seitens der Gefängniswärter ausgesetzt zu sein. Auf internationaler Ebene gilt die Gewalt – in Haftanstalten – als Foltermethode. Folter ist laut internationaler Vereinbarungen verboten. Afghanistan hat das Verbot von Folter gem. Art. 7 AC anerkannt. Dementsprechend dürfte keine Gewalt in den Haftanstalten angewandt werden. Laut internationalen Erkenntnissen ist Gewalt während einer Haft schädlich. Das Ziel des Jugendstrafrechts wird nicht erreicht. Teilweise werden die Jugendlichen wegen weniger schwerwiegender Straftaten, wie die einfache Körperverletzung über einen längeren Zeitraum inhaftiert. Umso mehr erscheint die soziale Wiedereingliederung notwendig. Festgestellt wurde, dass die hilfebedürftigen Jugendlichen „doppelt" bestraft werden. Die Haftbedingungen entsprechen nicht annähernd den internationalen Standards. Es werden Foltermethoden angewandt. Die Anzahl der vorhandenen Jugendgerichte entspricht nicht der gesetzlichen Vorgabe. Es werden vermehrt Haftstrafen ausgeurteilt. Eine separate Haftanstalt für Mädchen existiert nicht. Ihnen werden die besonderen Rechte einer Jugendhaftanstalt bzw. Jugendrehabilitationszentrum entzogen. Das Ziel des Jugendstrafrechts wird in der afghanischen Praxis nicht erreicht. Die Richterin bestätigt überwiegend die praktische Anwendung. Die Forschung zu diesem Themengebiet ist nicht ausreichend und kann nicht eindeutig als verlässlich gelten. Diese Untersuchung kann als Richtmaß herangezogen werden. Weitere Forschung zum Jugendstrafrecht in Afghanistan ist jedoch unabdingbar.

Schließlich kann festgestellt werden, dass alle überprüften Normen in der Rechtsanwendungspraxis anders ausgeführt oder gar nicht eingehalten werden. Die These des damaligen Präsidenten Karzai[332] ist so nicht haltbar. Bei wenigen

331 Vgl. zur Ausführung z.B. Greve/Hosser/Pfeiffer in Kfn S. 11ff.
332 S.o.

Vorschriften wurde festgestellt, dass die Scharia evtl. als mitursächlich gelten könnte. Der überwiegende Teil der überprüften Vorschriften stellen im Gesetz keine Unterdrückung des weiblichen Geschlechts dar – diese werden in der Praxis dennoch anders ausgeführt und tragen häufig eine Unterdrückung des weiblichen Geschlechts mit sich-. Andere Ursachen, wie Armut, Subkulturen der Bildungsschwachen, Krieg, Gesundheit und Männerherrschaft treten in Form der Früh – Zwangsheirat, Polygamie und den moralischen Verbrechen auf.

E. Schlussteil

„The clerics' council of Afghanistan did not put any limitations on women. It is the sharia law of all Muslims and all Afghans", erklärte der seinerzeitige Präsident Afghanistans, Hamid Karzai, im Jahre 2012 in der Öffentlichkeit.[333] Mit dieser Aussage hat er den Standpunkt der afghanischen Ulema Shura, eines von der Regierung geförderten Gemeinderates, bestehend aus religiösen Führern, öffentlich unterstützt. Die Ulema Shura weist eine frauenbenachteiligende Richtung auf. Danach sollen sich Frauen separat von dem männlichen Geschlecht in der Öffentlichkeit aufhalten, separat von ihnen studieren, arbeiten, etc., und nach Möglichkeit jeglichen Kontakt zu dem männlichen Geschlecht vermeiden, soweit sie nicht mit ihnen nah verwandt sind. Auf Reisen sollen sie von nah verwandten männlichen Personen begleitet werden. Ferner sei unter Umständen Gewalt gegen Frauen vertretbar.[334] Präsident Karzai begründet seine öffentliche Befürwortung der Ulema Shura damit, dass keine Einschränkungen für Frauen hiermit einhergehen. Vielmehr läge die Ursache in dem Scharia Recht, das für alle Muslime und Afghanen gelte. Demzufolge müsste – zumindest – die Mehrheit der muslimisch geprägten Länder ein der Islamischen Republik Afghanistan ähnliches Frauenbild aufweisen. Dies trifft jedoch auf viele Nationen, dessen Bevölkerung überwiegend muslimisch ist, nicht zu; so u.a. Albanien, Indonesien, Nigeria, Tunesien etc.

Indonesien gilt als das islamische Vorzeigeland. Es verzeichnet 88 % Muslime, hat den Islam nicht als Staatsreligion verankert und hält die Religion aus staatlichen Institutionen fern.[335]

Albanien verzeichnet viele islamische Bürger. Das Land verfolgt das laizistische Modell. Es wird kein Religionsunterricht an Schulen angeboten, die Bürger werden jedoch aktuell mehr islamisiert durch die radikalen Neuerscheinungen wie der IS.[336]

---

333 Vgl. z.B. The Guardian (2012) Link: http://www.theguardian.com/world/2012/mar/06/hamid-karzai-afghanistan-womens-rights Download: 22.05.2014; Vogt in The Washington Times (2012) Link: http://www.washingtontimes.com/news/2012/mar/6/karzai-backs-strict-guidelines-afghan-women/?page=all Download: 22.05.2014.

334 Vgl. auch HRW in „I had to run away", p. 7.

335 Vgl. z.B. RP Online Indonesien (2016) Link: m.rp-online.de Download: 22.03.2018.

336 Deutschlandfunk (2017) Albanien Vom Atheismus zum Islamismus Link: www.deutschlandfunk.de Download: 12.02.2018.

Die Türkei hatte den Säkularismus mit dem laizistischen Modell in Angriff genommen, doch aufgrund zahlreicher Unstimmigkeiten Erdogans mit der EU scheint der Säkularismus der Türkei gescheitert zu sein.[337]

In Tunesien wird die Religion größtenteils aus der Verfassung rausgehalten, jedoch gibt es Artikel, die wiederum eine andere Deutung zulassen. In der Rechtsanwendungspraxis wenden die Richter eher die Scharia an und auch die Menschen nehmen eher die nach außen hin bekannt gewordenen islamischen Vorschriften an, wie des Hijabstragens entgegengesetzt zu ihren staatlichen Gesetzen.[338]

Nigeria hat das Verbot der Verankerung einer Staatsreligion ausgesprochen. Allerdings haben 12 der 36 Bundesstaaten die Scharia als Strafrecht eingeführt. Dieses Vorgehen solle rechtmäßig sein, da sie mit diesem Vorgehen keine Staatsreligion ernannt hätten, lasse man außen vor, dass die Scharia islamisches Recht beinhaltet.[339]

Pushter in Pew Research Center stellt auch fest, dass der überwiegende Teil der islamischen Länder die Befolgung der islamischen Werte und Grundsätze begrüßt, jedoch eine strikte Befolgung nicht erforderlich sei. So z.B. Türkei, Libanon, Indonesien und Burkina Faso.

Insbesondere Pakistan, Palästina, Jordanien und Malaysia seien für eine strikte Befolgung des Korans (Senegal 50:50, Nigeria ca.50:50).[340]

Zwar weisen die genannten Nationen eine erhöhte islamische Bevölkerungsdichte auf; doch können keine weiteren Gemeinsamkeiten zu Afghanistan verzeichnet werden; v.a. hinsichtlich des Frauenbildes und der Wahl der Staatsreligion. Betrachtet man international alle islamischen Länder, wird schnell klar, dass bis auf Indonesien kaum ein Land ein säkularer Rechtsstaat geworden ist. Indonesien hat den Islam nicht als Staatsreligion ernannt und unterlässt gar Vermischungen. Entsprechend erfüllt Indonesien die Voraussetzungen eines säkularen Staates.

---

337 Vgl. freiewelt (2016) Der politische Islam verdrängt den Säkularismus … „Wir sind ein islamisches Land. Als Konsequenz müssen wir eine religiöse Verfassung haben." Sagte der Parlamentspräsident Türkeis Kahraman Link: http://www.freiwelt.net/reportage/islamische-welt-saekularismus-v… Download: 27.01.2018.

338 Vgl. TunisPro (2016) Religion in Tunesien Link: https://www.tunispro.de/tunesien/religion-in-tunesien.htm… Download: 27.01.2018.

339 AG Friedensforschung (2005) Allah gibt Nigeria kein Wundermittel Link: www.ag-friedensforschung.de Download: 22.03.2018.

340 Pushter (2016) in Pew Research Center Link: http://www.pewglobal.org/2016/04/27/the-divide-over… Download: 10.02.2018.

Bei säkularen Staaten soll die Religion staatlichen Institutionen und Regelungen untergeordnet sein.[341] Säkularität ist ein Selbstverständnis der modernen Demokratien westlicher Prägung. Sie fordern eine strenge Trennung von Staat und Religion - nicht feindlich –, sondern sie sehen durchaus den positiven Effekt der Religionen z.B. in Form von Ehrenämtern, Stärkung der Selbstkontrolle oder Freiwilligendiensten. Religion sei jedoch Privatsache und erfordere eine strikte Trennung vom Staat.[342] In Europa werden verschiedene Modelle des säkularen Staates verfolgt, so etwa von Frankreich das laizistische Modell. Dies bedeutet eine positive Neutralität gegenüber allen Religionen, zugleich eine strikte Trennung vom Staat.[343] Großbritannien verfolgt das staatskirchliche System und Deutschland ein Mischsystem, wobei die Religion staatlichen Institutionen untergeordnet ist, aber an staatlichen Schulen unterrichtet und die Zahlung der Kirchensteuer verlangt wird.[344]

Das Gegenstück zu diesen teilweise vorhandenen säkularen Staaten bilden die sog. Gottesstaaten. Bei diesen sog. Theokratien - „Gottesstaaten" - sind sämtliche Strukturen der Religion untergeordnet.[345] Beispielländer für die sog. Theokratien, „Gottesstaaten", bilden u.a. Pakistan, der Iran und Saudi-Arabien. Afghanistan könnte ebenfalls ein sog. „Gottesstaat" sein.

Empirische Studien, wie die World Values Survey messen regelmäßig die persönliche Einstellung zur Religion. Der vom amerikanischen Fund for Peace und von der Zeitschrift „Foreign Policy" herausgegebene Index klassifiziert die Staaten der Welt nach der Stabilität ihrer Rechtsordnung. Zu den „gescheiterten Staaten" gehören z.B. Somalia und Afghanistan. An der Spitze befinden sich z.B. die Schweiz und Finnland. Diese Ergebnisse werden mit den Ergebnissen

---

341 Vgl. Teamfreiheit Wert3: Säkularität Link: http://teamfreiheit.info/saekularitaet/?gclid=Cj0KCQiAwKvTBRC2ARIsAL0Dgk0uomG8kf13MuZdJt8cDq6AIXnr8HgiZU01VnXJKlkq8a3olOv36FIaAgsrEALw_wcB Download: 31.01.2018.

342 Vgl. BMI Staat und Religion Link: https://www.bmi.bund.de/DE/themen/gesellschaft-integration/staat-und-religion/staat-und-religion-node.html Download: 31.01.2018; vgl. Mörschel (2007) in Policy Link: http://library.fes.de/pdf-files/akademie/berlin/05050.pdf Download: 31.01.2018.

343 Vgl. Messner (2007) in Policy S. 7.

344 Policy (2007) Religion und säkularer Staat Link: http://library.fes.de/pdf-files/akademie/berlin/05050.pdf Download: 31.01.2018; ABWAB Wie säkular ist der deutsche Staat? Link: http://www.abwab.eu Download: 12.02.2018.

345 Teamfreiheit Wert 3: Säkularität Link: http://teamfreiheit.info/saekularitaet/?gclid=Cj0KCQiAwKvTBRC2ARIsAL0Dgk0uomG8kf13MuZdJt8cDq6AIXnr8HgiZU01VnXJKlkq8a3olOv36FIaAgsrEALw_wcB Download: 31.01.2018.

der World Values Survey verglichen. Sie stellen fest, je intensiver die Religiosität, desto instabiler die Rechtsordnung des jeweiligen Landes.[346]

Aus diesem Grund wurde in dieser Arbeit überprüft, ob und inwieweit die afghanische Rechtsordnung instabilen Charakter aufweist. Und, ob die Unterdrückung des weiblichen Geschlechts in der Islamischen Republik Afghanistan tatsächlich auf die Scharia zurückzuführen, wie von dem seinerzeitigen Präsidenten Karzai geäußert, oder aber kulturell bzw. sozial bedingt ist. Zu den sozialen Risikofaktoren gehören u.a. Armut, Krieg, Schulbildung etc. Diese wurden in der hiesigen Arbeit nicht weiter thematisiert.

Gegenstand dieser Arbeit war vielmehr die Auseinandersetzung mit den staatlichen Gesetzen im Vergleich zur Rechtsanwendungspraxis mit frauen- und mädchenspezifischem Schwerpunkt. Als Grundlage der Gesetze wurden die afghanische Verfassung, die Scharia, die internationalen Menschenrechtsabkommen und das afghanische Jugendstrafrecht zu Grunde gelegt. Es wurde überprüft, ob diese Regelungen konträr zu der afghanischen Rechtsanwendungspraxis sind und daraus die Unterdrückung der Frauen und Mädchen – wie von den Medien dargestellt – hervorgeht.

Wird die Aussage des Präsidenten Karzais überprüft, so wirft dies eine Vielzahl von Fragen und Problemen auf. Diese Problematiken wurden anhand von drei Hauptkapiteln und einem Schlussteil untersucht.

Die Scharia wurde in dem ersten Hauptkapitel untersucht. Gemäß Art. 2 AC hat die Islamische Republik Afghanistan den Islam als Staatsreligion gesetzlich statuiert. Dementsprechend genießt der Islam in Afghanistan eine bedeutende Rolle. Das Verhältnis zwischen der afghanischen Verfassung und der Scharia wird nicht auf verfassungsrechtlicher Ebene geklärt, was die Ausführungen zu der instabilen Rechtsordnung bekräftigt und die Ausführungen der World Values Survey, Fund for Peace und der „Foreign Policy“ bestätigt.

Diese Unklarheit führt zu zahlreichen Meinungsstreitigkeiten über das Verhältnis der Scharia zu der afghanischen Verfassung. Normen, wie Art. 3, 7 und 130 AC verschärfen diese Kontroverse. In diesem Kapitel wurde der besagte Meinungsstreit dargestellt. Zu diesem Zweck wurde Art. 3 AC nach den deutschen klassischen Auslegungsmethoden ausgelegt. Zuvor wurden der Islam, die Bedeutung der Scharia, ihre Abstammung und die ihr zugrunde liegenden Quellen untersucht.

346 Foreign Policy (2011) Failed States Index Link: http://foreignpolicy.com/2011/06/17/2011-failed-states-index-interactive-map-and-rankings/ Download: 31.01.1018; auch zit. in Doering in bpb (2013) Religion und freiheitlich säkularer Staat.

Alle Auslegungsmethoden wiesen auf eine Überlegenheit der islamischen Vorschriften hin. Auch die richterliche Praxis ergab, dass der Schwerpunkt auf islamisches Recht und nicht auf die internationalen Abkommen gelegt wird.

Der Auffassung von Röder (2009), „normativer Pluralismus" werde verwirklicht, wurde zugestimmt.[347] Wenn keine gesetzliche Grundlage vorhanden ist, welche im Sinne des Volkes ausgeführt wird, übt jeder seine eigenen Gesetze aus und entsprechend wird normativer Pluralismus verwirklicht bzw. hat das Land sodann eine instabile Rechtsordnung.[348]

Ein wesentlicher Hinweis auf die Scharia ist in Art. 3 AC zu finden, wie Vergau (2004) feststellt.[349] Art. 1 PC weist auf islamisches Strafrecht ausdrücklich hin.

Der Ansicht von Gerber (2007), das Wort „Islam" überrage in der afghanischen Verfassung und lege entsprechend den Schwerpunkt, wurde gefolgt. Das Wort „Islam" findet 24 Mal Anwendung in der Verfassung.[350]

Bei vergleichender Betrachtung des Art. 140 GG[351] kann die Scharia zumindest als vollgültiges Verfassungsrecht angesehen werden. Eine Übergewichtung der islamischen Vorschriften kommt in Betracht.

Der Ansicht des MPI (2007), Knust/Afshar (2006) und Röder (2009), dass lediglich auf die Sekundärquelle der Scharia i.S.d. Art. 130Abs. 2 AC zurückgegriffen werden kann[352] und die Scharia der Verfassung deshalb subsidiär sein soll, kann nicht gefolgt werden. Gem. Art. 130Abs. 1 AC sollen die Gerichte die Vorschriften der Verfassung anwenden. Zu diesen gehören auch die islamisch geprägten i.S.d. Art. 3 AC. In Art. 130Abs. 2 AC soll die „Fiqh" dispositiv Anwendung finden. Dieser Artikel weist auf eine Subsidiarität der „Fiqh" hin. Die „Fiqh" stellt, wie bereits festgestellt, die Sekundärquelle der Scharia dar. Sie tritt in Erscheinung u.a. in Form von staatlichen Gesetzen. Danach könnte Art. 130Abs. 2 AC so verstanden werden, dass bei planwidrigen Regelungslücken das Gesetz subsidiär die Lücke schließen soll. Anderenfalls wäre es nicht konsequent – wenn nicht sogar widersprüchlich, – in einem islamischen Land auf die Sekundärquelle zurückzugreifen, wohingegen die Primärquelle außer Acht bliebe.

---

347 S.o.

348 Wie bereits in der Einleitung ausgeführt; Afghanistan und Somalia gehören zu den Ländern mit der geringsten stabilen Rechtsordnung.

349 Zur Ausführung s.o.

350 Zur Ausführung der Häufigkeit der Wortwahl s.o. in der grammatikalischen Auslegung.

351 S.o. grammatikalische Auslegung.

352 Zur Ausführung s.o.

Das MPI (2007) fordert von den Gerichten, kein islamisches Recht anzuwenden. Präsident Karzai fordert eine islamische Rechtsprechung. Nach einhelliger Auffassung wenden die Gerichte in der Praxis die internationalen Abkommen in keiner Weise an.[353] Um die Rechtsanwendungspraxis zu überprüfen, erfolgte eine stichprobenartige Befragung von Jurastudenten in Afghanistan sowie einer afghanischen Rechtsanwältin. Diese Forschungsergebnisse stellen einen Vorrang der Scharia fest. Der Auffassung des MPI, (2009) mit Art. 162 AC werde der Vorrang der Verfassung gegenüber der Scharia begründet, konnte nicht gefolgt werden. Art. 162 AC schließt die Bestimmungen der Verfassung ein.[354] Dazu gehören alle Bestimmungen; sowohl die islamischen Bestimmungen durch Art. 3 und 130 Abs. 2 AC als auch die internationalen Abkommen i.S.d. Art. 7 AC. Pauschal eine Vorrangigkeit der Verfassung gegenüber der Scharia anzunehmen, ist im Fall Afghanistans nach obiger Prüfung nicht möglich. Grundsätzlich wäre der Ansicht des MPI zu folgen, die Verfassung sei das oberste Gesetz jeden Landes – entsprechend den o.g. Ausführungen zum säkularen Staat.[355] Allerdings ist vor dem Hintergrund der verfassungsrechtlich gewählten Staatsform – islamische Republik – und wie Kamali (1985) bereits festgestellt hat, in einem Land, das sich als strenggläubig islamisch bezeichnet, über 99 % Muslime[356] verzeichnet, und vor einigen Jahren die härteste Scharia Umsetzung erlitt, davon auszugehen, dass auch binnen der nächsten Jahrzehnte die Scharia maßgebendes – weiterhin angewandtes – Recht in Afghanistan sein wird, wie von einem „Gottesstaat“ verlangt.[357] Das bestätigt die Ausführungen der World Value Survey, Fund for Peace und „Foreign Policy“ zu der erhöhten Religiosität Afghanistans. Der Erlass der Verfassung des seinerzeitigen Präsidenten Karzai weist ebenfalls daraufhin, dass Afghanistan ein sog. „Gottesstaat“ ist. In Afghanistan darf laut Art. 3 AC keine Vorschrift oder Regelung gegen die islamischen Werte verstoßen. Das weist auf den Charakter eines „Gottesstaates“[358] hin. Wie bereits erwähnt, sind in einem „Gottesstaat“ alle staatlichen Institutionen und Regelungen der Religion untergeordnet. Aus diesem Grund kann im Falle Afghanistans die Scharia nicht als subsidiäres Recht angesehen werden.

353 S.o.
354 Zur Ausführung von Art. 162 AC s.o.
355 Vgl. Einleitung.
356 Zur Ausführung s.o. Vorwort.
357 Vgl. Einleitung zur Ausführung.
358 Zur Definition s.o.

Der Ansicht von Vergau (2004) und Gerber (2007) über das Wegstreichen des bisherigen Fortgangs von Art. 3 AC,[359] welche die islamische Tendenz bekräftige, kann zugesprochen werden. Wären die islamischen Vorschriften für die afghanische Verfassung nicht von Bedeutung, erscheint das Fortstreichen des Art. 3 AC als fragwürdig.

Die jetzige afghanische Verfassung versucht mit den Artikeln 3, 7, 130 AC und Art. 1 PC, den islamischen als auch den internationalen Interessen gerecht zu werden.[360] Folglich kann das festgestellte Dilemma von Mahmoudi (2004) bejaht werden.

Aus zeitgebundener Sicht werden immer Divergenzen zwischen den islamischen Werten und den internationalen „westlichen" Werten bestehen. Diese haben jedoch beide Verfassungsrang. Das Dilemma müsste im Grunde bereits auf Verfassungsebene gelöst werden. Die Wahrung internationaler Abkommen steht durchaus nicht im Einklang mit den islamischen Regelungen und verstößt vielleicht auch teilweise dagegen; je nachdem, wie „streng" oder wie „frei" sie ausgelegt werden. Ebenso führt die konsequente Durchsetzung islamischer Regelungen dazu, dass Verpflichtungen aus den internationalen Abkommen nicht gewahrt bzw. verletzt werden. Die Absicht, beiden Wertesystemen auf Verfassungsebene gerecht zu werden, löst zwar ein Dilemma auf Verfassungsebene aus; zugleich ist Afghanistan in seiner gegenwärtigen praktischen Ausführung das erste und bislang einzige islamische Land.[361]

Anlaufschwierigkeiten waren abzusehen. In Zukunft kann der Hoffnung von Knust/Afshar (2006) beigewohnt werden, dass Afghanistan das islamische Recht ausdrücklich zur Grundlage macht, damit künftige Unklarheiten vermieden werden. Zwecks Vermeidung weiterer Unklarheiten bietet sich eine ausdrückliche Klärung auf Verfassungsebene an.

Die Ausführungen der World Values Survey, des Fund for Peace und der Foreign Policy, wonach mit steigender Religiosität die Rechtsordnung instabilen Charakter annimmt, treffen nach Prüfung dieses Kapitels im Falle Afghanistans sowohl auf die Religiostät als auch auf die instabile Rechtsordnung zu.

Das ausgearbeitete Kapitel zeigt das Verhältnis der Scharia zu der afghanischen Verfassung.

In dem zweiten Hauptkapitel wurden die afghanischen Vorschriften, aus den eben überprüften einschlägigen Gesetzesbüchern, thematisiert. Es wurde

359 Zur Ausführung s.o.

360 Zur Ausführung s.o.

361 Vgl. auch Mahmoudi (2004) S. 880.

überprüft, ob eine Benachteiligung der Frauen und Mädchen mit den afghanischen Gesetzen[362] einhergeht, wie von dem seinerzeitigen Präsidenten, Karzai geäußert. Dafür wurden einige kontroverse Vorschriften herangezogen.

Das Gleichheitsgebot ist sowohl in der Verfassung der Islamischen Republik Afghanistan als auch in dem Koran verankert. Allerdings wird das Gleichheitsgebot in einigen Vorschriften nicht gewahrt. Teilweise werden die Frauen begünstigt, wie z.B. bei der Anordnung der Zwangsheirat oder der Mitgift.

Sodann wurden einige Heiratsbestimmungen, wie das Heiratsalter, die Frühheirat, die Zwangsheirat, die Mitgift, das Brautgeld, die Polygamie, die Scheidung und sodann die Erbfolgen erläutert.[363] Festgestellt wurde, dass der Islam nicht der Gründer der polygamen Ehen ist, die Zahl der Ehefrauen im Hinblick auf die Historik sogar radikal reduziert wurde und die polygame Ehe zur Zeit der Gründung des Islams andere Zwecke verfolgte, die heutzutage in der Praxis anders gedeutet werden.

Die Scheidung stehe beiden Geschlechtern zu, allerdings setzt dies bei der Frau voraus, dieses Recht in Form von Vorabreden im Ehevertrag zu notieren. Dies setzt wiederum ein gebildetes Volk voraus, was Afghanistan mit einer der höchsten Analphabetenquoten nicht erreicht. Damit ist die Scheidungsweise der Frau nur erschwert möglich.

Schließlich wurden die moralischen Verbrechen angeführt. Der Begriff der moralischen Verbrechen wurde definiert. Festgestellt wurde, dass das Weglaufen in keiner der Quellen der Scharia geregelt ist. Die Lücke wurde allerdings durch die Richtlinien des Obersten Gerichtes und der Anweisung des Präsidenten Karzai dispositiv geschlossen. Dauerhaft betrachtet ist auch aus Gründen der Rechtssicherheit die Schaffung eines neuen Tatbestandes unabdingbar.

Der außereheliche Geschlechtsverkehr (Zina) wurde definiert. Die Zina wird in den Quellen der Scharia widerspruchsfrei angeordnet. Hinsichtlich der Zina ist kein Gender Gap ersichtlich. Sie wird gleichermaßen für Mann und Frau verboten und sanktioniert. Hinsichtlich der Tatbestandsmerkmale der Zina, ist ein Gender Gap bei dem Erfordernis von vier Zeugen ersichtlich.

Insgesamt betrachtet stellt die ungleiche Scheidungsweise von Mann und Frau eine Divergenz zu den internationalen Abkommen i.S.d. Art. 7 AC dar. Die weiteren Vorschriften stehen entweder im Einklang zu den internationalen Abkommen oder die internationalen Abkommen enthalten dazu keine Regelung. Als Beispiel seien die Mitgift, die Polygamie oder der außereheliche

362 Die Scharia ist mit einbeschlossen.
363 S.o.

Geschlechtsverkehr genannt. Der These von Mahmoudi (2004) über das Zusammenklaffen der islamischen und internationalen Vorschriften wird zugestimmt. Die ungleiche Scheidungsweise stellt zwar im Verhältnis zu den gesamten Vorschriften eine Ausnahme dar. Aber gerade solche Vorschriften machen einen absoluten Konsens unmöglich. Auch muss berücksichtigt werden, dass nicht alle islamischen Vorschriften zugrunde gelegt wurden.

Schließlich ist bei diesen begrenzt angeführten Vorschriften erkennbar, dass die Widerspruchsfreiheit gem. Art. 3 AC unter den Quellen der Scharia gegeben ist. Daran wird nochmal die Wichtigkeit der islamischen Vorschriften sichtbar.

Eine Unterdrückung der Frau, wie von dem seinerzeitigen Präsidenten Karzai, geäußert, liegt bei den Regelungen der Polygamie, der ungleichen Scheidungsweise und dem Erfordernis von vier Zeugen zur Widerlegung der Behauptung des unehelichen Geschlechtsverkehrs vor – bei den Erbvorschriften ist weitere Forschung notwendig, um abschließend zu urteilen. Bei der Mehrheit der Vorschriften wie dem Gleichheitsgebot, dem Heiratsalter, der Zwangsheirat, der Mitgift und der Zina wird keine Unterdrückung der Frau durch die Scharia gesehen. Die Auslegung und die Ausführung der Scharia beruhen auf menschlichen Erzeugnissen, die in Anbetracht der aktuell extremistischen Auslegung entsprechend ausgelebt werden. Aus diesem Grund kann die Scharia nicht als die Hauptursache gelten. Sodann folgte die weitere Frage, der Anwendbarkeit des Erwachsenenstrafrechts auf Kinder und Jugendliche in diesem Fall der Mädchen. Dazu wurde hier im zweiten Hauptkapitel das Jugendstrafrecht mitsamt seiner Problematik und seinen Strafmilderungen u.a. besprochen.

Das Jugendstrafrecht existiert in Afghanistan seit dem Jahr 2005. Festgestellt wurde, dass im Vergleich zu dem deutschen JGG das JC an höhere Sanktionen anknüpft. Beispielsweise kann ein Kind bereits von dem afghanischen Jugendgericht gemaßregelt oder verwarnt werden. Das afghanische JC „überspringt“ Erziehungsmaßregeln und setzt bei den Zuchtmitteln an i.S.d. Art. 45 JC. Das deutsche JGG bietet eine Vielzahl von Maßnahmen an, die das afghanische JC lediglich in einem sehr geringen Maße berücksichtigt. Art und Ausmaß einer Sanktion im Jugendstrafrecht kann in Afghanistan wesentlich einschneidender sein als im Bundesgebiet. Nach dem deutschen Recht kann höchstens eine Jugendstrafe von zehn Jahren, im afghanischen JC hingegen eine lebenslange Haftstrafe tenoriert werden.

Die genannte afghanische Höchststrafe spricht gegen die deutschen Erkenntnisse, wonach Jugendverfehlungen normal, ubiquitär und episodenhaft seien.

Das Ermessen der Jugendgerichte ist in der Islamischen Republik Afghanistan größer als in der Bundesrepublik Deutschland. Zahlreiche Anordnungen, wie z.B. die Bewährungszeit etc., liegen im Ermessen der afghanischen Jugendgerichte.

Gemeinsam haben sowohl die Bundesrepublik Deutschland als auch die Islamische Republik Afghanistan den Hauptgedanken der Erziehung, die Voraussetzungen an die Jugendrichter und Staatsanwälte, den Umfang der Ermittlungen, die Vernehmung des Beschuldigten, die Beseitigung des Strafmakels und den Grundsatz der Nichtöffentlichkeit – wobei im JC die Öffentlichkeit der Entscheidungsverkündung zu berücksichtigen ist – verankert. Den gesetzlichen Vertretern wird in beiden Nationen eine erhebliche Rolle zuteil.

Überwiegend ähneln sich die Vorschriften der Islamischen Republik Afghanistan mit den deutschen jugendgerichtlichen Vorschriften. Allerdings sind diese Vorschriften häufig nicht im selben Maße bestimmt und konkretisiert, wie die deutschen Vorschriften. Das afghanische JC bedarf der Auslegung der Jugendgerichte. Im afghanischen Recht gibt es keine Jugendhilfe i.S.d. der deutschen Jugendgerichtshilfe im Strafverfahren.

Die Artikel des afghanischen JCs sind im Vergleich zu den deutschen Vorschriften unsystematisch und nicht mit einer Aufschrift bezeichnet. Das afghanische JC weist, wie das deutsche JGG in der Theorie keine Gender Gaps auf.

Schließlich konnte hier festgestellt werden, dass die afghanischen Gesetze kaum Divergenzen beinhalten, sodass eine Unterdrückung des weiblichen Geschlechts aus den afghanischen Vorschriften kaum herzuleiten ist.

Afghanistan ist ein Entwicklungsland und entsprechend in der Anfangsphase seiner Entwicklung nach den jahrzehntelangen Kriegen. Nutzbringend wäre die Behebung der Divergenzen und der gesetzlichen Lücken.

Bei der Analyse der Geschichte der deutschen Frauenbewegung wurde festgestellt, dass noch vor nicht allzu langer Zeit in Deutschland etliche Gender Gaps existierten. Erst seit 1976/1977 wurde das Gleichheitsgebot praktiziert und überwiegend gewahrt. Deutschland als Industrieland weist bis heute noch die Problematik der Gender Gaps in einigen Bereichen auf. Anhand der weiterhin in der Bundesrepublik Deutschland beispielhaft aufgezählten Gender Gaps wird deutlich, dass Afghanistan noch lange Zeit brauchen wird, bis es das Gleichheitsgebot wahren wird.

Afghanistan erlitt bis vor Kurzem[364] die härteste Scharia Umsetzung. In dieser Zeit durften die Frauen u.a. das Haus nicht ohne männliche Begleitperson verlassen oder das Volk durfte sich nicht bilden etc. Die Frau hatte zu dieser Zeit gesellschaftlich die niedrigste Stellung. Nun hat die erste Generation nach

---

364 Etwa 10 Jahren.

Entstehung der Islamischen Republik Afghanistans durch Bildung einen veränderten Blick auf gesellschaftliche Strukturen. Wenn die Schulbildung weiterhin ihren Rang in dem gesellschaftlichen Leitbild bewahrt, darf erwartet werden, dass einige der genannten Probleme zukünftig nachhaltig gelöst werden.

Die Afghanen haben das Gleichheitsgebot zwar schriftlich niedergelegt, was die Bundesrepublik Deutschland 1949 erreichte; allerdings ist die Islamische Republik Afghanistan keinesfalls in der damaligen Stellung Deutschlands. Den Afghanen wurde die Verfassung zur Unterzeichnung vorgelegt. Die Bundesrepublik Deutschland hat wiederum zahlreiche Proteste erfahren und daraufhin Art. 3Abs. 2 GG statuiert.

Gender Gaps sind in allen Nationen in einem verschiedenen Grad vorhanden. Island belegt in Folge den ersten Platz in der Gleichstellung der Frau. Sie haben die Gender Gaps zu 80 % beseitigt. Eine 100 %ige Beseitigung der Gender Gaps ist demnach in keinem Land der Welt erfolgt. Deutschland befindet sich bei der Abschaffung der Gender Gaps auf den 14. Platz und die arabischen Länder liegen bei über 100. Die WEF vergibt die Plätze nach Berücksichtigung der Gesundheitslage, wie die Lebens- und Sterberate, der Bildungswege, der politischen Teilhabe und der wirtschaftlichen Chancen, wie die Gehälter.[365]

In Afghanistan müsste eine vollständige Änderung in den genannten Bereichen erfolgen.

Um die Gender Gaps in Afghanistan zu mindern, müsste zusätzlich zu der Erweiterung der feministischen Forschung in Afghanistan, eine vollständige Abänderung der Gesundheitslage, wie die Lebens- und Sterberate, der Bildungswege, der politischen Teilhabe und der wirtschaftlichen Chancen, wie den Gehältern erfolgen.[366] Es empfiehlt sich auch die internationalen Wegweiser zu beherzigen und z.B. die Behörden, Arbeitgeber aufzufordern die Gleichrangigkeit zu fördern, Kommissionen zu gründen, die auf die Defizite aufmerksam machen, Tarifverträge einzuführen zur Lohngleichstellung, Arbeitsbehörden zu errichten, die die Lohndiskriminierungen aufdecken.[367] Noch ist der Lohn das

---

365 Vgl. Pitzke (2013) in SpiegelOnline Wirtschaft Link: http://www.spiegel.de/wirtschaft/soziales/gender-gap-report-frauen-bleiben-weitweit-benachteiligt-a-929899.html Download: 21.01.2016.

366 S.o.; Pitzke (2013) in Spiegel Online Wirtschaft Link: http://www.spiegel.de/wirtschaft/soziales/gender-gap-report-frauen-bleiben-weitweit-benachteiligt-a-929899.html Download: 21.01.2016.

367 Vgl. die Europäische Kommission Kampagne zur Beseitigung des geschlechtsspezifischen Lohngefälles Link: http://ec.europa.eu/justice/gender-equality/gender-pay-gap/files/gpg2011-leaflet_de.pdf Download: 26.01.2018.

geringste Problem der Frauen in Afghanistan. Vielmehr müssten Anlaufstellen geschaffen werden, die die Frauen/Mädchen bei der Arbeitssuche, der Verrichtung und dem Schulbesuch unterstützen und die Durchsetzung kontrollieren – insbesondere in den ländlichen Gebieten. Schließlich sollten Stellen geschaffen werden, die die Frauendiskriminierungen aufdecken und sanktionieren.

Die afghanischen Gesetze mitsamt der Scharia werden von den Menschen in Anbetracht der Zeit differenziert ausgelegt, sodass die Scharia bzw. die afghanischen Gesetze nicht, wie von dem seinerzeitigen Präsidenten Karzai ausgeführt, als die Hauptursache gesehen werden. Es wurde vermutet, dass die Ursache woanders liegt.

Um die Ursache ausfindig zu machen, wurde im folgenden Kapitel die Unterdrückung des weiblichen Geschlechts in der alltäglichen und praktischen Ausübung dargestellt.

Maßgeblich waren die Anordnungen aus dem vorherigen Kapitel. Darunter fallen die Heiratsbestimmungen, den Frauen und Mädchen zugeschriebenen moralischen Verbrechen sowie die jugendgerichtliche Normanwendung. Zunächst wurde der bisherige Forschungsstand herangezogen und dargestellt. Anschließend wurde zwecks Kontrolle eine eigene Feldforschung in Afghanistan angeführt. Die Forschung erfolgte zwischen dem 18.06.2013–15.07.2013. Es wurden insgesamt 1128 Menschen erreicht, davon 766 Frauen und 305 Männer. Die Befragung fand in Kabul, Herat und Karokh statt.

Der bisherige Forschungsstand zeigt, dass in der afghanischen Praxis das gesetzlich angeordnete Heiratsalter nicht gewahrt und – hieran anknüpfend das gesetzliche Heiratsalter häufig unterschritten – wird. Dieser Ansicht wurde gefolgt. Demzufolge stimmt die Rechtsanwendungspraxis hinsichtlich der Wahrung des Heiratsalters nicht mit der gesetzlichen Lage überein. Die Unterschreitung des gesetzlichen Heiratsalters betrifft zumeist die Mädchen. Insoweit ist ein Gender Gap in der afghanischen Rechtsanwendungspraxis festzustellen. Die Aussage des seinerzeitigen Präsidenten Karzai, die Einschränkungen der Frauen gehe mit der Scharia einher, trifft in der Theorie nicht zu, allerdings kann eine Unterdrückung in Form der Frühverheiratung in der Praxis vernommen werden.

Die Zwangsheirat ist in Afghanistan ein häufiges Phänomen. Überwiegend sind hiervon die Mädchen und Frauen betroffen. Dementsprechend ist ein Gender Gap gegeben. Die Zwangsverheiratung erfolgt u.a. aus Gründen der Armut, dem Baad und dem Baadal. Die Baad- und Baadal-Heirat werden vermehrt von Paschtunen vollzogen. Der Suizid und die Selbstverletzung sind unter den afghanischen Frauen weit verbreitet. Mit dem Suizid möchten die Frauen und Mädchen in Afghanistan einer Zwangsheirat oder der weitverbreiteten innerfamiliären Gewalt entkommen. In den afghanischen Gesetzen wird eine

Zwangsheirat weder geduldet noch gestattet. Die Zwangsverheiratung findet in der Praxis entgegen den staatlichen Gesetzen und den Vorschriften der Scharia statt. Viele verheiratete weibliche Befragte gaben an, ihren Eltern gebühre bei der Partnerwahl zumindest ein Mitspracherecht. Häufig dürfte es wohl letztlich beim Entscheidungsrecht der Eltern verbleiben. Die nicht verheirateten Mädchen äußern den Wunsch, ihren Partner selbst aussuchen zu dürfen. Möglicherweise gestehen die Frauen die Zwangsverheiratung ein, durch welche sie Leid erdulden mussten und die nach außen bekannt wurden – z.B. durch Haft oder Trennung bekannt geworden. Dem bisherigen Forschungsstand wird zugestimmt. Die gesetzlichen Voraussetzungen für eine Heirat werden in der Praxis nicht gewahrt. Die Aussage des seinerzeitigen Präsidenten Karzai trifft in der Theorie nicht zu, allerdings kann eine Unterdrückung der Frauen und Mädchen in der Praxis wahrgenommen werden. Folglich ist die Scharia hier nicht ausschlaggebend für die Unterdrückung der Frauen und Mädchen in Afghanistan. In künftigen Arbeiten sollte der Frage nachgegangen werden, welche Risikofaktoren tatsächlich ausschlaggebend sind.

Die Anspruchsgrundlage für die Mahr, die der Braut zu überreichen ist, ist gesetzlich verankert, anders jedoch die Höhe der Mahr; hierzu wurden keine konkreten Angaben seitens des Gesetzgebers getroffen. Den gesetzlichen Anordnungen wird seitens der Bevölkerung wenig Beachtung entgegengebracht. Nach dem bisherigen Forschungsstand wird die Mahr in der Praxis dem Brautvater übergeben. Die eigene Forschung stellte dies ebenfalls fest, trotz Kenntnis vieler Befragter, dass sie der Braut zustehe. Ein möglicher Erklärungsversuch könnte dahingehend lauten, dass nicht differenziert wird zwischen dem Vermögen der Braut und dem des Brautvaters. Mädchen und Frauen haben in Afghanistan selten ein eigenes – also separates – Vermögen oder Einkommen. Bis zu ihrer Heirat werden ihr Einkommen und ihr Vermögen, soweit sie solches aufweisen, dem ihres Vaters und nach ihrer Heirat dem ihres Ehemannes zugeordnet. Der bisherigen Forschung wird diesbezüglich zugestimmt. Damit widerspricht die Mahr aus der Praxis den afghanischen Gesetzen. Aus dem Umstand, dass ausschließlich der Mann die Mahr zu zahlen hat, ist ein umgekehrter Gender Gap festzustellen. Aufgrund der Schutzfunktion der Frau in dieser Vorschrift wurde hier keine unmittelbare Einschränkung der Frau gesehen, wohl aber eine Einschränkung durch den Vater in der Anwendungspraxis – der die Mahr für sich behält. Schließlich sind die Quellen der Scharia hierfür nicht verantwortlich. Auch wurde hier nach Ansicht der Verfasserin, die Ursache wohlmöglich in den traditionell-patriarchalischen Subkulturen der Bildungs- und Finanzschwachen gesehen. Die Scharia ist hier keineswegs die Ursache, wie von dem seinerzeitigen Präsidenten Karzai geäußert.

Hinsichtlich des Brautgeldes wurde festgestellt, dass in der afghanischen Praxis der Mann häufig ein Brautgeld an den Brautvater zu zahlen hat. Das Brautgeld wird hoch angesetzt. Für die Zahlung des Brautgeldes existiert keine gesetzliche Anspruchsgrundlage. Im Umkehrschluss dürfte dies dazu führen, dass die Forderung des Brautgeldes rechtsgrundlos ist. In der eigenen Forschung wurde festgestellt, dass das Brautgeld sämtlichen Befragten bekannt war. Während einige es befürworten, lehnten andere es ab. Die Ausführungen der bisherigen Forschung werden vertreten. Die Forderung des Brautgeldes ist rechtsgrundlos und widerspricht insofern der Gesetzeslage. Daher ist nach Ansicht der Verfasserin ein Widerspruch zwischen Gesetz und praktische Auslebung anzunehmen. Die Zahlung des Brautgeldes geht nicht mit den Quellen der Scharia einher, wie von dem seinerzeitigen Präsidenten Karzai dargelegt. Auch hier wurde die Ursache der Zahlung des Brautgeldes eher in den traditionell-patriarchalischen Subkulturen der Bildungs- und Finanzschwachen gesehen.[368]

Die Polygynie ist nach der bisherigen Forschung in Afghanistan weit verbreitet und ist in den afghanischen Gesetzen verankert. Grundsätzlich schränkt sie die Muslime im Vergleich zu vorher ein. Vorher durften die Männer unzählige Frauen heiraten, doch nun wurde aufgrund der Regelung ein Höchstmaß angeordnet – von bis zu vier Frauen. Sie kommt häufig bei Reichtum vor und nimmt bei Erlangung von Bildung tendenziell ab. Die eigene Forschung stellt bei der Polygynie fest, dass die Männer in Herat die Polygynie besonders bevorzugen im Gegensatz zu ihren weiblichen Pendants. In den anderen zwei Befragungsorten herrscht in etwa ein homogenes Verhältnis. Dies bestätigt die o.g. Ausführungen, wonach der Wille zur Polygamie steigt, wenn sie wohlhabender werden und zugleich ungebildet sind. Herat gehört aufgrund der Lage der Stadt nach allgemeiner Auffassung mit zu den wohlhabenderen Orten; im Grenzgebiet für Im- und Exporte wird mehr erwirtschaftet. Die Tatsache der Nicht-Bildung liegt auf der Hand, sodass die Feststellungen der bisherigen Forschung hiermit als bestätigt gelten.

Der bisherige Forschungsstand nimmt eine Ungleichbehandlung der Frauen an. Die Quellen der Scharia setzen eine Gleichbehandlung der Frauen voraus. Diesbezüglich ist ein Widerspruch zwischen der Praxis und den afghanischen Gesetzen gegeben. Nach der Sekundärquelle der Scharia soll eine polygame Ehe dem Zweck der Fortpflanzung dienen z.B. bei Vorliegen einer unheilbaren Krankheit der Erstfrau. Die Hauptgründe für die polygame Ehe sieht der bisherige Forschungsstand in dem gesteigerten Ansehen des Mannes, der

368 Zur Ausführung und evtl. Präventionsmaßnahmen s.o.

Kinderlosigkeit der Erstfrau, dem Reichtum des Mannes, einer Krankheit der Erstfrau sowie in den Traditionen Afghanistans. Der bisherige Forschungsstand stellt damit eine Zweckerweiterung fest. Danach werde die polygame Ehe in der afghanischen Praxis um die weiteren Ursachen in Form von gesteigertem Ansehen, Reichtum des Mannes und der fehlenden Geburt eines Sohnes erweitert. In der eigenen Forschung wird die Mehrehe teilweise befürwortet und teilweise abgelehnt. Angenommen wird, dass die Polygynie in der Praxis Anwendung findet und dass eine Ungleichbehandlung der Frauen regelmäßig vorkommt. Menschen sind subjektiv, daher erscheint es m.E. kaum realisierbar zu sein, mehrere Frauen gleich zu behandeln. Dies auch vor dem Hintergrund, dass es sich hierbei um wenig gebildete Menschen handelt. Dem bisherigen Forschungsstand wird gefolgt. Demnach wird die Zweckverfolgung der polygamen Ehe in der Praxis entgegen den afghanischen Gesetzen um einige Gesichtspunkte erweitert. Entsprechend könnte die These des seinerzeitigen Präsidenten Karzai hier teilweise zutreffen, aber wird durch die traditionell-patriarchalischen Subkulturen der Bildungsschwachen ungünstiger ausgeführt.

Nach der bisherigen Forschung wenden die Richter bei der Scheidung nicht die staatlichen Gesetze an. Stattdessen führen sie ihre eigenen Interpretationen von den islamischen Regelungen an. Frauen haben unter bestimmten Voraussetzungen die Möglichkeit, sich scheiden zu lassen. Die Frau hat sich an das Gericht zu halten. Frauen sei die Scheidung in der Praxis erschwert möglich und teilweise verwehrt. In diesem Punkt ist eine Abweichung von der Praxis zu den afghanischen Gesetzen erkennbar. Die Quellen der Scharia gewähren dem Mann eine unkomplizierte und simple Scheidung; bei Frauen ist sie weniger einfach.[369] Vor dem Hintergrund, dass den Frauen die Scheidung in der Praxis teilweise verwehrt wird, ist ein Widerspruch zwischen der Praxis und den afghanischen Gesetzen gegeben. Grundsätzlich ist die Praxisforschung mangelhaft. Die eigene Forschung stellt fest, dass der Großteil der Befragten über die Scheidungsrechte der Frauen Kenntnis aufweist. Allerdings klärt die eigene Forschung nicht, inwieweit diese Scheidungsrechte von den Richtern Berücksichtigung finden. Aufgrund der Argumentation des bisherigen Forschungsstandes könnte m.E. der bisherigen Forschung gefolgt werden. Auch hier könnte für die Gesetzeslage die These des seinerzeitigen Präsidenten Karzai teilweise angenommen werden. Allerdings werden auch hier für die Praxis die traditionell-patriarchalischen Subkulturen der Bildungs- und Finanzschwachen als Hauptursache gesehen.

---

369 Zur Ausführung s.o.

Nach einer Studie gehe es einem Teil der Frauen bei der praktischen Umsetzung des Erbrechts nicht gut, einem anderen Teil gehe es wiederum besser. Allein durch eine Untersuchung kann nicht festgestellt werden, ob die Praxis die afghanischen Regelungen wahrt. Die eigene Forschung stellt fest, dass größtenteils die Befragten die Erbvorschriften hinsichtlich der Frauen kennen. Jedoch ist festzuhalten, dass vorwiegend städtische Bürger befragt wurden. Menschen, die in ländlichen Gebieten leben, wurden nicht befragt. Weitere Forschungsergebnisse hierzu konnten nicht aufgefunden werden. Die Frage bleibt offen, ob die Erbvorschriften in der afghanischen Praxis eingehalten werden.

Die Zahl der moralischen Verbrechen in Afghanistan ist besonders hoch. Nach den obigen Ausführungen wird lediglich ein Fall von HRW dargestellt, der Straffreiheit begründen könnte. In den restlichen Fällen ist entweder ein anderer Straftatbestand erfüllt oder die Frauen und Mädchen sind vor innerfamiliärer Gewalt fortgelaufen anstelle der Konsultation staatlicher Stellen. Sie sind teilweise nicht zu Verwandten geflohen, sondern zu Fremden, was nach den Bedingungen des Obersten Gerichtes zu einer Strafbarkeit der Zina führt. Die afghanischen Gesetze stellen die Flucht nicht unter Strafe. Gem. Art. 130 AC wurde diese Gesetzeslücke vorerst von den Gerichten geschlossen. Als Anweisung für die Gerichte gilt die Richtlinie des Präsidenten, wonach die Flucht eines Kindes vor einer Zwangsheirat nicht unter Strafe steht. Das Oberste Gericht hat die Anweisung des Präsidenten konkretisiert und verlangt zum einen, dass die Mädchen nicht zu Fremden fliehen, und zum anderen, dass sie gerichtliche Hilfe in Anspruch nehmen. Lediglich ein oben aufgezeigter Fall könnte Straffreiheit begründen. In den anderen Fällen wurden teilweise die Zinavoraussetzungen verwirklicht.

In dem Interview mit der Richterin in Kabul wurde die Richtlinie des Obersten Gerichtes bekräftigt und das Weglaufen unter bestimmten Bedingungen kriminalisiert. Nach diesseitiger Auffassung weist das Fortlaufen gesetzlich gesehen – auch bei Heranziehung der Rechtsprechung – zahlreiche Unklarheiten auf. Jedenfalls ist die Scharia auch hier nicht für das Problemfeld des Weglaufens ursächlich, wie von dem seinerzeitigen Präsidenten Karzai angemerkt.

Nach den Quellen der Scharia ist die Zina verboten und soll für Mann und Frau gleichermaßen sanktioniert werden. Nach der bisherigen Forschung wird die Zina in der Praxis grundsätzlich für Mann und Frau gleichermaßen bestraft. Allerdings erlangen die Männer aufgrund von Bestechung und Korruption mildernde Umstände bis hin zu Freilassungen. Die Bestechung ist nach der Primärquelle der Scharia gem. Sure 2: 189 verboten. Die eigene Forschung stellt nicht fest, inwieweit die Häftlinge bestechen. Festgestellt wird, dass Bestechung und Korruption in Afghanistan überwiegend vorhanden sind. Aufgrund der allgegenwärtigen Korruption wird davon ausgegangen, dass die Häftlinge zwecks Zielerlangung ebenfalls bestechen. Aufgrund der den Männern – anders als den Frauen – zur Verfügung stehenden finanziellen Mitteln, besteht für sie die Möglichkeit, „sich freizukaufen", während die Frauen die Strafen häufig absitzen müssen. Der bisherigen Forschung wird zugestimmt. Demnach sind in diesem Punkt Divergenzen zwischen der Praxis und den afghanischen Gesetzen ersichtlich. Die Quellen der Scharia setzen für einen Straftatbestand Vorsatz bei der Tatbegehung voraus. Demnach dürften Vergewaltigungen für die jeweiligen Geschädigten mangels Vorsatzes nicht strafbar sein. Die Begehung einer Vergewaltigung stellt ein erschwerendes Regelbeispiel der Zina dar. Der bisherige Forschungsstand stellt fest, dass vergewaltigte Frauen ebenfalls sanktioniert werden. Die eigene Forschung stellt keine Erkenntnisse zu Vergewaltigungsopfer fest. Nach diesseitiger Auffassung ist der bisherigen Forschung zu folgen. Die Praxis stimmt in diesem Punkt nicht mit den afghanischen Gesetzen überein, sodass eine Verurteilung insoweit gesetzeswidrig wäre. Die Aussage des Ehemannes genüge, wenn er bestimmte Bedingungen erfülle. Als unwahrscheinlich gilt, dass ein Ehemann den Geschlechtsverkehr seiner Frau dergestalt häufig mit einem anderen Mann selbst oder durch mehrere Zeugen nachweisen kann. In keinem der o.g. Fälle waren der Mann oder vier Zeugen bei dem Geschlechtsakt der Frau anwesend. In der Praxis wurde dennoch die Zina angenommen. In diesem Punkt widerspricht die Praxis den afghanischen Gesetzen. Die eigene Forschung stellt keine Erkenntnisse zur Zina fest. Der bisherigen Forschung ist nach diesseitiger Auffassung zu folgen. Nach den afghanischen Gesetzen dürfte die Zina aufgrund der hohen Anforderungen selten zur Anwendung kommen. In der afghanischen Praxis führt, wie der bisherige Forschungsstand feststellt, die Zina häufig zur Inhaftierung der Frauen und Mädchen. Ein Gender Gap liegt in der Praxis vor. Die Praxis steht mit den afghanischen Gesetzen bzw. der Scharia, wie von Karzai geäußert, nicht im Einklang. Hier wird die Ursache in der bildungsschwachen Männerherrschaft gesehen, die zu ihren Gunsten die Praxis gesetzeswidrig ausleben. Schließlich fand durch die Mithilfe der Staatsanwaltschaft eine teilnehmende Beobachtung bei der Polizei in Karokh statt.[370]

Bei der Prüfung der Übereinstimmung der jugendgerichtlichen Gesetze zu der Praxis wurden die Untersuchung von UNICEF (2008) und das Interview mit der Richterin in Kabul herangezogen. Festgestellt wurde, dass die hilfebedürftigen Jugendlichen „doppelt" bestraft werden. Die Haftbedingungen entsprechen nicht annähernd den internationalen Standards. Es werden Foltermethoden

370 Zu den Erkenntnissen vgl. 3. Hauptkapitel.

angewandt. Die Anzahl der vorhandenen Jugendgerichte entspricht nicht der gesetzlichen Vorgabe. Es werden vermehrt Haftstrafen ausgeurteilt. Eine separate Haftanstalt für Mädchen existiert nicht. Ihnen werden die besonderen Rechte einer Jugendhaftanstalt bzw. Jugendrehabilitationszentrum entzogen. Das Ziel des Jugendstrafrechts wird in der afghanischen Praxis nicht erreicht. Die Richterin bestätigt überwiegend die praktische Anwendung. Die Forschung zu diesem Themengebiet ist nicht ausreichend und kann nicht eindeutig als verlässlich gelten. Diese Untersuchung kann als Richtmaß herangezogen werden. Weitere Forschung zum Jugendstrafrecht in Afghanistan ist jedoch unabdingbar.

Die Praxis entspricht in den überwiegenden Punkten weder den gesetzlichen Vorschriften noch den islamischen Vorschriften. Soweit die Praxis bereits nicht mit den Quellen der Scharia übereinstimmt, kann davon ausgegangen werden, dass die Praxis noch weniger mit den internationalen Abkommen übereinstimmt. Entsprechend kann die Scharia nicht als Hauptursache für die Unterdrückung der Frauen gelten.

Angenommen wird, dass in Afghanistan zahlreiche Risikofaktoren vorhanden sind. Diese konnten im Rahmen dieser Arbeit nicht isoliert berücksichtigt werden.

Schließlich kann festgestellt werden, dass alle überprüften Normen in der Rechtsanwendungspraxis anders ausgeführt oder gar nicht eingehalten werden. Die These des damaligen Präsidenten Karzai[371] ist so nicht haltbar. Bei wenigen Vorschriften wurde festgestellt, dass die Scharia evtl. als mitursächlich gelten könnte. Der überwiegende Teil der überprüften Vorschriften stellen im Gesetz keine Unterdrückung des weiblichen Geschlechts dar – diese werden in der Praxis dennoch anders ausgeführt und tragen häufig eine Unterdrückung des weiblichen Geschlechts mit sich. Andere Ursachen, wie Armut, Subkulturen der Bildungsschwachen, Krieg, Gesundheit und Männerherrschaft treten in Form der Früh – Zwangsheirat, Polygamie und den moralischen Verbrechen auf.

Sodann wurden hier die Ergebnisse der Arbeit zusammengefasst.

Der Fokus der Arbeit wurde auf die afghanischen Frauen und Mädchen gelegt. Die Untersuchung der Frauen und Mädchen erscheint nach diesseitiger Auffassung besonders aufschlussreich zu sein, da die Benachteiligung der Frauen in Afghanistan zum gegenwärtigen Zeitpunkt sehr verbreitet, aktuell und üblich ist.

Anzumerken ist, dass es nur wenig vorhandene afghanische Forschungsliteratur gibt. Empirisch abgesicherte Forschung aus Afghanistan ist kaum

371 S.o.

vorhanden. Daher werden sämtliche Forschungsarbeiten zu Afghanistan, auch nicht wissenschaftliche Studien, im Rahmen dieser Arbeit berücksichtigt. Der überwiegende Teil der vorhandenen Literatur ist auf englischer Sprache verfasst. Auf das Problemfeld der Pashtunwali[372] kann im Rahmen dieser Arbeit aufgrund ihres Umfanges nicht eingegangen werden.

In Afghanistan fand im Jahre 2014 ein Regierungswechsel statt. Nach mehreren strittigen Wahlen haben sich schließlich Aschraf Ghani und Abdullah Abdullah zu einer Einheitsregierung geeinigt mit Aschraf Ghani als Präsidenten und Abdullah Abdullah als Regierungschef. Diverse Meinungsverschiedenheiten unter ihnen führen dazu, dass keine Politik bzw. Lösungsansätze für die kritische Lage in Afghanistan bereitstehen. Die Taliban sollen offiziell anerkannt werden und mitreden dürfen. Es finden unzählige Attentate auf Zivilisten in dem Land statt.

Präsident Trump hat zu mehr Luftangriffen auf Afghanistan aufgerufen und diese bereits durchgeführt mit unzähligen Opfern als Folge. Es sollen mehr Sicherheitskräfte in Afghanistan stationiert werden. Präsident Trump will seine Mission nicht offenlegen, sodass ungewiss bleibt, bis wann die Mission ausgeweitet wird.[373] Afghanistan selbst ist nicht in der Lage, das Land zu verteidigen und hat bereits Landesteile an die Aufständischen abgegeben. Pakistan hat angekündigt, Hunderttausende von afghanischen Flüchtlingen abzuschieben.[374]Es bestehen daher in jeglicher Hinsicht Überlebens- und Existenzängste für die afghanischen Bürger.

Wiederum leben die Menschen in Afghanistan inzwischen eine größere Meinungs- und Kundgebungsfreiheit aus. Es gibt mittlerweile zahlreiche afghanische Fernsehsender, die die Rechte der Menschen/Frauen darlegen oder auf die Risikofaktoren – wie die Früh- oder Zwangsheirat oder das Brautgeld – eingehen. In einigen TV Sendungen[375] wird die Regierung sogar mittlerweile belustigt und teilweise spielen in diesen Formaten auch Frauen eine Rolle.

Die neuen Wahlen stehen im Jahre 2018 wieder an. Die Zukunft Afghanistans bleibt jedoch weiterhin im Unklaren.

---

372 Pashtunwali stellt das Ehrenkodex der Pashtunen dar.

373 Sood (2017) in The Hindu Mission indefinite Link: www.thehindu.com Download: 22.03.2018.

374 Spiegel Online (2018) Pakistan plant offenbar Ausweisung Hunderttausender Afghanen Link: http://www.spiegel.de/politik/ausland/pakistan-plant-offenbar.aus... Download: 27.01.2018.

375 Vgl. z.B. Eshta khaw shud? Oder Puzkhand.

Die Verfasserin möchte auf einige grundsätzliche Probleme in Afghanistan aufmerksam machen mit der Hoffnung, dass sich das afghanische Volk, die Regierung sowie die internationalen Kräfte diesen annehmen und sie beseitigen.

Insbesondere wird die afghanische Regierung dringend aufgefordert, Geburten, Eheschließungen und Sterbefälle zu datieren. Anderenfalls kann nicht nachvollzogen werden, wie beispielsweise Straftäter ausfindig gemacht werden, wenn ihre Meldeadresse nicht vorliegt, wie der Schulbesuch der Kinder überwacht wird oder wie eine Eheschließung im minderjährigen Alter sanktioniert und entgegengewirkt wird, wenn weder Geburten noch Eheschließungen festgehalten werden. Der afghanische Staat hat bisweilen seine Überwachungsfunktion außer Acht gelassen. Gerade diese Funktion ist überaus wichtig, in einem Land mit einer der höchsten Analphabtenquoten. Diese Daten aufzunehmen und zu pflegen, ist ein erster Schritt um einige Divergenzen, wie z.B. die Früh- oder Zwangsheirat vorzubeugen.

Es ist der Verfasserin dabei auch ein besonderes Anliegen, ein Bewusstsein über die Situation der Frauen und Mädchen in dem Land zu schaffen.

Alles in allem kann festgestellt werden, dass den islamischen Vorschriften in der afghanischen Verfassung größere Bedeutung zukommen muss, als es bislang der Fall war. Die afghanischen Gesetze stimmen mit den islamischen Vorschriften überein, die islamischen Vorschriften stimmen teilweise mit den internationalen Abkommen überein, jedoch stehen die afghanischen Gesetze – ob das Penal Code oder das Juvenile Code – mit der praktischen Anwendung im Widerspruch.

Schließlich soll anhand dieser begrenzt aufgeführten Beispiele aufgezeigt werden, dass die Scharia – wie von Präsident Karzai geäußert – und die anderen afghanischen Gesetze eben nicht hauptursächlich für die Unterdrückung der Frauen und Mädchen in Afghanistan sind. Die Ursachen können vielmehr, wie Sonnen in Kindhäuser und dem Antrag vor dem Bundestag bzgl. der Zwangsheirat festgestellt hat, in Bezug auf Afghanistan insofern erweitert werden, als die Zwangsheirat und die o.g. afghanischen Vorkommnisse nicht mit der Religion, des Islams gekoppelt sind, sondern die Folge von traditionell-patriarchalischen, kriegsverletzten, finanz- und bildungsschwachen Gesellschaften oder Subkulturen sind.[376] Weitere Forschungsarbeiten zum afghanischen Recht und zur Rechtsanwendungspraxis erscheinen jedoch unabdingbar.

---

376 Vgl. 2. Hauptkapitel.

Anhang 1

MAX-PLANCK-INSTITUT
FÜR AUSLÄNDISCHES ÖFFENTLICHES RECHT
UND VÖLKERRECHT

Direktoren: Professor Dr. Armin von Bogdandy · Professor Dr. Dr. h.c. Rüdiger Wolfrum

Die Verfassung der Islamischen Republik Afghanistan

(Übersetzt von Gholam Djelani Davary, Wiesbaden, unter Mitwirkung des Max-Planck-Institutes für ausländisches öffentliches Recht und Völkerrecht, Heidelberg)

Im Namen Gottes, des Barmherzigen, des Erbarmers

Erlass
des Präsidenten der Islamischen Übergangsregierung
Afghanistans

über die Unterzeichnung der Verfassung Afghanistans

Nr.: 103 Datum: 7.11.1382 = 27.01.2004

Im Namen des erhabenen Gottes und zum Wohl des edlen und friedliebenden Volkes Afghanistans verkünde ich die Unterzeichnung und das Inkrafttreten der neuen Verfassung, die durch die Große Ratsversammlung (Loya Dschirga), die vom 22. Qaus bis 14. Dschadi 1382 H. (= 13.12.2003 bis 04.01.2004) in Kabul tagte, in 12 Kapiteln und 162 Artikeln einstimmig angenommen wurde.

Ich flehe den erhabenen Gott an, dass diese Verfassung unter Berücksichtigung der Gebote der heiligen Religion des Islam, der Festigung der nationalen Einheit, der Verwirklichung der demokratischen Ziele, des Aufbaus der Zivilgesellschaft und des allgemeinen wirtschaftlichen, sozialen, politischen und kulturellen Wohlstandes ein Leuchtfeuer auf dem Weg des Staates und der Bürger des Landes werden und Frieden, Gleichheit und Brüderlichkeit innerhalb der afghanischen Nation sichern möge.

Mit Gottes Hilfe

Hamid Karzai
Präsident der Islamischen Übergangsregierung Afghanistans

6. Dalwa 1382 Hidschra = 25.01.2004
Kabul

Im Namen Allahs, des Erbarmers des Barmherzigen,
Lob sei Allah, dem Weltenherrn, Gottes Segen und Friede sei mit Mohammad
(Gott segne ihn und schenke ihm Heil), dem Haupt der Propheten und der Gesandten
und mit allen seinen Nachkommen und Gefährten

Inhaltsverzeichnis:

Präambel

Wir, das Volk von Afghanistan, haben

- im festen Glauben an den heiligen Gott, den Allmächtigen, und im Vertrauen auf den Willen des erhabenen Gottes und im Glauben an die heilige Religion des Islam,
- im Wissen um die Ungerechtigkeiten, die Wirren der Vergangenheit und die unzähligen Leiden, die über unser Land hereingebrochen sind,
- in Anerkennung der Opfer, der historischen Kämpfe, des heiligen Krieges (Jihad) und des gerechten Widerstandes aller Menschen Afghanistans und im Respekt vor der hohen Stellung der Märtyrer zur Befreiung des Landes,
- im Bewusstsein, dass das einheitliche und unteilbare Afghanistan allen Ethnien und Völkern dieses Territoriums gehört,
- in Achtung der Charta der Vereinten Nationen und der Allgemeinen Erklärung der Menschenrechte,
- zur Festigung der nationalen Einheit, der Wahrung der Unabhängigkeit, der nationalen Souveränität und der territorialen Integrität des Landes,
- zur Schaffung einer auf dem Willen des Volkes und Demokratie beruhenden Staatsordnung,
- zur Errichtung einer Zivilgesellschaft ohne Unterdrückung, Willkür, Diskriminierung und Gewalt und basierend auf Rechtsstaatlichkeit, sozialer Gerechtigkeit, dem Schutz der Menschenrechte und der Menschenwürde sowie der Sicherung der Freiheiten und Grundrechte der Menschen,
- zur Stärkung der politischen, sozialen, wirtschaftlichen und der Verteidigung dienenden Institutionen des Landes,
- zur Sicherung von Wohlstand und gesunder Umwelt für alle Bewohner dieses Landes,
- und schließlich zur Stärkung eines Afghanistan angemessenen Platzes in der Völkergemeinschaft,

diese Verfassung unter Berücksichtigung der historischen, kulturellen und sozialen Realitäten des Landes sowie der Erfordernisse der Zeit durch unsere gewählten Vertreter in der Großen Ratsversammlung (Loya Dschirga) am 14. Jadi 1382 Hidschra (= 04.01.2004) in der Stadt Kabul verabschiedet.

Kapitel 1

Der Staat

Artikel 1
Afghanistan ist eine Islamische Republik, ein unabhängiger, unitarischer und unteilbarer Staat.

Artikel 2
Die Religion des Staates der Islamischen Republik Afghanistan ist die heilige Religion des Islam.
Die Anhänger anderer Religionen sind frei, ihrem Glauben zu folgen und ihre religiösen Zeremonien im Rahmen der gesetzlichen Bestimmungen auszuüben.

Artikel 3
In Afghanistan darf kein Gesetz dem Glauben und den Bestimmungen der heiligen Religion des Islam widersprechen.

Artikel 4
Die Staatsgewalt in Afghanistan geht vom Volk aus, das sie direkt oder durch seine Vertreter ausübt.
Die afghanische Nation besteht aus allen Personen, welche die Staatsangehörigkeit Afghanistans besitzen.
Die afghanische Nation besteht aus den Völkerschaften der Paschtunen, Tadschiken, Hazaras, Usbeken, Turkmenen, Balutschen, Paschais, Nuristanis, Aimaqs, Araber, Kirgisen, Qizilbaschs, Gojars, Brahuis und anderen Ethnien. Das Wort „Afghane" wird für alle Staatsbürger Afghanistans verwendet.
Keinem Bürger Afghanistans kann die afghanische Staatsangehörigkeit aberkannt werden.
Staatsangehörigkeits- und Asylangelegenheiten werden durch Gesetz geregelt.

Artikel 5
Die Durchführung der Bestimmungen dieser Verfassung und sonstiger Gesetze, die Verteidigung der Unabhängigkeit, der nationalen Souveränität, der territorialen Integrität, die Gewähr der Sicherheit sowie der Verteidigungsfähigkeit des Landes gehören zu den Grundpflichten des Staates.

Artikel 6
Der Staat ist zur Schaffung einer wohlhabenden und fortschrittlichen Gesellschaft, basierend auf sozialer Gerechtigkeit, dem Schutz der Menschenrechte und der Menschenwürde, der Verwirklichung von Demokratie, zur Sicherung der nationalen Einheit und Gleichheit unter allen Ethnien und Stämmen und zu einer gleichmäßigen Entwicklung in allen Gebieten des Landes verpflichtet.

Artikel 7
Der Staat achtet die Charta der Vereinten Nationen, die internationalen Verträge und Konventionen, denen Afghanistan beigetreten ist, sowie die Allgemeine Erklärung der Menschenrechte.
Der Staat verhindert jede Art terroristischer Aktivitäten, Drogenanbau und -schmuggel, Produktion und Konsum von Rauschmitteln.

Artikel 8
Der Staat regelt die Außenpolitik des Landes auf der Grundlage der Wahrung der Unabhängigkeit, des nationalen Interesses, der territorialen Integrität, der Nichteinmischung, der guten Nachbarschaft, der gegenseitigen Achtung und der Gleichberechtigung.

Artikel 9
Minen, andere unterirdische Ressourcen und kulturelle Schätze sind Eigentum des Staates.
Schutz und Verwaltung des Staatseigentums, vernünftige Nutzung der natürlichen Ressourcen und des sonstigen öffentlichen Eigentums werden durch Gesetz geregelt.

Artikel 10
Der Staat fördert und schützt private Investitionen und Unternehmen auf der Grundlage der marktwirtschaftlichen Ordnung und garantiert deren Sicherheit nach Maßgabe der gesetzlichen Bestimmungen.

Artikel 11
Die Angelegenheiten des Binnen- und Außenhandels werden nach den wirtschaftlichen Erfordernissen des Landes und im Interesse der Bürger durch Gesetz geregelt.

Artikel 12
„De Afghanistan Bank" ist die Zentralbank des Staates. Sie ist unabhängig.
Der Druck der Banknoten sowie Planung und Durchführung der Geldpolitik des Landes gehört zu den Befugnissen der Zentralbank nach Maßgabe der gesetzlichen Bestimmungen.
Die Zentralbank berät sich bezüglich des Drucks der Banknoten mit dem Wirtschaftsausschuss der Volksvertretung (Wulesi Dschirga). Organisation und Arbeitsweise dieser Bank werden durch Gesetz geregelt.

Artikel 13
Der Staat entwickelt und implementiert wirksame Programme zur Entwicklung der Industrie und zum Wachstum der Produktion, zur Erhöhung des Lebensstandards der Bürger und zur Unterstützung des Handwerks.

Artikel 14
Der Staat entwickelt und implementiert wirksame Programme im Rahmen seiner finanziellen Möglichkeiten zur Entwicklung von Landwirtschaft und Viehzucht, zur Verbesserung der wirtschaftlichen, sozialen und existenziellen Bedingungen der Bauern und Viehzüchter sowie zur Ansiedlung der Nomaden und zur Verbesserung ihrer Lebensbedingungen.
Der Staat ergreift notwendige Maßnahmen zur Beschaffung von Wohnungen und Verteilung öffentlichen Eigentums an bedürftige Bürger nach Maßgabe der gesetzlichen Bestimmungen und im Rahmen seiner finanziellen Möglichkeiten.

Artikel 15
Der Staat ist verpflichtet, zum Schutz und zur Gesundung der Wälder und der Umwelt notwendige Maßnahmen zu ergreifen.

Artikel 16
Von den Sprachen Paschtu, Dari, Usbekisch, Turkmenisch, Balutschi, Paschai, Nuristani, Pamiri und anderen im Land gebräuchlichen Sprachen sind Paschtu und Dari die offiziellen Sprachen des Staates.

In Gebieten, wo die Mehrheit der Bevölkerung eine der Sprachen Usbekisch, Turkmenisch, Paschai, Nuristani, Balutschi oder Pamiri spricht, ist diese neben Paschtu und Dari die dritte offizielle Sprache. Die Durchführung wird durch Gesetz geregelt.
Der Staat entwickelt und implementiert wirksame Programme zur Förderung und Entwicklung aller Sprachen Afghanistans.
Veröffentlichungen der Printmedien sowie Rundfunk- und Fernsehsendungen sind in allen gebräuchlichen Sprachen des Landes erlaubt.
Die bisher gebräuchlichen wissenschaftlichen, nationalen und administrativen Fachausdrücke werden beibehalten.

Artikel 17
Der Staat ergreift notwendige Maßnahmen zur Förderung von Bildung und Erziehung auf allen Ebenen, zur Entwicklung von religiöser Bildung, zur Regelung und zur Verbesserung der Lage der Moscheen, der religiösen Schulen (madaris) sowie der religiösen Zentren.

Artikel 18
Der Kalender des Landes beruht auf der Auswanderung (Hidschra) des Propheten (*Gott segne ihn und schenke ihm Heil*).
Die Arbeitsgrundlage der staatlichen Verwaltung ist der Sonnenkalender (Hidschri Schamsi).
Freitage, der 28. Asad (19. August) und der 8. Saur (28. April) sind Feiertage. Andere Feiertage werden durch Gesetz geregelt.

Artikel 19
Die Flagge von Afghanistan besteht aus drei gleichen Teilen in den Farben schwarz, rot und grün, die von links nach rechts senkrecht nebeneinander stehen. Die Breite jeder Farbspalte ist halb so groß wie ihre Länge. In der Mitte der Flagge befindet sich das Nationalwappen Afghanistans.
Es besteht aus einer Gebetsnische (Mehrab) und einer Kanzel (Munbar) in Weiß, an deren beiden Außenseiten je eine Flagge angebracht ist. In der Mitte oberhalb des Wappens sind die heiligen Worte „Es gibt keinen Gott außer Gott und Mohammad ist sein Gesandter“ und „Gott ist groß“ und die Strahlen der aufgehenden Sonne zu sehen. Im unteren Teil des Wappens befindet sich das Datum 1298 Hidschra (1919) und das Wort „Afghanistan“. Das Wappen ist auf beiden Seiten von Weizenähren umgeben.
Die Verwendung der Flagge und des Nationalwappens wird durch Gesetz geregelt.

Artikel 20
Der Text der Nationalhymne Afghanistans ist in Paschtu. Darin werden der Ruf „Gott ist groß“ (*Allahu Akbar*) und die Namen aller ethnischen Gruppen Afghanistans erwähnt.
Artikel 21
Die Hauptstadt Afghanistans ist die Stadt Kabul.

Kapitel 2

Die Grundrechte und Pflichten der Bürger

Artikel 22
Jegliche Form von Benachteiligung oder Bevorzugung unter den Bürgern Afghanistans ist verboten.
Die Bürger Afghanistans, sowohl Frauen als auch Männer, haben vor dem Gesetz gleiche Rechte und Pflichten.

Artikel 23
Das Leben ist ein Geschenk Gottes und ein natürliches Recht des Menschen. Niemandem wird dieses Recht ohne gesetzliche Grundlage aberkannt.

Artikel 24
Freiheit ist ein natürliches Recht des Menschen. Dieses Recht hat keine Grenzen, es sei denn, es verletzt die Freiheit der anderen oder das Interesse der Allgemeinheit, die durch Gesetz geregelt werden.
Freiheit und Menschenwürde sind unantastbar. Der Staat ist verpflichtet, Freiheit und Menschenwürde zu achten und zu schützen.

Artikel 25
Unschuld ist der ursprüngliche Zustand des Menschen.
Ein Beschuldigter gilt so lange als unschuldig bis er durch ein rechtskräftiges Urteil eines zuständigen Gerichts[1] verurteilt wird.

Artikel 26
Eine Straftat ist eine persönliche Handlung.
Die Strafverfolgung, Festnahme und Inhaftierung eines Beschuldigten und der Vollzug der Strafe können nicht an einer anderen Person vorgenommen werden.

Artikel 27
Eine Handlung ist nur aufgrund eines Gesetzes strafbar, das in Kraft getreten ist, bevor die Tat begangen wurde. Niemand darf strafverfolgt, festgenommen oder inhaftiert werden außer aufgrund gesetzlicher Bestimmungen.
Niemand darf bestraft werden außer durch ein Urteil eines zuständigen Gerichts und aufgrund der gesetzlichen Bestimmungen, die vor der begangenen Tat in Kraft getreten sind.

Artikel 28
Kein Bürger Afghanistans, der einer Straftat beschuldigt wird, darf an einen ausländischen Staat ausgeliefert werden, außer aufgrund bilateraler Vereinbarungen und internationaler Abkommen, denen Afghanistan beigetreten ist.
Kein Afghane[2] wird durch Entzug der Staatsangehörigkeit bestraft oder zur Verbannung im In- oder ins Ausland verurteilt.

---

[1] Dari „*mahkamaye bā salāhiyat*" bedeutet wörtlich „kompetentes, autorisiertes Gericht". Hierfür wird im Folgenden durchgehend die Übersetzung „zuständiges Gericht" verwendet.

Artikel 29
Folter ist verboten.
Niemand darf, auch nicht zur Wahrheitsfindung, eine Person foltern oder den Befehl dazu geben, selbst wenn sie strafrechtlich verfolgt, festgenommen, inhaftiert oder zu einer Strafe verurteilt worden ist.
Die Verhängung einer Strafe, welche die Menschenwürde verletzt, ist verboten.

Artikel 30
Aussagen, Geständnisse und Zeugenaussagen von Beschuldigten oder anderen Personen, die durch Zwang[3] erlangt worden sind, sind ungültig.
Ein Geständnis einer Straftat bedeutet, dass der Beschuldigte es freiwillig im Vollbesitz seiner geistigen Kräfte vor einem zuständigen Gericht ablegt.

Artikel 31
Jede Person kann unmittelbar nach der Festnahme zur Widerlegung der Anschuldigung oder zur Durchsetzung ihres Rechts einen Verteidiger bestimmen.
Der Beschuldigte hat das Recht, unmittelbar nach seiner Festnahme über die erhobene Anschuldigung informiert zu werden und innerhalb der Frist, die das Gesetz festlegt, vor Gericht vorgeführt zu werden.
Der Staat wird einem bedürftigen Beschuldigten in Strafprozessen einen Verteidiger bestellen.
Die Vertraulichkeit der Gespräche sowie das Post- und Fernmeldegeheimnis zwischen dem Beschuldigten und seinem Verteidiger sind unverletzlich.
Die Pflichten und Befugnisse der Verteidiger werden durch Gesetz geregelt.

Artikel 32
Verschuldung führt nicht zur Einschränkung oder zum Entzug der Freiheit einer Person.
Die Modalitäten der Schuldenbegleichung werden durch Gesetz geregelt.

Artikel 33
Die Bürger Afghanistans haben das aktive und passive Wahlrecht.
Die Modalitäten der Ausübung dieses Rechts werden durch Gesetz geregelt.

Artikel 34
Die Meinungsfreiheit ist unverletzlich.
Jeder Afghane hat das Recht, seine Meinung in Wort, Schrift und Bild sowie mit anderen Mitteln unter Berücksichtigung der in dieser Verfassung verankerten Bestimmungen zu äußern.
Jeder Afghane hat das Recht, nach Maßgabe der gesetzlichen Bestimmungen Inhalte ohne vorherige Vorlage bei den staatlichen Stellen zu drucken und zu verbreiten.
Bestimmungen über Verlagswesen, Rundfunk, Fernsehen, Presse und sonstige Massenmedien werden durch Gesetz geregelt.

---

2 Grammatikalisch besteht im Persischen kein Unterschied zwischen männlichem und weiblichem Geschlecht. In Paschtu gibt es zwar die weibliche Form, sie wurde aber im Paschtu-Text der Verfassung nicht verwendet. Zur besseren Lesbarkeit der deutschen Übersetzung wird daher auch hier durchgehend die maskuline Form gebraucht, gemeint sind aber immer beide Geschlechter. Die Gleichberechtigung von Mann und Frau ist in Art. 22 dieser Verfassung verankert.

3 Arabisch „*ikrāh*" bedeutet sowohl „Zwang" als auch „Gewalt".

Artikel 35
Afghanische Staatsbürger haben das Recht, zur Wahrung materieller oder geistig-moralischer Ziele nach Maßgabe der gesetzlichen Bestimmungen Vereinigungen zu bilden.
Afghanische Staatsbürger haben das Recht, nach Maßgabe der gesetzlichen Bestimmungen politische Parteien zu gründen, vorausgesetzt, dass
1. Programm und Satzung der Partei den Prinzipien der heiligen Religion des Islam sowie den in dieser Verfassung enthaltenen Bestimmungen und Werten nicht widersprechen;
2. Struktur und Finanzquellen der Partei offen gelegt werden;
3. sie keine militärischen und paramilitärischen Strukturen und Ziele hat;
4. sie nicht von einer ausländischen politischen Partei oder sonstigen ausländischen Quellen abhängig ist.

Gründung und Tätigkeit einer Partei auf ethnischer, geographischer, sprachlicher und islamisch-rechtlicher Basis (mazhabe fiqhī) ist nicht zulässig.
Eine Vereinigung oder eine Partei, die nach Maßgabe der gesetzlichen Bestimmungen gegründet worden ist, kann nicht ohne gesetzliche Gründe und das Urteil eines zuständigen Gerichts aufgelöst werden.

Artikel 36
Afghanische Staatsbürger haben das Recht, sich nach Maßgabe der Gesetze für friedliche und rechtmäßige Zwecke unbewaffnet zu versammeln und zu demonstrieren.

Artikel 37
Geheime und freie Korrespondenz und Kommunikation der Bürger, sei es in schriftlicher, fernmündlicher, telegraphischer oder anderer Form sind unverletzlich.
Der Staat hat nicht das Recht, private Post und Fernmeldegespräche der Bürger zu kontrollieren außer nach Maßgabe der gesetzlichen Bestimmungen.

Artikel 38
Die Privatwohnung ist unverletzlich.
Niemand, auch nicht der Staat, darf ohne Erlaubnis der Bewohner oder ohne den Beschluss eines zuständigen Gerichts eine Privatwohnung betreten oder sie durchsuchen, außer in Situationen und mit Methoden, die im Gesetz vorgesehen sind.
Bei einer offenkundigen Straftat darf die zuständige Polizei ohne vorherige Erlaubnis eines Gerichts die Privatwohnung betreten oder sie durchsuchen. Der Beamte ist verpflichtet, nachdem er das Haus betreten bzw. durchsucht hat, innerhalb einer gesetzlich geregelten Frist den Gerichtsbeschluss einzuholen.

Artikel 39
Jeder Afghane hat das Recht, überall im Land zu reisen und sich niederzulassen, außer in Gegenden, in denen dies gesetzlich verboten ist.
Jeder Afghane hat das Recht, nach Maßgabe der gesetzlichen Bestimmungen ins Ausland zu reisen und nach Afghanistan zurückzukehren. Der Staat schützt die Rechte der afghanischen Staatsbürger im Ausland.

Artikel 40
Das Eigentum ist unverletzlich.

Niemand wird daran gehindert, Eigentum zu erwerben und daraus Nutzen zu ziehen, außer nach Maßgabe der gesetzlichen Bestimmungen.
Niemand wird ohne gesetzliche Grundlage und den Beschluss eines zuständigen Gerichts enteignet.
Enteignung privaten Eigentums ist nur zum Wohl der Allgemeinheit auf der Grundlage eines Gesetzes gegen eine vorher festgesetzte und gerechte Entschädigung zulässig.
Prüfung und Offenlegung von privaten Eigentum finden nur aufgrund gesetzlicher Bestimmungen statt.

Artikel 41
Ausländer haben nicht das Recht, in Afghanistan Grundbesitz zu erwerben.
Verpachtung von Grundbesitz zwecks Investition ist nach Maßgabe der gesetzlichen Bestimmungen zulässig.
Der Verkauf von Grundbesitz an die diplomatischen Vertretungen auswärtiger Staaten sowie an die internationalen Organisationen, deren Mitglied Afghanistan ist, ist nach Maßgabe der gesetzlichen Bestimmungen zulässig.

Artikel 42
Jeder Afghane ist verpflichtet, dem Staat nach Maßgabe der gesetzlichen Bestimmungen Steuern und Zölle zu entrichten.
Es werden keine Steuern und Zölle ohne gesetzliche Grundlage erhoben.
Die Höhe der Steuern und Zölle und die Art ihrer Entrichtung wird unter Berücksichtigung der sozialen Gerechtigkeit durch ein Gesetz geregelt.
Diese Bestimmung gilt auch für Ausländer und ausländische Firmen.
Alle erhobenen Steuern, Zölle und Einnahmen werden auf ein einheitliches Staatskonto überwiesen.

Artikel 43
Alle afghanischen Staatsbürger haben das Recht auf Bildung. Sie wird vom Staat bis zum Hochschulabschluss in den staatlichen Bildungseinrichtungen kostenlos bereitgestellt.
Der Staat ist verpflichtet, zur gleichmäßigen Verbreitung der Bildung in ganz Afghanistan und zur Sicherung der obligatorischen mittleren Schulbildung effektive Programme zu entwickeln und zu verwirklichen. Er soll außerdem die Voraussetzung für den Unterricht der Muttersprachen in den Gebieten, in denen sie gesprochen werden, schaffen.

Artikel 44
Der Staat ist verpflichtet, zur Förderung einer gleichmäßigen Verbreitung der Bildung für Frauen, zur Verbesserung der Bildung der Nomaden sowie zur Beseitigung des Analphabetismus im Land effektive Programme zu entwickeln und zu verwirklichen.

Artikel 45
Der Staat entwickelt und verwirklicht einen einheitlichen, auf den Vorschriften der heiligen Religion des Islam, der nationalen Kultur sowie wissenschaftlichen Methoden beruhenden Lehrplan. Der Lehrplan für den Religionsunterricht an den Schulen wird auf der Grundlage der in Afghanistan existierenden islamischen Glaubensrichtungen (mazahib) zusammengestellt.

Artikel 46
Der Staat ist zur Gründung und Verwaltung von höheren, allgemeinen und beruflichen Bildungseinrichtungen verpflichtet.
Afghanische Staatsbürger können mit staatlicher Genehmigung höhere, allgemeine und berufliche Bildungseinrichtungen sowie Alphabetisierungskurse einrichten.
Der Staat kann Ausländern die Gründung von höheren, allgemeinen und beruflichen Bildungseinrichtungen nach Maßgabe der gesetzlichen Bestimmungen genehmigen.
Die Aufnahmebedingungen in den höheren staatlichen Bildungseinrichtungen und sonstige damit zusammenhängende Angelegenheiten werden durch Gesetz geregelt.

Artikel 47
Der Staat entwickelt effektive Programme zur Förderung von Wissenschaft, Kultur, Literatur und Kunst.
Der Staat garantiert die Rechte der Autoren, Erfinder und Entdecker. Er fördert und unterstützt die wissenschaftliche Forschung auf allen Gebieten und verbreitet die wirkungsvolle Nutzung ihrer Ergebnisse nach Maßgabe der gesetzlichen Bestimmungen.

Artikel 48
Jeder Afghane hat das Recht auf Arbeit.
Arbeitszeit, bezahlter Urlaub, Arbeitsrecht und die Rechte der Beschäftigten sowie sonstige damit zusammenhängende Angelegenheiten werden durch Gesetz geregelt.
Die Wahl des Berufes und des Handwerks ist im Rahmen der gesetzlichen Bestimmungen frei.

Artikel 49
Zwangsarbeit ist verboten.
Aktive Teilnahme in Kriegszeiten, bei Katastrophen und in sonstigen Situationen, die das Leben der Bürger und das Wohl der Allgemeinheit gefährden, gehört zu den nationalen Pflichten aller Afghanen.
Kinder dürfen nicht der Zwangsarbeit unterworfen werden.

Artikel 50
Der Staat ist verpflichtet, die erforderlichen Maßnahmen zur Schaffung einer intakten Verwaltung und Verwirklichung von Reformen im Verwaltungssystem des Landes zu ergreifen.
Die Verwaltung soll ihre Aufgaben in völliger Neutralität und nach Maßgabe der gesetzlichen Bestimmungen wahrnehmen.
Die afghanischen Staatsbürger haben im Rahmen der gesetzlichen Bestimmungen das Recht auf Information durch die Behörden. Dieses Recht kann nicht eingeschränkt werden, außer wenn die Rechte anderer oder die öffentliche Sicherheit verletzt werden.
Die afghanischen Staatsbürger haben auf der Grundlage der gesetzlichen Bestimmungen nach Maßgabe ihrer Eignung ohne jegliche Diskriminierung Zugang zum Staatsdienst.

Artikel 51
Jeder, der durch einen Akt der Verwaltung unzulässig geschädigt wird, hat ein Recht auf Entschädigung, das er vor Gericht einklagen kann.
Mit Ausnahme der im Gesetz erläuterten Fälle darf der Staat ohne Beschluss eines zuständigen Gerichts seinen Rechtsanspruch nicht geltend machen.

Artikel 52
Der Staat stellt kostenlos nach Maßgabe der gesetzlichen Bestimmungen medizinische Vorsorge, ärztliche Behandlung und medizinische Einrichtungen für alle Bürger zur Verfügung.
Der Staat fördert und schützt nach Maßgabe der gesetzlichen Bestimmungen die Errichtung und Ausweitung privater medizinischer Dienste und Gesundheitszentren.
Der Staat ergreift die erforderlichen Maßnahmen zur Förderung einer gesunden Leibeserziehung und zur Entwicklung der nationalen und regionalen Sportarten.

Artikel 53
Der Staat ergreift nach Maßgabe der gesetzlichen Bestimmungen die erforderlichen Maßnahmen zur Regelung medizinischer Dienste und finanzieller Unterstützung für die Hinterbliebenen der Kriegsopfer (Schuhada) und Vermissten sowie zur Wiedereingliederung der Behinderten und Invaliden und zur Ermöglichung ihrer aktiven Teilnahme an der Gesellschaft.
Der Staat sichert die Rechte der Rentner und leistet erforderliche Hilfe für ältere Menschen, Kriegswitwen, Behinderte, Invaliden und Waisen nach Maßgabe der gesetzlichen Bestimmungen.

Artikel 54
Die Familie bildet den Grundpfeiler der Gesellschaft und steht unter dem Schutz des Staates.
Der Staat ergreift erforderliche Maßnahmen zur Sicherung der körperlichen und seelischen Unversehrtheit der Familie, insbesondere von Mutter und Kind, zur Erziehung der Kinder und zur Beseitigung von Traditionen, die den Bestimmungen der heiligen Religion des Islam widersprechen.

Artikel 55
Die Verteidigung des Landes ist die Pflicht aller Staatsbürger Afghanistans.
Die Modalitäten des Wehrdienstes werden durch Gesetz geregelt.

Artikel 56
Die Bestimmungen der Verfassung zu beachten, Gesetze zu befolgen und öffentliche Ordnung und Sicherheit zu respektieren, ist die Pflicht aller Bürger Afghanistans.
Unkenntnis über die gesetzlichen Bestimmungen kann nicht als Entschuldigung gelten.

Artikel 57
Der Staat sichert die Rechte und Freiheiten ausländischer Staatsbürger in Afghanistan nach Maßgabe des Gesetzes. Diese Personen sind verpflichtet, nach den Regeln des Völkerrechts die Gesetze des Staates Afghanistan zu beachten.

Artikel 58
Um die Einhaltung der Menschenrechte in Afghanistan zu überwachen, zu verbessern und zu unterstützen, gründet der Staat die Unabhängige Menschenrechtskommission Afghanistans.
Jeder kann, wenn seine Menschenrechte verletzt worden sind, bei dieser Kommission Beschwerde einreichen.
Die Kommission kann Fälle von Menschenrechtsverletzungen an die Justizbehörden weiterleiten und die Bürger bei der Verteidigung ihrer Rechte unterstützen.

Struktur und Arbeitsweise dieser Kommission werden durch Gesetz geregelt.

Artikel 59
Niemand darf die in dieser Verfassung verankerten Rechte und Freiheiten missbrauchen, um gegen die Unabhängigkeit, territoriale Integrität, Souveränität und nationale Einheit vorzugehen.

Kapitel 3

Der Staatspräsident

Artikel 60
Der Staatspräsident ist Staatsoberhaupt[4] der Islamischen Republik Afghanistan und führt seine Aufgaben in den Bereichen der Exekutive, der Legislative und der Judikative nach Maßgabe der Bestimmungen dieser Verfassung durch.
Der Staatspräsident hat zwei Vizepräsidenten, einen ersten und einen zweiten.
Der Bewerber um das Amt des Staatspräsidenten verkündet der Nation zeitgleich mit seiner Kandidatur die Namen der Vizepräsidenten.
Der erste Vizepräsident handelt in Abwesenheit, beim Rücktritt oder im Todesfall des Staatspräsidenten nach Maßgabe der in dieser Verfassung verankerten Bestimmungen.
In Abwesenheit des ersten Vizepräsidenten führt der zweite Vizepräsident nach Maßgabe der in dieser Verfassung verankerten Bestimmungen die Geschäfte.

Artikel 61
Der Staatspräsident wird mit mehr als fünfzig Prozent der abgegebenen Stimmen in freier, allgemeiner, geheimer und unmittelbarer Wahl gewählt.
Das Amt des Staatspräsidenten endet am 01. Jawuza (22. Mai) des fünften Jahres nach den Wahlen. Die Wahl zum neuen Staatspräsidenten findet innerhalb von dreißig bis sechzig Tagen vor dem Ende der Amtszeit des amtierenden Staatspräsidenten statt.
Erhält kein Bewerber im ersten Wahlgang mehr als fünfzig Prozent der abgegebenen Stimmen, findet innerhalb von zwei Wochen nach Bekanntgabe des ersten Wahlergebnisses ein zweiter Wahlgang statt. An dieser Wahl nehmen nur die beiden Bewerber teil, die im ersten Wahlgang die höchste Stimmenanzahl erhalten haben.
Wer im zweiten Wahlgang die meisten Stimmen auf sich vereinigt, ist als Staatspräsident gewählt. Wenn einer der Bewerber um das Amt des Staatspräsidenten während des ersten oder zweiten Wahlgangs oder nach der Wahl, aber vor Bekanntgabe des Wahlergebnisses, stirbt, wird die Wahl nach Maßgabe der gesetzlichen Bestimmungen wiederholt.

Artikel 62
Bewerber um das Amt des Staatspräsidenten müssen folgende Bedingungen erfüllen:
1. er soll afghanischer Staatsbürger, Muslim, von afghanischen Eltern geboren sein und nicht die Staatsangehörigkeit eines anderen Landes besitzen;
2. er soll am Tage der Bewerbung nicht unter vierzig Jahre alt sein;

[4] Im Dari-Text heißt es „...steht an der Spitze der Islamischen Republik Afghanistans".

3. er soll nicht von einem Gericht wegen Verbrechen gegen die Menschlichkeit, wegen einer Straftat oder zur Aberkennung seiner bürgerlichen Rechte verurteilt worden sein.

Niemand darf für mehr als zwei Amtsperioden als Staatspräsident gewählt werden.

Die genannten Bestimmungen dieses Artikels gelten auch für die beiden Vizepräsidenten.

Artikel 63

Der Staatspräsident leistet bei seinem Amtsantritt nach einem besonderen, durch Gesetz geregelten Verfahren folgenden Amtseid:

„Im Namen Allahs, des Erbarmers, des Barmherzigen. Im Namen des allmächtigen Gottes (*Erhaben sei seine Majestät*) schwöre ich, der heiligen Religion des Islam zu gehorchen und sie zu schützen, die Verfassung und die sonstigen Gesetze zu achten und ihre Umsetzung zu überwachen, die Unabhängigkeit, nationale Souveränität und territoriale Integrität Afghanistans zu wahren und die Rechte und Interessen der Bürger Afghanistans zu schützen sowie mich mit Hilfe des erhabenen Gottes und mit der Unterstützung der Nation mit meiner Kraft für das Wohl und den Fortschritt des afghanischen Volkes einzusetzen."

Artikel 64

Der Staatspräsident hat die folgenden Befugnisse und Pflichten:

1. er überwacht die Anwendung der Verfassung;
2. er bestimmt mit Zustimmung der Nationalversammlung (Schuraye Milli) die Richtlinien der Politik des Landes;
3. er ist Oberster Befehlshaber der Streitkräfte Afghanistans;
4. er erklärt jeweils mit Zustimmung der Nationalversammlung den Krieg und verkündet den Waffenstillstand;
5. er trifft notwendige Entscheidungen bei der Verteidigung der territorialen Integrität und der Bewahrung der Unabhängigkeit;
6. er entsendet mit Zustimmung der Nationalversammlung Einheiten der Streitkräfte ins Ausland;
7. er beruft die Große Ratsversammlung (Loya Dschirga) ein, mit Ausnahme der in Artikel 69 dieser Verfassung beschriebenen Situation;
8. er verkündet mit Zustimmung der Nationalversammlung den Ausnahmezustand und dessen Beendigung;
9. er eröffnet die Sitzungen der Nationalversammlung und der Großen Ratsversammlung;
10. er nimmt den Rücktritt der Vizepräsidenten entgegen;
11. er ernennt und entlässt mit Zustimmung der Volksvertretung die Minister, den Generalstaatsanwalt, den Präsidenten der Nationalbank, den Leiter des Nationalen Sicherheitsdienstes sowie den Leiter des Roten Halbmondes und nimmt deren Entlassungsgesuche entgegen;
12. er ernennt mit Zustimmung der Volksvertretung den Präsidenten und die Mitglieder des Obersten Gerichtshofs;
13. er ernennt und entlässt nach Maßgabe der gesetzlichen Bestimmungen Richter, Offiziere der Streitkräfte, der Polizei, des Nationalen Sicherheitsdienstes sowie die hohen Beamten der Verwaltung, er versetzt sie in den Ruhestand und nimmt ihre Rücktrittsgesuche entgegen;

14. er ernennt die Leiter der diplomatischen Vertretungen in den auswärtigen Staaten und bei den internationalen Organisationen;
15. er nimmt die Beglaubigungsschreiben der auswärtigen Diplomaten in Afghanistan entgegen;
16. er unterzeichnet Gesetze und gesetzgebende Verordnungen;
17. er erteilt nach Maßgabe der gesetzlichen Bestimmungen Vollmacht zum Abschluss zwischenstaatlicher Verträge;
18. er mindert und erlässt Strafen nach Maßgabe der gesetzlichen Bestimmungen;
19. er vergibt nach Maßgabe der gesetzlichen Bestimmungen Medaillen, Orden und Ehrentitel;
20. er setzt nach Maßgabe der gesetzlichen Bestimmungen Kommissionen zur Verbesserung der Verwaltung des Landes ein;
21. er übt sonstige, in dieser Verfassung enthaltene Befugnisse und Pflichten aus.

Artikel 65

Der Staatspräsident kann sich in wichtigen nationalen, politischen, sozialen und wirtschaftlichen Fragen in einer Volksbefragung[5] an die Bürger Afghanistans wenden.
Die Durchführung einer Volksbefragung darf den Bestimmungen dieser Verfassung nicht widersprechen und darf nicht zu ihrer Änderung führen.

Artikel 66

Der Staatspräsident orientiert sich bei der Ausübung der in dieser Verfassung verankerten Befugnisse am Wohl des afghanischen Volkes.
Er darf nicht ohne gesetzliche Bestimmung staatliches Eigentum verkaufen oder verschenken.
Er darf sich bei der Ausübung seiner Befugnisse nicht von sprachlichen, regionalen, ethnischen, religiösen und parteipolitischen Überlegungen leiten lassen.

Artikel 67

Im Falle des Rücktritts, der Absetzung oder des Todes sowie einer schweren Erkrankung, die den Staatspräsidenten an der Ausübung seiner Pflichten hindert, nimmt der erste Vizepräsident die Befugnisse und Pflichten des Staatspräsidenten wahr.
Der Staatspräsident verkündet der Nationalversammlung (Schuraye Milli) seinen Rücktritt persönlich.
Die schwere Erkrankung wird durch ein kompetentes Ärztekollegium, das vom Obersten Gerichtshof bestimmt wird, festgestellt.
In solchen Fällen findet gemäß Artikel 61 dieser Verfassung die Wahl eines neuen Staatspräsidenten innerhalb von drei Monaten statt.
Der erste Vizepräsident ist während seiner Amtszeit als Übergangspräsident zu folgenden Handlungen nicht befugt:

1. Änderung der Verfassung ;
2. Entlassung von Ministern;
3. Durchführung einer Volksbefragung.

Die Vizepräsidenten können sich nach Maßgabe der Bestimmungen dieser Verfassung um das Präsidentenamt bewerben.

---

[5] Der ungenaue Dari-Ausdruck „*ārāye omumiye mardom*" kann „Volksentscheid, allgemeine Volksbefragung, Referendum, allgemeine Abstimmung" bedeuten. In Anlehnung an das Paschtu-Äquivalent „*tolo pochtene*" (siehe Anmerkung des Übersetzers) wird hier der Ausdruck „Volksbefragung" verwendet.

Bei Abwesenheit des Staatspräsidenten werden die Aufgaben des ersten Vizepräsidenten vom Staatspräsidenten festgelegt.

Artikel 68
Wenn einer der Vizepräsidenten zurücktritt oder stirbt, wird an seiner Stelle eine andere Person vom Staatspräsidenten mit Zustimmung der Volksvertretung ernannt.
Im Falle des gleichzeitigen Todes des Staatspräsidenten und des ersten Vizepräsidenten nehmen der Reihenfolge nach der zweite Vizepräsident, der Präsident des Ältestenrats (Meschrano Dschirga), der Präsident der Volksvertretung (Wulesi Dschirga) und der Außenminister gemäß Artikel 67 dieser Verfassung die Aufgaben des Staatspräsidenten wahr.

Artikel 69
Der Staatspräsident ist gemäß diesem Artikel dem Volk und der Volksvertretung (Wulesi Dschirga) gegenüber verantwortlich.
Eine Anklage gegen den Staatspräsidenten wegen Verbrechen gegen die Menschlichkeit, Hochverrat oder einer Straftat kann mit einem Drittel der Stimmen der Mitglieder der Volksvertretung beantragt werden. Wenn dieser Antrag mit Zweidrittelmehrheit der Mitglieder der Volksvertretung angenommen wird, beruft die Volksvertretung innerhalb eines Monats die Große Ratsversammlung (Loya Dschirga) ein.
Wenn die Große Ratsversammlung die Anklage mit Zweidrittelmehrheit der Mitglieder annimmt, wird der Staatspräsident seines Amtes enthoben und der Fall einem Sondergericht übertragen. Das Sondergericht besteht aus dem Präsidenten des Ältestenrats (Meschrano Dschirga), drei Mitgliedern der Volksvertretung (Wulesi Dschirga) und drei Mitgliedern des Obersten Gerichtshofs. Das Gerichtsverfahren wird von einer Person geleitet, die von der Großen Ratsversammlung bestimmt wird.
In einem solchen Fall finden die in Artikel 67 verankerten Bestimmungen dieser Verfassung Anwendung.

Artikel 70
Gehalt und Ausgaben des Staatspräsidenten werden durch Gesetz geregelt.
Der Staatspräsident ist berechtigt, außer im Fall seiner Absetzung, nach Ablauf seiner Amtszeit bis an sein Lebensende nach Maßgabe der gesetzlichen Bestimmungen Bezüge für diese Amtszeit zu erhalten.

Kapitel 4

Die Regierung

Artikel 71
Die Regierung besteht aus den Ministern, die unter der Leitung des Staatspräsidenten ihre Aufgaben wahrnehmen.
Die Anzahl der Minister und ihre Aufgaben werden durch Gesetz geregelt.

Artikel 72
Jede Person, die als Minister ernannt wird, soll folgende Bedingungen erfüllen:

1. sie soll nur die afghanische Staatsangehörigkeit besitzen. Sollte ein Bewerber um ein Ministerium zusätzlich die Staatsangehörigkeit eines anderen Landes besitzen, ist die Volksvertretung (Wulesi Dschirga) berechtigt, ihn zu bestätigen oder abzulehnen;
2. sie soll höhere Bildung, Berufserfahrung und einen guten Leumund haben;
3. sie soll nicht jünger als 35 Jahre alt sein;
4. sie darf nicht von einem Gericht wegen Verbrechen gegen die Menschlichkeit oder wegen einer Straftat verurteilt worden sein und ihr dürfen nicht durch Gerichte ihre bürgerlichen Rechte aberkannt worden sein.

Artikel 73
Die Minister können aus den Reihen der Mitglieder der Nationalversammlung (Schuraye Milli) oder von außerhalb ernannt werden.
Wird ein Mitglied der Nationalversammlung als Minister ernannt, verliert er sein Mandat in der Nationalversammlung. An seiner Stelle rückt nach Maßgabe der gesetzlichen Bestimmungen eine andere Person nach.

Artikel 74
Die Minister leisten vor ihrem Amtsantritt in Anwesenheit des Staatspräsidenten folgenden Eid:
„Im Namen des erhabenen Gottes (*Erhaben sei seine Majestät*) schwöre ich, die heilige Religion des Islam zu schützen, die Verfassung und sonstigen Gesetze Afghanistans zu achten, die Rechte der Bürger zu wahren, die Unabhängigkeit, territoriale Integrität und nationale Einheit des afghanischen Volkes zu sichern und in all meinen Handlungen die Anwesenheit Gottes (*Erhaben sei seine Majestät*) zu erkennen und die mir übertragenen Pflichten ehrenhaft zu erfüllen".

Artikel 75
Die Regierung hat folgende Pflichten:
1. die Bestimmungen dieser Verfassung und sonstiger Gesetze umzusetzen und die rechtskräftigen Gerichtsurteile zu vollziehen;
2. die Unabhängigkeit des Landes zu schützen, die territoriale Integrität zu verteidigen sowie die Interessen und die Würde Afghanistans in der internationalen Gemeinschaft zu wahren;
3. die öffentliche Ordnung und Sicherheit zu gewährleisten und jegliche Art von Korruption in der Verwaltung zu unterbinden;
4. den Staatshaushalt zu gestalten, die finanziellen Angelegenheiten des Staates zu regeln und das öffentliche Eigentum zu schützen;
5. soziale, kulturelle, wirtschaftliche und technologische Programme zu entwickeln und zu verwirklichen;
6. am Ende des Finanzjahres der Nationalversammlung einen Bericht über die bereits erledigten Aufgaben und über die wichtigsten Vorhaben im neuen Finanzjahr vorzulegen;
7. sonstige Aufgaben, die gemäß dieser Verfassung und sonstiger Gesetze zu den Pflichten der Regierung gehören, durchzuführen.

Artikel 76
Die Regierung entwirft und beschließt Bestimmungen, um die Richtlinien der Politik des Landes durchzusetzen und ihre Aufgaben zu regeln. Diese Bestimmungen dürfen dem Inhalt und dem Geist der Gesetze nicht widersprechen.

Artikel 77
Die Minister erfüllen ihre Aufgaben als Leiter der Verwaltungseinheiten innerhalb der Grenzen, die diese Verfassung und sonstige Gesetze bestimmen.
Die Minister sind hinsichtlich der ihnen zugewiesenen Aufgaben dem Präsidenten und der Volksvertretung gegenüber verantwortlich.

Artikel 78
Wenn ein Minister wegen Verbrechen gegen die Menschlichkeit, Hochverrat oder sonstiger Straftaten angeklagt wird, wird der Fall unter Berücksichtigung des Artikels 134 dieser Verfassung an ein Sondergericht verwiesen.

Artikel 79
Die Regierung kann mit Ausnahme von Haushalts- und Finanzangelegenheiten während der Sitzungspausen der Volksvertretung in Ausnahmefällen Gesetzeserlasse verabschieden.
Die Gesetzeserlasse treten nach Unterzeichnung durch den Staatspräsidenten in Kraft. Sie müssen der Nationalversammlung innerhalb von dreißig Tagen nach ihrer ersten Sitzung vorgelegt werden. Sollten sie durch die Nationalversammlung abgelehnt werden, werden sie ungültig.

Artikel 80
Die Minister dürfen sich bei der Ausübung ihrer Befugnisse nicht von sprachlichen, regionalen, ethnischen, religiösen sowie parteipolitischen Überlegungen leiten lassen.

Kapitel 5

Die Nationalversammlung (Schuraye Melli)

Artikel 81
Die Nationalversammlung der Islamischen Republik Afghanistan manifestiert als höchstes Organ der Legislative den Willen des Volkes und vertritt die ganze Nation.
Jedes Mitglied der Nationalversammlung stellt bei der Abstimmung das Wohl der Allgemeinheit und das oberste Interesse des afghanischen Volkes in den Mittelpunkt seiner Entscheidung.

Artikel 82
Die Nationalversammlung besteht aus zwei Kammern: der Volksvertretung (Wulesi Dschirga) und dem Ältestenrat (Meschranu Dschirga).
Niemand darf gleichzeitig Mitglied beider Kammern sein.

Artikel 83
Mitglieder der Volksvertretung werden vom Volk in freier, allgemeiner, geheimer und unmittelbarer Wahl gewählt.
Ihr Mandat endet am 01. Saratan (22. Juni) des fünften Jahres nach ihrer Wahl, und die neue Volksvertretung beginnt mit ihrer Arbeit.
Die Neuwahl der Volksvertretung findet innerhalb von dreißig bis sechzig Tagen vor dem Ende der Wahlperiode der Volksvertretung statt.
Die Anzahl der Mitglieder der Volksvertretung beträgt proportional zur Bevölkerung jedes Bezirks höchstens 250 Mitglieder.
Die Wahlbezirke und sonstige damit zusammenhängende Angelegenheiten werden im Wahlgesetz geregelt.
Im Wahlgesetz werden notwendige Maßnahmen ergriffen, damit das Wahlsystem eine allgemeine und gerechte Vertretung aller Staatsbürger sichert. Proportional zur Bevölkerung sollen aus jeder Provinz mindestens zwei Frauen als Abgeordnete in die Volksvertretung gewählt werden.

Artikel 84
Die Mitglieder des Ältestenrats (Meschranu Dschirga) werden wie folgt gewählt bzw. ernannt:
1. aus den Reihen der Mitglieder der einzelnen Provinzräte (Wilayat) wird ein Vertreter vom jeweiligen Rat für die Dauer von vier Jahren gewählt;
2. aus den Reihen der Mitglieder der einzelnen Bezirksräte (Woluswali) der Provinzen wird ein Vertreter vom jeweiligen Rat für die Dauer von drei Jahren gewählt;
3. das verbleibende Drittel der Mitglieder wird aus den Reihen der kundigen und erfahrenen Persönlichkeiten, einschließlich zweier Vertreter der Behinderten und Invaliden sowie zweier Vertreter der Nomaden (Kuchi) für die Dauer von fünf Jahren vom Staatspräsidenten ernannt.

50 % der vom Staatspräsidenten ernannten Mitglieder müssen Frauen sein.
Wer zum Mitglied des Ältestenrats gewählt wird, verliert sein Mandat in dem jeweiligen Rat. An seiner Stelle rückt eine andere Person nach Maßgabe der gesetzlichen Bestimmungen nach.

Artikel 85
Jede Person, die sich als Mitglied der Nationalversammlung bewirbt bzw. ernannt wird, muss zusätzlich zu den Bedingungen des Wahlrechts folgende Merkmale erfüllen:
1. sie besitzt von Geburt an die afghanische Staatsangehörigkeit oder hat mindestens zehn Jahre vor der Kandidatur bzw. ihrer Ernennung die afghanische Staatsangehörigkeit erlangt ;
2. sie darf nicht von einem Gericht wegen Verbrechen gegen die Menschlichkeit oder wegen einer Straftat verurteilt worden sein und ihr dürfen nicht durch Gerichte ihre bürgerlichen Rechte aberkannt worden sein;
3. die Mitglieder der Volksvertretung sollen am Tage ihrer Kandidatur das Mindestalter von 25 Jahren, die des Ältestenrats am Tage der Kandidatur bzw. Ernennung das von 35 Jahren erreicht haben.

Artikel 86
Die Voraussetzungen für die Wählbarkeit[6] der Mitglieder der Nationalversammlung werden von der Unabhängigen Wahlkommission nach Maßgabe der gesetzlichen Bestimmungen geprüft.

Artikel 87
Beide Kammern der Nationalversammlung wählen bei ihrer konstituierenden Sitzung eines ihrer Mitglieder als Präsident für eine Legislaturperiode, zwei Mitglieder als ersten und zweiten Stellvertreter sowie zwei weitere als ersten und zweiten Schriftführer für die Dauer eines Jahres.
Sie bilden jeweils den Verwaltungsausschuss der Volksvertretung und des Ältestenrats.
Die Aufgaben des Verwaltungsausschusses sind im Rahmen der Geschäftsordnung der jeweiligen Kammer geregelt.

Artikel 88
Jede Kammer der Nationalversammlung bildet gemäß der Geschäftsordnung Ausschüsse zur Erörterung der zur Diskussion stehenden Themen.

Artikel 89
Die Volksvertretung hat das Recht, auf Antrag eines Drittels der Mitglieder einen Sonderausschuss zu bilden mit dem Ziel, die Arbeit der Regierung zu überprüfen.
Die Zusammensetzung und die Arbeitsweise dieses Ausschusses werden durch die Geschäftsordnung der Volksvertretung geregelt.

Artikel 90
Die Nationalversammlung hat folgende Befugnisse:
1. Verabschiedung, Änderung oder Aufhebung von Gesetzen oder Gesetzeserlassen;
2. Beschluss über soziale, kulturelle, wirtschaftliche und technologische Entwicklungsprogramme;
3. Zustimmung zum Staatshaushalt und zur Aufnahme oder Vergabe von Krediten;
4. Schaffung und Veränderung von Verwaltungseinheiten;
5. Ratifizierung von internationalen Verträgen und Abkommen bzw. Kündigung der Mitgliedschaft Afghanistans;
6. sonstige in dieser Verfassung verankerten Befugnisse.

Artikel 91
Die Volksvertretung hat folgende Sonderbefugnisse:
1. Entscheidung über die Anhörung jedes einzelnen Ministers gemäß Artikel 92 dieser Verfassung;
2. Beschluss über die Entwicklungsprogramme und den Staatshaushalt;
3. Genehmigung bzw. Ablehnung von Ernennungen nach Maßgabe der Bestimmungen dieser Verfassung.

Artikel 92
Die Volksvertretung kann auf Antrag von 20% aller Mitglieder jeden einzelnen Minister befragen.

---

[6] Das arabische Wort „*waṯā`iq*“ Plural von „*waṯīqa*” bedeutet “Urkunde, Dokument, Beleg, Bescheinigung” etc. Der Dari-Ausdruck „*waṯā`iqe entekhabātī*“ wird hier mit „Voraussetzung für die Wählbarkeit“ übersetzt.

Ist die abgegebene Erklärung nicht überzeugend, erwägt die Volksvertretung die Frage eines Misstrauensvotums.
Das Misstrauensvotum gegen einen Minister soll klar, direkt und sachlich begründet sein. Das Misstrauensvotum wird von der Mehrheit aller Mitglieder der Volksvertretung ausgesprochen.

Artikel 93
Jeder einzelne Ausschuss einer Kammer der Nationalversammlung kann jeden Minister zu bestimmten Themen befragen.
Die Person, an die die Frage gerichtet ist, kann schriftlich oder mündlich antworten.

Artikel 94
Ein Gesetz kommt durch Beschluss beider Kammern der Nationalversammlung und Unterzeichnung durch den Staatspräsidenten zu Stande, es sei denn, diese Verfassung bestimmt etwas anderes.
Wenn der Staatspräsident mit dem Beschluss der Nationalversammlung nicht einverstanden ist, kann er ihn innerhalb einer Frist von fünfzehn Tagen unter Angabe von Gründen an die Volksvertretung zurückverweisen. Nach Ablauf dieser Frist bzw. nach nochmaligem Beschluss der Volksvertretung mit Zweidrittelmehrheit aller Mitglieder gilt diese Gesetzesvorlage als unterschrieben und tritt in Kraft.

Artikel 95
Ein Gesetzentwurf kann von der Regierung, von Mitgliedern der Nationalversammlung und, wenn es sich um die Regelung von Angelegenheiten der Judikative handelt, vom Obersten Gerichtshof (Estera Mahkama) über die Regierung eingebracht werden.
Ein Gesetzentwurf über Haushalts- und Finanzangelegenheiten kann nur von der Regierung eingebracht werden.

Artikel 96
Wenn ein eingebrachter Gesetzentwurf eine neue Belastung oder einen Einkommensverlust des Staates beinhaltet, wird er nur dann auf die Tagesordnung gesetzt, wenn im vorgelegten Text eine Gegenfinanzierung vorgesehen ist.

Artikel 97
Ein Gesetzentwurf der Regierung wird zuerst der Volksvertretung vorgelegt.
Sie nimmt den Gesetzentwurf, einschließlich solcher über die Haushalts- und Finanzangelegenheiten und die Aufnahme bzw. Vergabe von Krediten, nach Diskussion als Paket an oder lehnt ihn ab.
Sie kann die Entscheidung über den Gesetzentwurf nicht länger als einen Monat verzögern.
Nach Annahme leitet sie den Gesetzentwurf an den Ältestenrat weiter.
Der Ältestenrat entscheidet innerhalb von fünfzehn Tagen über die Vorlage.
Die Nationalversammlung entscheidet vorrangig über jene Gesetzentwürfe, Verträge und Entwicklungspläne der Regierung, die auf ihren Vorschlag einer dringlichen Behandlung bedürfen.
Wenn ein Gesetzentwurf von zehn Mitgliedern einer der beiden Kammern eingebracht und von einem Fünftel der Mitglieder der Kammer, der er vorgelegt wurde, angenommen wird, kann er auf die Tagesordnung der entsprechenden Kammer gesetzt werden.

Artikel 98
Der Staatshaushalt und der Entwicklungsplan der Regierung sind über den Ältestenrat, mit dessen Stellungnahme versehen, der Volksvertretung zuzuleiten.
Der Beschluss der Volksvertretung tritt, ohne dem Ältestenrat erneut vorgelegt zu werden, nach Unterzeichnung durch den Staatspräsidenten in Kraft.
Sollte der Haushalt aus irgendeinem Grund nicht vor Beginn des neuen fiskalischen Jahres beschlossen werden, findet der Haushalt des vorigen Jahres bis zur Verabschiedung des neuen Haushalts Anwendung. Die Regierung legt innerhalb des letzten Viertels des fiskalischen Jahres den Haushalt des nächsten Jahres mit einem kurzen Bericht über die Haushaltskalkulation des laufenden Jahres der Nationalversammlung vor. Die endgültige Haushaltsberechnung des vergangenen fiskalischen Jahres ist nach Maßgabe der gesetzlichen Bestimmungen innerhalb von sechs Monaten des nächsten Jahres der Nationalversammlung vorzulegen.
Die Volksvertretung kann den Haushaltsbeschluss nicht länger als einen Monat und die Erlaubnis der Aufnahme bzw. Vergabe von Krediten, die nicht zum Haushalt gehören, nicht länger als fünfzehn Tage verzögern.
Wenn die Volksvertretung in dieser Zeit über die Aufnahme bzw. Vergabe von Krediten keinen Beschluss fasst, gilt die Vorlage als angenommen.

Artikel 99
Wenn während der Sitzungsperiode der Nationalversammlung der jährliche Haushalt, ein Entwicklungsplan oder Angelegenheiten der öffentlichen Sicherheit, der territorialen Integrität und der Souveränität des Landes behandelt werden, kann die Sitzungsperiode der Nationalversammlung nicht beendet werden, bevor nicht ein Beschluss darüber gefasst worden ist.

Artikel 100
Wenn der Beschluss einer Kammer von der anderen Kammer abgelehnt wird, ist zur Lösung der Differenzen ein gemeinsamer Ausschuss aus der gleichen Anzahl von Mitgliedern beider Kammern zu bilden.
Der Beschluss des Ausschusses ist nach Unterzeichnung durch den Staatspräsidenten geltendes Recht. Wenn der gemeinsame Ausschuss die Differenzen nicht lösen kann, gilt der Beschluss als nicht angenommen. In diesem Fall kann ihn die Volksvertretung in der nächsten Sitzung mit Zweidrittelmehrheit aller Mitglieder annehmen. Dieser Beschluss ist, ohne dass er dem Ältestenrat vorgelegt werden muss, nach Unterzeichnung durch den Staatspräsidenten geltendes Recht.

Artikel 101
Kein Mitglied der Nationalversammlung wird wegen seines Abstimmungsverhaltens oder einer Meinungsäußerung bei der Ausübung seiner Pflichten juristisch verfolgt.

Artikel 102
Wenn ein Mitglied der Nationalversammlung einer Straftat beschuldigt wird, informiert der zuständige Beamte die Kammer, welcher der Beschuldigte angehört, über den Fall, und der Beschuldigte kann juristisch verfolgt werden.
Bei einer offenkundigen Straftat kann der zuständige Beamte ohne Zustimmung der Kammer, welcher der Beschuldigte angehört, juristisch verfolgen und inhaftieren.

Wenn die juristische Verfolgung eine Inhaftierung erfordert, ist der zuständige Beamte in beiden Fällen verpflichtet, den Fall sofort der entsprechenden Kammer mitzuteilen und deren Beschluss einzuholen.
Wird die Anklage während der sitzungsfreien Zeit erhoben, wird die Erlaubnis zur Festnahme oder Inhaftierung vom Verwaltungsausschuss der zuständigen Kammer eingeholt, und der Fall wird in der ersten Sitzung der erwähnten Kammer zwecks Nachholung eines Beschlusses vorgelegt.

Artikel 103
Die Minister können an den Sitzungen der Kammern der Nationalversammlung teilnehmen.
Jede Kammer der Nationalversammlung kann die Anwesenheit der Minister bei ihren Sitzungen verlangen.

Artikel 104
Beide Kammern der Nationalversammlung tagen in getrennten Sitzungen zu gleicher Zeit. In folgenden Fällen können beide Kammern gemeinsam Sitzungen abhalten:
1. wenn die Legislaturperiode oder die jährliche Sitzungsperiode durch den Staatspräsidenten eröffnet wird;
2. wenn der Staatspräsident es für erforderlich erachtet.

Der Präsident der Volksvertretung leitet die gemeinsamen Sitzungen der Nationalversammlung.

Artikel 105
Die Sitzungen der Nationalversammlung sind öffentlich, außer wenn der Sitzungspräsident oder mindestens zehn Mitglieder der Nationalversammlung den Ausschluss der Öffentlichkeit beantragen und die Versammlung diesen Antrag annimmt.
Niemand darf sich Zugang zum Sitz der Nationalversammlung gewaltsam erzwingen.

Artikel 106
Die Beschlussfähigkeit ist in jeder Kammer der Nationalversammlung gegeben, wenn die Mehrheit der Mitglieder bei der Abstimmung anwesend ist. Ihre Beschlüsse werden mit Stimmenmehrheit der anwesenden Mitglieder gefasst, soweit diese Verfassung nichts anderes bestimmt.

Artikel 107
Die Nationalversammlung hält jedes Jahr zwei ordentliche Sitzungsperioden ab.
Die Dauer der beiden Sitzungsperioden im Jahr beträgt neun Monate. Die Nationalversammlung kann, wenn erforderlich, diese Dauer verlängern.
Während der sitzungsfreien Zeit können auf Anweisung des Staatspräsidenten außerordentliche Sitzungen einberufen werden.

Artikel 108
Im Fall des Todes, des Rücktritts und der Entlassung eines Mitglieds der Nationalversammlung bzw. dessen Behinderung oder Invalidität, die ihn auf Dauer an der Ausübung seiner Aufgaben hindern, wird ein neuer Vertreter für den Rest der Legislaturperiode nach Maßgabe der Gesetze bestimmt.
Fragen der Anwesenheit und Abwesenheit von Mitgliedern der Nationalversammlung sind durch die Vorschriften der Geschäftsordnung geregelt.

Artikel 109
Entwürfe zur Änderung des Wahlgesetzes können im letzten Jahr der Legislaturperiode nicht auf die Tagesordnung der Nationalversammlung gesetzt werden.

Kapitel 6

Die Große Ratsversammlung (Loya Dschirga)

Artikel 110
Die Große Ratsversammlung ist die höchste Manifestation des Willens des afghanischen Volkes. Sie besteht aus:
1. den Mitgliedern der Nationalversammlung;
2. den Vorsitzenden der Provinz- und Bezirksräte.

Die Minister, der Präsident und die Mitglieder des Obersten Gerichtshofs können an den Sitzungen der Großen Ratsversammlung ohne Stimmrecht teilnehmen.

Artikel 111
Die Große Ratsversammlung wird in folgenden Situationen einberufen:
1. zur Beschlussfassung in Fragen der Unabhängigkeit, nationalen Souveränität, territorialen Integrität und der höchsten Interessen des Landes;
2. zur Änderung der Bestimmungen dieser Verfassung;
3. zur Anklage des Staatspräsidenten gemäß Artikel 69 dieser Verfassung.

Artikel 112
Die Große Ratsversammlung wählt in der ersten Sitzung aus den Reihen ihrer Mitglieder einen Präsidenten, einen Stellvertreter sowie einen Schriftführer und einen stellvertretenden Schriftführer.

Artikel 113
Die Beschlussfähigkeit der Großen Ratsversammlung ist erreicht, wenn die Mehrheit der Mitglieder bei der Abstimmung anwesend ist.
Die Beschlüsse der Großen Ratsversammlung werden mit der Mehrheit aller Mitglieder gefasst, außer in den in dieser Verfassung ausdrücklich erwähnten Fällen.

Artikel 114
Die Debatten der Großen Ratsversammlung sind öffentlich, es sei denn, ein Viertel der Mitglieder beantragt den Ausschluss der Öffentlichkeit und die Große Ratsversammlung nimmt diesen Antrag an.

Artikel 115
Während der Sitzung einer Großen Ratsversammlung gelten für ihre Mitglieder die Bestimmungen der Artikel 101 und 102 dieser Verfassung.

Kapitel 7

Die Justiz

Artikel 116
Die Justiz ist ein unabhängiger Pfeiler des Staats der Islamischen Republik Afghanistan.
Sie besteht aus dem Obersten Gerichtshof (Estera Mahkama), den Berufungsgerichten (Mahakeme Istinaf) und den Gerichten erster Instanz (Mahakeme Ebtedaiya), deren Strukturen und Befugnisse durch Gesetz geregelt werden.
Der Oberste Gerichtshof steht als höchstes richterliches Organ an der Spitze der Justiz der Islamischen Republik Afghanistan.

Artikel 117
Der Oberste Gerichtshof besteht aus neun Mitgliedern, die erstmalig vom Staatspräsidenten mit Zustimmung der Volksvertretung und unter Berücksichtigung der Bestimmungen in den letzten Absätzen der Artikel 50 und 118 dieser Verfassung folgendermaßen ernannt werden:
drei Mitglieder für die Dauer von vier Jahren, drei für sieben sowie drei weitere für zehn Jahre. Spätere Ernennungen gelten für einen Zeitraum von zehn Jahren.
Ernennungen von Mitgliedern für eine zweite Amtszeit sind unzulässig.
Der Staatspräsident ernennt eines der Mitglieder zum Präsidenten des Obersten Gerichtshofs.
Die Mitglieder des Obersten Gerichtshof werden, außer in dem in Artikel 127 dieser Verfassung genannten Fall, nicht vor Ende ihrer Amtszeit ihres Amtes enthoben.

Artikel 118
Ein Mitglied des Obersten Gerichtshofs muss folgende Bedingungen erfüllen:
1. der Präsident und die Mitglieder dürfen bei der Ernennung nicht jünger als vierzig Jahre alt sein;
2. die afghanische Staatsangehörigkeit besitzen;
3. über höhere Bildung in der Rechtswissenschaft bzw. im islamischen Recht sowie über ausreichende Kompetenz und Berufserfahrung im afghanischen Rechtssystem verfügen;
4. hohe ethische Maßstäbe und einen guten Leumund haben;
5. es darf nicht von einem Gericht wegen Verbrechen gegen die Menschlichkeit oder wegen einer Straftat verurteilt worden sein und ihm dürfen nicht durch Gerichte seine bürgerlichen Rechte aberkannt worden sein;
6. es darf während der Amtszeit keiner politischen Partei angehören.

Artikel 119
Die Mitglieder des Obersten Gerichtshofs leisten bei ihrem Amtsantritt in Anwesenheit des Staatspräsidenten folgenden Eid:
„Im Namen des erhabenen Gottes (*Erhaben sei seine Majestät*) schwöre ich, Recht und Gerechtigkeit gemäß den Bestimmungen der heiligen Religion des Islam, dem Geist dieser Verfassung und sonstiger Gesetze Afghanistans zu wahren und die richterlichen Aufgaben mit höchster Zuverlässigkeit, Aufrichtigkeit und Unparteilichkeit zu erfüllen".

Artikel 120
Die Befugnisse der Justiz umfassen die Durchführung aller Gerichtsverfahren, die von natürlichen oder juristischen Personen, einschließlich des Staates, als Kläger oder Beklagte vor Gericht nach Maßgabe der gesetzlichen Bestimmungen angestrengt werden.

Artikel 121
Zu den Befugnissen des Obersten Gerichtshofs gehören auf Ersuchen der Regierung oder der Gerichte die Überprüfung der Gesetze, Gesetzeserlasse, internationalen Verträge und Konventionen auf Übereinstimmung mit der Verfassung und deren Auslegung nach Maßgabe der gesetzlichen Bestimmungen.

Artikel 122
Ein Gesetz darf unter keinen Umständen einzelne Fälle oder ein Rechtsgebiet den Kompetenzen der Justiz, wie sie in diesem Kapitel definiert sind, entziehen und einer anderen Stelle übertragen.
Diese Bestimmung findet keine Anwendung auf die Einrichtung von Sondergerichten, die in den Artikeln 69, 78 und 127 dieser Verfassung erwähnt sind, sowie von Militärgerichten und den dazugehörigen Angelegenheiten.
Die Struktur und Zuständigkeit dieser Gerichte werden durch Gesetz geregelt.

Artikel 123
Die Vorschriften über die Strukturen und Befugnisse sowie die Arbeitsweisen der Gerichte und Aufgaben und Pflichten der Richter werden unter Berücksichtigung der Bestimmungen dieser Verfassung durch ein Gesetz geregelt.

Artikel 124
Für Beamte und sonstiges Verwaltungspersonal der richterlichen Gewalt gelten die gesetzlichen Bestimmungen der Beamten und sonstigen Verwaltungsangestellten des Staates, deren Ernennung, Entlassung, Beförderung, Pensionierung, Bestrafung und Auszeichnung wird jedoch nach Maßgabe der gesetzlichen Bestimmungen durch den Obersten Gerichtshof vorgenommen.

Artikel 125
Der Haushalt der Justiz wird in Beratung mit der Regierung vom Obersten Gerichtshof aufgestellt und als Teil des Staatshaushalts von der Regierung der Nationalversammlung vorgelegt.
Die Befugnisse zur Haushaltsführung der richterlichen Gewalt liegt beim Obersten Gerichtshof.

Artikel 126
Die Mitglieder des Obersten Gerichtshofs erhalten nach ihrer Amtszeit bis an ihr Lebensende finanzielle Zuwendungen aus ihrer Dienstzeit, vorausgesetzt sie haben keine staatlichen und politischen Ämter inne.

Artikel 127
Wenn mehr als ein Drittel der Mitglieder der Volksvertretung (Wulesi Dschirga) ein Gerichtsverfahren gegen den Präsidenten des Obersten Gerichtshofs oder eines seiner Mitglieder wegen Verdachts auf ein Vergehen bei seiner Amtsführung oder auf ein verübtes Verbrechen beantragt und die Volksvertretung diesen Antrag mit Zweidrittel-

mehrheit der Stimmen annimmt, wird der Beschuldigte aus seinem Amt entlassen und der Fall an ein Sondergericht verwiesen.
Die Zusammensetzung des Gerichts und die Prozessordnung werden durch Gesetz geregelt.

Artikel 128
Die Gerichtsverfahren vor afghanischen Gerichten finden öffentlich statt. Jeder hat das Recht, im Rahmen der gesetzlichen Bestimmungen ihnen beizuwohnen.
Ein Gericht kann in Fällen, die im Gesetz festgelegt sind oder in denen der Ausschluss der Öffentlichkeit als notwendig erachtet wird, nichtöffentliche Sitzungen abhalten; die Urteilsverkündung muss jedoch in jedem Fall öffentlich sein.

Artikel 129
Ein Gericht ist verpflichtet, für das Urteil, das es erlässt, Begründungen anzugeben.
Alle rechtskräftigen Gerichtsurteile sind zu vollziehen, außer im Fall eines Todesurteils, das der Zustimmung des Staatspräsidenten bedarf.

Artikel 130
Die Gerichte wenden bei den Verfahren die Bestimmungen dieser Verfassung und sonstiger Gesetze an. Wenn in einem zur Entscheidung anstehenden Fall in der Verfassung und den sonstigen Gesetzen keine Bestimmungen zu finden sind, müssen die Gerichte ihre Urteile innerhalb der Grenzen dieser Verfassung in Übereinstimmung mit der hanafitischen Rechtslehre (Fiqh) so fällen, dass der Gerechtigkeit auf bestmögliche Weise gedient ist.

Artikel 131
Gerichte wenden nach Maßgabe der gesetzlichen Bestimmungen in Fällen, in denen es um persönliche Angelegenheiten der schiitischen Gläubigen geht, den Schia- Rechtskodex an.
Auch in sonstigen Rechtsstreitigkeiten, für die es in dieser Verfassung und den übrigen Gesetzen keine Bestimmungen gibt, urteilen die Gerichte nach den Grundsätzen dieses Glaubens.

Artikel 132
Die Richter werden auf Vorschlag des Obersten Gerichtshofs und nach Bestätigung durch den Staatspräsidenten ernannt.
Ernennung, Versetzung, Beförderung, Verwarnung und Vorschlag zur Versetzung in den Ruhestand von Richtern gehören nach Maßgabe der gesetzlichen Bestimmungen zu den Befugnissen des Obersten Gerichtshofs.
Der Oberste Gerichtshof schafft zur besseren Regelung der Verwaltungs- und Justizangelegenheiten und zur Sicherung der notwendigen Reformen ein oberes Verwaltungsorgan der Justiz.

Artikel 133
Wenn ein Richter eines Verbrechens beschuldigt wird, untersucht der Oberste Gerichtshof nach Maßgabe der gesetzlichen Bestimmungen den Fall des betroffenen Richters. Wenn der Oberste Gerichtshof nach Anhörung seiner Verteidigung die erhobene Anschuldigung für stichhaltig erachtet, beantragt der Oberste Gerichtshof beim Staatspräsidenten seine Entlassung. Nach deren Bestätigung durch den Staatspräsidenten wird

der beschuldigte Richter seines Amtes enthoben und nach Maßgabe der gesetzlichen Bestimmungen bestraft.

Artikel 134
Verbrechensaufklärung ist Aufgabe der Polizei, Untersuchung und Klageerhebung gegen den Beschuldigten vor Gericht führt nach Maßgabe der gesetzlichen Bestimmungen die Staatsanwaltschaft durch.
Sie ist Teil der Exekutive und in ihren Handlungen unabhängig.
Struktur, Befugnisse und Tätigkeiten der Staatsanwaltschaft werden durch Gesetz geregelt.
Aufklärung und Ermittlung der Straftaten, die von Angehörigen der bewaffneten Streitkräfte, der Polizei und des Nationalen Sicherheitsdienstes während der Dienstzeit begangenen werden, regelt ein Sondergesetz.

Artikel 135
Versteht der Beschuldigte die Sprache, in der das Gerichtsverfahren geführt wird, nicht, hat er das Recht, sowohl zur Akteneinsicht als auch zur Kommunikation vor Gericht in seiner Muttersprache einen Dolmetscher heranzuziehen.

Kapitel 8

Die Verwaltung

Artikel 136
Die Staatsverwaltung der Islamischen Republik Afghanistan gliedert sich gemäß Gesetz in zentrale und örtliche Verwaltungseinheiten.
Die Zentralverwaltung ist in verschiedene Verwaltungseinheiten aufgeteilt, an deren Spitze jeweils ein Minister steht.
Die örtliche Verwaltungseinheit ist die Provinz. Anzahl, Größe, Teile und Strukturen der Provinzen und ihrer jeweiligen Verwaltungen regelt auf der Grundlage der Bevölkerungsdichte, der sozialen und wirtschaftlichen Bedingungen sowie der geographischen Lage ein Gesetz.

Artikel 137
Die Regierung überträgt unter Wahrung des Zentralismusprinzips und nach Maßgabe der gesetzlichen Bestimmungen den örtlichen Verwaltungen die notwendigen Befugnisse zur Verbesserung und Beschleunigung der wirtschaftlichen, sozialen und kulturellen Belange und zur vermehrten Beteiligung der Bürger an der Entwicklung des öffentlichen Lebens.

Artikel 138
In jeder Provinz wird ein Provinzrat gebildet.
Die Mitglieder eines Provinzrats werden proportional zur Bevölkerungszahl durch freie, allgemeine, geheime und unmittelbare Wahlen von den Einwohnern der Provinz für vier Jahre gemäß Gesetz gewählt.
Der Provinzrat wählt eines seiner Mitglieder zum Vorsitzenden.

Artikel 139
Der Provinzrat beteiligt sich im Einklang mit dem Gesetz an der Verwirklichung der staatlichen Entwicklungsziele und der Förderung der Provinzangelegenheiten und hat beratende Funktion in den Belangen der Provinz.
Die Provinzräte erfüllen ihre Aufgaben in Zusammenarbeit mit der örtlichen Verwaltung.

Artikel 140
Zur Regelung der Angelegenheiten der Bürger und zur Sicherung ihrer aktiven Teilnahme an der örtlichen Verwaltung (Edaraye Mahalli) werden nach Maßgabe der gesetzlichen Bestimmungen in den Bezirken (Wuluswaliha) und Gemeinden (Qrayaha) Räte gebildet.
Die Mitglieder dieser Räte werden durch freie, allgemeine, geheime und unmittelbare Wahlen von den örtlichen Bewohnern für drei Jahre gewählt.
Die Teilnahme der Nomaden an diesen örtlichen Räten wird durch Gesetz geregelt.

Artikel 141
Zur Verwaltung städtischer Angelegenheiten werden Stadtverwaltungen (Scharwaleha) eingerichtet.
Der Bürgermeister (Scharwal) und die Mitglieder des Stadtrats werden durch freie, allgemeine, geheime und unmittelbare Wahlen gewählt.
Die Belange der Stadtverwaltungen werden durch Gesetz geregelt.

Artikel 142
Der Staat richtet zur Durchführung der Bestimmungen und zur Sicherung der in dieser Verfassung verankerten Werte die notwendigen Behörden ein.

Kapitel 9

Der Ausnahmezustand

Artikel 143
Wenn wegen eines Krieges, der Gefahr eines Krieges, eines gefährlichen Aufruhrs, wegen Naturkatastrophen oder ähnlicher Fälle der Schutz der Unabhängigkeit und der nationalen Existenz mit den in der Verfassung vorgesehenen Maßnahmen unmöglich wird, verkündet der Staatspräsident mit Zustimmung der Nationalversammlung (Schuraye Milli) im ganzen Land oder in Teilen des Landes den Ausnahmezustand.
Dauert der Ausnahmezustand länger als zwei Monate, ist für seine Verlängerung die Zustimmung der Nationalversammlung erforderlich.

Artikel 144
Während des Ausnahmezustands kann der Staatspräsident nach Beratung mit den Präsidenten der Nationalversammlung und des Obersten Gerichtshofs einige Befugnisse der Nationalversammlung an die Regierung übertragen.

Artikel 145
Während des Ausnahmezustands kann der Staatspräsident mit Zustimmung der Präsidenten der Nationalversammlung und des Obersten Gerichtshofs die Durchführung folgender Bestimmungen aussetzen oder einschränken:
1. Absatz 2 des Artikels 27;
2. Artikel 36;
3. Absatz 2 des Artikels 37;
4. Absatz 2 des Artikels 38.

Artikel 146
Im Ausnahmezustand darf die Verfassung nicht geändert werden.

Artikel 147
Wenn die Amtszeit des Staatspräsidenten bzw. die Legislaturperiode der Nationalversammlung während des Ausnahmezustands endet, wird die Durchführung von Neuwahlen verschoben und die Amtszeit des Staatspräsidenten und der Mitglieder der Nationalversammlung um bis zu vier Monate verlängert.
Wenn der Ausnahmezustand mehr als vier Monate andauert, wird eine Große Ratsversammlung (Loya Dschirga) vom Staatspräsidenten einberufen.
Nach Beendigung des Ausnahmezustandes sind innerhalb von zwei Monaten Wahlen abzuhalten.

Artikel 148
Maßnahmen, die aufgrund der Artikel 144 und 145 dieser Verfassung ergriffen worden waren, verlieren unmittelbar nach Beendigung des Ausnahmezustands ihre Gültigkeit.

Kapitel 10

Verfassungsänderungen

Artikel 149
Die Bestimmungen, nach der die Grundzüge der heiligen Religion des Islam und die Ordnung der Islamischen Republik befolgt werden müssen, können nicht geändert werden.
Änderungen der Grundrechte der Bürger sind nur mit dem Ziel erlaubt, sie zu verbessern.
Aufgrund neuer Erfahrungen und der Erfordernisse der Zeit können andere Inhalte dieser Verfassung unter Berücksichtigung der in Artikel 67 und 147 verankerten Bestimmungen dieser Verfassung auf Antrag des Staatspräsidenten oder der Mehrheit der Mitglieder der Nationalversammlung geändert werden.

Artikel 150
Zur Behandlung eines Änderungsantrages wird durch Erlass des Staatspräsidenten ein Ausschuss aus den Reihen der Mitglieder der Regierung, der Nationalversammlung und des Obersten Gerichtshofs gebildet. Dieser bereitet den Änderungsentwurf vor.

Zur Verabschiedung einer Verfassungsänderung wird eine Große Ratsversammlung (Loya Dschirga) durch Erlass des Staatspräsidenten und gemäß den Bestimmungen des Kapitels „Die Große Ratsversammlung" einberufen.
Wenn die Große Ratsversammlung mit einer Zweidrittelmehrheit aller Mitglieder den Änderungsentwurf annimmt, tritt er nach Unterzeichnung durch den Staatspräsidenten in Kraft.

Kapitel 11

Verschiedene Bestimmungen

Artikel 151
Der Staatspräsident, die Vizepräsidenten, die Minister, der Präsident und die Mitglieder des Obersten Gerichtshofs, der Generalstaatsanwalt, die Präsidenten der Zentralbank und des Nationalen Sicherheitsdienstes, die Gouverneure und die Bürgermeister dürfen während ihrer Amtszeit keine gewinnbringenden Geschäfte mit dem Staat betreiben.

Artikel 152
Der Staatspräsident, die Vizepräsidenten, die Minister, die Präsidenten und Mitglieder der Nationalversammlung und des Obersten Gerichtshofs, der Generalstaatsanwalt und die Richter dürfen während ihrer Amtszeit keiner anderen bezahlten Beschäftigung nachgehen.

Artikel 153
Richter, Staatsanwälte, Offiziere der Streitkräfte und der Polizei sowie Mitarbeiter des Nationalen Sicherheitsdienstes dürfen während ihrer Amtszeit keiner politischen Partei angehören.

Artikel 154
Das Vermögen des Staatspräsidenten, der Vizepräsidenten, der Minister, der Mitglieder des Obersten Gerichtshofs und des Generalstaatsanwalts ist vor Beginn und nach Beendigung ihrer Amtszeit durch ein Gremium, das im Gesetz bestimmt wird, zu registrieren, zu überprüfen und zu veröffentlichen.

Artikel 155
Den Vizepräsidenten, den Ministern, den Präsidenten und den Mitgliedern der Nationalversammlung und des Obersten Gerichtshofs, den Richtern und dem Generalstaatsanwalt wird nach Maßgabe der gesetzlichen Bestimmungen ein entsprechendes Gehalt gezahlt.

Artikel 156
Eine „Unabhängige Wahlkommission" wird zur Durchführung und Überwachung aller Wahlen und Volksentscheide im Lande nach Maßgabe der gesetzlichen Bestimmungen gebildet.

Artikel 157
Eine „Unabhängige Kommission zur Überwachung der Einhaltung der Verfassung" wird nach Maßgabe der gesetzlichen Bestimmungen gebildet. Die Mitglieder dieser Kommission werden vom Staatspräsidenten mit Zustimmung der Volksvertretung ernannt.

Kapitel 12

Die Übergangsbestimmungen

Artikel 158
Der Titel „Vater der Nation" (Babaye Millat) und die Privilegien, die durch die Außerordentliche Große Ratsversammlung des Hidschrajahres 1381 (= 2002) Seiner Majestät Mohammad Zahir Schah, dem früheren König von Afghanistan, verliehen wurden, bleiben ihm in Übereinstimmung mit den Bestimmungen dieser Verfassung auf Lebenszeit erhalten.

Artikel 159
Die Zeit nach Inkrafttreten dieser Verfassung bis zur konstituierenden Sitzung der Nationalversammlung wird als Übergangszeit betrachtet. Die Islamische Übergangsregierung Afghanistans erfüllt in der Übergangszeit folgende Aufgaben:

1. Erlass von Rechtsverordnungen bezüglich der Präsidentschafts-, der Nationalversammlungs- und der Kommunalwahlen innerhalb von sechs Monaten;
2. Erlass von Rechtsverordnungen über die Strukturen und Zuständigkeiten der Gerichte sowie Beginn der Arbeit an einem Gesetz über grundlegende Strukturen innerhalb eines Zeitraums von weniger als einem Jahr;
3. Bildung einer „Unabhängigen Wahlkommission";
4. Durchführung von notwendigen Reformen zur Verbesserung der Arbeit der Exekutive und der Justiz;
5. Ergreifung notwendiger Maßnahmen, um die Voraussetzung zur Durchsetzung der Bestimmungen dieser Verfassung zu schaffen.

Artikel 160
Der erste gewählte Staatspräsident nimmt dreißig Tage nach Verkündung des Wahlergebnisses nach Maßgabe der gesetzlichen Bestimmungen dieser Verfassung seine Arbeit auf.
Es werden alle Anstrengungen unternommen, damit die erste Präsidentschaftswahl und die erste Wahl zur Nationalversammlung gleichzeitig stattfinden.
Die in dieser Verfassung geregelten Befugnisse der Nationalversammlung werden bis zur Konstituierung der Nationalversammlung der Regierung übertragen. Der Provisorische Oberste Gerichtshof wird durch Erlass des Staatspräsidenten gebildet.

Artikel 161
Die Nationalversammlung wird ihre Aufgaben und Befugnisse unmittelbar nach ihrer Konstituierung nach Maßgabe der gesetzlichen Bestimmungen dieser Verfassung ausüben.

Innerhalb von dreißig Tagen nach Eröffnung der ersten Sitzung der Nationalversammlung werden die Regierung und der Oberste Gerichtshof nach Maßgabe der gesetzlichen Bestimmungen dieser Verfassung gebildet.
Der Präsident der Übergangsregierung Afghanistans nimmt, bis der neue Präsident sein Amt antritt, dessen Aufgaben wahr.
Die exekutiven und legislativen Organe des Staates setzen nach Maßgabe der Bestimmung des Absatzes 4, Artikel 159 dieser Verfassung bis zur Bildung der Regierung und des Obersten Gerichtshofs ihre Aufgaben fort.
Gesetzeserlasse, die seit Beginn der Übergangszeit in Kraft getreten sind, werden in der ersten Sitzung der Nationalversammlung wieder vorgelegt.
Diese Erlasse bleiben so lange rechtskräftig, bis sie von der Nationalversammlung außer Kraft gesetzt werden.

Artikel 162
Diese Verfassung tritt nach Annahme durch die Große Ratsversammlung in Kraft und wird vom Präsidenten der Islamischen Übergangsregierung Afghanistans unterschrieben und verkündet.
Mit Inkrafttreten dieser Verfassung sind Gesetze und gesetzliche Erlasse, die ihren Bestimmungen widersprechen, ungültig.

Anmerkung des Übersetzers

Die neue afghanische Verfassung wurde von der Großen Ratsversammlung (Loya Dschirga) am 4.1.2004 (14. Jadi 1382 Hidschra) in Kabul verabschiedet. Von diesem Text ließ die UNO eine englische Übersetzung anfertigen. Nach Unterzeichnung durch Präsident Hamid Karzai am 25.01.2004 (= 6. Dalwa 1382 Hidschra) trat die Verfassung in Kraft und wurde anschließend vom Sekretariat der Verfassungskommission Afghanistans in den Sprachen Dari und Paschtu veröffentlicht. Die vorliegende deutsche Übersetzung erfolgte aus der Dari-Fassung dieses maßgebenden Verfassungstextes, wobei die Paschtu-Fassung bei Bedarf als Vergleich herangezogen wurde.

Im Verfassungstext sind folgende Ausdrücke verwendet worden:

Wulesi Dschirga: Volksvertretung
Meschrano Dschirga: Ältestenrat
Schuraye Milli: Nationalversammlung
Loya Dschirga: Große Ratsversammlung
Mahakeme Ebtedaiya: Gerichte I. Instanz
Mahakeme Istinaf: Berufungsgerichte
Estera Mahkama: Oberster Gerichtshof
Wilayat: Provinz
Edaraye Mahalli: Provinzverwaltung
Schoraye Wilayati: Provinzrat
Wuluswali: Bezirk
Qarya: Gemeinde
Scharwal: Bürgermeister
Scharwale: Stadtverwaltung

Anhang 2

Auszug aus dem afghanischen CC

Article 60:

Marriage is a contract which legalizes intercourse between man and woman with the object to establish a family, and it XXXX rights and obligations for both parties.

Article 61:

(1) Marriage contract shall be registered in the official marriage deed by the respective office and shall be prepared in three copies. The original shall be kept with the respective office and the two copies shall be supplied to the concluding parties. After having been registered, the marriage deed shall be brought to the notice of the identification Registration office as provide under Article 46 of this law.

(2) Where the registration of marriage contract is now possible in this way, it shall be effected by other way envisaged for registration of official documents.

Article 62:

Engagement shall be permissible with a woman who is not in the bond of marriage with another nor is she in her divorce period, XXXX.

Article 63:

Extending request of a marriage overtly or covertly, to a divorcee who is passing her divorce period shall be impermissible, and it is impermissible so extend overtly much request to a woman who is passing the death period of her husband.

XXXX is a period, usually three XXXX or until the pregnant delivers her baby after divorce, during which a divorcee is not XXXX by XXXX jurisprudence to XXXX married.

Death XXXX is a period, four XXXX or until the birth of the baby, during which the woman whose husband has died is not permitted to get married to another.

Article 64:

Engagement is a promise for marriage and each of the two XXXX may give it up.

Article 65:

If a betrothed person has given a gift to his fiancé he can demand the return of the same gift or its price at the prevailing rate in the market if the other party gives up the engagement. If the quit comes from the maker of gift or if the gift is destroyed or consumed he can demand the return of the gift whatsoever.

Von AsianLii übernommen, Link: http://www.asianlii.org/af/legis/laws/clotroacogn353p1977010513551015a650/ Download: 23.06.2014; einige Artikel sind nicht lesbar

Article 66:

The contract of marriage is concluded in a separate meeting by clear offer and acceptance which would imply immediacy and continuity without limit of time.

Article 67:

Where a marriage is left pending and subject to unrealizable conditions or stipulated to a future time, the contract for such marriage may not be concluded.

Article 68:

Where a marriage is subject to a condition which is against the law or against the objectives of marriage, the contract may be valid but the condition shall be deemed null and void.

Article 69:

Where a person marries two women, each shall be entitled XXXX separate marriage portion.

Article 70:

Marriage shall not be considered adequate until the male XXXX the age of 18 and the female the age of 16.

Article 71:

(1) Where the girl does not complete the age provided under Article 70 of this law, the marriage may be concluded only through her father or the competent court.

(2) The marriage of a minor girl whose age is less then 15 shall never be permissible.

Article 72:

(1) Employing a procurator for a marriage contract shall be permissible.

(2) The procurator cannot enter into marriage with his principal except that it is described in the procuration deed.

Article 73:

In a marriage contract the procurator cannot employ another person as his deputy without the delegation of XXXX and permission by the principal.

Article 74:

XXXX procurator shall not act out of the scope of his procuration. Any act committed outside of his jurisdiction shall be deemed as meddlesome and shall be subject

to the permission of his principal.

Von AsianLii übernommen, Link: http://www.asianlii.org/af/legis/laws/clotroacogn353p1977010513551015a650/ Download: 23.06.2014; einige Artikel sind nicht lesbar

Article 75:

The procurator of deputy shall not be bound to hand over the bride to the groom and to get the marriage portion paid unless he has guaranteed against the payment of marriage portion. In this case the procurator cannot demand the paid marriage portion from the husband except that the guarantee by the procurator has been made with the permission of the husband.

Article 76:

Where the two parties to the marriage contract are legally under the guardianship of one person, the guardian on behalf of the two parties can make offer and acceptance provided the conditions of the marriage contract are observed.

Article 77:

For the proper contract of marriage the observance of the following terms are required:

1 – Offer and acceptance should be affected correctly by the parties to the contract or by their guardians or deputies.

2 – Presence of two witnesses

3 – Non-existence of permanent of temporary legal prohibition between the man and the woman who resolve to get marry.

Article 79 [78?]:

The judge is the guardian of persons having no guardians.

Article 79:

The judge may not marry the one who is placed under his guardianship according to article 79 not he is permitted to get her married to one of his ancestors of descendants.

Article 80:

When a wise girl attaining her majority age marries, her marriage shall be binding.

Article 81:

Marriage of a person to ancestors and his own descendants, or the descendents of father and mother and the first layer of descendants of forefathers is completely prohibited.

Article 82:

The marriage of a person to the widow of one of his ancestor and to the widow of his descendants shall be permanently prohibited. Similarly, the marriage of a person to XXXX of his wife is absolutely forbidden and to the descendants of his wife is permanently prohibited.

Von AsianLii übernommen, Link: http://www.asianlii.org/af/legis/laws/clotroacogn353p1977010513551015a650/ Download: 23.06.2014; einige Artikel sind nicht lesbar

Article 83:

The marriage of an adulterer to the progenitress and descendants of adulteress and similarly the marriage

of an adulteress to the ancestors and descendants of adulterer is prohibited. The marriage of ancestors and descendants of adulteress to the ancestors and descendants of adulterer is an exception.

Article 84:

Prohibition of marriage between fosters are the same as between the persons of parental relationship except the following:

1 – The sister of a foster son.

2 – The mother of a foster sister or foster brother.

3 – The grandmother of a foster son or foster daughter.

4 – The sister of a foster brother.

Article 85:

Temporary prohibition of marriage shall be affected in the following cases:

1 – Two women when one is presumed a man.

2 – Three-time divorcee until she gets married to another person.

3 – Married woman or woman who is in her divorce period.

4 – Woman who has been accused of cursing until he refuses the accusation.

5 – Woman who is neither Muslim, Jew, nor Christian (disbeliever of divine books).

Article 86:

Polygamy can take place after the following conditions are fulfilled:

1 – When there is no fear of injustice between the wives

2 – When the person has financial sufficiency to sustain the wives. That is, when he can provide food, clothes, suitable house, and medical treatment.

3 – When there is legal expediency, that is when the first wife is childless or when she suffers from diseases which are hard to be treated.

Von AsianLii übernommen, Link: http://www.asianlii.org/af/legis/laws/clotroacogn353p1977010513551015a650/ Download: 23.06.2014; einige Artikel sind nicht lesbar

Article 87:

The woman whose husband has married contrary to the provisions of Article 86 of this law can demand divorce from the court in accordance with the provisions of Article 183 of this law on the grounds of separation caused by damage or loss.

Article 88:

During the conclusion of marriage the woman can make the marriage subject to a condition that if her spouse would marry another woman contrary to the provisions of Article (86) of this law, she would be authorized to get her divorce. This condition shall be valid when it is written down in the marriage deed.

Article 89:

During marriage when a person conceals his XXXX marriage to more than one wife according to the provisions of Article 86 of this law, and when he has not secured the clear consent and agreement of the woman on the matter, the newly married wife, in case she would not agree to continue living with the husband, can demand divorce from the court in accordance with the provisions of Article 183 of this law.

TOPIC 7—EVIDENCES OF MARRIAGE

Subtopic 1—General Provisions

Article 90:

A complete and binding marriage shall create all the rights and obligations for the spouses such as maintenance of wife, right to inheritance, obligation to prove XXXX lineage and to avoid prohibited acts.

Article 91:

With regard to the payment of full marriage portion, full privacy between the couple XXXX XXXX XXXX in the complete marriage though the husband may be XXXX.

Similarly, with regard to the proof of lineage, XXXX and prohibition of marrying the sister of the wife, the provision of full privacy shall exactly mean copulation (intercourse) in XXXX marriage.

Article 92:

(1) The marriage of a Muslim woman to a non-Muslim man shall be null. A Muslim man can marry a woman who believes in divine books.

(2) The marriage of a woman believing in heavenly books may take place through her guardian in the presence of two witnesses possessed with heavenly books. In XXXX relating to the provisions of this Article, children shall be subject to the religion of their father.

Von AsianLii übernommen, Link: http://www.asianlii.org/af/legis/laws/clotroacogn353p1977010513551015a650/ Download: 23.06.2014; einige Artikel sind nicht lesbar

Article 93:

The marriage of a woman believing in divine books XXXX XXXX married to a Muslim wife and vice-versa is permissible.

Article 94:

Where in an incomplete marriage, preparation taken place between husband and wife before XXXX and XXXX preparations, such XXXX of affairs shall not prevent the XXXX to marry with XXXX prohibited by XXXX of marriage.

Such as Jews and Christians

Article 95:

In a null marriage no rights and obligations of a true marriage shall be created.

Article 96:

A marriage which has taken place with offer and acceptance but some of its conditions have not been fulfilled shall be incomplete and thus shall not be subject to any rights and obligations thereof.

Article 97:

An incomplete marriage prior to copulation shall be considered invalid.

(2) If copulation takes place during incomplete marriage, payment of marriage portion, proof of lineage, prohibition of marriage to immediate female in-laws, passage of divorce period by the wife and providing of maintenance XXXX the wife by the husband shall be affected.

Subtopic 2—Marriage Portion

Article 98:

The payment of marriage portion shall become imperative with XXXX, full privaoy between the couple and with the death of one of the spouses even thought it may have taken place before the copulation or full privacy between the spouses.

Article 99:

The wife shall be entitled to specified marriage portion. If the marriage portion is not determined during the conclusion of marriage and/or it is negated, the payment of accustomed to marriage portion shall become necessary.

Article 100:

Property whose ownership is transferable may be determined as marriage portion.

Von AsianLii übernommen, Link: http://www.asianlii.org/af/legis/laws/clotroacogn353p1977010513551015a650/ Download: 23.06.2014; einige Artikel sind nicht lesbar

Article 101:

(1) During the marriage contract all or part of the marriage portion may be determined to be paid immediately or mediately.

(2) If the marriage portion is not determined clearly, the custom of the locality shall be resorted to. In the event of separation or the death of the husband, the payment of mediate marriage portion shall be made in a shorter period of time unless at the time of marriage contract an indication was made to a definite period of time.

Article 102:

(1) The husband may increase the amount of marriage portion after the marriage is concluded.

(2) Increases in the amount of marriage-portion shall be subject to the following conditions:

1 – The amount increased should be known.

2 – The wife or her guardian should accept the increase.

Article 103:

(1) A mature woman has attained legal marriage age can, by her won consent, waive all or part of the marriage-portion left unpaid by the husband.

(2) The father of the wife who has not attained the age provided in Article (70) of this law, can in no way waive the marriage-portion payable by the husband.

Article 104:

Where a woman has given discretion to her husband to fix the marriage-portion and where the marriage-portion has not been specified she can demand the husband to determine her marriage portion after or prior to the XXXX.

The husband shall be obliged to fix her marriage-portion. In case of refusal, the wife can demand from the authoritative court to fix the marriage-portion.

Article 105:

If separation takes place before copulation of full privacy between the couple, the wife shall be entitled to half of the specified marriage-portion and in other cases she shall be entitled to half of the accustomed marriage-portion.

Article 106:

If separation takes place by the wife prior to copulation or full privacy her marriage-portion shall be completely abolished.

Article 107:

When separation takes place between the couple prior to copulation or full privacy, the wife shall be entitled to a usual clothing and the like. In determining the kind of XXXX, the financial XXXX of the husband shall be taken into account and the cost shall in no way exceed half of the accustomed marriage-portion.

Article 108:

Where divorce takes place prior to copulation, when the marriage-portion has been specified, and the husband then dies, the wife shall not be entitled to get the clothes. If the divorce taken place after copulation, whether the marriage-portion is specified or not, the wife shall be entitled to get the clothes.

Article 109:

When a person gets married during a fatal sickness and fixes the marriage-portion of her wife more than the XXXX marriage-portion, the excess shall be subject to the provisions of the will.

Article 110:

Marriage-portion shall be considered the property of the wife. She can exercise any ownership power over her marriage-portion.

Article 111:

When the wife offers as a gift all or part of her marriage-portion to her husband before or after acquiring ie, and hen divorce occurs before copulation, the husband cannot demand half of the marriage-portion.

Article 112:

Where the marriage-portion is neither cash nor a popular thing, and the wife offers half or all of it to the husband as a gift and when divorce takes place prior to copulation, the husband cannot demand anything in the name of marriage-portion.

Article 113:

The father cannot give, totally or partially, his daughter's marriage-portion as gift.

Article 114:

The wife cannot be XXXX place all or part of her marriage-portion at the disposal of the husband or any other person.

Then the wife dies before acquiring all her marriage-portion, her heirs can demand from the husband the marriage-portion and in case of the death of the husband, they can demand it from his heirs.

Von AsianLii übernommen, Link: http://www.asianlii.org/af/legis/laws/clotroacogn353p1977010513551015a650/ Download: 23.06.2014; einige Artikel sind nicht lesbar

Subtopic 3—Residence

Article 115:

The husband shall provide a suitable residence for his wife.

Article 116:

If a person has more than one wife, he cannot force them against their consent to reside in a single residence.

Subtopic 4—Alimony (Maintenance)

Article 117:

(1) With the conclusion of a true and binding marriage it becomes necessary for the husband to give alimony to his wife even though she might live in the residence of her relatives. If the wife refuses without any reason to reside in the residence of the husband, the husband shall not be liable to give the alimony.

(2) The wife has the right to refuse to go to her husband's residence when a suitable residence, as provided in Articles 115 and 116 of this law, is not provided by the husband, or when her immediate marriage-portion has not been paid by the husband.

Article 118:

The alimony of the wife shall consist of food, clothes, residence and medical treatment in proportion to the financial power of the husband.

Article 119:

Where the husband refuses to give alimony or when his fault is proven in giving it, the authoritative court shall order the husband to give the alimony.

Article 120:

Imprisonment of the husband shall not discharge his responsibility to provide alimony to the wife though he may not afford it.

Article 121:

If the husband is absent, the alimony of the wife shall be fixed from that property of the husband which could be included in the alimony and be at the disposal. Otherwise, the alimony of the wife shall be given from the property and goods deposited with other person or lent to him.

Article 122:

The wife shall not be entitled to alimony or maintenance in the following cases:

Article 126:

...to the end of her divorce period (3 months or until the infant is born, if she is pregnant)....

Article 127:

If the XXXX of the divorcee for alimony of the divorce period is for more than one year from the date of the divorce, it shall not be heard.

Article 128:

The duty to give alimony shall not be discharged except XXXX XXXX for the XXXX or the husband is XXXX.

Article 129:

Acquittal of alimony shall be null before it is determined, whether by consent or judicial order. Acquittal of alimony, after it is fixed, shall be valid provided the alimony XXXX to the past days. Acquittal of alimony for the next day, week, month and year shall be valid then it is fixed daily, weekly, monthly and yearly respectfully.

Article 130:

The liability of husband for payment of alimony to wife and liability of wife to pay her debt to husband may be XXXX fulfilled XXXX they demand so....

Article 133:

1 – Disruption at the time of marriage may arise from the following causes:

a – Lack of one of the conditions necessary for correct marriage.

b – Insanity.

c – Deficiency in the amount of marriage-portion fixed for the wife.

2 – After-the-marriage disruption, which may XXXX continuation of marriage may arise from:

a – Legally prohibited marriage.

b – Cursing.

c – Refusal of the wife disbelieving become a Muslim while her husband has become a Muslim.

Article 134:

(1) The annulment of the marriage contract in the two cases mentioned in Article 133 of this law, shall take place by the decision of the competent court.

Von AsianLii übernommen, Link:
http://www.asianlii.org/af/legis/laws/clotroacogn353p1977010513551015a650/ Download: 23.06.2014; einige Artikel sind nicht lesbar

(2) The annulment arising from the causes mentioned in clause (2) of the said article is permitted upon the consent of the couple without the verdict of the court.

Subtopic 3—Divorce

XXXX signs clearly imparting the meaning of divorce.

(2) Divorce may happen by utterance of words conventionally conveying the meaning of divorce even though it may not intended.

Article 140:

An incapacitate wife shall not be divorced by husband or his father.

Article 141:

Granting of divorce by the following persons shall not be valid:

1 – Insane, unless the divorce has been subjected to a condition prior to insanity, and the condition then exists during insanity.

2 – Mentally retarded.

3 – One who is under duress.

4 – Sleeping mind. [Vegetative state? Comatose?]

5 – Person whose mind has been deranged as a result of old age and/or disease.

6 – Insensible person who has loss his power of discernment due to furry or other factors, and cannot perceive his words.

Article 142:

Husband can divorce her wife through a legal deputy or through XXXX of authority of the wife herself.

Article 143:

After XXXX authority of divorce of the wife, the husband XXXX revoke XXXX unless the wife does not accept the XXXX authority.

Article 144:

The husband has the authority to divorce the wife three XXXX.

Article 145:

The divorce XXXX with number, whether happened with XXXX or XXXX, shall be recognized one divorce.

Von AsianLii übernommen, Link:
http://www.asianlii.org/af/legis/laws/clotroacogn353p1977010513551015a650/ Download: 23.06.2014; einige Artikel sind nicht lesbar

Article 146:

In general, divorce is *XXXX-Rajyee* (Return-Divorce) and in the following XXXX it is *XXXX-Bayen* (Distinct-Divorce):

1 – Third divorce.

2 – Divorce granted prior to copulation.

3 – Divorce given against XXXX.

4 – Divorce recognized as distinct divorce in this law.

Article 147:

The husband cannot marry again the three-XXXX-divorced wife except what the three-XXXX-divorcee enters into marriage with another person and after copulation in the second marriage she is divorced and XXXX the divorce period.

Article 148:

Any type of divorce given to the wife prior to copulation including one or two "Return-divorce" shall be called "Minor Distinct-divorce".

Article 149:

The rights and obligations arising from marriage and the authority of the husband shall not be diminished and shall remain the same with in one or two "Return-divorce" until the completion of divorce period.

Article 150:

Leaving the return pending for a future time or for some condition is not permitted. The presence of witnesses shall be a condition for the validity of the return.

Article 151:

The marriage bond in return-divorce shall be cut and the right of the husband to return shall be abrogated upon the third menstruation.

Article 152:

The Minor Distinct-divorce shall dissolve the marriage contract and shall abrogate all rights and obligations of marriage. Once it happens it XXXX abolish the authority of the husband and all the conjugal bonds with the exception of divorce period.

Article 153:

(1) The Minor Distinct-Divorce shall not prevent the divorcee to enter into marriage with the husband.

Von AsianLii übernommen, Link: http://www.asianlii.org/af/legis/laws/clotroacogn353p1977010513551015a650/ Download: 23.06.2014; einige Artikel sind nicht lesbar

(2) The husband can either marry the minor-distinct-divorcee during her divorce period or can newly enter into marriage with her provided the marriage takes place with the consent of the woman and with the conclusion of a new marriage contract and a new marriage-portion.

Article 154:

If the divorcee XXXX married to another person she can marry the first husband XXXX copulation with the second husband. In this case the previous divorces shall be null and void and the husband shall again acquire the authority or three divorces.

Article 155:

If the husband grants his wife XXXX-divorce while he is fatally sick, this divorce shall not block the right to inheritance of the wife whose divorce period is now terminated prior to the death of the husband, provided the divorcee is not deprived of the right to inheritance due to other XXXX from the time of the divorce up to the XXXX of the death of the husband.

Subtopic 4—Deposal

Article 156:

(1) Deposal is the dissolution of the marriage contract in return to the property that the wife may offer to the husband.

(2) Deposal shall take place either by clear words or by other words which may impart the meaning of deposal.

Article 157:

Deposal shall XXXX take place when the husband has the authority to grant, divorce.

Article 158:

The property which is accepted as the marriage-portion shall also be accepted as substitute for deposal.

Article 159:

The deposal of the wife who lacks legal capacity shall not be permissible. However, she shall not be forced to pay the substitute for deposal.

Article 160:

Deposal shall be considered as distinct-divorce and shall not be subject to the verdict of the court.

Article 161:

Either of the spouses may return prior to the acceptance of the other.

Von AsianLii übernommen, Link: http://www.asianlii.org/af/legis/laws/clotroacogn353p1977010513551015a650/ Download: 23.06.2014; einige Artikel sind nicht lesbar

Article 162:

If deposal takes place in return to a definite property other than the marriage-portion, the wife shall be bound to XXXX is. Any other claim arising from the marriage rights such as marriage-portion or alimony left unpaid from the XXXX shall not be heard at the time of deposal.

Article 163:

Where deposal takes place in return to the whole marriage-portion, and if the wife has received all or part of the marriage-portion, she shall be obliged to return the part she has receive. Otherwise, marriage-portion shall be repealed, whether deposal takes place before or after copulation.

Article 164:

Where the substitute is not determined at the time of deposal, all marriage obligations shall be considered fulfilled by the husband and wife. The husband cannot revoke what his wife has received, neither can the wife demand what is left on husband.

Article 165:

Where the substitute for deposal has been negated during deposal, distinct-Divorce shall take place and this shall cause the conjugal rights of the spouses to be abolished.

Article 166:

If the wife receives illegally the substitute for deposal, and if the marriage is incomplete, deposal shall not be valid and the wife may also return the substitute to the husband.

Article 167:

Where the substitute for deposal is destroyed before its delivery to the husband, or it is taken away by reason of title, the wife shall be bound to return the like or pay its coat.

Article 168:

In deposal, the alimony for divorce period shall not be abolished unless the spouses at the moment of deposal would have clearly agreed to its abolishment.

Article 169:

Where the fosterage or custody charges of the child for the fosterage period, including alimony for a definite period, has been accepted by the deposed wife, she shall be bound to fulfill her obligations.

Article 170:

Where the wife, due to any reason including marriage to another person, escape, her can death, and the death of her child, do not completely discharge her obligations for fostering and

Von AsianLii übernommen, Link:
http://www.asianlii.org/af/legis/laws/clotroacogn353p1977010513551015a650/ Download: 23.06.2014; einige Artikel sind nicht lesbar

protection of the child, the husband can demand the remaining money paid for the fosterage period, and the alimony left unless it is agreed during the deposal, that with the death of the child or the wife the charges would not be demanded.

Article 171:

Where prior to the birth, the fosterage charges of the baby are determined for deposal period and later it is proved that there has been no conception or there has been abortion or that the child XXXX prior to the completion of two-years fosterage period, the husband can demand the fosterage charges for the XXXX or the remaining part of the fosterages period.

Article 172:

The wife can fix the child-care period up to the age of majority provided the child XXXX during XXXX is a girl. If the wife during this period XXXX another person, the further of the girl can take his body from the wife and can demand the equivalent charges of the care-period or the remaining period even though it might have already been agreed that the child would remain with the mother.

Article 173:

(1) Where at the time of deposal, the deposal is subjected to a condition that the infant would be left with the husband during the fosterage period, he XXXX contract shall be binding and the condition shall be null and void. The wife may keep the infant with her until the completion of fosterage period, provided this right may have not been repealed by some other reason.

(2) The charges for fosterage and maintenance of the child shall be borne by the father when the child is poor.

Article 174:

The husband cannot exchange the expenses he has to pay for the care and protection of the child with the money his wife may owe him. If the expenses of the child for the deposal period are determined but the wife is unable to meet them, the husband shall be obliged to pay for the maintenance of the child. If the wife becomes wall-off, the husband can demand the charges he had paid.

Article 175:

(1) Where the wife is deposed by the husband during a fatal sickness, the deposal shall be XXXX and XXXX XXXX the distinct divorce (XXXX-*i-Bayen*) shall take place. In case the wife dies during the divorce period, the husband shall be entitled so get the XXXX he paid for the deposal or one third of the patrimony left by the life, whichever is lesser. If she dies after the completion of divorce period, the husband shall be entitled to XXXX when the substitute or less to one third of the patrimony.

(2) Where the wife recovers from the XXXX the husband shall be entitled to the whole substitute for deposal.

Von AsianLii übernommen, Link:
http://www.asianlii.org/af/legis/laws/clotroacogn353p1977010513551015a650/ Download: 23.06.2014; einige Artikel sind nicht lesbar

Subtopic 5—Separation

PART 1—SEPARATION DUE TO A DEFECT

Article 176:

The wife can demand separation when the husband is a victim of a disease those recovery in XXXX or required long time to get XXXX and when intercourse with him to completely harmful.

Article 177:

Where the wife was aware of the defect, mentioned in Article 176 of this law, during the marriage or prior to it, or where she expressed her consent, clearly or implicitly, to the possible XXXX of the defect after the conclusion of the marriage contract, she may not demand separation.

Article 178:

In determining the defect, mentioned in Article 176 of this law, use shall be made of the opinions of the experts.

Article 179:

If the defect (disease) is such that recovery would be impossible, the court shall pass a verdict on the separation of the couple without delay. If the diseased is recoverable but long time would take to treat it, the court shall postpone the demand for separation for a period of not more than one year.

Article 180:

Separation due to defect, shall be considered distinct-divorce (*XXXX-i-Bayen*).

Article 181:

Separation arising from defect may not be permanent. The XXXX can remarry each other after the defect is XXXX, whether during divorce period or after that.

Article 186:

(1) Mediators shall be XXXX and one from the relatives of the husband and the other from the relatives of the wife. In the event when there are no relatives of the two sides, the mediators shall be appointed from those who would have sufficient information about the conducts of the couple and would be able to get the difference of the spouses resolved.

(2) The mediator shall take XXXX in the court that he would discharge his duty XXXX and honestly.

Von AsianLii übernommen, Link: http://www.asianlii.org/af/legis/laws/clotroacogn353p1977010513551015a650/ Download: 23.06.2014; einige Artikel sind nicht lesbar

Article 187:

Persons appointed as mediator shall find out the causes of differences between the spouses and then try to iron them out.

Article 188:

(1) Where the mediator does not succeed in reconciliation between the couple and the source of difference is the husband or the couple, or it is indeed not know, the court shall decide on separation between them.

(2) If the wife is the XXXX of difference, the mediator shall take decision an separation against the payment of all or part of marriage-portion.

Article 189:

(1) If there appears difference of opinion between the persons acting as mediators, they shall be ordered by the court to review the case.

(2) In case the difference continues, the court shall appoint other persons as mediators in accordance XXXX article (186) of this law.

Article 190:

The mediators shall present their decisions to the XXXX XXXX court shall issue its verdict accordingly.

PART 3—SEPARATION DUE TO NONPAYMENT OF ALIMONY

Article 191:

Where the husband refuses to pay the alimony when he apparently owns no property and his inability to pay the alimony cannot be proven, the wife XXXX demand separation.

Article 192:

Where the husband proves his inability to pay the alimony, the court shall give him a suitable time, not more than 3 months, to pay the alimony. If he is XXXX not able to pay the alimony, the court shall order separation between the spouses.

Article 193:

Separation between the couple, resulting from non-payment of alimony and ordered by the court, shall be considered as return-divorce, and the husband XXXX return to his wife within the definite divorce period, provided the husband would prove his financial power and his willingness to pay the alimony.

Von AsianLii übernommen, Link: http://www.asianlii.org/af/legis/laws/clotroacogn353p1977010513551015a650/ Download: 23.06.2014; einige Artikel sind nicht lesbar

PART 4—SEPARATION DUE TO ABSENCE:

Article 194:

If the husband becomes absent, without any reasonable excuse, for a period of three years or more, and in case the wife suffers a loss as a result of his absence, she can demand separation from the court even through he husband may own such property from which the wife can provide her maintenance.

Article 195:

(1) In the event of the absence of husband, the court after hearing the demand for separation from the wife, shall announce, in writing, to the absent husband, and shall fix a time so that during which he should return to the family's house or ask his wife to come to his residence.

(2) Where the absent husband continues with his absence without any reasonable excuse inspit of the court announcement, or where the announcement would be impossible to reach the husband, the court, in such cases, shall order separation between the couple.

Article 196:

If the husband is condemned to 10 years imprisonment or more by the order of the court, the wife can demand separation after a period of five years.

Article 197:

(1) Separation due to absence is considered as return-divorce.

(2) Where the absent husband returns to the family or XXXX imprisoned husband in released, he may return to his wife prior to the expiration of the divorce period.

TOPIC 9—MANIFESTATIONS OF THE DISSOLUTION OF MARRIAGE

Subtopic 1—*Heddat* (Period)

Article 198:

Heddat is a definite period with the expiration of which all the conjugal bonds shall be eliminated.

Article 199:

(1) No one is permitted to get married to a wife before she completed her divorce period.

(2) Passage of divorce period shall become binding in the following cases:

1 – When separation takes place between the spouses in complete or incomplete marriage after copulation or after complete privacy, or incomplete privacy or incomplete copulation in complete marriage, whether the separation is due to Return-divorce, Major Distinct-divorce or Major Distinct-divorce.

Von AsianLii übernommen, Link: http://www.asianlii.org/af/legis/laws/clotroacogn353p1977010513551015a650/ Download: 23.06.2014; einige Artikel sind nicht lesbar

2 – When separation is due to cursing, deficiency of marriage-portion, option of maturity, or option of sobriety, or doubtful copulation.

Article 200:

Where the husband who is entered into complete marriage with the wife dies prior or after copulation, passage of divorce period shall become binding on the wife.

Article 201:

(1) In divorce and all types of annulment occurring after complete marriage, the period in which the copulated but non-pregnant wife should wait before she marries another shall be three full menses.

(2) Where divorce or separation occurs during mans XXXX period, the period shall not be counted in the divorce period.

Article 202:

In a divorce or annulment the divorce period of an infertile or the wed who has attained her majority age but is not menstruating shall be three full months.

Article 203:

Where a young wife of minor age and an infertile wife start their divorce period on monthly basis and then get menscrusting before completion of three full menses their divorce period shall be three full menses.

Article 204:

The divorce period of a wife who is usually having menstruation after long period of time shall be complete one year provided she is not menstruating during that period. In the event of menstruation in the first year the divorce period shall be completed with the completion of the second year provided she does not menstruate during the period.

(2) If she undergoes menstruation in the second year, the divorce period shall be completed in the third year with discharge of blood or at the end of the third year even though no blood is seen.

Article 205:

The divorce period of the wife habitual to long menses and that who has forgotten her XXXX cycle shall be complete seven months after the divorce or annulment.

Article 206:

The divorce period of a pregnant divorcee shall be completed with the delivery of the child, provided the formation of the organs of the baby is noticed wholly or partially.

Article 207:

Von AsianLii übernommen, Link: http://www.asianlii.org/af/legis/laws/clotroacogn353p1977010513551015a650/ Download: 23.06.2014; einige Artikel sind nicht lesbar

The period of a wife whose husband dies shall be four months and ten days unless she is pregnant. In case of pregnancy the provision of Article 206 of this law shall be applied.

Article 208:

Where the husband dies prior to the completion of divorce period of his wife, the divorce period shall be null and the wife shall have to pass the death period of husband according to the provision of Article 207 of this law whether the divorce would occur during the health or during the fatal illness of the husband.

Article 209:

Where the husband during a fatal illness, grants his wife a distinct-divorce without her consent and then dies during the divorce period, the wife shall be entitled to inheritance and shall have to complete either the divorce period of the death period, whichever is longer.

Article 210:

When the husband remarries his divorced wife during Minor Distinct-divorce period, and then divorces her again, the wife shall be entitled to full marriage-portion and shall have to complete the new divorce period even though she divorce might have occurred prior to copulation.

Article 210 [211?]:

The period shall starts right after divorce, death of the husband, annulment, separation or abandonment.

Subtopic 2—Alimony of the Period

Article 212:

Any kind of separations by the husband, whether divorce and/or annulment, shall not cause the alimony of the period to be abolished although the husband might not have any fault. The husband shall be responsible to pay the alimony of the following wives who are passing through their periods:

1 – When she is granted return-divorce, minor-distinct-divorce or major-distince-divorce, whether the divorce is pregnant or not.

2 – When she is deposed by reason of cursing, or deposal unless she has given up her right to alimony.

3 – When her separation takes place by reason of her husband's refusal to accept Islam.

4 – When her husband nullifies the marriage contract by reason of option of maturity, and option of sobriety.

5 – When her separation is caused by reason of her husband's apostasy or by reason of commitment of any action which causes marriage prohibition.

Article 544:

(1) Contract by discriminating minor, when totally in his benefit, is permissible even when not permitted by his guardian.

In case the contract is totally to his loss it is considered null even if permitted by his guardian.

(2) Contract entailing profit and loss with the permission of the guardian within he limits of his authority or with the permission of a person of defective capacity after attaining majority age is suspended.

Article 2002:

Inheritance is based on marriage connection, and is in accordance with the shares fixed by *Shariat*, shares of relatives or both, or maternal relation or observation of rules of deprivation of inheritance.

Article 2003:

In case one of the heirs has the right of inheritance XXXX two sides, with due consideration to the provisions of this chapter, he shall get inheritance from both side.

PART 1—INHERITANCE BY VIRTUE OF *FARZ* (SPECIFIC SHARE OF HEIR IS DETERMINED BY *SHARIAT*)

Article 2004:

Farz is the specific share of the heir in the patrimony and in inheritance the share of those entitled to *Farz* shall be given prior to others. Those entitled to *Farz* are father, grand and great grand father, half brother on the mother's side, half sister on the mother's side, husband, wife, daughter or daughters of daughter, or daughters of son, or daughters thereof, sister, father, sister, mother of grandfather.

Article 2005:

(1) Subject to the provision of article 2022 of this law, in case the deceased is survived by father, and son or grandson, even though of descending order, the father shall receive one sixth of the patrimony.

(2) True grandfather is one in whose relations to the deceased no female enters, and his portion in the manner described in article 2004 of this law, shall be one sixth of the patrimony.

Article 2006:

XXXX off spring, be it son or daughter, when one, shall XXXX one sixth of the patrimony, and when several, XXXX receive one third. Male and female off springs shall receive equal proportions.

Von AsianLii übernommen, Link: http://www.asianlii.org/af/legis/laws/clotroacogn353p1977010513551015a650/ Download: 23.06.2014; einige Artikel sind nicht lesbar

The second circumstance in case those entitled to *Farz* XXXX entail all of the patrimony or the maternal off springs share the patrimony with brother or brothers, sister and sisters, either separately or jointly.

In third of the patrimony is then divided among them as described above.

Article 2007:

XXXX the husband, when without children, or male offspring, even though it may be descendants further down, half the patrimony is given; and when children, or male children exist, even though of descending order, the husband shall receive one four of the patrimony.

(2) Wife, even though conditionally divorced, when the husband dies prior to the expiration of the divorce period, or wives, when lacking children, or male offspring even though of descending order, shall receive one fourth of he patrimony, and in case children or male offspring, even though of descending order, exist shall be entitled to one eighth of the patrimony.

(3) When a person divorces his wife while suffering from fatal disease, the divorcee is entitled to a wife XXXX provided she did not consent to the divorce, and the husband died before the expiration of the divorce period (three months).

Article 2008:

Daughters in accordance with the provision of article 2009 of this law shall be entitled to inheritance as follows:

1 – One daughter shall be entitled to half of XXXX patrimony; two or more shall be entitled to two thirds

2 – Daughters of son, when there is no daughter XXXX no daughter of son of ascending order, shall be entitled to inheritance prescribed in above section. XXXX of son, one or more, in case of existence of daughter of daughter or daughter of son of ascending order, are entitled to one sixth of the patrimony.

Von AsianLii übernommen, Link: http://www.asianlii.org/af/legis/laws/clotroacogn353p1977010513551015a650/ Download: 23.06.2014; einige Artikel sind nicht lesbar

Anhang 3

Auszug aus dem afghanischen PC

Article 1

This Law regulates the "Tazeeri" crime and penalties. Those committing crimes of "Hodod", "Qassass" and "Diat" shall be punished in accordance with the provisions of Islamic religious law (the Hanafi religious jurisprudence).

Article 3

No one can be punished but in accordance with the provisions of the law which has been enforced before commitment of the act under reference.

Article 426

If in the crime of adultery the conditions of "Had" are not fulfilled or the charge of "Had" is dropped, because of double or other reasons, the offender shall be punished in accordance with the provisions of this Chapter.

Article 427

(1) A person who commits adultery or pederasty shall be sentenced to long imprisonment.

(2) In one of the following cases commitment of the acts, specified above, is considered to be aggravating conditions:

a) In the case where the person against whom the crime has been committed is not yet eighteen years old.

b) In the case where the person against whom the crime has been committed is a third degree relative of the offender.

c) In the case where the offender is a tutor, teacher, or servant of the person against whom the crime has been committed or the latter has, one way or another, has authority or influence over the former.

d) In the case where the person against whom the crime has been committed is a married woman.

e) In the case where the offender deflowers a maiden.

f) In the case where two or more persons have assisted each other in committing the crime or that the offenders have committed the act one after another.

g) In the case where the person against whom the crime has been committed is affected by genital disease.

h) In the case where the person against whom the crime has been committed becomes pregnant.

Von UNODC übernommen, Link: https://www.unodc.org/tldb/showDocument.do?documentUid=2100 Download: 23.06.2014.

Article 517

(1) A person who gives in marriage a widow, or a girl who is eighteen years or older, contrary to her will or consent, shall be sentenced in view of the circumstances to short imprisonment.

(2) If commitment of the crime specified under the above paragraph is for the purpose of "Bud dadan" (as a compensation for a wrongdoing), the offender shall be sentenced to medium imprisonment not exceeding two years.

Von UNODC übernommen, Link:
https://www.unodc.org/tldb/showDocument.do?documentUid=2100 Download: 23.06.2014.

Anhang 4
Zusammenfassung

„The clerics' council of Afghanistan did not put any limitations on women. It is the sharia law of all Muslims and all Afghans", erklärte der seinerzeitige Präsident Afghanistans, Hamid Karzai, im Jahre 2012 in der Öffentlichkeit.[377] Mit dieser Aussage hat er den Standpunkt der afghanischen Ulema Shura, eines von der Regierung geförderten Gemeinderates, bestehend aus religiösen Führern, öffentlich unterstützt. Die Ulema Shura weist eine frauenbenachteiligende Richtung auf. Danach sollen sich Frauen separat von dem männlichen Geschlecht in der Öffentlichkeit aufhalten, separat von ihnen studieren, arbeiten, etc., und nach Möglichkeit jeglichen Kontakt zu dem männlichen Geschlecht vermeiden, soweit sie nicht mit ihnen nah verwandt sind. Auf Reisen sollen sie von nah verwandten männlichen Personen begleitet werden. Ferner sei unter Umständen Gewalt gegen Frauen vertretbar.[378] Präsident Karzai begründet seine öffentliche Befürwortung der Ulema Shura damit, dass keine Einschränkungen für Frauen hiermit einhergehen. Vielmehr läge die Ursache in dem Scharia Recht, das für alle Muslime und Afghanen gelte. Demzufolge müsste – zumindest – die Mehrheit der muslimisch geprägten Länder ein der Islamischen Republik Afghanistan ähnliches Frauenbild aufweisen. Dies trifft jedoch auf viele Nationen, dessen Bevölkerung überwiegend muslimisch ist, nicht zu; so u.a. Albanien, Indonesien, Nigeria, Tunesien etc.

Indonesien gilt als das islamische Vorzeigeland. Es verzeichnet 88 % Muslime, hat den Islam nicht als Staatsreligion verankert und hält die Religion aus staatlichen Institutionen fern.[379]

Albanien verzeichnet viele islamische Bürger. Das Land verfolgt das laizistische Modell. Es wird kein Religionsunterricht an Schulen angeboten, die Bürger werden jedoch aktuell mehr islamisiert durch die radikalen Neuerscheinungen wie der IS.[380]

---

377 Vgl. z.B. The Guardian (2012) Link: http://www.theguardian.com/world/2012/mar/06/hamid-karzai-afghanistan-womens-rights Download: 22.05.2014; Vogt in The Washington Times (2012) Link: http://www.washingtontimes.com/news/2012/mar/6/karzai-backs-strict-guidelines-afghan-women/?page=all Download: 22.05.2014.

378 Vgl. auch HRW in „I had to run away", p. 7.

379 Vgl. z.B. RP Online Indonesien (2016) Link: m.rp-online.de Download: 22.03.2018.

380 Deutschlandfunk (2017) Albanien Vom Atheismus zum Islamismus Link: www.deutschlandfunk.de Download: 12.02.2018.

Die Türkei hatte den Säkularismus mit dem laizistischen Modell in Angriff genommen, doch aufgrund zahlreicher Unstimmigkeiten Erdogans mit der EU scheint der Säkularismus der Türkei gescheitert zu sein.[381]

In Tunesien wird die Religion größtenteils aus der Verfassung rausgehalten, jedoch gibt es Artikel, die wiederum eine andere Deutung zulassen. In der Rechtsanwendungspraxis wenden die Richter eher die Scharia an und auch die Menschen nehmen eher die nach außen hin bekannt gewordenen islamischen Vorschriften an, wie des Hijabstragens entgegengesetzt zu ihren staatlichen Gesetzen.[382]

Nigeria hat das Verbot der Verankerung einer Staatsreligion ausgesprochen. Allerdings haben 12 der 36 Bundesstaaten die Scharia als Strafrecht eingeführt. Dieses Vorgehen solle rechtmäßig sein, da sie mit diesem Vorgehen keine Staatsreligion ernannt hätten, lasse man außen vor, dass die Scharia islamisches Recht beinhaltet.[383]

Pushter in Pew Research Center stellt auch fest, dass der überwiegende Teil der islamischen Länder die Befolgung der islamischen Werte und Grundsätze begrüßt, jedoch eine strikte Befolgung nicht erforderlich sei. So z.B. Türkei, Libanon, Indonesien und Burkina Faso.

Insbesondere Pakistan, Palästina, Jordanien und Malaysia seien für eine strikte Befolgung des Korans (Senegal 50:50, Nigeria ca.50:50).[384]

Zwar weisen die genannten Nationen eine erhöhte islamische Bevölkerungsdichte auf; doch können keine weiteren Gemeinsamkeiten zu Afghanistan verzeichnet werden; v.a. hinsichtlich des Frauenbildes und der Wahl der Staatsreligion. Betrachtet man international alle islamischen Länder, wird schnell klar, dass bis auf Indonesien kaum ein Land ein säkularer Rechtsstaat geworden ist. Indonesien hat den Islam nicht als Staatsreligion ernannt und unterlässt gar Vermischungen. Entsprechend erfüllt Indonesien die Voraussetzungen eines säkularen Staates.

---

381 Vgl. freiewelt (2016) Der politische Islam verdrängt den Säkularismus … „Wir sind ein islamisches Land. Als Konsequenz müssen wir eine religiöse Verfassung haben." Sagte der Parlamentspräsident Türkeis Kahraman Link: http://www.freiwelt.net/reportage/islamische-welt-saekularismus-v… Download: 27.01.2018.

382 Vgl. TunisPro (2016) Religion in Tunesien Link: https://www.tunispro.de/tunesien/religion-in-tunesien.htm… Download: 27.01.2018.

383 AG Friedensforschung (2005) Allah gibt Nigeria kein Wundermittel Link: www.ag-friedensforschung.de Download: 22.03.2018.

384 Pushter (2016) in Pew Research Center Link: http://www.pewglobal.org/2016/04/27/the-divide-over… Download: 10.02.2018.

Bei säkularen Staaten soll die Religion staatlichen Institutionen und Regelungen untergeordnet sein.[385] Säkularität ist ein Selbstverständnis der modernen Demokratien westlicher Prägung. Sie fordern eine strenge Trennung von Staat und Religion – nicht feindlich –, sondern sie sehen durchaus den positiven Effekt der Religionen z.B. in Form von Ehrenämtern, Stärkung der Selbstkontrolle oder Freiwilligendiensten. Religion sei jedoch Privatsache und erfordere eine strikte Trennung vom Staat.[386] In Europa werden verschiedene Modelle des säkularen Staates verfolgt, so etwa von Frankreich das laizistische Modell. Dies bedeutet eine positive Neutralität gegenüber allen Religionen, zugleich eine strikte Trennung vom Staat.[387] Großbritannien verfolgt das staatskirchliche System und Deutschland ein Mischsystem, wobei die Religion staatlichen Institutionen untergeordnet ist, aber an staatlichen Schulen unterrichtet und die Zahlung der Kirchensteuer verlangt wird.[388]

Das Gegenstück zu diesen teilweise vorhandenen säkularen Staaten bilden die sog. Gottesstaaten. Bei diesen sog. Theokratien – „Gottesstaaten" – sind sämtliche Strukturen der Religion untergeordnet.[389] Beispielländer für die sog. Theokratien, „Gottesstaaten", bilden u.a. Pakistan, der Iran und Saudi-Arabien. Afghanistan könnte ebenfalls ein sog. „Gottesstaat" sein.

Empirische Studien, wie die World Values Survey messen regelmäßig die persönliche Einstellung zur Religion. Der vom amerikanischen Fund for Peace und von der Zeitschrift „Foreign Policy" herausgegebene Index klassifiziert die Staaten der Welt nach der Stabilität ihrer Rechtsordnung. Zu den „gescheiterten Staaten" gehören z.B. Somalia und Afghanistan. An der Spitze befinden sich z.B. die Schweiz und Finnland. Diese Ergebnisse werden mit den Ergebnissen

---

385 Vgl. Teamfreiheit Wert3: Säkularität Link: http://teamfreiheit.info/saekularitaet/?gclid=Cj0KCQiAwKvTBRC2ARIsAL0Dgk0uomG8kf13MuZdJt8cDq6AIXnr8HgiZU01VnXJKlkq8a3olOv36FIaAgsrEALw_wcB Download: 31.01.2018.

386 Vgl. BMI Staat und Religion Link: https://www.bmi.bund.de/DE/themen/gesellschaft-integration/staat-und-religion/staat-und-religion-node.html Download: 31.01.2018; vgl. Mörschel (2007) in Policy Link: http://library.fes.de/pdf-files/akademie/berlin/05050.pdf Download: 31.01.2018.

387 Vgl. Messner (2007) in Policy S. 7.

388 Policy (2007) Religion und säkularer Staat Link: http://library.fes.de/pdf-files/akademie/berlin/05050.pdf Download: 31.01.2018; ABWAB Wie säkular ist der deutsche Staat? Link: http://www.abwab.eu Download: 12.02.2018.

389 Teamfreiheit Wert 3: Säkularität Link: http://teamfreiheit.info/saekularitaet/?gclid=Cj0KCQiAwKvTBRC2ARIsAL0Dgk0uomG8kf13MuZdJt8cDq6AIXnr8HgiZU01VnXJKlkq8a3olOv36FIaAgsrEALw_wcB Download: 31.01.2018.

der World Values Survey verglichen. Sie stellen fest, je intensiver die Religiosität, desto instabiler die Rechtsordnung des jeweiligen Landes.[390]

Aus diesem Grund wurde in dieser Arbeit überprüft, ob und inwieweit die afghanische Rechtsordnung instabilen Charakter aufweist. Und, ob die Unterdrückung des weiblichen Geschlechts in der Islamischen Republik Afghanistan tatsächlich auf die Scharia zurückzuführen, wie von dem seinerzeitigen Präsidenten Karzai geäußert, oder aber kulturell bzw. sozial bedingt ist. Zu den sozialen Risikofaktoren gehören u.a. Armut, Krieg, Schulbildung etc. Diese wurden in der hiesigen Arbeit nicht weiter thematisiert.

Gegenstand dieser Arbeit war vielmehr die Auseinandersetzung mit den staatlichen Gesetzen im Vergleich zur Rechtsanwendungspraxis mit frauen- und mädchenspezifischem Schwerpunkt. Als Grundlage der Gesetze wurden die afghanische Verfassung, die Scharia, die internationalen Menschenrechtsabkommen und das afghanische Jugendstrafrecht zu Grunde gelegt. Es wurde überprüft, ob diese Regelungen konträr zu der afghanischen Rechtsanwendungspraxis sind und daraus die Unterdrückung der Frauen und Mädchen – wie von den Medien dargestellt – hervorgeht.

Wird die Aussage des Präsidenten Karzais überprüft, so wirft dies eine Vielzahl von Fragen und Problemen auf. Diese Problematiken wurden anhand von drei Hauptkapiteln und einem Schlussteil untersucht.

Die Scharia wurde in dem ersten Hauptkapitel untersucht. Gemäß Art. 2 AC hat die Islamische Republik Afghanistan den Islam als Staatsreligion gesetzlich statuiert. Dementsprechend genießt der Islam in Afghanistan eine bedeutende Rolle. Das Verhältnis zwischen der afghanischen Verfassung und der Scharia wird nicht auf verfassungsrechtlicher Ebene geklärt, was die Ausführungen zu der instabilen Rechtsordnung bekräftigt und die Ausführungen der World Values Survey, Fund for Peace und der „Foreign Policy“ bestätigt.

Diese Unklarheit führt zu zahlreichen Meinungsstreitigkeiten über das Verhältnis der Scharia zu der afghanischen Verfassung. Normen, wie Art. 3, 7 und 130 AC verschärfen diese Kontroverse. In diesem Kapitel wurde der besagte Meinungsstreit dargestellt. Zu diesem Zweck wurde Art. 3 AC nach den deutschen klassischen Auslegungsmethoden ausgelegt. Zuvor wurden der Islam, die Bedeutung der Scharia, ihre Abstammung und die ihr zugrunde liegenden Quellen untersucht.

---

390 Foreign Policy (2011) Failed States Index Link: http://foreignpolicy.com/2011/06/17/2011-failed-states-index-interactive-map-and-rankings/ Download: 31.01.1018; auch zit. in Doering in bpb (2013) Religion und freiheitlich säkularer Staat.

Alle Auslegungsmethoden wiesen auf eine Überlegenheit der islamischen Vorschriften hin. Auch die richterliche Praxis ergab, dass der Schwerpunkt auf islamisches Recht und nicht auf die internationalen Abkommen gelegt wird.

Der Auffassung von Röder (2009), „normativer Pluralismus" werde verwirklicht, wurde zugestimmt.[391] Wenn keine gesetzliche Grundlage vorhanden ist, welche im Sinne des Volkes ausgeführt wird, übt jeder seine eigenen Gesetze aus und entsprechend wird normativer Pluralismus verwirklicht bzw. hat das Land sodann eine instabile Rechtsordnung.[392]

Ein wesentlicher Hinweis auf die Scharia ist in Art. 3 AC zu finden, wie Vergau (2004) feststellt.[393] Art. 1 PC weist auf islamisches Strafrecht ausdrücklich hin.

Der Ansicht von Gerber (2007), das Wort „Islam" überrage in der afghanischen Verfassung und lege entsprechend den Schwerpunkt, wurde gefolgt. Das Wort „Islam" findet 24 Mal Anwendung in der Verfassung.[394]

Bei vergleichender Betrachtung des Art. 140 GG[395] kann die Scharia zumindest als vollgültiges Verfassungsrecht angesehen werden. Eine Übergewichtung der islamischen Vorschriften kommt in Betracht.

Der Ansicht des MPI (2007), Knust/Afshar (2006) und Röder (2009), dass lediglich auf die Sekundärquelle der Scharia i.S.d. Art. 130Abs. 2 AC zurückgegriffen werden kann[396] und die Scharia der Verfassung deshalb subsidiär sein soll, kann nicht gefolgt werden. Gem. Art. 130Abs. 1 AC sollen die Gerichte die Vorschriften der Verfassung anwenden. Zu diesen gehören auch die islamisch geprägten i.S.d. Art. 3 AC. In Art. 130Abs. 2 AC soll die „Fiqh" dispositiv Anwendung finden. Dieser Artikel weist auf eine Subsidiarität der „Fiqh" hin. Die „Fiqh" stellt, wie bereits festgestellt, die Sekundärquelle der Scharia dar. Sie tritt in Erscheinung u.a. in Form von staatlichen Gesetzen. Danach könnte Art. 130Abs. 2 AC so verstanden werden, dass bei planwidrigen Regelungslücken das Gesetz subsidiär die Lücke schließen soll. Anderenfalls wäre es nicht konsequent – wenn nicht sogar widersprüchlich, – in einem islamischen Land auf die Sekundärquelle zurückzugreifen, wohingegen die Primärquelle außer Acht bliebe.

---

391 S.o.

392 Wie bereits in der Einleitung ausgeführt; Afghanistan und Somalia gehören zu den Ländern mit der geringsten stabilen Rechtsordnung.

393 Zur Ausführung s.o.

394 Zur Ausführung der Häufigkeit der Wortwahl s.o. in der grammatikalischen Auslegung.

395 S.o. grammatikalische Auslegung.

396 Zur Ausführung s.o.

Das MPI (2007) fordert von den Gerichten, kein islamisches Recht anzuwenden. Präsident Karzai fordert eine islamische Rechtsprechung. Nach einhelliger Auffassung wenden die Gerichte in der Praxis die internationalen Abkommen in keiner Weise an.[397] Um die Rechtsanwendungspraxis zu überprüfen, erfolgte eine stichprobenartige Befragung von Jurastudenten in Afghanistan sowie einer afghanischen Rechtsanwältin. Diese Forschungsergebnisse stellen einen Vorrang der Scharia fest. Der Auffassung des MPI, (2009) mit Art. 162 AC werde der Vorrang der Verfassung gegenüber der Scharia begründet, konnte nicht gefolgt werden. Art. 162 AC schließt die Bestimmungen der Verfassung ein.[398] Dazu gehören alle Bestimmungen; sowohl die islamischen Bestimmungen durch Art. 3 und 130 Abs. 2 AC als auch die internationalen Abkommen i.S.d. Art. 7 AC. Pauschal eine Vorrangigkeit der Verfassung gegenüber der Scharia anzunehmen, ist im Fall Afghanistans nach obiger Prüfung nicht möglich. Grundsätzlich wäre der Ansicht des MPI zu folgen, die Verfassung sei das oberste Gesetz jeden Landes – entsprechend den o.g. Ausführungen zum säkularen Staat.[399] Allerdings ist vor dem Hintergrund der verfassungsrechtlich gewählten Staatsform – islamische Republik – und wie Kamali (1985) bereits festgestellt hat, in einem Land, das sich als strenggläubig islamisch bezeichnet, über 99 % Muslime[400] verzeichnet, und vor einigen Jahren die härteste Scharia Umsetzung erlitt, davon auszugehen, dass auch binnen der nächsten Jahrzehnte die Scharia maßgebendes – weiterhin angewandtes – Recht in Afghanistan sein wird, wie von einem „Gottesstaat" verlangt.[401] Das bestätigt die Ausführungen der World Value Survey, Fund for Peace und „Foreign Policy" zu der erhöhten Religiosität Afghanistans. Der Erlass der Verfassung des seinerzeitigen Präsidenten Karzai weist ebenfalls daraufhin, dass Afghanistan ein sog. „Gottesstaat" ist. In Afghanistan darf laut Art. 3 AC keine Vorschrift oder Regelung gegen die islamischen Werte verstoßen. Das weist auf den Charakter eines „Gottesstaates"[402] hin. Wie bereits erwähnt, sind in einem „Gottesstaat" alle staatlichen Institutionen und Regelungen der Religion untergeordnet. Aus diesem Grund kann im Falle Afghanistans die Scharia nicht als subsidiäres Recht angesehen werden.

Der Ansicht von Vergau (2004) und Gerber (2007) über das Wegstreichen des bisherigen Fortgangs von Art. 3 AC,[403] welche die islamische Tendenz bekräftige,

397 S.o.
398 Zur Ausführung von Art. 162 AC s.o.
399 Vgl. Einleitung.
400 Zur Ausführung s.o. Vorwort.
401 Vgl. Einleitung zur Ausführung.
402 Zur Definition s.o.
403 Zur Ausführung s.o.

kann zugesprochen werden. Wären die islamischen Vorschriften für die afghanische Verfassung nicht von Bedeutung, erscheint das Fortstreichen des Art. 3 AC als fragwürdig.

Die jetzige afghanische Verfassung versucht mit den Artikeln 3, 7, 130 AC und Art. 1 PC, den islamischen als auch den internationalen Interessen gerecht zu werden.[404] Folglich kann das festgestellte Dilemma von Mahmoudi (2004) bejaht werden.

Aus zeitgebundener Sicht werden immer Divergenzen zwischen den islamischen Werten und den internationalen „westlichen" Werten bestehen. Diese haben jedoch beide Verfassungsrang. Das Dilemma müsste im Grunde bereits auf Verfassungsebene gelöst werden. Die Wahrung internationaler Abkommen steht durchaus nicht im Einklang mit den islamischen Regelungen und verstößt vielleicht auch teilweise dagegen; je nachdem, wie „streng" oder wie „frei" sie ausgelegt werden. Ebenso führt die konsequente Durchsetzung islamischer Regelungen dazu, dass Verpflichtungen aus den internationalen Abkommen nicht gewahrt bzw. verletzt werden. Die Absicht, beiden Wertesystemen auf Verfassungsebene gerecht zu werden, löst zwar ein Dilemma auf Verfassungsebene aus; zugleich ist Afghanistan in seiner gegenwärtigen praktischen Ausführung das erste und bislang einzige islamische Land.[405]

Anlaufschwierigkeiten waren abzusehen. In Zukunft kann der Hoffnung von Knust/Afshar (2006) beigewohnt werden, dass Afghanistan das islamische Recht ausdrücklich zur Grundlage macht, damit künftige Unklarheiten vermieden werden. Zwecks Vermeidung weiterer Unklarheiten bietet sich eine ausdrückliche Klärung auf Verfassungsebene an.

Die Ausführungen der World Values Survey, des Fund for Peace und der Foreign Policy, wonach mit steigender Religiosität die Rechtsordnung instabilen Charakter annimmt, treffen nach Prüfung dieses Kapitels im Falle Afghanistans sowohl auf die Religiostät als auch auf die instabile Rechtsordnung zu.

Das ausgearbeitete Kapitel zeigt das Verhältnis der Scharia zu der afghanischen Verfassung.

In dem zweiten Hauptkapitel wurden die afghanischen Vorschriften, aus den eben überprüften einschlägigen Gesetzesbüchern, thematisiert. Es wurde überprüft, ob eine Benachteiligung der Frauen und Mädchen mit den afghanischen Gesetzen[406] einhergeht, wie von dem seinerzeitigen Präsidenten, Karzai geäußert. Dafür wurden einige kontroverse Vorschriften herangezogen.

---

404 Zur Ausführung s.o.

405 Vgl. auch Mahmoudi (2004) S. 880.

406 Die Scharia ist mit einbeschlossen.

Das Gleichheitsgebot ist sowohl in der Verfassung der Islamischen Republik Afghanistan als auch in dem Koran verankert. Allerdings wird das Gleichheitsgebot in einigen Vorschriften nicht gewahrt. Teilweise werden die Frauen begünstigt, wie z.B. bei der Anordnung der Zwangsheirat oder der Mitgift.

Sodann wurden einige Heiratsbestimmungen, wie das Heiratsalter, die Frühheirat, die Zwangsheirat, die Mitgift, das Brautgeld, die Polygamie, die Scheidung und sodann die Erbfolgen erläutert.[407] Festgestellt wurde, dass der Islam nicht der Gründer der polygamen Ehen ist, die Zahl der Ehefrauen im Hinblick auf die Historik sogar radikal reduziert wurde und die polygame Ehe zur Zeit der Gründung des Islams andere Zwecke verfolgte, die heutzutage in der Praxis anders gedeutet werden.

Die Scheidung stehe beiden Geschlechtern zu, allerdings setzt dies bei der Frau voraus, dieses Recht in Form von Vorabreden im Ehevertrag zu notieren. Dies setzt wiederum ein gebildetes Volk voraus, was Afghanistan mit einer der höchsten Analphabetenquoten nicht erreicht. Damit ist die Scheidungsweise der Frau nur erschwert möglich.

Schließlich wurden die moralischen Verbrechen angeführt. Der Begriff der moralischen Verbrechen wurde definiert. Festgestellt wurde, dass das Weglaufen in keiner der Quellen der Scharia geregelt ist. Die Lücke wurde allerdings durch die Richtlinien des Obersten Gerichtes und der Anweisung des Präsidenten Karzai dispositiv geschlossen. Dauerhaft betrachtet ist auch aus Gründen der Rechtssicherheit die Schaffung eines neuen Tatbestandes unabdingbar.

Der außereheliche Geschlechtsverkehr (Zina) wurde definiert. Die Zina wird in den Quellen der Scharia widerspruchsfrei angeordnet. Hinsichtlich der Zina ist kein Gender Gap ersichtlich. Sie wird gleichermaßen für Mann und Frau verboten und sanktioniert. Hinsichtlich der Tatbestandsmerkmale der Zina, ist ein Gender Gap bei dem Erfordernis von vier Zeugen ersichtlich.

Insgesamt betrachtet stellt die ungleiche Scheidungsweise von Mann und Frau eine Divergenz zu den internationalen Abkommen i.S.d. Art. 7 AC dar. Die weiteren Vorschriften stehen entweder im Einklang zu den internationalen Abkommen oder die internationalen Abkommen enthalten dazu keine Regelung. Als Beispiel seien die Mitgift, die Polygamie oder der außereheliche Geschlechtsverkehr genannt. Der These von Mahmoudi (2004) über das Zusammenklaffen der islamischen und internationalen Vorschriften wird zugestimmt. Die ungleiche Scheidungsweise stellt zwar im Verhältnis zu den gesamten Vorschriften eine Ausnahme dar. Aber gerade solche Vorschriften machen einen

407 S.o.

absoluten Konsens unmöglich. Auch muss berücksichtigt werden, dass nicht alle islamischen Vorschriften zugrunde gelegt wurden.

Schließlich ist bei diesen begrenzt angeführten Vorschriften erkennbar, dass die Widerspruchsfreiheit gem. Art. 3 AC unter den Quellen der Scharia gegeben ist. Daran wird nochmal die Wichtigkeit der islamischen Vorschriften sichtbar.

Eine Unterdrückung der Frau, wie von dem seinerzeitigen Präsidenten Karzai, geäußert, liegt bei den Regelungen der Polygamie, der ungleichen Scheidungsweise und dem Erfordernis von vier Zeugen zur Widerlegung der Behauptung des unehelichen Geschlechtsverkehrs vor – bei den Erbvorschriften ist weitere Forschung notwendig, um abschließend zu urteilen. Bei der Mehrheit der Vorschriften wie dem Gleichheitsgebot, dem Heiratsalter, der Zwangsheirat, der Mitgift und der Zina wird keine Unterdrückung der Frau durch die Scharia gesehen. Die Auslegung und die Ausführung der Scharia beruhen auf menschlichen Erzeugnissen, die in Anbetracht der aktuell extremistischen Auslegung entsprechend ausgelebt werden. Aus diesem Grund kann die Scharia nicht als die Hauptursache gelten. Sodann folgte die weitere Frage, der Anwendbarkeit des Erwachsenenstrafrechts auf Kinder und Jugendliche in diesem Fall der Mädchen. Dazu wurde hier im zweiten Hauptkapitel das Jugendstrafrecht mitsamt seiner Problematik und seinen Strafmilderungen u.a. besprochen.

Das Jugendstrafrecht existiert in Afghanistan seit dem Jahr 2005. Festgestellt wurde, dass im Vergleich zu dem deutschen JGG das JC an höhere Sanktionen anknüpft. Beispielsweise kann ein Kind bereits von dem afghanischen Jugendgericht gemaßregelt oder verwarnt werden. Das afghanische JC „überspringt" Erziehungsmaßregeln und setzt bei den Zuchtmitteln an i.S.d. Art. 45 JC. Das deutsche JGG bietet eine Vielzahl von Maßnahmen an, die das afghanische JC lediglich in einem sehr geringen Maße berücksichtigt. Art und Ausmaß einer Sanktion im Jugendstrafrecht kann in Afghanistan wesentlich einschneidender sein als im Bundesgebiet. Nach dem deutschen Recht kann höchstens eine Jugendstrafe von zehn Jahren, im afghanischen JC hingegen eine lebenslange Haftstrafe tenoriert werden.

Die genannte afghanische Höchststrafe spricht gegen die deutschen Erkenntnisse, wonach Jugendverfehlungen normal, ubiquitär und episodenhaft seien.

Das Ermessen der Jugendgerichte ist in der Islamischen Republik Afghanistan größer als in der Bundesrepublik Deutschland. Zahlreiche Anordnungen, wie z.B. die Bewährungszeit etc., liegen im Ermessen der afghanischen Jugendgerichte.

Gemeinsam haben sowohl die Bundesrepublik Deutschland als auch die Islamische Republik Afghanistan den Hauptgedanken der Erziehung, die Voraussetzungen an die Jugendrichter und Staatsanwälte, den Umfang der Ermittlungen, die Vernehmung des Beschuldigten, die Beseitigung des Strafmakels und den Grundsatz der Nichtöffentlichkeit – wobei im JC die Öffentlichkeit der Entscheidungsverkündung zu berücksichtigen ist – verankert. Den gesetzlichen Vertretern wird in beiden Nationen eine erhebliche Rolle zuteil.

Überwiegend ähneln sich die Vorschriften der Islamischen Republik Afghanistan mit den deutschen jugendgerichtlichen Vorschriften. Allerdings sind diese Vorschriften häufig nicht im selben Maße bestimmt und konkretisiert, wie die deutschen Vorschriften. Das afghanische JC bedarf der Auslegung der Jugendgerichte. Im afghanischen Recht gibt es keine Jugendhilfe i.S.d. der deutschen Jugendgerichtshilfe im Strafverfahren.

Die Artikel des afghanischen JCs sind im Vergleich zu den deutschen Vorschriften unsystematisch und nicht mit einer Aufschrift bezeichnet. Das afghanische JC weist, wie das deutsche JGG in der Theorie keine Gender Gaps auf.

Schließlich konnte hier festgestellt werden, dass die afghanischen Gesetze kaum Divergenzen beinhalten, sodass eine Unterdrückung des weiblichen Geschlechts aus den afghanischen Vorschriften kaum herzuleiten ist.

Afghanistan ist ein Entwicklungsland und entsprechend in der Anfangsphase seiner Entwicklung nach den jahrzehntelangen Kriegen. Nutzbringend wäre die Behebung der Divergenzen und der gesetzlichen Lücken.

Bei der Analyse der Geschichte der deutschen Frauenbewegung wurde festgestellt, dass noch vor nicht allzu langer Zeit in Deutschland etliche Gender Gaps existierten. Erst seit 1976/1977 wurde das Gleichheitsgebot praktiziert und überwiegend gewahrt. Deutschland als Industrieland weist bis heute noch die Problematik der Gender Gaps in einigen Bereichen auf. Anhand der weiterhin in der Bundesrepublik Deutschland beispielhaft aufgezählten Gender Gaps wird deutlich, dass Afghanistan noch lange Zeit brauchen wird, bis es das Gleichheitsgebot wahren wird.

Afghanistan erlitt bis vor Kurzem[408] die härteste Scharia Umsetzung. In dieser Zeit durften die Frauen u.a. das Haus nicht ohne männliche Begleitperson verlassen oder das Volk durfte sich nicht bilden etc. Die Frau hatte zu dieser Zeit gesellschaftlich die niedrigste Stellung. Nun hat die erste Generation nach Entstehung der Islamischen Republik Afghanistans durch Bildung einen veränderten Blick auf gesellschaftliche Strukturen. Wenn die Schulbildung weiterhin ihren Rang in dem gesellschaftlichen Leitbild bewahrt, darf erwartet werden, dass einige der genannten Probleme zukünftig nachhaltig gelöst werden.

---

408 Etwa 10 Jahren.

Die Afghanen haben das Gleichheitsgebot zwar schriftlich niedergelegt, was die Bundesrepublik Deutschland 1949 erreichte; allerdings ist die Islamische Republik Afghanistan keinesfalls in der damaligen Stellung Deutschlands. Den Afghanen wurde die Verfassung zur Unterzeichnung vorgelegt. Die Bundesrepublik Deutschland hat wiederum zahlreiche Proteste erfahren und daraufhin Art. 3Abs. 2 GG statuiert.

Gender Gaps sind in allen Nationen in einem verschiedenen Grad vorhanden. Island belegt in Folge den ersten Platz in der Gleichstellung der Frau. Sie haben die Gender Gaps zu 80 % beseitigt. Eine 100 %ige Beseitigung der Gender Gaps ist demnach in keinem Land der Welt erfolgt. Deutschland befindet sich bei der Abschaffung der Gender Gaps auf den 14. Platz und die arabischen Länder liegen bei über 100. Die WEF vergibt die Plätze nach Berücksichtigung der Gesundheitslage, wie die Lebens- und Sterberate, der Bildungswege, der politischen Teilhabe und der wirtschaftlichen Chancen, wie die Gehälter.[409]

In Afghanistan müsste eine vollständige Änderung in den genannten Bereichen erfolgen.

Um die Gender Gaps in Afghanistan zu mindern, müsste zusätzlich zu der Erweiterung der feministischen Forschung in Afghanistan, eine vollständige Abänderung der Gesundheitslage, wie die Lebens- und Sterberate, der Bildungswege, der politischen Teilhabe und der wirtschaftlichen Chancen, wie den Gehältern erfolgen.[410] Es empfiehlt sich auch die internationalen Wegweiser zu beherzigen und z.B. die Behörden, Arbeitgeber aufzufordern die Gleichrangigkeit zu fördern, Kommissionen zu gründen, die auf die Defizite aufmerksam machen, Tarifverträge einzuführen zur Lohngleichstellung, Arbeitsbehörden zu errichten, die die Lohndiskriminierungen aufdecken.[411] Noch ist der Lohn das geringste Problem der Frauen in Afghanistan. Vielmehr müssten Anlaufstellen geschaffen werden, die die Frauen/Mädchen bei der Arbeitssuche, der Verrichtung und dem Schulbesuch unterstützen und die Durchsetzung

---

409 Vgl. Pitzke (2013) in SpiegelOnline Wirtschaft Link: http://www.spiegel.de/wirtschaft/soziales/gender-gap-report-frauen-bleiben-weitweit-benachteiligt-a-929899.html Download: 21.01.2016.

410 S.o.; Pitzke (2013) in Spiegel Online Wirtschaft Link: http://www.spiegel.de/wirtschaft/soziales/gender-gap-report-frauen-bleiben-weitweit-benachteiligt-a-929899.html Download: 21.01.2016.

411 Vgl. die Europäische Kommission Kampagne zur Beseitigung des geschlechtsspezifischen Lohngefälles Link: http://ec.europa.eu/justice/gender-equality/gender-pay-gap/files/gpg2011-leaflet_de.pdf Download: 26.01.2018.

kontrollieren – insbesondere in den ländlichen Gebieten. Schließlich sollten Stellen geschaffen werden, die die Frauendiskriminierungen aufdecken und sanktionieren.

Die afghanischen Gesetze mitsamt der Scharia werden von den Menschen in Anbetracht der Zeit differenziert ausgelegt, sodass die Scharia bzw. die afghanischen Gesetze nicht, wie von dem seinerzeitigen Präsidenten Karzai ausgeführt, als die Hauptursache gesehen werden. Es wurde vermutet, dass die Ursache woanders liegt.

Um die Ursache ausfindig zu machen, wurde im folgenden Kapitel die Unterdrückung des weiblichen Geschlechts in der alltäglichen und praktischen Ausübung dargestellt.

Maßgeblich waren die Anordnungen aus dem vorherigen Kapitel. Darunter fallen die Heiratsbestimmungen, den Frauen und Mädchen zugeschriebenen moralischen Verbrechen sowie die jugendgerichtliche Normanwendung. Zunächst wurde der bisherige Forschungsstand herangezogen und dargestellt. Anschließend wurde zwecks Kontrolle eine eigene Feldforschung in Afghanistan angeführt. Die Forschung erfolgte zwischen dem 18.06.2013–15.07.2013. Es wurden insgesamt 1128 Menschen erreicht, davon 766 Frauen und 305 Männer. Die Befragung fand in Kabul, Herat und Karokh statt.

Der bisherige Forschungsstand zeigt, dass in der afghanischen Praxis das gesetzlich angeordnete Heiratsalter nicht gewahrt und – hieran anknüpfend das gesetzliche Heiratsalter häufig unterschritten – wird. Dieser Ansicht wurde gefolgt. Demzufolge stimmt die Rechtsanwendungspraxis hinsichtlich der Wahrung des Heiratsalters nicht mit der gesetzlichen Lage überein. Die Unterschreitung des gesetzlichen Heiratsalters betrifft zumeist die Mädchen. Insoweit ist ein Gender Gap in der afghanischen Rechtsanwendungspraxis festzustellen. Die Aussage des seinerzeitigen Präsidenten Karzai, die Einschränkungen der Frauen gehe mit der Scharia einher, trifft in der Theorie nicht zu, allerdings kann eine Unterdrückung in Form der Frühverheiratung in der Praxis vernommen werden.

Die Zwangsheirat ist in Afghanistan ein häufiges Phänomen. Überwiegend sind hiervon die Mädchen und Frauen betroffen. Dementsprechend ist ein Gender Gap gegeben. Die Zwangsverheiratung erfolgt u.a. aus Gründen der Armut, dem Baad und dem Baadal. Die Baad- und Baadal-Heirat werden vermehrt von Paschtunen vollzogen. Der Suizid und die Selbstverletzung sind unter den afghanischen Frauen weit verbreitet. Mit dem Suizid möchten die Frauen und Mädchen in Afghanistan einer Zwangsheirat oder der weitverbreiteten innerfamiliären Gewalt entkommen. In den afghanischen Gesetzen wird eine Zwangsheirat weder geduldet noch gestattet. Die Zwangsverheiratung findet in der Praxis entgegen den staatlichen Gesetzen und den Vorschriften der Scharia statt. Viele verheiratete weibliche Befragte gaben an, ihren Eltern gebühre bei der Partnerwahl zumindest ein Mitspracherecht. Häufig dürfte es wohl letztlich beim Entscheidungsrecht der Eltern verbleiben. Die nicht verheirateten Mädchen äußern den Wunsch, ihren Partner selbst aussuchen zu dürfen. Möglicherweise gestehen die Frauen die Zwangsverheiratung ein, durch welche sie Leid erdulden mussten und die nach außen bekannt wurden – z.B. durch Haft oder Trennung bekannt geworden. Dem bisherigen Forschungsstand wird zugestimmt. Die gesetzlichen Voraussetzungen für eine Heirat werden in der Praxis nicht gewahrt. Die Aussage des seinerzeitigen Präsidenten Karzai trifft in der Theorie nicht zu, allerdings kann eine Unterdrückung der Frauen und Mädchen in der Praxis wahrgenommen werden. Folglich ist die Scharia hier nicht ausschlaggebend für die Unterdrückung der Frauen und Mädchen in Afghanistan. In künftigen Arbeiten sollte der Frage nachgegangen werden, welche Risikofaktoren tatsächlich ausschlaggebend sind.

Die Anspruchsgrundlage für die Mahr, die der Braut zu überreichen ist, ist gesetzlich verankert, anders jedoch die Höhe der Mahr; hierzu wurden keine konkreten Angaben seitens des Gesetzgebers getroffen. Den gesetzlichen Anordnungen wird seitens der Bevölkerung wenig Beachtung entgegengebracht. Nach dem bisherigen Forschungsstand wird die Mahr in der Praxis dem Brautvater übergeben. Die eigene Forschung stellte dies ebenfalls fest, trotz Kenntnis vieler Befragter, dass sie der Braut zustehe. Ein möglicher Erklärungsversuch könnte dahingehend lauten, dass nicht differenziert wird zwischen dem Vermögen der Braut und dem des Brautvaters. Mädchen und Frauen haben in Afghanistan selten ein eigenes – also separates – Vermögen oder Einkommen. Bis zu ihrer Heirat werden ihr Einkommen und ihr Vermögen, soweit sie solches aufweisen, dem ihres Vaters und nach ihrer Heirat dem ihres Ehemannes zugeordnet. Der bisherigen Forschung wird diesbezüglich zugestimmt. Damit widerspricht die Mahr aus der Praxis den afghanischen Gesetzen. Aus dem Umstand, dass ausschließlich der Mann die Mahr zu zahlen hat, ist ein umgekehrter Gender Gap festzustellen. Aufgrund der Schutzfunktion der Frau in dieser Vorschrift wurde hier keine unmittelbare Einschränkung der Frau gesehen, wohl aber eine Einschränkung durch den Vater in der Anwendungspraxis – der die Mahr für sich behält. Schließlich sind die Quellen der Scharia hierfür nicht verantwortlich. Auch wurde hier nach Ansicht der Verfasserin, die Ursache wohlmöglich in den traditionell-patriarchalischen Subkulturen der Bildungs- und Finanzschwachen gesehen. Die Scharia ist hier keineswegs die Ursache, wie von dem seinerzeitigen Präsidenten Karzai geäußert.

Hinsichtlich des Brautgeldes wurde festgestellt, dass in der afghanischen Praxis der Mann häufig ein Brautgeld an den Brautvater zu zahlen hat. Das Brautgeld wird hoch angesetzt. Für die Zahlung des Brautgeldes existiert keine gesetzliche Anspruchsgrundlage. Im Umkehrschluss dürfte dies dazu führen, dass die Forderung des Brautgeldes rechtsgrundlos ist. In der eigenen Forschung wurde festgestellt, dass das Brautgeld sämtlichen Befragten bekannt war. Während einige es befürworten, lehnten andere es ab. Die Ausführungen der bisherigen Forschung werden vertreten. Die Forderung des Brautgeldes ist rechtsgrundlos und widerspricht insofern der Gesetzeslage. Daher ist nach Ansicht der Verfasserin ein Widerspruch zwischen Gesetz und praktische Auslebung anzunehmen. Die Zahlung des Brautgeldes geht nicht mit den Quellen der Scharia einher, wie von dem seinerzeitigen Präsidenten Karzai dargelegt. Auch hier wurde die Ursache der Zahlung des Brautgeldes eher in den traditionell-patriarchalischen Subkulturen der Bildungs- und Finanzschwachen gesehen.[412]

Die Polygynie ist nach der bisherigen Forschung in Afghanistan weit verbreitet und ist in den afghanischen Gesetzen verankert. Grundsätzlich schränkt sie die Muslime im Vergleich zu vorher ein. Vorher durften die Männer unzählige Frauen heiraten, doch nun wurde aufgrund der Regelung ein Höchstmaß angeordnet – von bis zu vier Frauen. Sie kommt häufig bei Reichtum vor und nimmt bei Erlangung von Bildung tendenziell ab. Die eigene Forschung stellt bei der Polygynie fest, dass die Männer in Herat die Polygynie besonders bevorzugen im Gegensatz zu ihren weiblichen Pendants. In den anderen zwei Befragungsorten herrscht in etwa ein homogenes Verhältnis. Dies bestätigt die o.g. Ausführungen, wonach der Wille zur Polygamie steigt, wenn sie wohlhabender werden und zugleich ungebildet sind. Herat gehört aufgrund der Lage der Stadt nach allgemeiner Auffassung mit zu den wohlhabenderen Orten; im Grenzgebiet für Im- und Exporte wird mehr erwirtschaftet. Die Tatsache der Nicht-Bildung liegt auf der Hand, sodass die Feststellungen der bisherigen Forschung hiermit als bestätigt gelten.

Der bisherige Forschungsstand nimmt eine Ungleichbehandlung der Frauen an. Die Quellen der Scharia setzen eine Gleichbehandlung der Frauen voraus. Diesbezüglich ist ein Widerspruch zwischen der Praxis und den afghanischen Gesetzen gegeben. Nach der Sekundärquelle der Scharia soll eine polygame Ehe dem Zweck der Fortpflanzung dienen z.B. bei Vorliegen einer unheilbaren Krankheit der Erstfrau. Die Hauptgründe für die polygame Ehe sieht der bisherige Forschungsstand in dem gesteigerten Ansehen des Mannes, der

412 Zur Ausführung und evtl. Präventionsmaßnahmen s.o.

Kinderlosigkeit der Erstfrau, dem Reichtum des Mannes, einer Krankheit der Erstfrau sowie in den Traditionen Afghanistans. Der bisherige Forschungsstand stellt damit eine Zweckerweiterung fest. Danach werde die polygame Ehe in der afghanischen Praxis um die weiteren Ursachen in Form von gesteigertem Ansehen, Reichtum des Mannes und der fehlenden Geburt eines Sohnes erweitert. In der eigenen Forschung wird die Mehrehe teilweise befürwortet und teilweise abgelehnt. Angenommen wird, dass die Polygynie in der Praxis Anwendung findet und dass eine Ungleichbehandlung der Frauen regelmäßig vorkommt. Menschen sind subjektiv, daher erscheint es m.E. kaum realisierbar zu sein, mehrere Frauen gleich zu behandeln. Dies auch vor dem Hintergrund, dass es sich hierbei um wenig gebildete Menschen handelt. Dem bisherigen Forschungsstand wird gefolgt. Demnach wird die Zweckverfolgung der polygamen Ehe in der Praxis entgegen den afghanischen Gesetzen um einige Gesichtspunkte erweitert. Entsprechend könnte die These des seinerzeitigen Präsidenten Karzai hier teilweise zutreffen, aber wird durch die traditionell-patriarchalischen Subkulturen der Bildungsschwachen ungünstiger ausgeführt.

Nach der bisherigen Forschung wenden die Richter bei der Scheidung nicht die staatlichen Gesetze an. Stattdessen führen sie ihre eigenen Interpretationen von den islamischen Regelungen an. Frauen haben unter bestimmten Voraussetzungen die Möglichkeit, sich scheiden zu lassen. Die Frau hat sich an das Gericht zu halten. Frauen sei die Scheidung in der Praxis erschwert möglich und teilweise verwehrt. In diesem Punkt ist eine Abweichung von der Praxis zu den afghanischen Gesetzen erkennbar. Die Quellen der Scharia gewähren dem Mann eine unkomplizierte und simple Scheidung; bei Frauen ist sie weniger einfach.[413] Vor dem Hintergrund, dass den Frauen die Scheidung in der Praxis teilweise verwehrt wird, ist ein Widerspruch zwischen der Praxis und den afghanischen Gesetzen gegeben. Grundsätzlich ist die Praxisforschung mangelhaft. Die eigene Forschung stellt fest, dass der Großteil der Befragten über die Scheidungsrechte der Frauen Kenntnis aufweist. Allerdings klärt die eigene Forschung nicht, inwieweit diese Scheidungsrechte von den Richtern Berücksichtigung finden. Aufgrund der Argumentation des bisherigen Forschungsstandes könnte m.E. der bisherigen Forschung gefolgt werden. Auch hier könnte für die Gesetzeslage die These des seinerzeitigen Präsidenten Karzai teilweise angenommen werden. Allerdings werden auch hier für die Praxis die traditionell-patriarchalischen Subkulturen der Bildungs- und Finanzschwachen als Hauptursache gesehen.

---

413 Zur Ausführung s.o.

Nach einer Studie gehe es einem Teil der Frauen bei der praktischen Umsetzung des Erbrechts nicht gut, einem anderen Teil gehe es wiederum besser. Allein durch eine Untersuchung kann nicht festgestellt werden, ob die Praxis die afghanischen Regelungen wahrt. Die eigene Forschung stellt fest, dass größtenteils die Befragten die Erbvorschriften hinsichtlich der Frauen kennen. Jedoch ist festzuhalten, dass vorwiegend städtische Bürger befragt wurden. Menschen, die in ländlichen Gebieten leben, wurden nicht befragt. Weitere Forschungsergebnisse hierzu konnten nicht aufgefunden werden. Die Frage bleibt offen, ob die Erbvorschriften in der afghanischen Praxis eingehalten werden.

Die Zahl der moralischen Verbrechen in Afghanistan ist besonders hoch. Nach den obigen Ausführungen wird lediglich ein Fall von HRW dargestellt, der Straffreiheit begründen könnte. In den restlichen Fällen ist entweder ein anderer Straftatbestand erfüllt oder die Frauen und Mädchen sind vor innerfamiliärer Gewalt fortgelaufen anstelle der Konsultation staatlicher Stellen. Sie sind teilweise nicht zu Verwandten geflohen, sondern zu Fremden, was nach den Bedingungen des Obersten Gerichtes zu einer Strafbarkeit der Zina führt. Die afghanischen Gesetze stellen die Flucht nicht unter Strafe. Gem. Art. 130 AC wurde diese Gesetzeslücke vorerst von den Gerichten geschlossen. Als Anweisung für die Gerichte gilt die Richtlinie des Präsidenten, wonach die Flucht eines Kindes vor einer Zwangsheirat nicht unter Strafe steht. Das Oberste Gericht hat die Anweisung des Präsidenten konkretisiert und verlangt zum einen, dass die Mädchen nicht zu Fremden fliehen, und zum anderen, dass sie gerichtliche Hilfe in Anspruch nehmen. Lediglich ein oben aufgezeigter Fall könnte Straffreiheit begründen. In den anderen Fällen wurden teilweise die Zinavoraussetzungen verwirklicht.

In dem Interview mit der Richterin in Kabul wurde die Richtlinie des Obersten Gerichtes bekräftigt und das Weglaufen unter bestimmten Bedingungen kriminalisiert. Nach diesseitiger Auffassung weist das Fortlaufen gesetzlich gesehen – auch bei Heranziehung der Rechtsprechung – zahlreiche Unklarheiten auf. Jedenfalls ist die Scharia auch hier nicht für das Problemfeld des Weglaufens ursächlich, wie von dem seinerzeitigen Präsidenten Karzai angemerkt.

Nach den Quellen der Scharia ist die Zina verboten und soll für Mann und Frau gleichermaßen sanktioniert werden. Nach der bisherigen Forschung wird die Zina in der Praxis grundsätzlich für Mann und Frau gleichermaßen bestraft. Allerdings erlangen die Männer aufgrund von Bestechung und Korruption mildernde Umstände bis hin zu Freilassungen. Die Bestechung ist nach der Primärquelle der Scharia gem. Sure 2: 189 verboten. Die eigene Forschung stellt nicht fest, inwieweit die Häftlinge bestechen. Festgestellt wird, dass Bestechung und Korruption in Afghanistan überwiegend vorhanden sind. Aufgrund der allgegenwärtigen Korruption wird davon ausgegangen, dass die Häftlinge zwecks Zielerlangung ebenfalls bestechen. Aufgrund der den Männern – anders als den Frauen – zur Verfügung stehenden finanziellen Mitteln, besteht für sie die Möglichkeit, „sich freizukaufen", während die Frauen die Strafen häufig absitzen müssen. Der bisherigen Forschung wird zugestimmt. Demnach sind in diesem Punkt Divergenzen zwischen der Praxis und den afghanischen Gesetzen ersichtlich. Die Quellen der Scharia setzen für einen Straftatbestand Vorsatz bei der Tatbegehung voraus. Demnach dürften Vergewaltigungen für die jeweiligen Geschädigten mangels Vorsatzes nicht strafbar sein. Die Begehung einer Vergewaltigung stellt ein erschwerendes Regelbeispiel der Zina dar. Der bisherige Forschungsstand stellt fest, dass vergewaltigte Frauen ebenfalls sanktioniert werden. Die eigene Forschung stellt keine Erkenntnisse zu Vergewaltigungsopfer fest. Nach diesseitiger Auffassung ist der bisherigen Forschung zu folgen. Die Praxis stimmt in diesem Punkt nicht mit den afghanischen Gesetzen überein, sodass eine Verurteilung insoweit gesetzeswidrig wäre. Die Aussage des Ehemannes genüge, wenn er bestimmte Bedingungen erfülle. Als unwahrscheinlich gilt, dass ein Ehemann den Geschlechtsverkehr seiner Frau dergestalt häufig mit einem anderen Mann selbst oder durch mehrere Zeugen nachweisen kann. In keinem der o.g. Fälle waren der Mann oder vier Zeugen bei dem Geschlechtsakt der Frau anwesend. In der Praxis wurde dennoch die Zina angenommen. In diesem Punkt widerspricht die Praxis den afghanischen Gesetzen. Die eigene Forschung stellt keine Erkenntnisse zur Zina fest. Der bisherigen Forschung ist nach diesseitiger Auffassung zu folgen. Nach den afghanischen Gesetzen dürfte die Zina aufgrund der hohen Anforderungen selten zur Anwendung kommen. In der afghanischen Praxis führt, wie der bisherige Forschungsstand feststellt, die Zina häufig zur Inhaftierung der Frauen und Mädchen. Ein Gender Gap liegt in der Praxis vor. Die Praxis steht mit den afghanischen Gesetzen bzw. der Scharia, wie von Karzai geäußert, nicht im Einklang. Hier wird die Ursache in der bildungsschwachen Männerherrschaft gesehen, die zu ihren Gunsten die Praxis gesetzeswidrig ausleben. Schließlich fand durch die Mithilfe der Staatsanwaltschaft eine teilnehmende Beobachtung bei der Polizei in Karokh statt.[414]

Bei der Prüfung der Übereinstimmung der jugendgerichtlichen Gesetze zu der Praxis wurden die Untersuchung von UNICEF (2008) und das Interview mit der Richterin in Kabul herangezogen. Festgestellt wurde, dass die hilfebedürftigen Jugendlichen „doppelt" bestraft werden. Die Haftbedingungen entsprechen nicht annähernd den internationalen Standards. Es werden Foltermethoden

414 Zu den Erkenntnissen vgl. 3. Hauptkapitel.

angewandt. Die Anzahl der vorhandenen Jugendgerichte entspricht nicht der gesetzlichen Vorgabe. Es werden vermehrt Haftstrafen ausgeurteilt. Eine separate Haftanstalt für Mädchen existiert nicht. Ihnen werden die besonderen Rechte einer Jugendhaftanstalt bzw. Jugendrehabilitationszentrum entzogen. Das Ziel des Jugendstrafrechts wird in der afghanischen Praxis nicht erreicht. Die Richterin bestätigt überwiegend die praktische Anwendung. Die Forschung zu diesem Themengebiet ist nicht ausreichend und kann nicht eindeutig als verlässlich gelten. Diese Untersuchung kann als Richtmaß herangezogen werden. Weitere Forschung zum Jugendstrafrecht in Afghanistan ist jedoch unabdingbar.

Die Praxis entspricht in den überwiegenden Punkten weder den gesetzlichen Vorschriften noch den islamischen Vorschriften. Soweit die Praxis bereits nicht mit den Quellen der Scharia übereinstimmt, kann davon ausgegangen werden, dass die Praxis noch weniger mit den internationalen Abkommen übereinstimmt. Entsprechend kann die Scharia nicht als Hauptursache für die Unterdrückung der Frauen gelten.

Angenommen wird, dass in Afghanistan zahlreiche Risikofaktoren vorhanden sind. Diese konnten im Rahmen dieser Arbeit nicht isoliert berücksichtigt werden.

Schließlich kann festgestellt werden, dass alle überprüften Normen in der Rechtsanwendungspraxis anders ausgeführt oder gar nicht eingehalten werden. Die These des damaligen Präsidenten Karzai[415] ist so nicht haltbar. Bei wenigen Vorschriften wurde festgestellt, dass die Scharia evtl. als mitursächlich gelten könnte. Der überwiegende Teil der überprüften Vorschriften stellen im Gesetz keine Unterdrückung des weiblichen Geschlechts dar – diese werden in der Praxis dennoch anders ausgeführt und tragen häufig eine Unterdrückung des weiblichen Geschlechts mit sich. Andere Ursachen, wie Armut, Subkulturen der Bildungsschwachen, Krieg, Gesundheit und Männerherrschaft treten in Form der Früh – Zwangsheirat, Polygamie und den moralischen Verbrechen auf.

Im Schlussteil der Arbeit wurden die Ergebnisse zusammengefasst.

Der Fokus der Arbeit wurde auf die afghanischen Frauen und Mädchen gelegt. Die Untersuchung der Frauen und Mädchen erscheint nach diesseitiger Auffassung besonders aufschlussreich zu sein, da die Benachteiligung der Frauen in Afghanistan zum gegenwärtigen Zeitpunkt sehr verbreitet, aktuell und üblich ist.

Anzumerken ist, dass es nur wenig vorhandene afghanische Forschungsliteratur gibt. Empirisch abgesicherte Forschung aus Afghanistan ist kaum

---

415 S.o.

vorhanden. Daher werden sämtliche Forschungsarbeiten zu Afghanistan, auch nicht wissenschaftliche Studien, im Rahmen dieser Arbeit berücksichtigt. Der überwiegende Teil der vorhandenen Literatur ist auf englischer Sprache verfasst. Auf das Problemfeld der Pashtunwali[416] kann im Rahmen dieser Arbeit aufgrund ihres Umfanges nicht eingegangen werden.

In Afghanistan fand im Jahre 2014 ein Regierungswechsel statt. Nach mehreren strittigen Wahlen haben sich schließlich Aschraf Ghani und Abdullah Abdullah zu einer Einheitsregierung geeinigt mit Aschraf Ghani als Präsidenten und Abdullah Abdullah als Regierungschef. Diverse Meinungsverschiedenheiten unter ihnen führen dazu, dass keine Politik bzw. Lösungsansätze für die kritische Lage in Afghanistan bereitstehen. Die Taliban sollen offiziell anerkannt werden und mitreden dürfen. Es finden unzählige Attentate auf Zivilisten in dem Land statt.

Präsident Trump hat zu mehr Luftangriffen auf Afghanistan aufgerufen und diese bereits durchgeführt mit unzähligen Opfern als Folge. Es sollen mehr Sicherheitskräfte in Afghanistan stationiert werden. Präsident Trump will seine Mission nicht offenlegen, sodass ungewiss bleibt, bis wann die Mission ausgeweitet wird.[417] Afghanistan selbst ist nicht in der Lage, das Land zu verteidigen und hat bereits Landesteile an die Aufständischen abgegeben. Pakistan hat angekündigt, Hunderttausende von afghanischen Flüchtlingen abzuschieben.[418] Es bestehen daher in jeglicher Hinsicht Überlebens- und Existenzängste für die afghanischen Bürger.

Wiederum leben die Menschen in Afghanistan inzwischen eine größere Meinungs- und Kundgebungsfreiheit aus. Es gibt mittlerweile zahlreiche afghanische Fernsehsender, die die Rechte der Menschen/Frauen darlegen oder auf die Risikofaktoren – wie die Früh- oder Zwangsheirat oder das Brautgeld – eingehen. In einigen TV Sendungen[419] wird die Regierung sogar mittlerweile belustigt und teilweise spielen in diesen Formaten auch Frauen eine Rolle.

Die neuen Wahlen stehen im Jahre 2018 wieder an. Die Zukunft Afghanistans bleibt jedoch weiterhin im Unklaren.

---

416 Pashtunwali stellt das Ehrenkodex der Pashtunen dar.

417 Sood (2017) in The Hindu Mission indefinite Link: www.thehindu.com Download: 22.03.2018.

418 Spiegel Online (2018) Pakistan plant offenbar Ausweisung Hunderttausender Afghanen Link: http://www.spiegel.de/politik/ausland/pakistan-plant-offenbar.aus... Download: 27.01.2018.

419 Vgl. z.B. Eshta khaw shud? Oder Puzkhand.

Die Verfasserin möchte auf einige grundsätzliche Probleme in Afghanistan aufmerksam machen mit der Hoffnung, dass sich das afghanische Volk, die Regierung sowie die internationalen Kräfte diesen annehmen und sie beseitigen.

Insbesondere wird die afghanische Regierung dringend aufgefordert, Geburten, Eheschließungen und Sterbefälle zu datieren. Anderenfalls kann nicht nachvollzogen werden, wie beispielsweise Straftäter ausfindig gemacht werden, wenn ihre Meldeadresse nicht vorliegt, wie der Schulbesuch der Kinder überwacht wird oder wie eine Eheschließung im minderjährigen Alter sanktioniert und entgegengewirkt wird, wenn weder Geburten noch Eheschließungen festgehalten werden. Der afghanische Staat hat bisweilen seine Überwachungsfunktion außer Acht gelassen. Gerade diese Funktion ist überaus wichtig, in einem Land mit einer der höchsten Analphabtenquoten. Diese Daten aufzunehmen und zu pflegen, ist ein erster Schritt um einige Divergenzen, wie z.B. die Früh- oder Zwangsheirat vorzubeugen.

Es ist der Verfasserin dabei auch ein besonderes Anliegen, ein Bewusstsein über die Situation der Frauen und Mädchen in dem Land zu schaffen.

Alles in allem kann festgestellt werden, dass den islamischen Vorschriften in der afghanischen Verfassung größere Bedeutung zukommen muss, als es bislang der Fall war. Die afghanischen Gesetze stimmen mit den islamischen Vorschriften überein, die islamischen Vorschriften stimmen teilweise mit den internationalen Abkommen überein, jedoch stehen die afghanischen Gesetze – ob das Penal Code oder das Juvenile Code – mit der praktischen Anwendung im Widerspruch.

Schließlich soll anhand dieser begrenzt aufgeführten Beispiele aufgezeigt werden, dass die Scharia – wie von Präsident Karzai geäußert – und die anderen afghanischen Gesetze eben nicht hauptursächlich für die Unterdrückung der Frauen und Mädchen in Afghanistan sind. Die Ursachen können vielmehr, wie Sonnen in Kindhäuser und dem Antrag vor dem Bundestag bzgl. der Zwangsheirat festgestellt hat, in Bezug auf Afghanistan insofern erweitert werden, als die Zwangsheirat und die o.g. afghanischen Vorkommnisse nicht mit der Religion, des Islams gekoppelt sind, sondern die Folge von traditionell-patriarchalischen, kriegsverletzten, finanz- und bildungsschwachen Gesellschaften oder Subkulturen sind.[420] Weitere Forschungsarbeiten zum afghanischen Recht und zur Rechtsanwendungspraxis erscheinen jedoch unabdingbar.

420 Vgl. 2. Hauptkapitel.

Abkürzungsverzeichnis

Abs.	Absatz
AC	Afghan Code (Afghanische Verfassung)
AIHRC	Afghan Independent Human Rights Commission
AREU	Afghanistan Research and Evaluation Unit
Art.	Artikel
BGB	Bürgerliches Gesetzbuch
BMI	Bundesministerium des Innern
bpb	Bundeszentrale für politische Bildung
BVerfG	Bundesverfassungsgericht
BVerfGE	Bundesverfassungsgerichtsentscheidung
bzgl.	bezüglich
BZR	Bundeszentralregister
CC	Civil Code (Zivilgesetzbuch)
CEDAW	Committee on the Elimination of Discrimination against Women
CRC	Child Rights Consortium
div.	diverse
EGMR	Europäischer Gerichtshof für Menschenrechte
FamFG	Gesetz über das Verfahren in Familiensachen und in den Angelegenheiten der freiwilligen Gerichtsbarkeit
gem.	gemäß
GG	Grundgesetz
GLMN	Gewaltlegitimierende Männlichkeitsnormen
hrsg.	herausgegeben
HRW	Human Rights Watch
ICCPR	Internationaler Pakt über bürgerliche und politische Rechte engl.: International Covenant on Civil and Political Rights
i.d.F.	in diesem Fall
i.S.d.	im Sinne des
i.S.v.	im Sinne von
i.V.m.	in Verbindung mit
i.w.S.	im weiteren Sinne
JC	Juvenile Code
JGG	Jugendgerichtsgesetz
Kfn	Kriminologisches Forschungsinstitut
LPK	Lehr- und Praxiskommentar

m.E.	meines Erachtens
min.	Minuten
MPI	Max Planck Institut
NAPWA	National Action Plan for the Women of Afghanistan
Nr.	Nummer
o.g.	oben genannten
OHCHR	Office of the United Nations High Commissioner for Human Rights
PC	Penal Code (afghanisches Strafgesetzbuch)
PKS	Polizeikriminalstatistik
Pkw	Personenkraftwagen
S.	Satz
s.	Seite
s.o.	siehe oben
StGB	Strafgesetzbuch
Tdh	Terre des hommes
u.a.	unter anderem
UNAMA	United Nations Assistance Mission in Afghanistan
UNICEF	United Nations Children´s Fund
UNODC	United Nations Office on Drugs and Crime
UPR	Universal Periodic Review der Menschenrechte
Var.	Variante
vgl.	Vergleich
VRÜ	Verfassung und Recht in Übersee
vs.	versus
WCLRF	Women and Children Legal Research Foundation
WEF	World Economic Forum
WRV	Weimarer Reichsverfassung
ZaöRV	Zeitschrift für ausländisches öffentliches Recht und Völkerrecht
z.B.	zum Beispiel
z.Zt.	zum Zeitpunkt
zit.	zitiert

Abbildungsverzeichnis

Literaturverzeichnis

Abdal, H. M. (2007) Über die vier Rechtsschulen und die Notwendigkeit einer von ihnen zufolgen Link: http://turntoislam.com/community/threads/%C3%9Cber-die-vier-rechtsschulen-und-die-notwendigkeit-einer-von-ihnen-zu-folgen.8926/ Download am 11.12.2013 *(zit.: Abdal (2007) Link:… Download:…)*

Abu Abdullah al, A. B. Die Brautgabe zu minimieren ist die Sunna Link: http://www.fataawa.de/Fatawaas/4.Fiqh/5.Familienrecht/Eherecht/0159.pdf Download: 07.03.2014 *(zit.: Abu Abdullah al Link:… Download:… S…)*

Abu-r-Rida/M. Ibn A. IbnRassoul (2008) Tafsir Al-Qur'an Al-Karim Monolinguale Ausgabe Erläuterung des Al-Qur'an Al-Karim in deutscher Sprache Islamische Bibliothek 41. Verb. Auflage *(zit.: Abu-r-Rida pp. (2008) Sure…/Seite…)*

ABWAB Wie säkular ist der deutsche Staat? Link: http://www.abwab.eu Download: 12.02.2018 *(zit.: ABWAB Wie säkular ist der deutsche Staat Link:*http://www.abwab.eu *Download:…)*

AG Friedensforschung (2005) Allah gibt Nigeria kein Wundermittel Enttäuschte Hoffnungen und rechtliche Unklarheiten nach Einführung der Scharia Link: www.ag-friedensforschung.de Download: 22.02.2018 *(zit.: AG Friedensforschung (2005) Allah gibt Nigeria kein Wundermittel Link:… Download:…)*

Ahmadiyya Muslim Jamaat in der BRD (2013) KORAN Der heilige Koran Arabisch und Deutsch 8. überarbeitete Taschenbuchauflage Verlag Der Islam Ahmad, H. M. M. (hrsg.) *(zit.: Ahmadiyya Muslim Jamaat (2013) S…)*

AIHRC (2011) Fifth Report Situation of Economic and Social Rights in Afghanistan Independent Human Rights Commission Link: http://www.aihrc.org.af/media/files/Reports/SECR/Report%20on%20ESCR_Final_English_12_2011.pdf Download: 18.03.2014 *(zit.: AIHRC (2011) Link:… Download:… S…)*

AMGT Vereinigung (1393 H./1973) Avrupa Milli Görüs Teskilatlari Vereinigung der neuen Weltsicht in Europa: Der Islam Geschichte, Religion, Kultur *(zit.: AMGT Vereinigung, Kapitel…, §…, S…)*

Amnesty International (2003) Afghanistan „Niemand hört uns zu und niemand behandelt uns als Menschen." Den Frauen wird Gerechtigkeit verweigert AI Index: ASA 11/023/2003 Link: http://www.fask.unimainz.de/user/hagemann/ai_Afghanistan_Frauen_2003.pdf Download: 31.03.2014 *(zit.: Amnesty International (2003) Link:… Download:… S…)*

Amnesty International (2009) Afghanistan Submission to the UN Universal Periodic Review Fifth Session of the UPR Working Group of the Human Rights Council Al Index: ASA 11/014/2008 Link: http://www.amnesty.org/en/library/asset/ASA11/014/2008/en/b5f04b18-ab50-11dda4cd-bfa0fdea9647/asa110142008en.pdf Download: 18.03.2014 *(zit.: Amnesty International (2009) Link:… Download:… S…)*

AREU (2004) Land Relations in Faryab Province: Findings from a field study in 11 villages *(zit.: AREU (2004) in Faryab S…)*

Asad, M. (2009) Die Botschaft des Koran Übersetzung und Kommentar Patmos Verlag England *(zit.: Asad (2009) S…)*

Assmann, Dr. L. Der Koran Voltmedia Paderborn (kein Erscheinungsjahr vorhanden) *(zit.: Assmann, Der Koran, S…)*

Auswärtiges Amt (2011) Afghanistan Link: http://www.auswaertiges-amt.de/DE/Aussenpolitik/Laender/Laenderinfos/01-Laender/Afghanistan.html Download: 04.11.2013 *(zit.: Auswärtiges Amt Link:… Download:…)*

Baderin M.A. (2005) International Human Rights and Islamic Law Oxford Monographs in international law, Oxford University Press *(zit.: Baderin (2005) S…)*

bpb (2010) Das Land in Daten Link: http://www.bpb.de/internationales/asien/afghanistan/48643/das-land--in-daten Download am: 23.08.2012 *(zit.: bpb (2010) Link:…Download:…)*

BMI Staat und Religion Link: https://www.bmi.bund.de/DE/themen/gesellschaft-integration/staat-und-religion/staat-und-religion-node.html Download: 31.01.2018 (*zit.: BMI Staat und Religion Link:… Download:…)*

Bundesministerium der Justiz und für Verbraucherschutz (2014) Legalbewährung nach strafrechtlichen Sanktionen Eine bundesweite Rückfalluntersuchung Link: http://www.bmjv.de/SharedDocs/Publikationen/DE/Legalbewaehrung_strafrechtliche_Sanktionen_Kurzbroschuere.pdf;jsessionid=82F1369B9B3FD18DEF9437EA7CCE6FB8.1_cid289?__blob=publicationFile&v=7 Download: 29.02.2016. *(zit.: Bundesministerium der Justiz und für Verbraucherschutz (2014) S…)*

CEDAW (1979) Übereinkommen der Vereinten Nationen zur Beseitigung jeder Form von Diskriminierung der Frau Link: http://www.gleichstellung.uni-freiburg.de/dokumente/gesetze/UN_Uebereinkommen_Frau Download: 05.06.2014 *(zit.: CEDAW Art.:… Link:… Download:…)*

Civil Law of the Republic of Afghanistan (1977) Official Gazette No. 353 published 1977/01/05 (1355/10/15 A.P.) Ministry of Justice *(zit.: Art… Abs…/Nr…CC)*

CRC (2011) Juvenile Justice Interview with the Juvenile Justice Coordinator for the CRC on early marriage Child Rights Consortium Afghanistan Link: http://www.crc-afghanistan.org/newsitems/interview-with-crc-jj-coordinator-onearly-... Download: 23.08.2012 *(zit.: CRC (2011) Link:… Download:…)*

Davary, G. D. (2004) Die Verfassung der Islamischen Republik Afghanistan Übersetzung Nr. 103 erschienen 27.01.2004; Wiesbaden unter Mitwirkung des Max- Planck-Institutes für ausländisches öffentliches Recht und Völkerrecht, Heidelberg in ZaöRV 64 (2004) S. 943–978 *(zit.: Art… Abs…/Nr… AC)*

Der Ahlu Sunnah Blog! Hadithen in Al-Sharh al-Mumti', 5/241 und Al-Mughni, 9/483 Link: http://www.ahlu-sunnah.com/threads/31289-Alles-zum-Thema Ehe?p=398571&viewfull=1#post398571 Download: 14.01.2016 *(zit.: Nach Der Ahlu Sunnah Blog in* Al-Sharh al-Mumti', 5/241 und Al-Mughni, 9/483 *Link:… Download:…)*

Deutschlandfunk (2017) Albanien Vom Atheismus zum Islamismus Link: www.deutschlandfunk.de Download: 12.02.2018 *(zit.: Deutschlandfunk (2017) Albanien Vom Atheismus zum Islamismus Link:… Download:…)*

Donnerbauer (2017) in VICE Media Koran – Übersetzungen miteinander verglichen Link: https://www.vice.com Download: 22.03.2018 *(zit.: Donnerbauer (2017) in VICE Media Link:… Download:…)*

Duden online Link: http://www.duden.de/rechtschreibung/Zeuge Download: 12.02.2014; Link: https://www.duden.de/rechtschreibung/Polygamie Download: 18.02.2014; Link: http://www.duden.de/rechtschreibung/Morgengabe Download: 22.02.2014; Link: http://www.duden.de/rechtschreibung/moralisch Download: 12.03.2014; Link: https://www.duden.de/rechtschreibung/Sitte Download: 12.03.2014 *(zit.: Duden online Link:… Download:…)*

Eckard, E. (2012) Something Baad is happening in Afghanistan in Blogal Prosperity by the Center of Global Prosperity Link: http://www.google.de/imgres?imgurl=http://globalprosperity.files.wordpress.com/2012/03/pulitzer-feb8-p-thumb-615x300776551.jpg&imgrefurl=http://globalprosperity.wordpress.com/2012/04/25/something-baad-is-happening-in-afghanistan/&h=300&w=615&tbnid=momxgNVZa9iUiM:&tbnh=90&tbnw=184&zoom=1&usg=__yogR6SutN2_zUOkdzEJs_AW0MGQ=&docid=Zuq4XFHbrLki1M&sa=X&ei=7xQwU_PcHceJtQbhxYAw&ved=0CI8BEPUBMAo&dur=47 Download: 24.03.2014 *(zit.:Eckard (2012) Link:… Download:…)*

Eshaghian, T. (2013) Afghan Female Prisoners in Badam Bagh prison documentary auf Youtube Link: https://www.youtube.com/watch?v=E2wHPYNef74 Download: 28.03.2014*(zit.: Eshaghian (2013) Link:… Download:…)*

Europäische Kommission Kampagne zur Beseitigung des geschlechtsspezifischen Lohngefälles Link: http://ec.europa.eu/justice/gender-equality/gender-pay-gap/files/gpg2011-leaflet_de.pdf Download: 26.01.2018*(zit: Die Europäische Kommission Kampagne zur Beseitigung des geschlechtsspezifischen Lohngefälles Link: … Download:…)*

Falaturi, A. (1988) Die Sharia – das islamische Rechtssystem in Die Weltmacht Islam, München, S. 93–113 *(zit.: Falaturi (1988) S…)*

Flora Family Foundation Research Report (2008) Early Marriage in Afghanistan Link: http://www.wclrf.org.af/wp-content/uploads/2013/09/Early-Marrige-with-cover.pdf Download: 19.03.2014 *(zit.: Flora Family Foundation Resesarch Report (2008) Link:… Download: … S…)*

Foljanty, L./Lembke U./Wapler, F./Künzel A. (2011) Feministische Rechtswissenschaft ein Studienbuch 2. Auflage NOMOS *(zit.: Foljanty/Lembke/Bearbeiter(2011) Kap:…/§… S…Rn…)*

Foreign Policy (2011) Failed States Index – Interactive Map and Rankings Link: http://foreignpolicy.com/2011/06/17/2011-failed-states-index-interactive-map-and-rankings/ Download: 31.01.1018; auch zit. in Doering in bpb (2013) Religion und freiheitlich säkularer Staat *(zit.: Foreign Policy (2011) Failed States Index Link:… Download:…)*

Fragen an den Islam (2011/2013) Anasayfa Frau im Islam Link: http://www.fragenandenislam.de/soru/stimmt-es-dass-laut-scharia-die-stimmenzweier-frauen-soviel-wert-sind-wie-die-eines-mannes Download: 13.02.2014 Link: http://www.fragenandenislam.com/soru/was-sagt-der- kur%C2%B4C3%BCberpolygamie-wie-ist-die-polygamie-unserer-zeit-zu-verstehen Download: 14.01.2016) *(zit.: Fragen an den Islam (2011)/(2013) Link:… Download:…)*

freiewelt (2016) Der politische Islam verdrängt den Säkularismus … Link: http://www.freiwelt.net/reportage/islamische-welt-saekularismus-v… Download: 27.01.2018 *(zit.: freiewelt (2016) Der politische Islam verdrängt den Säkularismus Link:… Download:…)*

Fricke, A. K. (2011) Seminararbeit Zwangsheirat Rechtsvergleich Deutschland und der Türkei Seminar „Normierte Körper und Begehren – zur rechtlichen Regulierung von Sexualität“ Jun- Prof. Dr. Ulrike Lembke Universität Bielefeld im SoSe 2011 Link: http://www.legal-gender-studies.de/dokumente/zangsheirat-rechtsvergleich.deutschland-tuerkei.pdf Download: 13.01.2016 *(zit.: Fricke (2011) S…) Link:… Download:…)*

Gerber, G. (2007) Die neue Verfassung Afghanistans Verfassungstradition und politischer Prozess 1. Auflage Schiller Verlag *(zit. Gerber (2007) S…)*

Gerhard, U. (1996) Unerhört. Die Geschichte der Frauenbewegung Reinbek bei Hamburg.

Goldin, C. (2008) The Concise of Encyclopedia of Economics Gender Gap Link: http://www.econlib.org/library/Enc/GenderGap.html Download: 10.02.2014 *(zit.: Goldin (2008) Link:… Download:…)*

Greve, W./Hosser, D./Pfeiffer C. Gefängnis und die Folgen Identitätsentwicklung und kriminelles Handeln während und nach der Verbüßung einer Jugendstrafe in Kfn Forschungsbericht Nr. 64 JuSt Bericht Nr.: 1 *(zit.: Greve/Hosser/Pfeiffer in Kfn S…)*

Hauser, M. (2013) Letzter Ausweg Suizid in DW.de Link: http://www.dw.de/letzter-ausweg suizid/a-16749114 Download: 25.03.2014 *(zit.: Hauser (2013) in DW.de Link:… Download:…)*

Hofmann, M.W. (2009) Der Koran, aus dem Arabischen von Henning, M. arabisch – deutsch Istanbul Cagri Yayinlari Verlag *(zit.: Henning (2009) Teil… Sure…, S…)*

Hjärpe, J. (1997, 1998) Normativastrukturerinom Islam. 29 Föreningenlärer in religionskunskaparsbok *(zit.: Hjärpe 1997, 1998, S…)*

Human Rights Watch (2012) I had to run away – The Imprisonment of Women and Girls for „Moral Crimes" in Afghanistan printed in the United States of America *(zit.: HRW (2012) S…)*

Hussein, G. M. (2003) Basic Guarantees in the Islamic Criminal Justice System in Heleem, M. A./Sherif, A. O./Daniels, K. (hrsg.) Criminal Justice in Islam – Judicial Procedure in the Shari'a, London 2003, S. 57–96 *(zit.: Hussein (2003) S…)*

Internationale Menschenrechtserklärung (1948) Vereinte Nationen Allgemeine Erklärung der Menschenrechte Link: http://www.un.org/depts/german/menschenrechte/aemr.pdf Download: 05.06.2014 *(zit.: Internationale Menschrechtserklärung Art:… Link:…Download:…)*

IRIN Asia Afghanistan (2004) Afghanistan: Child marriage rate still high – minister humanitarian news and analysis a service of the UN Office for the Coordination of Humanitarian Affairs Link: http://www.irinnews.org/report/24431/afghanistan-childmarriage-rate-still-high-minister Download: 18.03.2014 *(zit.: IRIN Asia Afghanistan (2004) Link:… Download:…)*

Islam Fatwa (2014) Soziale Angelegenheiten Zina (Ehebruch, Unzucht) Link: http://www.islamfatwa.de/soziale-angelegenheiten/74-straftaten-a-urteile/1328-zina ehebruch-unzucht Download: 12.02.2014 Link: http://www.islamfatwa.de/soziale-angelegenheiten/87-verlobung-a-ehe/verlobung-a-eheschliessung/1483-die-brautgabe-mahr-sadaaq Download: 07.03.2014 *(zit.: Islam Fatwa (2014) Link:… Download:…)*

IslamReligion (2010) Ein kurzer Einblick in das Konzept der Polygamie im Islam Link: https://www.islamreligion.com Download: 28.03.2018 *(zit.: IslamReligion (2010) Ein kurzer Einblick in das Konzept der Polygamie im Islam Link: … Download:…)*

Islamische Förderation Bremen e.V. Islam Der Quran Link: islambremen e.V. Download: 27.03.2018 *(zit.: Islamische Förderation Bremen e.V. Der Quran Link:… Download:…)*

Islamisches Zentrum München (2004) Was ist Islam? Link: http://www.islamisches-zentrum-muenchen.de/html/islam_-_was_ist_islam_.html Download: 19.06.2014 *(zit.: Islamisches Zentrum München Link:… Download:…)*

Islam Web Deutsch (2010) Der Eintritt in den Ehebund: Partnerwahl und Brautgabe Link: https://library.islamweb.net/grn/index.php?page=articles&id=151521 Download: 07.03.2013 *(zit.: Islam Web Deutsch (2010) Link:… Download: …)*

Jauernig, O. (2011) BGB Kommentar 14. Auflage Verlag C.H. Beck München *(zit.:Jauernig §… Rn…)*

Johansen, B. (2004) The Relationship between the Constitution, the Shari'a and the Fiqh: The Jurisprudence of Egypt's Supreme Constitutional Court in ZaöRV 64, S. 881–896 *(zit.: Johansen (2004) S…)*

Juristisches Lexikon Link: http://juristisches-lexikon.ra-kdk.de/eintrag/Zeuge.html Download: 12.02.2014 *(zit.: Juristisches Lexikon Link:… Download:…)*

Kamali, M. H. (1985) Law in Afghanistan: A Study of the Constitutions, Matrimonial Law and The Judiciary Leiden E.J. Brill Verlag *(zit. Kamali (1985) S….)*

Kelly, J. (2012) in TIMES Afghanistan: Afghan Defender of women's rights' Maria Bashir puts 100 in jail for adultery Link: www.thetimes.co.uk/tto/news/afghanistan/article3575160.ece Download: 22.11.2012 *(zit.: Kelly in TIMES (2012) Link:… Download:…)*

Kindhäuser, U./Neumann, U./Paeffgen, H.-U./Sonnen, B.-R. (2013) StGB NOMOS Kommentar 4. Auflage, Baden Baden, NOMOS Verlag *(zit.: Kindhäuser/Neumann/Paeffgen/Sonnen (2013) §… Rn…, Kindhäuser, LPK-StGB, §… Rn…)*

Knust, M. & Afshar R. (2006) The Case of an Afghan Apostate – The Right to a Fair Trial Between Islamic Law and Human Rights in the Afghan Constitution – Max Planck Yearbook of United Nations Law Volume 10 p. 591–605 *(zit.: Knust/Afshar (2006) S…)*

Knust, M. & Afshar, R. (2007) Max Planck Institut für vergleichendes öffentliches Recht und Internationales Recht Max Planck Manual on Afghan

Constitutional Law, Volume 2, Constitutional Practice and Human Rights, *(zit.: MPI (2007) S…)*

Lackner, K./Kühl, K. (2011) Strafgesetzbuch Kommentar 27. Auflage Verlag C.H. Beck München *(zit.: Lackner/Kühl §… Rn…)*

LandInfo (2011) Report Afghanistan: Marriage Norwegen *(zit.: LandInfo (2011) S…)*

Lau, M. (2004) The Independence of Judges under Islamic Law, International Law and the new Afghan Constitution in ZaöRV 64, S. 917–927 *(zit.: Lau (2004) S…)*

Mahmoudi, S. (2004) The Shari'a in the New Afghan Constitution: Contradiction or Compliment? In ZaöRV 64, S. 867–880 *(zit.: Mahmoudi (2004) S…)*

Mangoldt, H. v./Klein, F./Starck, C. (Hrsg.) Kommentar zum Grundgesetz Band 2 und 35. Auflage 2005, Band 1, 6. Auflage 2010 In Leinen *(zit.: Mangoldt/Klein/Starck Bearbeiter S…)*

Maunz, T./Dürig, G. (2010) Kommentar zum Grundgesetz C.H. Beck *(zit.: Maunz/Dürig/Bearbeiter Art.Rn…)*

Max Planck Institute (2005) Family Structures and Family Law in Afghanistan: A Report of the Fact-Finding Mission to Afghanistan *(zit.: MPI (2005) S…)*

Meier (2010) Grundrisse des Rechts; Kriminologie 4. Auflage Verlag C.H. Beck §4 S. 86 Rn 5 *(zit.: Meier (2010) Kriminologie §… S… Rn…)*

Meine Islam Reform (2010) Welche Koranübersetzung? Link: meine-islam-reform.de Download: 22.03.2018 *(zit.: Meine Islam Reform (2010) Welche Koranübersetzung? Link:… Download:…)*

Messner (2007) in Policy Politische Akademie (2007) S. 7 Link: http://library.fes.de/pdf-files/akademie/berlin/05050.pdf Download: 31.01.2018 *(zit.: Messner (2007) in Policy S…)*

Mörschel (2007) in Policy Politische Akademie: Religion und säkularer Staat Link: http://library.fes.de/pdf-files/akademie/berlin/05050.pdf Download: 31.01.2018 *(zit.: Mörschel (2007) in Policy Link:… Download:…)*

Motzki, H. (2014) Wie glaubwürdig sind die Hadithe? essentials Die klassische islamische Hadith-Kritik im Licht moderner Wissenschaft Springer Verlag *(zit.: Motzki (2014) S…)*

Münch, v.I./Kunig, P. (2012) Grundgesetz Kommentar Band 2 Art. 70–146; 6. Auflage C.H. Beck Verlag München *(zit.: Münch/Kunig Art… Rn…)*

Muhammad, A./Al-Buharyy, I. (2012) Auszüge aus dem Sahih Al-Buharyy 12. Auflage Düsseldorf *(zit.: HaditheNr… aus Al-Buharyy (2012) S…)*

Murray, R. (2012) Afghanistan: Flucht vor Ehemann führt ins Gefängnis –Recht von Frauenmissachtet in Schattenblick Link: http://www.schattenblick.de/

infopool/politik/soziales/psfra360.html Download:09.10.2012 *(zit.: Murray (2012) Link:...Download:...)*

NAPWA (2007–2017) The Government's main vehicle for Implementing Policies and Commitments to Advance the Status of Women National Action Plan for the Women of Afghanistan Islamic Republic of Afghanistan Link: http://sgdatabase.unwomen.org/uploads/National%20Action%20Plan%20for%20the%20Women%20of%20Afghanistan%202007%20to%202017.pdf Download: 18.03.2014 *(zit.: NAPWA (2007–2017) Link:... Download:... S...)*

Nisbett R.E./Cohen, D. (1996) Culture of Honor: The Psychology of Violence in the South (New Directions in Social Psychology) Westview Press *(zit.: Nisbett/Cohen (1996) S...)*

Nowkam, N.-F. (2003) Die rechtliche Situation der Frauen in der islamischen Republik Iran seit dem Amtsantritt Khatamis Die Morgengabe und die Scheidung von Seiten der Frau Books on Demand GmbH, Norderstedt Hamburg *(zit.: Nowkam (2003) S...)*

ntv online (2012) Afghanistans Präsident bilanziert Osamas Tod brachte keine Wende vom 18.05.2012 Link: http://www.n-tv.de/politik/Osamas-Tod-brachte-keine-Wendearticle6296561.html Download: 29.01.2014 *(zit.: ntv Online (2012) Link... Download:...)*

Palandt (2012) BGB Becksche Kurzkommentare Band 7, 71. Auflage, Verlag C.H. Beck München *(zit.: Palandt §... Rn...)*

Petersohn, A. (1999) Islamisches Menschenrechtsverständnis unter Berücksichtigung der Vorbehalte muslimischer Staaten zu den UN-Menschenrechtsverträgen Inaugural-Dissertation zur Erlangung des Grades eines Doktors der Rechte durch die Rechts- und Staatswissenschaftliche Fakultät der Rheinischen Friedrich-Wilhelms-Universität Bonn *(zit.: Petersohn (1999) S...)*

Pitzke, M. (2013) WEF Gleichstellungsbericht: Frauen bleiben weltweit benachteiligt in New York Link: http://www.spiegel.de/wirtschaft/soziales/Gender Gap-report-frauen-bleiben-weitweit-benachteiligt-a-929899.html Download: 21.01.2016 *(zit.: Pitzke (2013) in SpiegelOnline Wirtschaft)*

Policy (2007) Politische Akademie Nr. 20 Religion und säkularer Staat Link: http://library.fes.de/pdf-files/akademie/berlin/05050.pdf Download: 31.01.2018 *(zit.: Policy (2007) Religion und säkularer Staat Link:... Download:...)*

Prohl,W./Werdin, F. (2004) Demokratie und gesellschaftlicher Wandel in Afghanistan empirische Untersuchung zur Akzeptanz demokratischer Werte in einer islamisch geprägten Gesellschaft *(zit.: Prohl/Werdin (2004) S...)*

Pushter (2016) in Pew Research Center Global Attitudes & Trend The Divide Over Islam and National Laws in the Muslim World Link: http://www.pewglobal.

org/2016/04/27/the-divide-over… Download: 10.02.2018 *(zit.: Pushter (2016) in Pew Research Center Link:… Download:…)*

Röder, J. T. (2009) Max Planck Institute Manual on Judicial Ethics in Afghanistan (English version). Amended 2nd edition including a new chapter on Judgeship and Judicial Ethics in Islam. Max Planck Institute, Heidelberg, 2009 *(zit.: MPI (2009) S…)*

Röder, J. T. (2009) Kollisionen zwischen Shari'a, Gesetz und Stammestradition in Afghanistan in Kötter, M./Schuppert, G. F. (Hrsg.) Normative Pluralität ordnen Rechtsbegriffe, Normenkollisionen und Rule of Law in Kontexten dies- und jenseits des Staates Band 19 NOMOS Verlag Baden-Baden; S. 257–301*(zit.: Röder (2009) S…)*

Röder, J. T. (2010) Human Rights Standards in Afghan Courtrooms: The Theory and Reality of the Rights to a Fair Trial Kabul/Heidelberg in Hatem Elliesie (Hrsg./ed.) Beiträge zum islamischen Recht VII Islam und Menschenrechte Peter Lang Verlag S. 329–359 *(zit.: Röder (2010) S…)*

RP Online (2016) Indonesien Eine islamische Demokratie Link: m.rp-online.de Download: 22.03.2018 *(zit.: RP Online (2016) Indonesien Link:… Download:…)*

Sahih Al-Bukhari Band 3 Buch 48 Hadithe Nr. 826; erzählt von Abu SaidAl-Khudri Link: http://www.sahih-bukhari.com/Pages/Bukhari_3_48.php Download: 13.02.2014*(zit.: Sahih Bukhari Band 3 Buch 48 Hadithe…)*

Sajaf, A. R. (2002) in Spiegel Online Loya Jirga: islamisches Schari'a – Recht für Afghanistan Link: http://www.spiegel.de/politik/ausland/loya-jirga-islamisches-scharia-recht-fuer-afghanistan-a-201287.html Download: 16.01.2014 *(zit.: Sajaf in Spiegel Online Link…)*

Schimmel, A. (1990) Die Religion des Islam Eine Einführung Reclam Verlag *(zit.: Schimmel (1990) S…)*

Schindler, L. (1993) Interaktives Online Glossar: Ehe, Heirat und Familie Link: http://www.univie.ac.at/ksa/cometh/glossar/heirat/ide.htm Download: 18.02.2014 *(zit.: Schindler (1993) Link:… Download:…)*

Schmidt-Bleibtreu, B. (2011) in Hofmann, H./Hopfauf, A. GG Grundgesetz Kommentar 12. Auflage Carl Heymanns Verlag *(zit.: Schmidt-Bleibtreu/ Bearbeiter Art… Rn…)*

Shanavas, Dr. T. O. (1999) War Aisha eine sechsjährige Braut? Aufdeckung einer alten Sage, übersetzt aus dem Englischen ins Deutsche von Krausen H. Link: http://www.islamheute.ch/Aischas%20Heiratsalter.htm Download: 11.02.2014 *(zit.: Shanavas (1999) Link:… Download: …)*

Sood (2017) in The Hindu Mission indefinite: Donald Trump's Afghanistan policy Link: www.thehindu.com Download: 22.03.2018 *(zit.: Sood (2017) in the Hindu Mission indefinite Link:… Download:…)*

Spencer, R. (2007) Blogging the Qur'an: Sura 4, „Women", verses 1–16 in Hot Air Link: http://hotair.com/archives/2007/08/19/blogging-the-qur%E2%80%99an-sura-4-%E2%80%9Cwomen%E2%80%9D-verses-1-16/ Download: 18.02.2014 *(zit.: Spencer (2007) Link:… Download:…)*

Spiegel Online Geschichte Afghanistans Link: http://www.spiegel.de/flash/0,5532,23924,00.html Download am: 14.09.2012 (*zit.: Spiegel Online Link:… Download:…)*

Spiegel Online (2018) Pakistan plant offenbar Ausweisung Hunderttausender Afghanen Link: http://www.spiegel.de/politik/ausland/pakistan-plant-offenbar.aus… Download: 27.01.2018 *(zit.: Spiegel Online (2018) Pakistan plant Ausweisung Hunderttausender Afghanen Link:… Download:…)*

Tdh (2011) Afghanistan: Von zuhause weggelaufen Link: http://www.tdh.ch/de/news/afghanistan-von-zu-hause-weglaufen Download: 27.03.2014 *(zit.: Tdh (2011) Link:… Download:…)*

Tdh (2012) Afghanistan: Verwechslung von Flucht und Ehebruch Link: http://tdh.ch/de/news/afghanistan-verwechslung-von -flucht-und-ehebruch-… Download: 23.08.2012 *(zit.: Tdh (2012) Link:… Download:…)*

Tdh (2013) Kinder gehören nicht ins Gefängnis Terre des hommes Link: http://www.tdh.ch/de/news/kinder-gehoren-nicht-ins-gefangnis Download: 15.05.2014 *(zit.: Tdh (2013) Link:… Download:…)*

Teamfreiheit Wert 3: Säkularität Link: http://teamfreiheit.info/saekularitaet/?gclid=Cj0KCQiAwKvTBRC2ARIsAL0Dgk0uomG8kf13MuZdJt8cDq6AIXnr8HgiZU01VnXJKlkq8a3olOv36FIaAgsrEALw_wcB Download: 31.01.2018 *(zit.: Teamfreiheit Wert 3: Säkularität Link:… Download:…)*

Tehrani, K. R./Yassari, N. (2012) Manual on Family Law in Afghanistan Max Planck Institute Amended 2nd edition *(zit.: Tehrani/Yassari in MPI (2012) S…)*

Tellenbach, S. (1996) Strafgesetze der islamischen Republik Iran Sammlung Ausserdeutscher Strafgesetzbücher in deutscher Übersetzung De Gruyter Verlag *(zit.: Tellenbach (1996) S…)*

Tellenbach, S. (2004) Fair Trial in Criminal Proceedings under Islamic, Afghan Constitutional and International Law in ZaöRV 64, S. 929–941 *(zit.: Tellenbach (2004) S…)*

The Guardian (2012) Hamid Karzai backs clerics' move to limit Afghan women's rights Tuesday 06.03.2012 Associated Press Kabul Link: http://www.theguardian.com/world/2012/mar/06/hamid-karzai-afghanistan-womens-rights Download: 22.05.2014 *(zit.: The Guardian (2012) Link:… Download:…)*

TIMES (2012) Afghanistan: Generalstaatsanwältin schickte über 100 Frauen wegen Ehebruch in den Knast! Aussage der Generalstaatsanwältin Herats Maria Bashir in International Business TIMES, Welt IBTiMES DE By Roger Okt. 2012 Link: de.ibtimes.com/articles/26133/20121022/afghanistan-generalstaatsanwältin-ltin- schickte-ber100-frauen-wegen-ehebruch-in-den-knast.htm Download: 22.11.2012 *(zit.: TIMES (2012) Link:… Download:…)*

Topel in Deutschlandfunk (2007) Polygamie im Islam „Heiratet, was euch an Frauen gut scheint, zwei, drei oder vier" Link: www.deutschlandfunk.de Download: 28.03.2018 *(zit.: Topel in Deutschlandfunk (2007) Polygamie im Islam Link: … Download:…)*

TunisPro (2016) Religion in Tunesien, Einfluß auf Politik und Gesellschaft, Salafisten in Tunesien Link: http://www.tunispro.de/tunesien/religion-in-tuniesien.htm… Download: 27.01.2018 *(zit.: TunisPro (2016) Religion in Tunesien Link:… Download:…)*

UNAMA und OHCHR (2010) Harmful Traditional Practices and Implementation of the Law on Elimination of Violence against Women in Afghanistan Link: http://unama.unmissions.org/Portals/UNAMA/Publication/HTP%20 REPORT_ENGpdf Download: 19.03.2014 *(zit.: UNAMA und OHCHR (2010) Link:… Download:… S…)*

Uni-Würzburg Grundlagen der Datenerhebung Link: https://www2.uni-wuerzburg.de Download: 22.03.2018 *(zit.: Uni- Würzburg Grundlagen der Datenerhebung Link:… Download:…)*

UNICEF (2007) Deutschland Bild des Jahres Link: http://www.flickr.com/photos/jan-edward/2118526282/ Download: 24.03.2014 *(zit.:* AP Photo/ UNICEF, Stephanie Sinclair, HO; Bild des Jahres (2007) in Deutschland Link: … Download: …)

UNICEF (2008) Justice for children: The situation for children in conflict with the law in Afghanistan Link: http://www.unicef.org/media/files/Juvenile_Detention_Study_engl.pdf Download: 05.10.2012 *(zit.: Unicef (2008) Link:… Download:…)*

Universität Donau Krems (2008) Unterschied und Gemeinsamkeiten qualitativer und quantitativer Forschung Link: http://www.mahara.at/artefact/file/download.php?file=17388&view=681 Download: 03.04.2014 *(zit.: Uni Donau Krems (2008) Link:… Download:…)*

UNODC (2012) Corruption in Afghanistan: Recent patterns and trends Summary Findings with Islamic Republic of Afghanistan High Office of Oversight and Anti- Corruption Vienna Link: http://www.unodc.org/documents/frontpage/Corruption_in_Afghanistan_FINAL.pdf Download: 01.04.2014 *(zit.: UNODC (2012) S… Link:… Download:…)*

Vergau, H. J. (2004) Manifest der Hoffnung Über die neue Verfassung Afghanistans Aus Politik und Wissenschaft in Brunn, O.B. pp. (hrsg.) VRÜ Law and Politcs in Africa, Asia and Latin America, 37. Jahrgang S. 465–488 *(zit.: Vergau (2004) S…)*

Vogt, H. (2012) Karzai backs strict guidelines for Afghan Women 6.03.2012 in The Washington Times Link: http://www.washingtontimes.com/news/2012/mar/6/karzaibacks-strict- guidelinesafghan-women/?page=all Download: 22.05.2014 *(zit.: Vogt in The Washington Times (2012) Link:… Download:…)*

WCLRF (2006) Research Report Polygamy in Afghanistan Link: www.wclrf.org.af/.../Polygamy-In-Afghanistan.pdf *Download: 26.03.2014 (zit.: WCLRF (2006) Link:… Download:… S…)*

Wikipedia (2013) Brautgabe Link: http://de.wikipedia.org/wiki/Brautgabe Download: 07.03.2014 *(zit.: Wikipedia (2013) Link:… Download: …)*

Wikipedia (2014) Liste der Provinzen Afghanistans Link: http://de.wikipedia.org/wiki/Liste_der_Provinzen_Afghanistans Download: 15.05.2014 *(zit.: Wikipedia Link:… Download:…)*

Wikipedia (2014) Afghanistan Link: http://de.wikipedia.org/wiki/Afghanistan Download: 22.05.2014 *(zit.: Wikipedia Link:… Download:…)*

Wikipedia (2017) Liste der Koransuren Wikimedia Liste Link: https://de.m.wikipedia.org Download: 27.03.2018 *(zit.: Wikipedia (2017) Liste der Koransuren Link:… Download:…)*

Yassari N. (2004) Islamisches Recht oder Recht der Muslime – Gedanken zu Recht und Religion im Islam in der Zeitschrift für vergleichende Rechtswissenschaft Heft 01/04 *(zit.: Yassari (2004) S…)*

Youtube Selbstverbrennung junger Afghaninnen aus Verzweiflung von AFP Link: https://www.youtube.com/watch?feature=player_detailpage&v=wydQSPWtMX8 Download: 25.03.2014 *(zit.:YoutubeTitel:… Link:… Download:…)*

Zehetgruber, C. (2014) Das Delikt des Diebstahls im "klassischen" islamischen Recht in SIAK Journal – Zeitschrift für Polizeiwissenschaft und polizeiliche Praxis (4), 79–88, *(zit.: Zehetgruber (2014) S…)*

www.ingramcontent.com/pod-product-compliance
Ingram Content Group UK Ltd.
Pitfield, Milton Keynes, MK11 3LW, UK
UKHW020714071026
15590UKWH00011B/595

9 783631 769560